28273

RECUEIL DE VOIAGES AU NORD.

Contenant divers Mémoires très utiles au Commerce & à la Navigation.

TOME HUITIÉME.

A AMSTERDAM,
Chez JEAN FREDERIC BERNARD.

M. DCC. XXVII.

PRÉFACE
DU
TRADUCTEUR.

Es Livres de voyages ont moins besoin de préfaces que les autres : une Carte sufit pour faire conoitre la situation & l'étendue des Pays qu'un voyageur décrit : les autres particularitez qu'il récueille, au sujet des Religions, des moeurs, des coutumes, du comerce, &c. n'exigent ni introduction, ni comentaire. Sur ce principe, j'ai cru pouvoir me dispenser de rendre la Préface qui est à la tête de mon original, & je n'en aurois point mis moi même à la tête de ma traduction, si la gloire de mon Auteur & l'intérêt du public ne m'y eussent déterminé.

On a imprimé à Amsterdam en 1699.

chez

PRÉFACE DU

chez *J. L. Delorme* un in 8°. intitulé, *Relation de Mr. Evert Isbrants Envoyé de S. M. Czarienne à l'Empereur de la Chine en 1692. 93. 94. par le Sr. Adam Brand.* C'est peu que d'être *Rodomont* (pour me servir du terme d'un Journaliste (a)) ce titre est absolument faux, & la relation qui le porte est autant celle du voyage de Mr. l'Ambassadeur *Isbrants* que la nuit est le jour.

 Il se peut que le Sr. *Adam Brand* ait été (come il le dit) de la suite de l'Ambassadeur, qu'il l'ait toujours acompagné, qu'il ait eu part à sa confiance; mais avec tout cela il déshonore son Maitre non seulement par les oposîtions où il se trouve avec lui, mais encore par les autres défauts qui regnent dans sa Relation. On n'y trouve qu'un voyageur négligent, sans dessein, sans métode, sans curiosité, sans discernement, sans conoissances.

 Come la véritable Relation de Mr. *Isbrants* n'avoit point encore été traduite, j'ai cru nécessaire de comparer le mérite de son voyage avec celui de

la

(a) Bibl. Franc. Tom. 5. 1 part. an. 1725. pag. 27.

TRADUCTEUR.

la Relation du Sr. *Brand*, & de relever dans le cours de ma traduction, les diférences notables qui se trouvent entre mon Auteur & son Domestique. Je n'ai marqué ces diférences que dans les faits dont ils ont parlé l'un & l'autre; j'aurois eu trop à faire si j'avois voulu détailler toutes les circonstances importantes où le Sr. *Brand* est absolument muet.

Donnons ici une idée des qualitez de Mr. l'Ambassadeur *Isbrants*. C'étoit un home curieux, habile, entreprenant, que la passion des voyages, & des découvertes utiles atira à *Moscou* au comencement du regne des Czars *Jean* & *Pierre Alexewitz*. Le dernier de ces Princes, dont la haute intelligence formoit sans cesse des projets dignes d'un Héros, conut le mérite de cet Etranger: il l'atacha à son service, & l'employa d'abord à l'exécution des arangemens qui font fleurir aujourdui le comerce de la *Russie*. Ce Prince, ayant eu ensuite des démêlez avec l'Empereur de la *Chine*, au sujet des limites, jugea le Sr. *Isbrants* capable de ménager une négociation: il l'honora du caractére d'Ambassadeur, & le fit partir

partir pour *Peking*. Un trajet si long, par des Pays presque inconus, ne fut pas capable de ralentir sa curiosité: Villes, Riviéres, Peuples, Déserts, noms, situations, distances, forces, comerce, religions, caractéres, mœurs, climat, qualitez, & productions particuliéres des diférentes Contrées, rien n'échape à ses recherches.

Le chemin par terre d'Europe à la *Chine*, est exactement marqué par la marche de l'Ambassadeur. Sa route est à la vérité plus longue & moins directe que celles des Caravanes Moscovites & Tartares; mais elle est aussi la plus sure & la plus comode. Le P. Avril Jésuite, Missionaire zélé, dont le desir d'aler prêcher l'Evangile aux Chinois ne peut être comparé qu'au regret qu'il témoigne de n'avoir pu réussir dans sa sainte entreprise, eut le secret de se faire comuniquer, dans la Chancellerie de *Moscou*, les Relations qu'on y conserve des diverses routes que quelques Ambassadeurs Russiens & plusieurs Caravanes ont tenues dans le voyage de la *Chine*. Ces Relations indiquent six chemins diférens; mais en termes

TRADUCTEUR.

termes si généraux, qu'un voyageur, qui n'auroit que ces seuls secours, ne sauroit guére à quoi s'en tenir. Persone depuis ce Pére n'a rien écrit d'instructif sur cette matiére ; desorte qu'on ne peut disputer à Mr. l'Ambassadeur *Isbrants* la gloire d'avoir le premier fait conoitre, avec certitude, une route ignorée jusqu'à ce jour par les Européens.

Notre Auteur ne se borne point à la simple relation de son voyage : il l'acompagne d'une description exacte du vaste Pays de *Sibérie*. Cette partie Septentrionale de l'Asie n'est marquée sur les cartes, après le fleuve *Oby*, que par des vuides qui n'aprennent rien. Le célebre Mr. *Witzen* les a remplis le premier ; mais, come il n'a dressé la plus grande partie de sa carte que sur le raport de persones peu habiles en matiére de Géographie, que le seul comerce avoit portez dans ces Régions glacées, les positions s'en sont trouvées défectueuses en plusieurs endroits. Mr. l'Ambassadeur *Isbrants* a eû cette carte devant les yeux pendant toute sa course : il a traversé la plupart des Pays dont elle fait mention, & l'a rectifiée

tifiée sur les lieux mêmes. Une lettre, qui est insérée dans la Préface de mon Original, me fournit cette observation. L'Auteur de retour à *Moskou* de son Ambassade écrivit à Mr. *Witzen*, pour lui doner avis des erreurs qu'il avoit trouvées dans sa carte, & des corrections qu'il y avoit faites. Cet illustre Magistrat, humble come l'est d'ordinaire un vrai savant, soumit son ouvrage à ces corrections, & consentit à la seconde édition qui en fut faite sur la fin du siécle passé.

Il est vrai que Mr. *Isbrants* n'a parcouru la *Sibérie* que d'*Occident* en *Orient*; c'est à dire, depuis les montagnes de *Werchature* où elle comence, jusqu'au fleuve *Amur*: il n'a point été à la gauche de ce fleuve, à la Ville de *Kamsatka*, au Cap de glace, sur les côtes de la Mer Glaciale, ni au détroit de *Waigats*; mais ayant passé par presque tous les siéges des Gouvernemens dont ces parties Septentrionales dépendent, il a eu soin d'y recueillir des instructions, qui l'ont mis en état de décrire les lieux mêmes les plus éloignez. Cependant come il n'a pu parler de ces extrêmitez de *Sibérie*,
qu'il

TRADUCTEUR.

qu'il n'a pas vues, avec autant de certitude que du centre de cette vaste Province, qu'il a examiné à loisir, il a eu la sincérité de prévenir le Lecteur, & la délicatesse de faire un receuil séparé des descriptions étrangéres qu'il raporte, dont il a composé les deux derniers chapitres de son ouvrage.

Après cette Relation on a fait suivre dans ce Volume le *Journal du Sieur Lange*. On y voit la corespondance étendue qui regne entre les deux Cours de Russie & de la Chine. Cette corespondance n'est pas de fort vieille date, puisqu'elle n'a comencé que depuis la conquête de la *Chine* vers l'an 1640. Car ce fut dans ce même tems que les *Russes*, qui étoient en possession de la *Sibérie* depuis la fin du 16ᵉ. Siécle, comencérent à s'étendre de tous côtez dans le Pays. Ne rencontrant nulle part de la résistance, ils vinrent s'établir aux environs du Lac *Baikal* & de la Riviére d'*Amur*, & par là devinrent voisins des *Tartares Mongales*.

La Conquête de la *Sibérie* leur fit naitre le dessein d'établir un comerce réglé entre cette Province & la *Chine*. On ne s'en promettoit pas moins, que
d'atirer

d'atirer dans la *Russie* une grande partie des Richesses de cet Empire. Pour cet effet la Cour Russienne envoya en divers tems des Ambassadeurs à la *Chine*, & l'on fit si bien, que les Chinois acordérent enfin aux Caravanes de *Sibérie* l'entrée dans leur Empire. Les conditions du Traité furent très avantageuses aux *Russes*.

Cependant les *Russes* ne cessérent pas de s'étendre vers les *Mongales*. Leur dessein étoit de s'aprocher par le fleuve *Amur* de la Mer Orientale, & par le *Selinga* des frontiéres de la *Chine*. Le Gouvernement de la *Chine* comprit que ces nouveaux établissemens des *Russes* rendroient avec le tems leur puissance fort redoutable aux *Chinois*. On résolut donc d'oposer établissemens à établissemens, & de faire bâtir des Villes & des Bourgades sur les frontiéres des *Mongales*, à quelque distance des derniers établissemens des *Russes* : afin de les empêcher de pénétrer plus avant dans le Pays, au préjudice des *Tartares* Sujets de la *Chine*. Conformement à cette résolution les Chinois bâtirent vers l'anée 1670. les Villes de *Mergeen* & de *Naun*; le Bourg

TRADUCTEUR.

Bourg de *Xixigar*, avec diverses autres Bourgades & Vilages aux environs de là, qu'ils peuplérent de colonies des *Mongales* Sujets de la *Chine*.

Dès lors comencérent entre ces deux Empires les disputes au sujet des Frontiéres : & aulieu que jusques là toutes les négociations des Envoyez de la Cour de *Russie* à celle de la *Chine* s'étoient terminées à des afaires de comerce & à des protestations d'amitié, la discussion des Frontiéres & le réglement des limites devint l'objet des mouvemens de ces deux Etats. Ces discussions qui amenérent un refroidissement d'amitié se terminérent; mais cela ne fit pas perdre de vue le rétablissement de la paix en 1684. & 1685.

Il se tint deux Congrès dans la Ville de *Nerzinskoi* entre les Plénipotentiaires des *Russes* & ceux de la *Chine*. Mais ils rencontrérent tant de dificultez à concilier les intérêts, qu'on fut obligé de se séparer sans avoir pu réussir, jusqu'à ce que le Pére *Gerbillon* Jésuite, nomé Plénipotentiaire de la *Chine*, signa l'anée 1689. dans la même Ville de *Nerzinskoi* un Traité de paix & d'aliance perpétuelle entre les deux Empereurs.

Ce Traité n'étoit pas trop avantageux aux *Russes*: il donoit des bornes à leurs établissemens. Croyant que les Chinois n'y regarderoient pas de si près, pourvû qu'ils ne s'avançassent pas du côté de la *Selinga* & des Villes, qu'ils avoient bâties au midi de leurs Frontiéres, ils entreprirent de nouveaux établissemens le long de la Riviére d'*Amur*, & comencerent sur la rive Méridionale de ce fleuve à plus de 30. lieues au de là de leurs limites une Ville, qu'ils apelérent *Albassinskoi*. Ils se flatérent que les *Chinois*, ne pouvant pas se passer des Pelleteries de la *Sibérie*, aimeroient mieux fermer les yeux sur ces entreprises, que d'entrer une autrefois en guerre avec eux. Ils se trompérent: les *Mongales* fournissoient tant de Pelleteries à la *Chine*, depuis que par ordre du *Chan* ils s'étoient étendus eux mêmes le long des bords de l'*Amur*, que les *Chinois* se virent en état de se passer des pelleteries de la *Sibérie*. Cela les empêcha de fermer les yeux aux entreprises des *Russes*.

TRADUCTEUR.

Cependant ceux-ci payoient les *Chinois* de bones paroles & de vaines espérances, mais les *Chinois* pénétrérent leurs vues & n'en furent pas les dupes. En 1715. ils firent prendre les armes aux *Mongales* leurs Sujets & les envoyérent affiéger la Ville d'*Albaffinf-koi*, qui faifoit le grand fujet de leurs plaintes. Ce fiége dura près de trois anées. Les *Chinois* l'avoient entrepris dans le tems que le feu *Czar* étoit ocupé du coté de l'Occident. La politique ne lui permettoit pas de fe brouiller alors avec la *Chine*. On laiffa tomber la Ville entre les mains des *Mongales* & l'on convint d'un nouveau Traité provifionel avec la Cour de *Peking*. Mais enfin come les autres diférends touchant les Frontiéres continuoient, S. M. *Czarienne* envoya en 1719. un Ambaffadeur Extraordinaire à *Peking*, pour régler entiérement tout ce qui reftoit à régler entre les deux Empires: furtout l'objet de cette négociation fut de rétablir le comerce des *Caravanes* & pour cet effet d'engager la Cour de la *Chine* à permettre la Réfidence d'un Agent ordinaire des *Ruffes* à *Peking*, pour veiller aux intérêts des Caravanes & à l'entretien

PRÉFACE DU TRADUCT.

tretien d'une bone intelligence entre les Sujets de l'un & de l'autre Empire. Le Ministre de *Russie* après avoir heureusement exécuté cette partie de sa comission laissa le Sr. *Lange* à *Peking*, en qualité d'Agent de *Russie*. C'est lui qui est l'Auteur de ce JOURNAL.

Nous avons mis à la tête de cette Relation une carte nouvelle de la *Russie*. On y voit l'étendue des Conquêtes de cette Courone vers la *Chine* & la Mér Orientale. On n'avoit avant cette Carte aucune idée des Pays conquis par les *Russes*.

Enfin pour derniére piéce de ce Volume nous ofrons au Lecteur une petite Relation de la *Sibérie*, traduite de l'*Aleman*, nous croyons que le Lecteur la recevra avec plaisir.

CATALOGUE DES LIVRES NOUVEAUX.

Qui se trouvent chez

Jean Frederic Bernard, & de ceux dont il a nombre.

Antiquité Illustrée & expliquée par le P. Montfaucon, avec le Suplément. 15. vol. fig.

Amours de Théagéne & de Chariclée. Trad. libre du Grec.

Amfiteatro Flavio delineato e descrito da Fontana. fig. fol.

Antiquitez Romaines de Denys d'Halicarnage, trad. du Greq. 2 vol. 4º. Paris.

—— Sacrées & prophanes, expliquées par des discours Mythologiques. fol. avec fig.

Anatomie de Saint Hilaire. 2 vol. 8º. Paris.

—— du corps humain, trad. de Keill & de Heister, par Noguez. 12º. Paris.

Abregé de l'Histoire de la Réformation des Pays Bas. traduit de l'Hollandois de Brand. 3 vol. 12º.

Atlas historique. 7. vol. fol.

Annales de la Cour & de Paris. 12º.

Sti. Anselmi Opera, Paris. 1720.

Boerhave

CATALOGUE DES

Boerhave Methodus discendi Medicinam. 8. *& alia ejusdem opuscula.*

Buchanani opera omnia. 4o. 2 vol.

Bible avec les Argumens & Reflexions de M. Ostervald. folio.

———— de Geneve. fol. 1713.

———— de Sacy en 12o. en 4o. volumes.

Bibliothéque des Dames traduite de l'Anglois du Chevalier Steele. 3 vol. 12o.

———— Françoise ou l'Histoire Litteraire de la France. Paroit tous les deux mois.

———— Germanique, Angloise & autres Journaux.

Banduri Numismata Imperatorum a Trajano ad Palæologos. 2 vol. fol. Paris.

Commentaire Litteral sur tous les Livres de l'Ancien & du Nouveau Testament, par le P. *Calmet.* 9 vol. folio.

———— de César trad. par d'Ablancourt. 12o.

Cérémonies & Coutumes Religieuses de tous les Peuples du Monde dessinées par Picart. 3 vol. en grand & en petit pap. contenant (les 2 premiers vol.) les Juifs & les Catholiques, le troisiéme les Idolâtries des Indes Orientales & Occidentales.

———— Le Tome 4. sous Presse contient les Idolâtries des Peuples d'Asie, d'Afrique, & de l'Europe Septentrionale.

Contes & Nouvelles de Vergier & de quelques Auteurs Anonymes. 2 vol. 8o.

———— de Bocace, avec fig. 2 vol. 8o.

———— à rire. 8o. avec fig. & sans fig.

Cornelius Nepos. 24o.

Ciceronis Opera omnia ex recensione Verburgi. fol. & 8o.

Con-

LIVRES NOUVEAUX.

Consolations contre la mort, par Drelincourt diverses Edit.
Dictionaire Historique de Morery. 6 vol. fol.
——— de Baile. 4 vol. fol.
——— Anglois & François, de Boier, 2 vol. 4o. 1726.
——— de Furetière, 4 vol. fol.
——— de Comerce par Savary. fol. & 4o.
——— Imperial de Veneroni. 4o. 2 vol.
——— Espagnol & Franç. de Sobrino. 4o.
De l'existence & des attributs de Dieu de la Religion naturelle, & de l'évidence de la Religion Chrétienne, trad. de l'Anglois du Docteur *Clark*. Nouv. Edit. fort augmentée. 2 vol. 8o.
Droit de la guerre & de la paix par *Grotius*, avec les Notes de M. *Barbeyrac*, 2 vol. 4o.
Eugalenus de Morbo Scorbuto. 8o.
Etat de l'homme dans le peché originel. 8o.
Elemens de Mathematique par Lami. 12o.
Erasmi Opera omnia. fol. en grand & en petit pap.
Essais de Montagne avec les Notes de M. Coste. 3 vol. 4o. Paris.
Le même, 3 vol. 12o. à la Haye.
——— sur la santé & sur le moyen de prolonger sa vie, par Cheine. 8o.
Fables en vers de Mr. de la *Motke*. 12o.
——— de Phedre Lat. Franç. 8o.
Fausseté des Vertus humaines, par M. *Esprit*. 12o.
Freeholder ou l'Anglois jaloux de sa liberté. 12o.
Freheri Rerum Germanicarum Scriptores. 3 vol. fol.

Gil-

CATALOGUE DES

Gilbert (le P.) de l'Eloquence Chrétienne dans la Chaire, & dans la pratique 12o. 1727.

Gothofredi Manuale Juris. 12o.

Geographe parfait par *le Coq* 2 vol. Paris.

Geographie Historique de *Noblot.* 6 vol. Paris.

Harris de Morbis infantum 8o.

Histoire des Cérémonies & des superstitions qui se sont introduites dans l'Eglise avec quelques autres Traitez.

Histoire de l'Académie Françoise par *Pelisson.* 12o.

Horace de la trad. du P. *Tarteron* Lat. Fra. 2 vol. Paris.

Histoire des Intrigues de la France en Europe. 3 vol. 8o.

—— du Concile de Trente par *Fra. Paolo.* 4o.

—— de Malthe par l'Abé de *Vertot.* 4o. & 12o.

—— de France & de la Milice Françoise par le P. *Daniel.* 9 vol. 4o.

—— des Traitez de paix & des Négociations du 17. Siécle depuis la paix de Vervins &c. 2 vol. fol.

Idem en grand pap.

—— d'Algier par M. *Laugier de Tassi.* 12o.

—— de Timurbeg ou Tamerlan. 4 vol. 12o. Paris.

—— & Relations de l'Amérique Septentrionale par M. de la *Poterie.* 4 vol. fig. Paris.

—— d'Espagne tirée de *Mariana* &c. 12o. 9 vol. Paris.

Histoire

LIVRES NOUVEAUX.

Histoire de la Medécine par le *Clerc.* 4o.
—— de France par l'Abé le *Gendre.* fol. 3 vol. & 12o. 8 vol. Paris.
—— de toutes les Religions du Monde par Jovet. 6 vol. 12o.
Le Heros de Gracien traduit par le P. de *Courbeville.* 8o. Paris.
Hecquet tous ses Ouvrages. Paris.
Jurieu Traité de la dévotion. 12o. & autres Ouvrages.
Iliade d'Homére trad. en vers par M. de la *Mothe.* 12o.
Illustres Françoises 3 vol. 12o. fig.
Josephi Opera omnia cum Notis *Hudson* & aliorum fol. 1726.
Jugement des Savans par *Baillet* avec les Notes de M. de la *Monoie* 4o. 7 vol & 12o. 17 vol.
Institutions Pyrrhoniennes trad. du Grec de *Sextus Empiricus.* 12o.
La Religion Chrétienne prouvée par les faits par l'Abé *Houteville.* 4o. avec les Lettres critiques. 12o. Paris.
Lommii Observationes Medicinales. 8.
La Langue Françoise expliquée dans un ordre nouveau par *Malherbe.* 8o. Paris.
Mémoires pour servir à l'Histoire de Louis XIV. par l'Abé de *Choisy.* 3 vol. 12o.
—— pour servir à l'histoire de la Calote. 2 vol. 8o.
—— de Joly & de Madame de Nemours. 3 vol. 8o.
—— du Comte de *Brienne.* 3 vol. 8.
—— Historiques & Critiques contenant l'Histoi-

CATALOGUE DES

l'Histoire Literaire de la France &c. 2 vol. 8o.

―――― pour l'Histoire des troubles excitez en Suisse par le *Consensus*. 8o.

Maniére d'enseigner & d'étudier les belles Lettres par *Rollin*. 2 vol. Paris.

Mechanique ou la Statique par M. de *Varignon*. 2 vol. 4o. fig. Paris.

Mémoires présentez au Duc d'Orléans pendant la Régence par M. de *Boulainvilliers*. 2 vol. 8o.

―――― pour servir à l'Histoire de la grande Bretagne par *Burnet*. 3 vol. 12o.

―――― sur l'Etat présent de la Russie &c. 2 vol. Paris.

Nieuwentyt l'Existence de Dieu demontrée par les merveilles de la nature. 4o. fig.

Oeuvres de Mechanique & de Physique par Perrault. 4o. 2 vol. fig. 1746.

―――― de Rabelais avec les Remarques de M. le *Duchat*. 6. Tomes 8o.

―――― de Racine. 2 vol. 12o.

―――― de Voiture. 2 vol.

―――― de Clement Marot. 2 vol.

―――― de Regnard. 2 vol. 12.

Ozanam Recréations Mathématiques. 4 vol. 8o. fig. Paris.

Observations de Chirurgie pratique par *Chabert*. 8o. Paris.

―――― de Chirurgie & de Medécine faites dans les Hopitaux du Roi. 8o. *Ibid.*

Opere Chirurgiche di Filipo Masieres Padoa. 4o. 1726.

Oeuvres de *Rousseau*. 4 vol. 12o. 1726.

―――― de *Sacy*. 4o. & 12o. 3 vol. Paris.

Oeuvres

LIVRES NOUVEAUX.

Oeuvres de *Boileau* Despreaux. 12º. 4 vol.
Poesies de Mad *Deshoulieres*. 8º.
———— du P. *Du Cerceau*. 8º. 1726. Paris.
———— de *Pavillon*. 8º.
———— de l'Abé *Regnier Desmarets*. 2 vol.
Petrone en Lat. & en Franç. 2 vol. 12º. avec fig.
Pratique du Théatre par d'*Aubignac*. 3. vol. 8º.
Parrhasiana de M. le *Clerc*. 2 vol.
Principes de la Religion Chrétienne, par le Docteur *Wake*. 8º.
Philostratorum Opera Omnia Gr. fol. Lipf.
Pastor fido. 24º.
Pensées libres sur la Religion. 8º.
Pierres antiques gravées par les plus fameux Graveurs de l'Antiquité & dessinées par *Picart*. fol. fig.
Quintiliani Opera Omnia cum Notis Burmanni & varior. 4º. Lugd. B.
Quinze joyes du Mariage. 12º.
Recueil de secrets d'*Emery*. 3 vol. 12º.
———— de Voyages qui ont servi à l'établissement de la Compagnie des Hollandois aux Indes Orientales. 7. vol. fig. nouvelle Edition augmentée. 1725.
———— de Voyages au Nord. 12º. 8 Vol. avec fig.
Refléxions sur la Rhetorique & sur la Poétique, Dialogues sur l'Eloquence &c. par M. de *Fenelon*. 12º. 2 vol.
La Religion des Gaulois tirée des plus pures sources de l'Antiquité par le P. *Martin Benedictin*. 4º. 2 vol. fig. Paris.
Reflexions Morales du Duc de la *Rochefoucaut*. 12º.

Reflé-

CATALOGUE DES

Reflexions sur la Critique par M. de la Mothe. 12o. Paris.
Satire di Salvator Rosa. 8o.
Sermons de *Tillotson.* 5 vol. 8o.
—— de *Werenfels.* 8o.
—— de *Rivasson* sur les Fêtes. 8o. Et toutes sortes de Sermons.
Sherlok tous ses Ouvrages en plusieurs Volumes.
Stanley Historia Philosophiæ Orientalis. 4o. 2 vol.
Spanhemii Dissertationes de præstantia Numismatum. fol. 2 vol.
Silius Italicus cum Notis Varior. 4o. 1718.
Traité du pouvoir des Rois de la Grande Brétagne. 8o.
Terentius cum notis Variorum & Westerhovii. 2 vol. 4o. 1726.
Traité du Comerce par *Ricard.* 4o.
—— de la Gramaire Françoise par *Regnier Desmarets.* 4o. & 12o. Paris.
—— de la Divination de *Ciceron*, trad. par l'Abé *Regnier Desmarets.* 8o.
Tacite avec des Reflexions politiques d'*Amelot de la Houssaye.* 4 vol. 12o.
Les Titans, ou la guerre des Geans contre les Dieux, & les Jumeaux. Poëmes 8o.
Thorn afligée ou Relation de ce qui s'est passé à Thorn &c. 8o.
Traité des Médicamens, par *Tauvri.* 2 vol. 12o. Paris.
—— de l'Inoculation dans la petite Verole, trad. de l'Anglois. 8o.
Vie du Vicomte de Turenne. 12o.
Werenfels, Dissertationes Philologicæ. 2 vol.

LIVRES NOUVEAUX.

Voyages de *De Graaf* aux Indes Orientales. 8o. fig.

—— de *Coreal* & autres en Amérique & à la Mer du Sud. 3 vol. fig.

Toutes fortes de Voyages.

Utilité des Voyages, par *Baudelot* de Dairval. 2 vol. 12o. fig. Paris.

Varignon Eclaircissemens sur l'Analyse des infiniment Petits 4o. Paris.

Vertot (l'Abé de) tous ses Ouvrages.

TABLE DES RELATIONS,

Contenues dans ce Volume.

LE *Voyage de Moscou à la Chine*, par Evert Isbrands Ides *traduit du Hollandois.* p. 1.

Journal du Sieur Lange, *contenant ses Négociations à la* Chine. &c. p. 221.

Mœurs & usages des Ostiackes, *trad. de l'Alemand de* Muller. p. 373.

AVIS AUX RELIEURS.

La Carte de la Tartarie Asiatique doit se placer à la page 1.
Celle de l'Empire Russien à la page 221.

VOYAGE DE MOSCOU A LA CHINE;

PAR

Mr. EVERARD ISBRANTS IDES,

Ambassadeur de Moscovie.

CHAPITRE I.

Occasion du Voyage de l'Ambassadeur. Son départ de Moscou. Dangers auxquels la pluye & l'inondation l'exposent d'abord. Son arivée à Vollogda. Son départ de cette Ville. Arivée à la

Tome VIII.   A   gran-

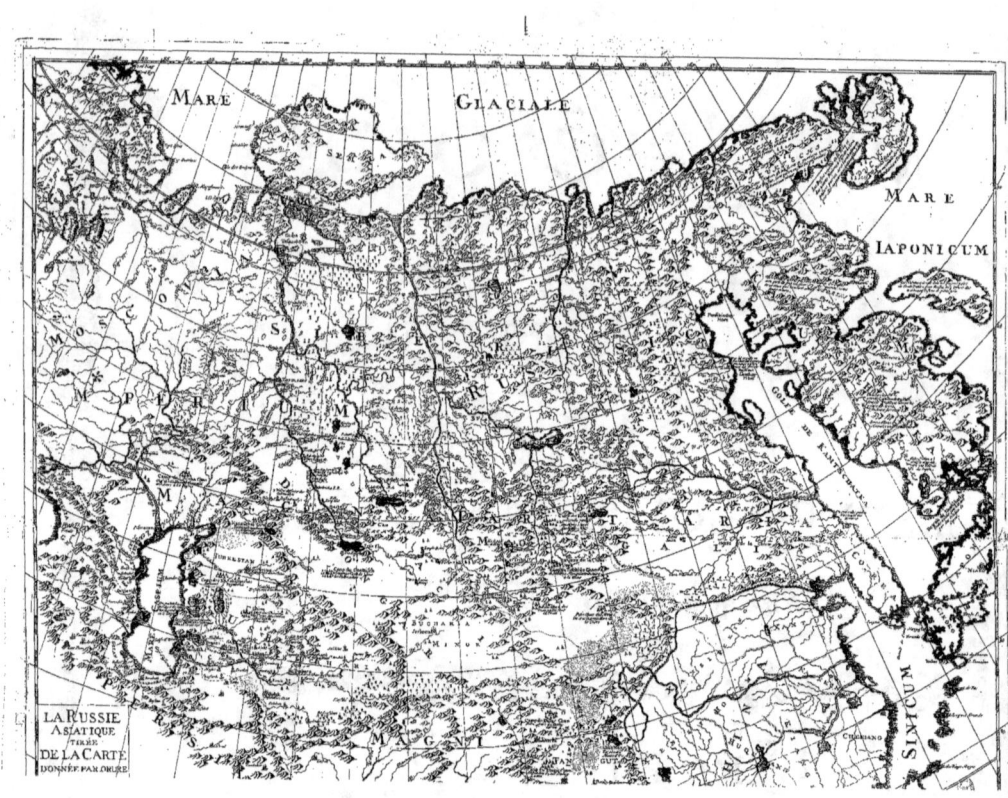

grande Ustiga. *Description de la Riviére de* Suchina. *De la Ville d'Ustiga. Départ de cette ville. Pays des Sirénes. Sa description. Celle des Peuples qui l'habitent. Leur Langue, leur Religion, leurs Juges, leurs habillemens, leurs maisons, leur comerce. Autre inondation causée par la pluye. Arivée à* Kaigorot. *Description de cette Ville. Avanture funeste qui lui étoit arivée peu auparavant. Arivée à* Solikamskoi. *Description de cette ville & de son comerce. Belles Salines qui y sont.*

Les Czars Jean & Pierre Alexewitz ayant résolu d'envoyer une Ambassade solennelle à l'Empereur de la *Chine*, leurs Majestez me firent l'honeur de jeter les yeux sur moi, & de me nomer leur Ambassadeur à cette Cour. Curieux de voir la *Sibérie*, & le *Kitai*, Pays vantez & peu conus, où aucun Aleman (1) n'avoit encore pénétré, je reçus cette comission avec joye: & sensible d'avance à la gloire d'en doner le premier une description fidéle, je me proposai, non seulement de voir tout ce qu'il y auroit de remarquable dans les endroits par où je passe-

(1) Le St. Isbrants étoit Alemand natif de *Gluckstadt*

ferois, mais auſſi d'y rechercher avec ſoin toutes les inſtructions, qui pouroient me conduire à la conoiſſance de ceux que je ne verrois pas.

Après avoir reçu mes lettres de créance, fait mon équipage, & pris toutes les précautions néceſſaires, pour un voyage long & pénible, je partis de *Moſcou*, en traineau, le 14. de Mars 1692 (1). Ce comencement fut très dèſagréable: nous fumes ſurpris en chemin par une pluye afreuſe, laquelle tombant ſur la glace, cauſa une ſi grande inondation, que bientot les chemins & les Fleuves furent confondus, & nos traineaux, qui ſurnageoient, emportez par le torrent. Dieu nous conduiſit pourtant heureuſement, & nous fit ariver, ſans aucune perte, à la Ville de *Vollogda*, où je m'arêtai, pour atendre un tems plus favorable.

Le deuxiéme jour de mon arivée, il tomba une ſi grande quantité de neige, & il gela ſi fort, que toute l'eau qui couvroit la campagne, fut priſe dans vingt quatre heures; deſorte que, pouvant en ſureté me remettre en route, je partis le 22. de *Vollogda*. Le 23 j'arivai au bord de la Riviére de *Suchina*, (2) ſur laquelle ayant fait mettre nos traineaux,

A 2 nous

---

(1) Le Sr. *Brand* dit le 13.
(2) Le Sr. *Brand* le fait ariver à un lieu nomé *Scuſcaiam*, où il le fait mettre ſur la Riviére de *Wergnoſuchono*. Ni le lieu, ni la riviére ne ſont ſur la carte, & ce qui prouve que le Sr. Brand ſe trompe, c'eſt qu'il poſe la Ville d'*Uſtiga* ſur la riviére de *Suchina*, & qu'il dit auparavant qu'ils arivérent en cette Ville ſur la riviére de *Wergnoſuchono*: ce qui forme une contradiction.

nous vînmes, avec beaucoup d'agrément, jusqu'à la Ville de la *grande Ustiga*, où cette Riviére & celle d'*Irga* joignant leurs eaux, vont se décharger ensemble dans le fameux fleuve de *Dwina* (1). dont le nom, en Aleman, signifie *Double Fleuve*.

Quant à la Riviére de *Suchina*, (2) elle coule droit au Nord: la Province, qu'elle arose, est très fertile: ses deux rivages sont couverts de Vilages très peuplez: & l'on trouve, sur son bord, à gauche, une petite Ville, nomée *Totma*. Cette Riviére est navigable, dans la belle saison: elle porte, tous les ans, un grand nombre de voyageurs, de *Vollogda* à *Archangel* (3); mais la navigation en est dangereuse: car son lit est si pierreux, son cours si rapide, & elle cache, sous ses eaux, tant de brisans, que si les bâtimens ne sont construits avec des planches extrêmement fortes, ils risquent, à tout moment, d'être crevez, & coulez à fond.

La Ville d'*Ustiga*, est située à l'embouchure de cette Riviére, (c'est à dire, à l'endroit où elle se joint à l'*Irga*.) Je m'y arêtai, 24. heu-

---

(1) Il coule du *Sud-Est*, au *Nord-Ouest*, & a son embouchure dans la mer blanche au dessous d'*Archangel*.

(2) Le Sr. *Brand* la nome *Suchana*, & ne la décrit point.

(3) Le Sr. *Brand* dit que les marchands Moscovites qui vont à *Archangel* traversent seulement cette riviére; mais il paroit, par la carte, qu'il doivent la suivre jusqu'au fleuve *Dwina*, qui conduit droit à *Archangel*. Au reste il nome encore cette Riviére *Wergnosuchana*, après l'avoir apelée *Suchana*, ce qui embarasse le lecteur.

DE MOSCOU à la CHINE.

heures, tant pour y prendre des rafraîchissemens, que pour y voir M. le Vaïwode, qui étoit mon ami, & qui voulut absolument m'y doner à diner: après quoi je partis, & me rendis le 29 à *Solowitzjogda*, (1) grande Ville, où résident beaucoup de riches marchands, & d'habiles manufacturiers, principalement en argent, en cuivre, & en os. Il y a aussi quantité de Salines, dont on transporte le Sel à *Vollogda* & aux environs.

Je sortis, le premier d'Avril, de cette Ville, & j'entrai, le même jour, dans le pays des *Sirénes*, nomé *Wollost-Usgy*. C'est un Peuple qui a un langage totalement diférent du Moscovite, mais qui a quelque raport à la langue des *Livoniens*: car quelques uns de mes gens, qui savoient la parler, (2) ayant lié conversation avec les habitans, les entendoient, & s'en faisoient entendre, à peu de chose près. Ils sont Grecs de Religion, & sous la domination de leurs Majestez Czariennes, auxquelles ils payent, annuellement, les tributs acoutumez. Ils n'ont ni Gouverneurs, ni Vaïwodes, mais des Juges, qu'ils élisent entr'eux, & dont les apellations ressortissent au Collége des affaires étrangéres, ou des Ambassadeurs, à *Moscou*, lequel en dé-

---

(1) Le Sr. *Brand* nome cette Ville *Lolowitzgotz*, qu'il dit être petite & n'avoir rien de considérable. Au reste il la pose fort bien, sur la Riviére de *Wiezegda*, qui se décharge dans le *Dwina*.

(2) Il y a aparence que ce n'étoit pas le Sr. *Brand*; car il ne dit pas un mot de la langue de ces Peuples, non plus que de leur origine, Religion, loix, vie, habillemens & comerce.

décide souverainement. Leurs habillemens diférent très peu de ceux des *Russes*, & leur maniére de se mettre est presque la même. Tout cela me fit conjecturer que ce Peuple devoit avoir habité, autrefois, les Frontiéres de la *Livonie*, ou de la Courlande, d'où la guerre, ou quelqu'autre événement, l'avoit fait sortir, & obligé de se transplanter ailleurs. Je fus curieux d'intéroger, là dessus, quelques uns d'entr'eux; mais ils me dirent qu'ils ignoroient leur origine, & qu'ils ne savoient point si leurs Ancêtres étoient venus, ou non, d'une terre étrangére. Ils ne purent pas mieux m'aprendre la cause de la diférence qu'il y a entre leur langue & la Russienne; desorte que je fus obligé de m'en tenir à mes conjectures. Ils vivent, en général, de labourage, & il n'y a que ceux, qui sont voisins de la Riviére de *Zizol* (1), qui fassent quelque comerce de pelleteries. La Contrée qu'ils habitent est passablement grande: elle s'étend jusqu'à la Ville de *Kaigorod*, & a, en tout, 70. *Sumkas* de longueur, c'est à dire, 70. bons miles d'Alemagne. Ils ont très peu de Villes, & font leur demeure dans des Hameaux, & petits Vilages, répandus ça & là, dans une Forêt très spacieuse (2). Leurs maisons sont, à peu près, construites come celles des *Russes*.
Co-

―――――――――
(1) Elle prend sa source près de la Ville d'*Ustiga*, & se jette dans la Riviére de *Kama*, entre *Kaigorod* & *Surdin*.

(2) Le Sr. *Brand*, done à cette forêt 800. *Verstes* ou 160. lieues d'Alemagne de longueur; mais il dit qu'elle n'est pas par tout habitée.

DE MOSCOU à la CHINE.

Come nous étions prêts à sortir de ce Pays, il survint une pluye si abondante, que, dans une nuit, toute la campagne fut inondée. Nous fumes, quatre jours, au milieu de l'eau, sans pouvoir presque avancer, ni reculer, & par surcroit d'incomodité, les glaces, qui fondoient, nous interdisoient le passage des Riviéres & des Ruisseaux, que nous rencontrions, à tout moment, dans la forêt. Il faloit jeter des ponts, faire des digues, & mettre en usage divers expédiens, qui nous fatiguoient beaucoup: enfin, come la patience & l'industrie viennent à bout de tout, nous franchimes heureusement tous ces mauvais pas, & nous arivames, le 6. d'Avril, à *Kaigorod*, Ville d'une médiocre grandeur, mais bien fortifiée, & située sur la Riviére de *Kama* (1).

J'avois résolu d'aler de là par terre, à *Solikamskoi*, capitale de la grande *Permie*, pour entrer ensuite en Sibérie, par les Montagnes de *Werchature*; mais, la belle Saison faisant fondre les glaces, & ne permettant plus d'avancer avec les traineaux, je fus obligé de changer de dessein, & d'atendre, à *Kaigorod*, que la Riviére de *Kama* fût navigable, pour m'y embarquer, ce qui me retint quelques semaines.

Je raconterai, en passant, une avanture, funeste à la Ville de *Kaigorod*, que le Comandant de la Place me dit être arivée, peu

---

(1) Elle vient du *Nord*, coule au *Sud*, & se jette dans le *Wolga* à quelques miles au dessous de la Ville de *Kasan*.

de tems auparavant, sous son Prédécesseur. Un Dimanche, (1) sur le midi, il se présenta, au port de la Ville, quelques barques, chargées de gens, qui batoient la caisse, jouoient du fifre, & donoient mile autres démonstrations de joye. Come tout étoit en paix dans la Province, les habitans de *Kaigorod*, loin de soupçonner ces nouveaux venus de quelque stratagême, crurent, au contraire, que c'étoient de leurs voisins, ou de leurs amis, qui venoient se divertir, dans leur Ville: ils leur permirent de mettre pied à terre, se joignirent même à eux, & les introduisirent dans *Kaigorod*, en dansant avec eux, au son de leurs instrumens; mais cette joye ne dura pas longtems: les voleurs, après avoir examiné le terrain, & pris leurs mesures, mirent, tout d'un coup, le feu à la Ville, du côté du *Sud*, & vinrent, du côté du Nord, fondre sur les habitans, lesquels, se trouvant surpris & sans armes, furent massacrez & pillez, sans faire la moindre résistance. Le Vaiwode ne fut pas épargné par ces bandis: ils enfoncérent sa maison, &, après lui avoir fait souffrir mile indignitez, ils enlevérent tout ce qui se trouva chez lui d'argent & de meubles. Cela fait, ils regagnérent leurs barques, & se sauvérent. On les poursuivit, mais en vain: on aprit seulement, que c'étoient des scélérats, qui s'étoient rassemblez, de plusieurs cantons, & qui couroient

la

_____

(1) Le Sr. *Brand* raporte cette avanture tout diférémment; mais, come le sujet n'est pas intéressant, je ne marquerai pas ici les défauts de sa relation.

la campagne, en pillant & ravageant. J'ai apris depuis qu'on en avoit arêté quelques-uns, qui avoient été traitez selon leurs mérites. Ce récit me fit penser à moi, & je ne marchai plus, dès lors, qu'avec les précautions nécessaires, pour résister aux insultes de pareille canaille.

Dès que la Riviére de *Kama* fut libre, je pris congé du Comandant, & m'embarquai, le 23. d'Avril, sur un bâtiment bien pourvu. Come le vent étoit bon, notre navigation fut heureuse, & nous nous rendimes, le 27, à *Solikamskoi*. (1)

Cette Ville est grande, belle, & très comerçante : elle est, sur tout, célébre par ses salines, qui ocupent, pendant toute l'anée, cinquante chaudiéres, (2) dont les moindres ont dix toises de profondeur. Il s'y fait une grande quantité de Sel, que l'on transporte, sur de grands vaisseaux, qui ne servent qu'à cet usage. Ces bâtimens ont 16. à 18. toises de long, portent 7. à 800. homes d'équipage, & cent, ou cent vingt mile pudes, c'est à dire, 800. ou 1000. toneaux. Ils n'ont qu'un seul mât, auquel est atachée une voile, large de trente brasses, qui sert à remonter la Riviére, quand le vent est bon : on la descend ordinairement à la rame, afin de tenir le bâtiment

---

(1) Capitale de la *grande Permie*, sur la petite Riviére d'*Usolkat*, qui se jette dans celle de *Kama*, à une demie lieue de la Ville. Notre voyageur a oublié de dire ici, qu'il fut obligé de remonter cette petite Riviére, pour venir à *Solikamskoi*.

(2) Le Sr. *Brand* dit, 80.

ment en équilibre, & de le conduire droit, le gouvernail n'étant pas assez fort, pour résister à la rapidité. Le fond de cale de ces Navires est plat, & l'on y trouve toutes sortes de comoditez, même des bains. Je fus fort surpris, quand on me dit qu'il n'y avoit pas un seul clou de fer, dans la construction de ces masses prodigieuses. Elles descendent la Riviére de *Kama*, jusqu'à son embouchure dans le fleuve *Volga*, qu'elles remontent ensuite à la rame, ou à la voile quand le vent est bon, pour aler décharger leur Sel à *Kasan*, à *Nisna*, & autres Places situées sur le fleuve.

J'avois grande envie (ainsi que je l'ai dit plus haut) de continuer ma route, par les montagnes de *Werchature*; mais, le secours de la glace me manquant, je n'osai me risquer à traverser un Pays plein de Marais, de creux, & de précipices, qui le rendent absolument impraticable, dans la belle saison. Les Officiers, & les Marchands, qui sont obligez d'y passer, ne s'y exposent jamais en été, & atendent ordinairement, à *Solikamskoi*, que la gelée ait durci le terrain. Ils pouroient bien prendre la Riviére, pour éviter ces inconvéniens; mais cette route leur est défendue, & il ne leur est permis de passer, qu'au travers des montagnes. Pour moi, dispensé, par mon caractére, de l'observation de pareils ordres, je demandai des barques au Gouverneur; qui m'en acorda, autant qu'il m'en falut, avec des gens, pour me conduire jusqu'à la Riviére de *Suzawaia*.

Je m'embarquai, le 14 de Mai, sur la petite

tite Riviére d'*Usolskat*, laquelle nous ayant bientot jetez dans celle de *Kama*, nous nous trouvames, le jour de la Pentecôte, à l'endroit, où l'Europe est séparée de l'Asie. Là je me fis mettre à terre, avec tous mes gens, que je fis monter, avec moi, sur une Coline ornée d'une verdure très agréable. Nous primes un repas, (1) sur ce dernier gason de l'Europe, &, après avoir fait des vœux pour la tranquilité de cette belle partie du Monde, nous nous rembarquames pour passer en Asie.

CHAP. II.

L'Ambassadeur entre en Asie, sur la Riviére de Suzawaia. Il trouve cette Riviére moins agréable que celle de Kama. Il décrit celle ci. Il arive chez les Tartares de Sibérie. Beauté de leur Pays. Description de ces Peuples. Leur Religion. Leur maniére de vivre. Leur croyance. Entretien de l'Ambassadeur avec quelques uns d'entr'eux, au sujet de la Religion. Ils ne conoissent point de Diable. Leurs enterremens. Ceux de leurs chiens. Ils ont plusieurs femmes. Leurs mariages. Coment, & en quel lieu, leurs femmes acouchent. Leurs habillemens.

---

(1) Le Sr. *Brand* n'en étoit pas sans doute, puisqu'il n'en parle point. Il marche toujours sans faire aucune distinction entre l'Europe & l'Asie.

VOYAGE

Leurs demeures. Leurs ocupations. Leur adresse à prendre les bêtes féroces. Ils vivent sous la protection de S. M. Czarienne.

J'ENTRAI en *Asie*, par la Riviére de *Suzawaia* (1), sur laquelle je me plus bien moins que sur celle de *Kama*. Rien n'est plus beau que le Pays que celle ci arose, depuis *Solikamskoi*, jusqu'à l'extrémité de l'*Europe*. Ce ne sont, à droite & à gauche, que des Vilages extrêmement peuplez, dont la plupart ont des salines considérables : des vastes campagnes, couvertes de toutes sortes de fleurs : des Colines, par tout cultivées, & très fertiles : & des bocages de tems en tems. La Riviére est, d'ailleurs, très poissoneuse, & son poisson d'un gout exquis. Le Pays, que la *Suzawaia* traverse, n'est pas moins beau ; mais les dificultez que nous trouvames, & les dangers que nous courumes, sur cette Riviére tortueuse, ne nous permirent pas de gouter le plaisir de l'admiration. L'eau en étoit tellement enflée, que la rame nous fut inutile, pour avancer contre le courant : il falut faire tirer nos barques, avec des cordes, & suivre ainsi le rivage, pendant douze jours, au bout desquels, c'est à dire, le 25 de Mai, nous nous trouvames chez les Tartares.

(1) Elle vient du *Sud* de la *Tartarie Usimzienne* coule au Nord-Ouest & se décharge dans la *Kama* aux limitrofes d'*Europe* & d'*Asie*. Le *Sr. Brand* nome cette Riviére *Sosswa*.

res de *Sibérie*, apelez *Wogulski*, où, ennuyé de la navigation, je me fis mettre à terre, pour me récréer, & doner à mes gens le tems de se rafraichir.

Ce Pays, quoique peu habité, est peut-être un des plus beaux du Monde. Je me promenai, depuis le matin jusqu'au soir, sur une montagne, peu éloignée du rivage, couverte par tout de fleurs & d'herbes odoriférantes, au haut de laquelle on me dit pourtant qu'il y avoit quantité de bêtes féroces. Come les *Tartares* de cette contrée sont Payens, je fus curieux de m'informer des particularitez de leur religion, & de leur maniére de vivre: j'alai, pour cet effet, coucher à un de leurs vilages, où j'apris les circonstances suivantes.

Les *Wogulskes* sont naturellement robustes, & ont la tête fort grosse. Toute leur Religion consiste dans un sacrifice, qu'ils font tous les ans une fois; ils vont en troupe dans un bois, où ils assoment un animal de chaque espéce, dont le cheval & le bouc tigré sont les plus nobles, selon eux: ils écorchent ensuite les animaux assomez, &, après en avoir pendu les peaux aux arbres les plus élevez de l'endroit où ils se trouvent, ils se prosternent, le visage contre terre, & les adorent. Cela fait, ils mangent ensemble la chair des victimes; & s'en retournent, en disant, *Nous voila quites, pour cette anée, de priéres, & de cérémonies*. Ils ne donent aucune raison de l'introduction de cet usage: ils disent seulement, en général, que leurs Péres l'ont

Quant à leur Doctrine: je leur demandai s'ils ne croyoient pas qu'il y eût, dans le Ciel, un Dieu, qui avoit créé toutes choses, qui conservoit & gouvernoit le monde, & qui envoyoit sur la terre, selon qu'il lui plaisoit, la pluye & le beau tems. Ils me répondirent qu'ils honoroient le Soleil, la Lune, & les Étoiles, parcequ'ils les voyoient dans le Ciel, & que leur lumiére éclairoit la terre: qu'au reste, il pouvoit bien y avoir un Dieu, qui gouvernoit tout, & qu'ils ne voyoient pas. Ils ne veulent point entendre parler du Diable, & disent qu'ils ne le conoissent pas, parcequ'il ne leur est jamais aparu. Ils croyent une résurrection, mais ils ignorent quelle sera la récompense de l'autre vie. Quand quelqu'un d'entr'eux meurt, ils l'enterrent, paré de ses plus beaux habits: ils mettent dans la fosse une some d'argent, proportionée aux facultez du défunt, afin, disent ils, qu'il ait de quoi se nourir, après sa résurrection. Les parens du mort font, sur son tombeau, des hurlemens afreux, & il n'est permis à un mari de se remarier, qu'un an après la mort de sa femme. Les chiens reçoivent aussi, chez ces Peuples, des honeurs funébres: lorsqu'un *Wogulske* perd un de ces animaux, qui lui a servi à la chasse, ou à quelqu'autre exercice, il lui fait élever une petite maisonette de bois, d'environ une brasse de hauteur, dans laquelle il met, & laisse la charogne, tant que le monument dure. Il est permis à ces Tartares d'avoir autant de femmes qu'ils peuvent en entretenir: lorsqu'une d'entr'elles est prête à acoucher, elle se retire dans un bois particulier,

lier, où elle demeure deux mois, dans une hute, sans qu'il lui soit permis d'en sortir, ni au mari d'aler voir sa femme. Celui qui veut se marier, est obligé d'acheter du Pére la fille qu'il desire. Les épousailles se font sans beaucoup de cérémonie, & sans le ministére d'aucun Prêtre (car ils n'en ont point:) les plus proches Parens s'assemblent, dans le lieu où se doit faire le festin des noces, & là, sans aucune formalité, les mariez se mettent au lit. Ils ne peuvent s'alier qu'au quatriéme dégré, ce qu'ils observent fort scrupuleusement.

Je leur parlai de *Jésus Christ*: je leur dis que tous les homes le reconoissoient pour fils de Dieu, & Redempteur du monde: que ceux, qui croyoient en lui, n'étoient pas seulement heureux pendant leur vie; mais qu'ils étoient surs de jouir, après leur mort, d'une gloire & d'une félicité éternelle. Je voulus les engager, par ces motifs, à embrasser le Christianisme; mais ils me répondirent, qu'ils ne croyoient pas ce que je leur disois, à l'égard du temporel, puisqu'ils voyoient, tous les jours, des malheureux Russes, qui croyoient en Christ, prendre beaucoup de peine, pour gagner un morceau de pain noir: que par raport au spirituel, & à la gloire éternelle, dont je leur parlois, ils ne se soucioient pas d'en être instruits; qu'ils s'en tenoient à la doctrine de leurs Péres: qu'ils vouloient vivre & mourir come eux, & suivre leurs exemples, bons ou mauvais.

Leurs habillemens, non plus que ceux de leurs femmes & de leurs enfans, n'ont rien
d'ex-

d'extraordinaire. Leurs maisons sont faites de bois, de forme quarrée, &, à peu près, semblables à celles des Russes. Ils se servent de foyers de pierres, au lieu de fourneaux : aussitôt que le bois est réduit en charbons, ils bouchent l'ouverture du toit, par où passe la fumée, avec des piéces de glace, que la clarté du jour peut pénétrer ; desorte que la chaleur demeure dans la chambre, sans que la lumiére en soit offusquée. Ils ne se servent point de chaises, mais ils s'asseoyent, à la maniére des Persans, sur un banc, élevé de cinq piez, large de dix, qui regne tout autour de l'apartement, & sur lequel ils couchent. Ils ne vivent que de ce que l'arc & la fléche peuvent leur fournir. Leur plus grande chasse est celle de l'Elan, qui est très comun chez eux : ils en coupent la chair par morceaux, & l'exposent à l'air, autour de leurs maisons, pour la faire sécher : quand il a plû dessus, & qu'elle comence à sentir mauvais, elle est pour eux délicieuse. Ils ne mangent ni poulets, ni cochons. Leur maniére de prendre les bêtes féroces est fort ingénieuse ; ils ont des arcs fort grands, qu'ils posent, tout bandez, à terre, dans les forêts : au milieu de l'arc est un apât, auquel est atachée une corde délicate, qu'on ne peut ébranler, sans faire partir la machine ; desorte que la bête, qui done dans le piége, & mord à l'apât, se trouve, tout d'un coup, percée d'une fléche, dont la blessure est ordinairement mortelle. Ils font, outre cela, sur les passages des animaux sauvages, des creux profonds, qu'ils couvrent légérement avec des broussailles,

les, sur lesquelles l'animal venant à passer, il se précipite dans la fosse, dont il ne peut plus sortir. Ces Tartares vivent toujours en paix, sous la domination de S. M. Czarienne, à laquelle ils payent tribut. Leurs habitations s'étendent le long de la Riviére de *Suzawaia*, jusqu'au Château d'*Utka*, & continuent vers le Nord de la *Sibérie*, pendant 800. miles d'Alemagne, jusqu'à la *Samoïde*.

CHAP. III.

*Arivée de l'Ambassadeur au Château d'*Utka. *Description de cette Place. Arivée à* Neujanskoi. *A* Tumeen. *Forêt où l'on trouve une espéce de Renard gris, dont la peau est précieuse. Particularitez au sujet de cet animal. Crainte que l'Ambassadeur eut des* Kalmaques. *Départ de* Tumeen. *Arivée à* Tobolesk. *Description de cette Ville. Abondance de poissons dans la Riviére d'*Irtis. *Courses des* Tartares, *dans le Pays soumis aux Czars. Coment la Ville de* Tobolesk, *& la Sibérie entiére sont tombeés sous la domination de S. M. Czarienne. Histoire abrégée du voleur* Timofeiewitz, *qui en a fait la conquête.* Tartares *Mahométans des environs de* Tobolesk. *Description de leurs cérémonies.*

Le

VOYAGE

LE lendemain nous nous remimes sur la Riviére, & nous arivames heureusement, le premier de Juin, au Château d'*Utka*, (1) Place forte, bâtie pour arêter les Tartares *Baskirses*, & *Uffimziens*, qui tentent souvent de faire des courses dans la *Sibérie*.

Pendant le séjour que je fis dans ce lieu, il y vint un noble *Uffimzien*, qui résidoit dans les terres de l'obéissance du Czar. Ce Gentilhome avoit épousé depuis peu une jeune femme, qui s'étoit sauvée de sa maison, sans qu'il lui eût doné, à ce qu'il disoit, aucun sujet de mécontentement : il la cherchoit, & ne l'ayant point trouvée à *Utka*, il s'en retourna chez lui fort tranquile, en disant : *je suis le settiéme mari qu'elle a abandoné : il paroit que cette Dame aime la viande fraiche.*

Nous primes des chariots, & des chevaux à *Utka*, & nous en partimes le 10. de Juin. Nous traversames la Riviére de *Nevia*, (2) & nous vinmes à un Château nomé *Ajada*, (3) où,

---

(1) Le Sr. *Brand* pag. 35. le nome *Junitzni Kogorod*. Pag. 34. *Utko* simplement, & dit que de *Solikamskoi* à *Utka* il y a fort peu de terres habitables, n'étant la plus grande partie, que bois & deserts. Il avoit sans doute perdu l'idée des beaux rivages de la Riviére de *Kama*, où sont tant de vilages peuplez & des terres délicieuses. Ces rivages font plus de la moitié du chemin de *Solikamskoi* à *Utka*.

(2) Elle vient de la *Tartarie Baskirsienne*, coule du Sud au Nord, & tournant subitement à l'*Est*, vers sa fin, elle se jette dans la Riviére de *Reesch*, auprès du Château de *Neuianskoi*.

(3) Le Sr. *Brand* le nome *Ajat*, pag. 35. & le pose sur une Riviére de même nom. Il se trompe : ce château est sur la Riviére de *Reesch* : il n'y a point sur la carte de Riviére *Ajat*.

où, ayant trouvé la Riviére de *Reefch*, (1) nous la suivimes jusqu'au Château d'*Arfamas* (2). De là nous nous rendîmes au Château de *Neuianskoi*, (3) situé sur la Riviére de *Nevia*, dont nous venons de parler.

Cette petite traite me procura tout le plaisir possible. Nous rencontrions, à tout moment, des habitations, entourées de champs parfaitement bien cultivez, où nous trouvions en abondance, & à bon marché, toutes les nécessitez de la vie. Quand les Vilages nous manquoient, nous en étions dédomagez par la vue de belles prairies, de bocages, de lacs, qui formoient, par leurs situations diversifiées, les objets du monde les plus agréables.

Après avoir séjourné quelques jours à *Neuianskoi*, je m'embarquai, le 21. de Juin, sur la Riviére de *Reefch*, qui passe près de ce Château. Je remarquai, avec plaisir, que les rivages de cette Riviére étoient garnis de Vilages, & de Châteaux, habitez par des Russes Chrétiens, qui s'atachent beaucoup à cultiver leurs terres.

De cette Riviére nous entrames dans celle de

---

(1) Elle vient de la *Tartarie Baskirsienne*, coule come la *Newia* du *Sud* au *Nord*, baigne le Château de *Neuianskoi*, & se jette dans la Riviére de *Tura*, auprès de la Ville de *Tumeen*.

(2) Le Sr. *Brand* pag. 35. dit *Romaschowa*; mais ce lieu n'est sur la carte, ni sous ce nom, ni sous celui d'*Arfamas*.

(3) Le Sr. *Brand* pag. 36. dit *Nowagorod*: il se trompe: *Nowagorod* est au cœur de la Russie à quelques miles de *Moscou*. *Neuianskoi* est sur la Riviére de *Newia*, & le vrai lieu où notre voyageur marque être arivé.

de *Tura*, (1) qui se décharge dans le *Tobol*, (2) & le 25. de Juin, nous arivames heureusement à *Tumeen*, (3) Ville assez bien fortifiée, & très-peuplée, par raport à sa situation. Les trois quarts de ses habitans sont *Russes*; les autres sont *Tartares Mahométans*. Ils font un comerce considérable dans le Pays des *Kalmaques*, & en *Bugarie*. Plusieurs habitent la campagne, & vivent de leur labourage, & de leur pêche. Il n'y a, dans le territoire de *Tumeen*, d'autres pelleteries, que celles des Renards rouges, des Loups, & des Ours; mais, à quelques miles de là, dans le bois apelé *Heetkoi-Wollok*, on trouve une espéce de Renards gris, dont la couleur ne change point en hiver, come celle des autres. Ces Renards sont une fois plus gros que les Renards ordinaires: ils ont le cuir fort épais, & la peau si belle, qu'elle est regardée come une des plus précieuses fourures; mais, come cette pelleterie ne se trouve qu'en ce seul endroit de la Moscovie, il est défendu, sous de grosses peines, d'en faire comerce, & de la transporter hors du Pays, étant uniquement destinée à l'usage de la Cour. Cet animal a cela de particulier, que, quand il trouve, dans sa forêt, quelque Renard, qui n'est pas de son

(1) Formée par les eaux de la *Reesch*, & d'une autre petite Riviére qui vient de *Wergature*.
(2) Qui prend sa source à *Anaik* Ville des *Kalmaques*, coule du *Sud* au *Nord*, traverse la *Tartarie Baskirsienne* & se jette dans l'*Irtis*, à *Tobolosk*, capitale de *Sibérie*.
(3) Sur la Riviére de *Tura*.

son espéce, il le tue, & le dévore.

Pendant que j'étois dans Tumeen, il s'y répandit un bruit, qui dona l'alarme aux habitans. C'étoit qu'une *Horde Tartare*, composée de *Kalmaques*, & de *Cosaques*, étoit descendue en *Sibérie*, où elle avoit déja ravagé plusieurs Vilages, & fait périr beaucoup de monde. Come *Tumeen* étoit menacé d'un pareil traitement, & que les voleurs n'en étoient éloignez que de quinze miles, le Gouverneur fit aussitot venir des troupes, de *Tobolesk*, & des autres Villes, & les ayant envoyées à la rencontre des *Tartares*, ceux ci furent batus, & obligez de se retirer, avec une perte considérable. Pour moi, n'étant pas bien aise de demeurer plus longtems dans un Pays si exposé, je demandai des rameurs frais, & des Soldats pour mon escorte, & je me remis sur la Riviére de *Tura*, d'où j'entrai bientot dans celle de *Tobol*. Les bords de cette derniére Riviére sont si bas, que la Campagne des environs est toujours mouillée, & ordinairement sous l'eau, tous les printems, ce qui la rend impraticable, &, par conséquent, inhabitée; mais, à une distance de quelques miles du rivage, on trouve, aux deux côtez, des habitations de *Russes*, & de *Tartares Mahométans*. Au reste, on pêche, dans cette Riviére, toutes sortes de poissons.

Le premier de Juillet, j'arivai heureusement à *Tobolesk*, Ville située sur une haute montagne, & qui, outre ses fortifications naturelles, a un grand Cloître, bâti de pierres,

& des *échauguettes* (1) fort élevées, qui pouroient, en cas de besoin, servir de forteresses. Au pié de cette Ville coule la Riviére *Ritisch*, ou *Irtis*, (2) dont les bords sont habitez, aux environs de *Tobolesk*, par des *Tartares Mahométans*, & des *Buchares*, qui, par le secours de cette Riviére, portent leur comerce dans le Pays des *Kalmaques*, &, de là, jusqu'à la Chine. Si l'on pouvoit voyager en sureté dans le Pays des *Kalmaques*, cette route seroit en effet la plus courte, en traversant le lac de *Jamuschowa*.

Tobolesk est la Capitale de Sibérie. Son Gouvernement s'étend, au Midi, depuis les Montagnes de *Werchature*, jusqu'au fleuve *Oby*, le Pays de *Barabu* compris: à l'Orient, jusqu'à la *Samoide*: à l'Occident, jusqu'au Pays d'*Ussa*, & à la Riviére de *Suzawaia*: & au Nord, jusqu'au Pays des *Ostiakes*. Cette étendue est peuplée de *Russes*, ocupez à défricher, & à cultiver le Pays, & de plusieurs autres Peuples *Tartares*, & Payens, qui payent tribut à S. M. Czarienne. Les vivres sont à si bon marché, à *Tobolesk*, qu'on peut y avoir cent livres de farine de Seigle, pour seize sols,

un

---

(1). Tours où l'on fait le guet, pour voir ce qui se passe aux environs d'une Ville.

(2) Le Sr. *Brand*, pag. 42., dit que cette Riviére se jette dans le *Tobol* à Tobolesk. C'est tout le contraire: l'*Irtis* y reçoit le *Tobol*, & continue son cours & son nom jusqu'au fleuve *Oby*. Cette Riviére sort du lac *Suzan*, dans le Pays des *Durbetses*, coule du Sud au Nord-Ouest, traverse le Pays des *Kalmaques* & l'*Olgaric*, reçoit le *Tobol* à Tobolesk, & se jette à la gauche de l'*Oby*, au dessous de *Samarofkoiam*.

un bœuf, pour deux risdales & demie, & un cochon passablement gros, pour trente, ou trente cinq sols. La Riviére d'*Irtis* fournit du poisson en abondance: un Eturgeon, du poids de 40. à 50. livres, ne coute que cinq à six sols: ce poisson est si gras, qu'après qu'il est cuit, on trouve, au fond du chauderon, plus d'un doigt d'épais de graisse. Il y a quantité de bêtes fauves, & de gibier: l'Elan, le Cerf, la Biche, le Liévre, le Faisan, la Perdrix, le Cigne, l'Oye Sauvage, le Canard, la Cicogne, y sont à meilleur marché que le Bœuf. La Ville est pourvue d'une bone garnison, & il y a toujours neuf mile homes d'armes, prêts à marcher, au premier ordre de S. M. Czarienne, laquelle a, outre cela, quelques mile *Tartares*, à cheval, qui servent dans la Province.

Il arive souvent, dans la belle saison, que l'Horde des *Cosaques* & *Kalmaques*, comandée par le *Testicham*, ou Chef des *Tartares de Bugarie*, vient fondre sur la *Sibérie*, où elle fait beaucoup de ravages. Les Tartares *Ussimsiens*, & *Baskirses*, y descendent aussi quelquefois, & choisissent, pour cela, le tems auquel les troupes sont ocupées à chasser les premiers.

Il y a, à *Tobolosk*, un *Métropolitain*, ou Chef d'Eglise, envoyé de Moscou, qui a la jurisdiction spirituelle de toute la *Sibérie*, & de la *Daure*.

Il n'y a pas plus de cent ans que la *Sibérie* est tombée sous la domination de S. M. Czarienne. Voici, en peu de mots, l'histoire de cet événement. (1) Sous le regne du Czar

---

(1) Le Sr. *Brand* a ignoré ce trait d'Histoire: car il n'en dit pas le mot.

Czar *Ivan Wasilewitz* il parut en Moscovie, un certain *Jeremak Timoseiewitz*, Chef d'une bande de voleurs, qui incomodoient beaucoup le Pays. Le Czar ayant mis des gens en campagne, pour arêter ces malfaiteurs, *Jeremak* fut obligé de se sauver; il gagna la Riviére de *Kama*, sur laquelle il s'embarqua, avec ses Complices, & de cette Riviére étant entré dans celle de *Suzawaia*, il vint débarquer dans une campagne, apartenant à un particulier, nomé *Stroginoff*, qui employa, d'abord, cette troupe de gens vigoureux, au défrichement des terres situées le long de la Riviére. Après avoir cultivé un espace de terrain, d'environ 70 miles de longueur, *Jeremak* crut avoir mérité la bienveillance de son Patron: il le pria de demander sa grace à la Cour, offrant, pour l'obtenir, de soumettre au Czar toute la *Sibérie*. *Stroginoff* en fit, en effet, la proposition, laquelle ayant été agréée, aux conditions offertes, *Jeremak* se mit en marche, & remonta d'abord, avec sa troupe bien armée, la Riviére de *Serebrenskoi*, qui prend sa source, au Nord-Est, dans les Montagnes de *Werchature*, & se jette dans la *Suzawaia*. De là, il vint par terre à la Riviére de *Tagin*, (1) sur laquelle s'étant embarqué, il entra dans la *Tura*, & s'avança jusqu'à la Ville de *Tumeen*, qu'il prit & sacagea. Cette expédition faite, il entra dans le *Tobol*, & vint se présenter devant *Tobolsk*.
Un

---

(1) Petite Riviére qui coule du *Nord-Ouest* au *Sud-Est*, entre dans la Sibérie, & se jette dans la *Tura* au *Sud-Est* de la Ville de *Wergatura*.

DE MOSCOU à la CHINE.

Un Prince Tartare, nomé *Altanai Kutzjumwitz*, agé seulement de douze ans, faisoit alors sa résidence dans cette Ville. *Jeremak* l'ataque, la prend, y met une partie de ses gens en garnison, & envoye, à Moscou, le malheureux Prince qu'il venoit de déposséder. Son petit-fils y vit encore, & y est honoré du titre de *Czar de Siberie*.

Enflé du succès de ses entreprises, le nouveau Conquérant voulut aler plus loin; mais, come il descendoit la Riviére de *Jetisch* (1), un parti *Tartare* l'assaillit de nuit, à quelques miles de *Tobolsk*, & lui tua beaucoup de monde: lui-même, ayant voulu sauter de sa barque dans une autre, eut le malheur de tomber dans l'eau, & de se noyer, sans qu'on ait jamais pu trouver son cadavre. Cependant, *Stroginoff* écrivit en Cour, & bientôt, avec la grace de *Jeremak*, arivérent quelques centaines d'Officiers & Soldats Moscovites, qui se mirent en possession des Places prises, & les fortifiérent. C'est ainsi qu'a comencé la domination des Czars sur la *Siberie*.

Les *Tartares*, qui habitent les environs de *Tobolesk*, sont tous Mahométans. Je fus curieux d'aler voir leurs cérémonies; mais, come ils ne permettent qu'aux Magistrats d'entrer dans leurs Mosquées, je priai M. lle Waiwode de m'y acompagner, ce qu'il fit avec beaucoup de plaisir. De grandes fenêtres regnent autour de ces Mosquées; elles étoient,

B

(1) C'est l'*Irtis*.

étoient, ce jour là, toutes ouvertes, & de beaux tapis couvroient le pavé: c'est le seul ornement que je vis dans ces Temples. Tous ceux qui y entroient, laissoient leurs souliers à la porte, & aloient s'asseoir à terre, les jambes pliées sous eux, en formant des rangs. Le Prêtre étoit revêtu d'une tunique de coton blanc, & avoit, sur la tête, un turban de toile blanche. Dès que tout le monde fut rangé, il sortit, de derriére le Peuple, une voix mugissante, qui prononça quelques paroles, après lesquelles chacun se releva, & se mit à genoux. Le Prêtre parut alors, & après avoir dit quelques mots, d'une voix basse, il se mit à crier, de toutes sa force, *Alla, Alla, Mahomet*, ce que les assistans répetérent, en criant encore plus fort, & faisant trois inclinations jusqu'à terre. Le silence fait, le Prêtre se mit à regarder dans ses mains, come s'il y avoit lu quelque chose, & tout d'un coup, élevant la voix, il cria, pour la seconde fois, *Alla, Alla, Mahomet.* Ensuite il tourna la tête, sans mot dire, du côté de son épaule droite, puis, du côté de son épaule gauche, & ainsi finit cette cérémonie, qui fut très courte.

Le Chef des Prêtres, ou le *Moufti*, est *Arabe* d'origine ; prérogative que ces Mahométans tiennent à grand honeur, & qui leur fait avoir une vénération profonde, pour toutes les persones, qui savent lire & écrire l'*Arabe*.

Le Prêtre, qui venoit d'officier, nous pria d'entrer dans sa maison, où il nous dona na du Thé. Ces *Tartares* ont des esclaves, dont la plupart sont *Kalmaques*, parmi lesquels il y a même des enfans de quelques Princes de cette Nation, pris en course.

CHAPITRE IV.

Départ de Tobolesk. *Description de la Riviére d'*Irtis. *Quels Peuples habitent ses rivages. Force surprenante d'un Ours. Chiens qui tirent des traineaux: leur naturel: leur figure. Description de* Samarofkoiam, *& des Peuples qui habitent ce Bourg. Départ de ce lieu. Arivée à* Surgut. *Situation de cette Ville. Belles Pelleteries de cette Contrée. Avanture curieuse, arivée à un chasseur, par la ruse d'un Renard noir.* Vuilvraten, *description de ces animaux. Castors: leurs cavernes, leurs esclaves, leur industrie. Coment on les chasse.*

APrès avoir fait, à *Tobolesk*, toutes les provisions dont j'avois besoin pour continuer mon voyage, je demandai une escorte avec laquelle je m'embarquai, le 22. Juillet, sur la Riviére d'*Irtis*. Le rivage méridional de cette Riviére est bordé de Vilages, dont les principaux sont *Jamin*, & *Demianskoi*, habitez par des *Tartares*, & des

B 2 *Ostia-*

Oſtiakes. C'eſt auprès de ce dernier que la petite Riviére de *Pennouka* (1) ſe jette dans l'*Irtis*.

Le 28. nous arivames à *Samarofkoiam* (2), où nous primes des rameurs frais, & fimes mettre un mât à notre barque, dans le deſſein, ſi le vent étoit favorable, d'entrer, à la voile, dans le fleuve *Oby*, dont nous n'étions pas éloignez.

L'eau de la Riviére d'*Irtis* eſt blanche & fort claire. Elle prend ſa ſource dans les montagnes du Pays des *Kalmaques*, coule du *Sud* au *Nord*, & traverſe les deux lacs de *Kabaco*, & de *Saiſan*. Elle a, du côté du *Sud-Eſt*, des hautes montagnes couvertes de Cédres; mais, du côté du *Nord-Oueſt*, la campagne qu'elle aroſe eſt baſſe, & l'on y trouve des Ours, des Loups noirs, & des Renards rouges & gris, d'une groſſeur prodigieuſe. A quelques miles de *Samarofkoiam* (3), coule une petite Riviére, nomée *Kaſumka*, qui va ſe jeter dans l'*Oby*, ſur les bords de laquelle on prend des Renards gris, qui ont la peau preſque auſſi belle, que ceux de la forêt d'*Heetkoi-Wollok*, dont nous avons parlé, dans le précédent chapitre.

Je ne puis m'empêcher de raporter ici, une

―――――――――――――――――――

(1) Le Sr. *Brand*, pag. 45. nome cette Riviére *Demianskoi*, qui eſt le nom du vilage, au pié duquel elle ſe jette dans l'*Irtis*. Cette petite Riviére, dont le cours n'a qu'une très petite étendue, coule du *Sud-Eſt* au *Nord-Oueſt*.

(2) Bourg auprès de l'embouchure de l'*Irtis*, dans le fleuve *Oby*.

(3) Au *Sud-Eſt* de ce Bourg.

ne avanture assez surprenante, que les habitans de *Samarofkoiam* m'assurérent être arivée chez eux, l'autonne précédente. Un matin, à la pointe du jour, un Ours, extrêmement gros, étant entré dans leur Bourg, enfonça la porte d'une écurie, dans laquelle il y avoit des Vaches, en saisit une, qu'il embrassa, avec ses pattes de devant, & se mit ensuite à courir, sur ses pattes de derriére, chargé de sa proye. Les mugissemens de la Vache ayant éveillé les voisins, ils se levérent, prirent des armes à feu & des massues, & coururent après l'Ours, qui n'abandona sa prise, qu'après qu'on eut tiré sur lui plusieurs coups.

Le Bourg de *Samarofkoiam* est habité par des *Russes* apelez *Jemschikes*, qui sont gagez par S. M. Czarienne pour fournir, *gratis*, aux Waiwodes, & autres Officiers, qui voyagent dans la Sibérie, par les ordres de la Cour, les voitures & les homes dont ils ont besoin. Ils sont aussi obligez, moyennant un salaire modique, de conduire tous les voyageurs qui passent par leur Bourg, jusqu'à la Ville de *Surgut*, en hiver sur la glace, & en été sur l'eau. Ils attélent des chiens à leurs traineaux, n'étant pas possible de se servir de chevaux à cause des neiges, qui couvrent les chemins en hiver, & qui ont quelque fois plus d'une brasse de profondeur. Ces chiens sont fort déliez, & cependant très forts : deux susisent à chaque traineau, & peuvent tirer jusqu'à 300. livres pesant. Ils marchent si légérement, qu'à peine leurs traces paroissent

sur

sur la neige, & ils vont assez vite, pour empêcher la voiture d'enfoncer. La plupart conoissent, au moindre mot qu'on dit devant eux, si l'on doit bientôt les mettre en voyage; & alors ils s'assemblent la nuit, & font des hurlemens épouvantables. Quand ils sont en route, s'il leur prend envie de chasser, il faut que le maître prenne son arme à feu, & des souliers faits exprès pour marcher sur la neige, & qu'il les méne dans le bois. La chasse faite, le maitre prend, pour lui, la peau de la bête, qui est le plus souvent un Renard noir, leur done la chair à manger, & continue son chemin.

Ces chiens sont d'une moyenne grandeur: ils ont le museau pointu, les oreilles droites, la queue haute & recourbée. Ils ressemblent si bien aux Loups & aux Renards, que les chasseurs prennent souvent le change, dans les forêts, & tirent les uns pour les autres. On assure aussi que ces chiens s'acouplent, avec ces derniers animaux, & plusieurs persones m'ont dit avoir vu des troupes de Renards & de Loups venir dans les Vilages, où les chasseurs s'arêtent avec leurs meutes.

Je partis, le 29. de Juillet, de *Samarofkoiam*. La Riviére d'*Irtis* se jette dans le fleuve *Oby*, par deux embouchures, dont l'une est plus dangereuse que l'autre, pour la navigation. Je fis ramer vers la plus sûre, & le lendemain, premier d'Aout, nous noùs trouvames sur ce fameux fleuve (1) qui a, en cet en-

_____

(1) Le Sr. *Brand* dit, pag. 46. qu'*environ à une demie*

endroit, une bone demie lieue de large. De hautes Montagnes regnent le long de son rivage, du côté de l'*Est*, &, du côté de l'*Ouest*, on voit une campagne unie, à perte de vue.

Le 6. d'Aout, nous arivames à la Ville de *Surgut*, située sur le bord Oriental du fleuve. Depuis cette Ville, jusqu'à celle de *Narum*, qui est sur le même rivage, en remontant le fleuve, on trouve, dans les bois, & dans les montagnes, des Zibelines, dont les unes sont d'un noir pâle, & les autres d'un noir très foncé. On y trouve aussi les plus belles & les plus grosses Hermines de la *Sibérie*, & les Renards noirs les plus précieux. Parmi les peaux de ces Renards, que l'on conserve pour l'usage de S. M. Czarienne, il y en a qui sont estimées sur les lieux, jusqu'à 300. roubles, & qui sont en effet d'un si beau noir, qu'il n'y a point de Zebeline de la *Daure* qui en aproche. On se sert de chiens, pour la chasse de ces animaux: à propos de quoi, l'on me raconta, dans le Pays, une avanture fort particuliére, qu'on me dit être arivée depuis un an, dans un Vilage voisin de *Surgut*.

Un beau Renard noir étant venu se montrer un jour aux portes du Vilage, fut aperçu par un Paysan, qui, envieux de sa peau,

---

mie lieue de *Samarofkoiam*, ils entrérent dans le fleuve *Oby*, par un de ses bras. C'est une double erreur: l'*Oby* est à plus de 6. lieues de *Samarofkoiam*, & il ne se divise en branches que vers son embouchure dans la Mer Glaciale.

peau, apela ses chiens, & le fit poursuivre. Le Renard, ne voyant point de salut dans la fuite, eut recours à la ruse: il vint à la rencontre des chiens, d'un air d'amitié, baissant la tête, & remuant la queue, se coucha sur le dos, puis se releva, sauta & folatra autour d'eux, & leur fit tant de caresses, que les chiens, oubliant leur fureur, le flatérent, aulieu de le mordre, & cabriolérent, come lui, pendant quelque tems ; après quoi il se retirérent, & le Renard regagna sa taniére, sans qu'il pût en être empêché par le Paysan, qui n'avoit point d'armes, & qui, ne comptant plus de revoir ce précieux animal, s'en retourna, tout triste de l'avoir manqué.

Deux jours après, le Renard parut encore à la même place. Le Paysan avoit un Chien blanc, qu'il n'avoit pas mené la derniére fois, quoiqu'il fût son meilleur chasseur ; il l'apelle, le pousse après la bête, mais un chien noir, de la premiére chasse, l'avoit prévenu, & étoit déja auprès du Renard, avec lequel il badinoit. Le chien blanc, vieux routier, acoutumé à l'artifice, feignit de vouloir être de la partie: il courut, en gambadant, & parut n'avancer que pour se joindre aux deux amis ; mais dès qu'il fut à portée, il se lança sur le Renard, lequel ayant fait, adroitement un saut en arriére, s'esquiva, & se sauva dans la forêt, où il ne fut pas possible de le découvrir de la journée.

Pour cette fois, le Paysan fut inconsolable; il regardoit, come sa fortune, le prix de cette belle peau: mais, come il s'agissoit

de

de retrouver un Renard manqué deux fois, le pauvre home en dèfefpéroit. Il mit fon efprit à la gêne, pour trouver un expédient propre à fon but, &, à la fin, il eut le bonheur d'en imaginer un, qui lui réuffit. Il teignit de noir fon chien blanc, afin que le Renard le méconût, & le mena enfuite, tout feul, dans le bois. Ce chien, qui avoit le nez très fin, eut bientot trouvé la pifte : le Renard l'aperçut de loin, &, le prenant pour fon bon ami, vint auffitot au devant de lui, en fe jouant, come il avoit acoutumé de faire au devant de l'autre; mais le vieux mâtin, ayant trouvé, en le careffant, le moment de le furprendre, l'étrangla, & le porta à fon maitre, qui en vendit la peau 100. *roubles.*

Les Renards noirs, mêlez de gris, qu'on apelle Renards croifez, font très abondans dans cette Contrée; mais les Renards, tout à fait noirs, y font rares. On y trouve auffi quantité de Renards rouges, de *Vuilvraten* & de Caftors.

Le *Vuilvraten* eft un animal fort malin, qui ne vit que de rapine : il fe cache dans les arbres, come le Loup Cervier, & s'y tient immobile, jufqu'à ce que quelque Cerf, Elan, Biche, ou Liévre, vienne à paffer, ou fe tapir aux environs de l'endroit, où il eft à l'affut : alors il fe lance adroitement, fur l'animal furpris, le faifit avec les dens, par le milieu du corps, & le ronge jufqu'à ce qu'il l'ait fait mourir. Un Waiwode du Pays, qui avoit, pour fon plaifir, un de ces animaux dans fa Cour, le fit, un jour, je-

B 5 ter

ter dans l'eau, & lui mit deux chiens après; mais le *Vuilvraten* en ayant d'abord saisi un, par la tête, l'entraina sous l'eau, & l'y tint ferme, jusqu'à ce qu'il fût étoufé: il courut ensuite à l'autre, auquel il auroit sans doute fait subir le même sort, si quelqu'un des spectateurs n'eût jeté, dans le bassin, une piéce de bois, qui lui servit d'obstacle, & dona au chien le tems de se sauver à la nage.

Les Castors sont très abondans dans cette Contrée, & s'y tiennent en troupes. On raporte, au sujet de ces animaux, plusieurs particularitez curieuses, mais dont la plupart paroissent tenir de la fable. En voici quelques unes, qui m'ont été assurées véritables par les gens du Pays.

Come les Castors ne vivent que de poissons, ils se tiennent ordinairement sur les bords des Riviéres qui en abondent, dans des endroits peu fréquentez, & où les barques ne peuvent pas passer. Dans le printems, tous ceux d'un même quartier se ramassent, se joignent par couples, & vont en corps à la chasse de leurs semblables: ceux qu'ils peuvent prendre, ils les conduisent dans leurs cavernes, où ils les font servir come des esclaves. Ils coupent avec leurs dens, des arbres entiers, qu'ils taillent ensuite en petites piéces, chacune d'une certaine longueur, portent ces matériaux dans leurs habitations, où ils en composent des apartemens, pour eux-mêmes, & des loges, pour contenir les provisions qu'ils font en été. Mais tout cela n'est pas si surprenant que la coutume pratiquée par ces animaux, après que leurs femelles ont fait leurs petits. On dit que tous ceux d'un même voisinage s'assemblent, pour lors, & vont en troupe couper avec leurs dens un arbre, dont le tronc a quelquefois quatre ou cinq piez de circonférence, & deux brasses de haut. Ils trainent ce pesant fardeau dans la riviére, & le conduisent ensuite sur l'eau, jusqu'à l'entrée de la caverne, où est la femelle qui a mis bas : là, ils ont l'art d'élever cette espéce de *Mai*, & de le faire tenir de bout, sans qu'il touche au fond, mouillé seulement jusqu'à la hauteur de trois à quatre piez, le mettant cependant sur son centre, avec tant de proportion, que, quand il est une fois posé, ni le vent, ni la rapidité de la Riviére ne sauroient le tirer de son équilibre. Il ne paroit pas naturel d'admettre pareille industrie dans des animaux non raisonables : cependant tous les Peuples de la *Sibérie*, chez qui je me suis informé de la nature & des propriétez du Castor, m'ont assuré que rien n'étoit plus vrai que cette circonstance. Ils m'en ont même raconté d'autres, encore plus extraordinaires ; mais, come tout le raisonnement humain pouroit à peine les produire, je les ai prises pour des fictions, & je les passe sous silence.

Quelques persones ont traité de l'intelligence de ces animaux, aussi bien que des prétendus actes magiques des *Ostiakes*, & des autres Payens, qui habitent les environs du fleuve *Oby*; mais, come il n'apartient qu'à l'Aul'Auteur de la Nature, de conoitre les facultez de ses productions, je crois fort incertaines les conjectures des écrivains sur tous ces prodiges. Le fait des esclaves des Castors est cependant sûr, s'il en faut croire les chasseurs, qui disent avoir remarqué, que les prisoniers ont le poil tout hérissé, & sont extrêmement maigres, à cause du travail continuel qu'on les oblige de faire.

Les *Russes* & les *Ostiakes*, qui vont à la chasse de ces animaux, n'enlévent jamais tous ceux d'une même caverne, mais ils y laissent toujours un mâle & une femelle, afin de pouvoir en retrouver d'autres, au même endroit, l'anée suivante.

CHAPITRE V.

Arivée à Narum. *Description des* Ostiakes. *Leur Religion. Nom de leurs Idoles. Ils adorent une figure d'Ours que les gens de l'Ambassadeur leur montrent. Leurs mariages, leurs enterremens, leur pauvreté, leur stature. De quelle maniére ils périssent quelquefois dans la neige. Leur chasse. Leurs Princes. Honeurs que l'Ambassadeur en reçoit. Habitations & femmes des Princes. Leurs meubles. Maniére dont les* Ostiakes *fument le Tabac. Coutumes, & caractére de ces Peuples. Leurs barques. Leurs demeures en hiver. Jalousie qu'ils ont de leurs femmes. De quelle maniére ils éprouvent leur fidélité. Rivages incultes du fleuve* Oby.

NOus remontions le fleuve *Oby*, tantot à la voile, tantot tirez avec des cordes, selon que le vent étoit bon ou mauvais. Le 13. d'Aout, nous nous trouvames à l'embouchure d'une Riviére, nomée *Wagga*, qui prend sa source dans les montagnes de *Trugane*. Le lit de cette Riviére est fort large, son eau noirâtre, & elle vient du *Nord-Nord-Ouest* (1), se jeter, à la droite, dans l'*Oby*, entre *Surgut* & *Narum*.

Le 24. nous arivames heureusement à *Narum*, Ville située à la droite (2) du fleuve, dans une Contrée assez agréable. Elle est pourvue d'une Citadelle, & d'une garnison Cosaque. On trouve, aux environs de cette Ville, quantité de Renards rouges & croisez, des Castors, des Hermines, des Zibelines &c.

Jusques là, les rivages du fleuve *Oby* sont habitez par des Idolâtres, nomez *Ostiakes*, qui vivent dans des hutes d'écorces d'arbres
liées

―――――――――――

(1) L'Auteur a voulu dire du *Nord-Nord Est* : du moins c'est ainsi que la *Wagga* est posée sur sa carte, & qu'elle doit l'être pour venir des montagnes de *Trugane* se jeter à la droite de l'*Oby*.

(2) Le Sr. *Brand*, pag. 48. pose cette Ville à la gauche du fleuve. Il est surprenant qu'un voyageur come lui ait ignoré qu'on compte la droite & la gauche d'un fleuve, par la droite & la gauche de celui qui le descend, & non de celui qui le remonte. Cette ignorance lui a fait faire beaucoup d'autres erreurs.

liées ensemble avec des boyaux de Cerfs. Ce Peuple avoue qu'il doit y avoir un Seigneur dans le Ciel, qui gouverne tout ; cependant il ne lui rend aucun honeur, & se fait des Divinitez de bois & de terre, sous diferentes figures humaines, qu'il adore. Chaque habitant a son Dieu dans sa cabane qu'il apelle *Saitan*, & les principaux d'entr'eux se distinguent, en lui donant des habits de soye, semblables à ceux des Dames Russiennes. D'un côté de l'Idole, pend une touse, moitié cheveux, moitié crin, & de l'autre une gamelle, pleine de bouillie, dont on alimente chaque jour la Divinité : on la lui verse, à grandes cuillerées, dans la bouche ; mais, ne pouvant l'avaler, elle la laisse répandre, & cette bouillie forme deux ruisseaux, qui coulent continuellement à terre.

Dans leurs actes d'adoration, ces Idolâtres sont debout, ou couchez par terre, & ne courbent jamais le dos. Toutes leurs priéres consistent à faire certaines grimaces des lévres, & à sifler, come quand on veut apeler un chien. Il vint, un jour, à nos barques, une troupe de ces *Ostiakes*, pour nous vendre du poisson : un de mes Domestiques, voulant se réjouir, tira de son cofre une de ces machines curieuses, qui se font à *Nuremberg*. C'étoit une figure d'Ours, dans laquelle il y avoit un horloge, & des ressorts, par le moyen desquels l'Ours sonoit les heures sur un tambour, & tournoit, en même tems, les yeux & la tête. Come les *Ostiakes* admiroient cette nouveauté, la machine joua ; jamais

mais gens plus étonez qu'eux: ce fut un plaisir de voir les postures & les grimaces qu'ils firent, pour témoigner leur surprise: ils se mirent à marmoter, à sifler, & à rendre à cette figure tous les honeurs, qu'ils ont acoutumé de rendre à leur *Saitan*: ils l'élevérent même au dessus de cette Idole. *Les Saitans que nous faisons* (disoient-ils) *ne sont rien, au prix de celui là. Si nous avions un pareil Saitan, nous le parerions de Zibelines, & de Renards noirs.* Ils demandérent s'il étoit à vendre, mais je le fis fermer d'abord, pour ne pas doner plus long tems, ocasion à l'Idolâtrie.

Les *Ostiakes* épousent autant de femmes qu'ils peuvent en nourir: les dégrez de consanguinité ne sont pas pour eux des obstacles. Lorsqu'un d'entr'eux meurt, les Parens du défunt s'enferment dans leurs cabanes, où, le visage couvert, & à genoux, ils hurlent pendant plusieurs jours, sans discontinuer, après quoi ils portent le Cadavre en terre, sur des bâtons.

Ils vivent misérablement, quoiqu'ils habitent un Pays, où, avec un peu d'industrie, ils pouroient vivre fort à l'aise. Les environs du fleuve *Oby* abondent en riches pelleteries, & le fleuve lui même est si poissoneux que nous eumes vingt Esturgeons, pour la valeur de trois sols de tabac; mais les *Ostiakes* sont extrêmement paresseux, & dès qu'ils ont une fois amassé de quoi passer l'hiver, ils ne désirent & ne font plus rien le reste de l'anée.

En voyage, & surtout à la pêche, ils ne

vivent que de poisson. Ils sont d'une taille médiocre, foibles, & peu propres au travail, laids de visage, le nez large & écrasé, les cheveux, d'un blond tirant sur le roussâtre. Ils n'ont aucune disposition à la guerre, & ne sont pas capables de porter les armes. Ils se servent d'arcs & de fléches, pour la chasse, mais ils sont peu adroits. Ils ont, pour tout vêtement, des peaux d'Esturgeons, qu'ils aprêtent & dont ils font des pourpoint, larges & courts, avec une espéce de capuchon, dont ils se couvrent la tête, quand il pleut. Leurs souliers & leurs bas tiennent ensemble, & sont aussi d'une peau d'Esturgeon, si mince, que leurs piez sont toujours mouillez. Ils passent ordinairement l'hiver avec ce simple habit, sans être incomodez ; mais quand le froid est plus violent qu'il n'a coutume d'être, ils sont obligez de mettre, par dessus, un surtout de la même peau. Ils remarquent soigneusement les froids extraordinaires, qu'ils soufrent pendant leur vie, & se les rapellent de tems en tems, en se disant les uns aux autres ; *Souviens toi de l'hiver, qui nous obligea de prendre deux habits.* Ils vont quelquefois à la chasse, en hiver, vêtus de leurs simples peaux d'Eturgeons, & la poitrine découverte ; ils se garentissent du froid, en courant sur la neige, avec des souliers faits exprès ; mais, quand il survient de ces gelées violentes, qui se font souvent sentir sur le fleuve *Oby*, ils ne peuvent y résister, &, se voyant alors dans la nécessité de périr, ils se dépouillent eux-mêmes, pour ne pas soufrir longtems

tems, & s'enterrent tout vifs dans la neige. L'habillement de leurs femmes est, à peu près, semblable au leur. Le plus grand plaisir des homes est la chasse à l'Ours, où ils vont ordinairement en troupes. Ils ont pour armes, chacun un fer tranchant, de la figure d'un grand couteau, ataché à un manche de bois, d'environ une brasse de long. Lorsqu'ils ont tué un de ces animaux, ils lui coupent la tête, la pendent à un arbre, & se rangeant autour, en forme de cercle, ils lui rendent des honeurs divins : ils courent ensuite vers le corps de l'Ours, en faisant des lamentations, & lui disent, d'une voix plaintive; *Qui est-ce qui t'a ôté la vie?* Ce sont les Russes. *Qui est ce qui t'a coupé la tête ?* C'est la hache d'un Russe. *Qui est ce qui t'a dépouillé de ta peau ?* C'est un couteau fait par un Russe. En un mot, les Russes ont fait tout le mal, & pour eux, ils sont innocens de la mort de l'Ours.

Les *Ostiakes* ont quelques Princes : j'en vis un, nomé *Kneska*, ou Prince *Murza Muganak*, dont la domination s'étend sur quelques centaines de cabanes. Il reçoit un tribut de ses peuples ; mais il n'est est, pour ainsi dire, que le Collecteur, puisque les Waiwodes de S. M. Czarienne s'en font rendre compte. Ce Prince vint à ma barque, avec sa suite, pour me visiter, &, après m'avoir salué à sa maniére, il me présenta du poisson frais, en reconoissance duquel, je lui ofris du tabac & de l'eau de vie, qu'il accepta, avec beaucoup de satisfaction. Il ala porter chez lui

lui le don précieux que je venois de lui faire, &, un moment après, il revint me prier avec instance d'aler me rafraichir dans son Palais. Sa table ne me tenta point; mais, curieux de voir sa demeure, je le suivis. Les circonstances de ma marche, & de mon introduction, n'ont rien de particulier: il fut lui même le Maitre des cérémonies, & me fit entrer sans façon dans son Château. C'étoit une cabane faite d'écorces d'arbres, ni plus vaste, ni plus magnifique, que celle du moindre de ses sujets. J'y trouvai quatre de ses femmes, deux vieilles, & deux jeunes. L'une des jeunes avoit un habit de drap rouge, & des rangs de perles de verre, autour du col, au milieu du corps, & parmi ses cheveux, qui étoient treffez, & pendans en deux touffes, de chaque côté de la tête. Elles avoient toutes de grosses boucles d'oreille, d'un ouvrage de fil, auxquelles étoient atachez de longs cordons chargez des mêmes perles. Trois de ces Dames vinrent d'abord me présenter du poisson sec, chacune dans un plat fait d'écorces de bouleau; mais celle qui avoit l'habit rouge, m'aporta un plat d'esturgeon frais, dont la couleur étoit aussi belle que celle de l'or de Ducats. Je mangeai quelques morceaux, après quoi, je fis régaler l'assemblée d'eau de vie & de tabac, dont les *Ostiakes* sont extrêmement friands. Je ne vis d'autres meubles, dans ce Palais, que quelques berceaux d'écorces d'arbres; & quelques caisses, au fond desquelles, il y avoit des lits, d'un bois raboté, garnis de matelas, presque

aussi

aussi mous que les notres de plume. Les berceaux étoient dans un coin, à cause du feu qu'on alume au milieu de l'apartement. Toute la baterie de cuisine, que je vis, consistoit en un chaudron de cuivre, & en quelques autres chaudrons d'écorce d'arbres, dans lesquels on aprête, sur le charbon, les vivres de l'hôtel, n'étant pas possible de s'en servir sur la flame.

Les *Ostiaques*, homes & femmes, fument beaucoup : au lieu de pipes, ils ont de petites caisses de pierre, auxquelles ils font des tuyaux. Ils se remplissent la bouche d'eau, qu'ils avalent avec la fumée du tabac, dont ils consument une pipe pleine, en deux ou trois traits ; mais cette fumée les sufoque, & ils n'ont pas plutot achevé leur pipe, qu'ils tombent sans conoissance, & demeurent, une demie heure, couchez par terre, en faisant des contorsions des yeux, des mains, & des pieds, & écumant, come s'ils étoient ataquez du mal caduc. Ces accidens ne les empêchent pas de fumer, par tout où ils se trouvent: c'est pourquoi il en périt beaucoup dans l'eau & dans le feu. Quelques uns, après avoir avalé la fumée, la rendent en même tems par la bouche ; mais il faut, pour cela, faire de si grands efforts, que ceux qui ne sont pas extrêmement robustes, étoufent souvent dans l'action.

Lorsque quelqu'un les fait ressouvenir, ou prononce le nom d'un de leurs parens, mort même depuis longtems, il se mettent dans une colére épouvantable. Ils ne savent ni lire,

re, ni écrire, & n'ont aucune conoissance des tems qui les ont précédez. Ils sont si paresseux, qu'ils ne cultivent ni champs, ni jardins, pas même pour se procurer du pain; quoiqu'ils l'aiment à la fureur. Ils n'ont ni Eglises, ni Prêtres. Les barques dont ils se servent sont faites d'écorce d'arbres, doublées en dedans de planches fort minces: elles n'ont pas plus de trois brasses de long, & de cinq piez de large; desorte qu'on peut comodément les conduire jusques sur les bords de la Riviére, sans craindre les brisans.

Les *Ostiakes* quittent leurs cabanes en hiver; ils font des habitations souterraines, qui n'ont qu'une ouverture en haut, laquelle sert également d'entrée aux persones de la famille, & de passage à la fumée. Ils y couchent par terre, à l'entour du feu, qu'ils alument directement au dessous de l'ouverture; desorte que, quand il tombe de la neige, elle leur couvre souvent la moitié du corps. Si le froid les éveille, ils ne font que se tourner de l'autre côté, & passent ainsi la nuit, en changeant de tems en tems de situation; mais toujours exposez en partie aux injures du tems.

Quand un *Ostiake* doute de la fidélité de quelqu'une de ses femmes, il coupe une poignée de poil à la peau d'un Ours, & l'aporte à celle qu'il soupçone. Si elle est innocente, elle reçoit ce poil sans dificulté; mais si elle est coupable, elle n'ose y toucher, & confesse son crime, dont la peine est la répudiation, acompagnée de la liberté de se marier

rier à un autre. Cette épreuve se fait avec beaucoup de respect & de bonne foi, parce que ces Peuples sont persuadez, que si une femme étoit assez hardie pour mentir, l'Ours à qui a apartenu la peau dont on a coupé le poil, ressusciteroit dans trois jours, & viendroit dévorer la parjure.

Pour les autres sermens, ils étalent, devant la personne qui doit jurer, des arcs, des flé-ches, des haches, & des massues, & l'obli-gent de toucher une de ces armes, croyant fermement que, si elle fait un faux serment, cette même arme sera, dans peu de jours, l'instrument de sa mort. Cette superstition est aussi en usage chez les *Russes* des environs. Aureste, depuis l'embouchure du fleuve *Oby*, dans la mer glaciale, jusqu'à la Riviére de *Tom* (1), le climat est si froid, qu'il ne croît, dans le Pays, ni blé, ni fruit, ni miel : on y trouve, seulement, une espèce de noix, que produisent les Cédres des montagnes.

CHAPITRE VI.

L'Ambassade quitte le fleuve Oby. *Mort d'un Peintre de la suite de l'Ambassa-deur. Arivée à* Makofskoi, *sur la Ri-viére de* Keta. *Dangers courus sur cet-te Riviére. Diséte de vivres. Paresse des* Ostiakes. *Description de la Ri-viére*

---

(1) Elle vient du *Nord-Nord-Est*, coule au *Sud-Ouest*, & se jette dans l'*Oby* entre *Surgut* & *Narum* : c'est-à-di-re, au milieu du Pays des *Ostiakes*.

viére Keta. *Dens & os de* Mammuts. *Lieux où l'on les trouve. Diverses opinions des gens du Pays sur l'existence de ces animaux. Deux dens de Mammut qui pésent* 400. *livres. Départ de Makofskoi, par terre. Arivée à* Jenizeskoi. *Description du fleuve* Jenizea. *Vaisseau péri à la pêche de la Baleine. Description de* Jenizeskoi. *Ses environs. Son climat.*

Nous quitames le fleuve *Oby*, au dessus de *Narum*, pour entrer dans la Riviére de *Keta*, qui vient se jeter dans le fleuve au *Nord Ouest*. Le premier de Septembre, nous arivames à la Ville de *Keetskoi*. Le 28. au Cloître St. *Serge*: & le 3. d'Octobre, au Vilage de *Worozeikin*. Je perdis, ce jour là, un home de ma suite, nomé *Jean George Weltzel*, natif de Silésie, Peintre de profession, lequel fut emporté par une fiévre chaude, causé par un abcès dans la poitrine, dont il se plaignoit depuis quatorze jours.

Le 7. d'Octobre, j'arivai heureusement au Vilage de *Makofskoi*, où j'ordonai les funérailles de l'infortuné *Weltzel*, que je fis inhumer sur une Coline, au milieu du Vilage, & tout proche de la Riviére.

Ce trajet, sur la Riviére de *Keta*, fut le plus pénible & le plus ennuyeux que j'eusse fait encore. Nous demeurames cinq semaines sur l'eau, obligez de travailler sans cesse

con-

contre un courant extrêmement rapide, qui fait mile détours, & dont les bords ne sont habitez que par quelques misérables *Ostiakes*, qui, du plus loin qu'ils nous voyoient, s'enfonçoient dans le bois, come des bêtes féroces. Ils sont Idolâtres, come ceux du fleuve *Oby*, mais leur langue n'est pas la même.

Les peines de la navigation ne furent pas les seules que nous eumes à soufrir. Depuis *Tobolesk*, je n'avois pu me pourvoir d'autres munitions de bouche que du poisson; desorte que les vivres comencérent à nous manquer, & sur tout la farine. Cependant nous marchions fort lentement; les *Ostiakes*, que j'avois pris pour tirer mes barques, étoient si fatiguez, qu'il faloit, à tout moment, les encourager au travail: tous les jours il s'en rendoit quelqu'un, & finalement un froid qui survint, acheva d'acabler ces paresseux, qui ne furent plus capables de se mouvoir.

Nous avions encore trente miles à faire, pendant lesquels, quand même nous aurions pu avancer, il n'auroit pas été possible de trouver un gite; desorte que, nous trouvant arêtez & dépourvus de tout dans ces l̃eux déserts, nous y serions infailliblement péris de faim, si le Gouverneur de *Jenizeskoi*, que j'avois heureusement prévenu de ma marche, n'eût envoyé des homes & des vivres à ma rencontre.

Le Pays que la *Keta* arose est uni, & couvert alternativement de bois & d'arbrisseaux. Le lit de cette Riviére fait tant de détours, que souvent, après avoir marché toute une jour-

journée, on se trouve, le soir, à côté de l'endroit, d'où l'on est parti le matin. Les perdrix, les faisans, & les gelinotes, abondent le long du rivage: on a le plaisir de les voir venir, pour boire, le matin & le soir, & de les tirer de fort près: avantage dont nous profitames dans notre disette. Nous vimes aussi dans les champs, des fraises, des framboises, & des groseilles, blanches & rouges.

C'est dans les montagnes qui sont au *Nord-Est* de cette Riviére, qu'on trouve les dens & les os de *Mammuts*. On en trouve aussi sur les rivages du fleuve *Jenizea*, des Riviéres de *Trugan*, *Mungazea*, *Lena*, aux environs de la Ville de *Jakutskoi*, & jusqu'à la mer glaciale. Toutes ces Riviéres passent au travers des montagnes, dont nous venons de parler, & dans le tems du dégel, elles ont des cours de glace si impetueux, qu'elles arachent des montagnes, & roulent avec leurs eaux des piéces de terre d'une grosseur prodigieuse. L'inondation finie, ces piéces de terre restent sur les bords, & la sécheresse les faisant fendre, on trouve au milieu des dens de *Mammuts*, & quelquefois des *Mammuts* tout entiers. Un voyageur, qui venoit à la Chine avec moi, & qui aloit tous les ans à la recherche des dens de *Mammuts*, m'assura avoir trouvé une fois, dans une piéce de terre gélée, la tête entiére d'un de ces animaux, dont la chair étoit corrompue: que les dens sortoient hors du museau, droites come celles des Eléphans, & que lui, & ses com-

compagnons eurent beaucoup de peine à les aracher, auſſi bien que quelques os de la tête, & entr'autres celui du cou, lequel étoit encore come teint de ſang : qu'enfin, ayant cherché plus avant dans la même piéce de terre, il y trouva un pié gelé, d'une groſſeur monſtrueuſe, qu'il porta à la Ville de *Trugan* : ce pié avoit, à ce que le voyageur me dit, autant de circonférence, qu'un gros home, au milieu du corps.

Les Gens du Pays ont diverſes opinions, au ſujet de ces animaux. Les Idolâtres, come les *Jakutes*, les *Tunguſes*, & les *Oſtiakes*, diſent que les *Mammuts* ſe tiennent dans des ſouterrains fort ſpacieux, dont ils ne ſortent jamais : qu'ils peuvent aler, çà & là, dans ces ſouterrains ; mais que, dès qu'ils ont paſſé dans un lieu, le deſſus de la caverne s'éléve, &, s'abimant enſuite, forme dans cet endroit un précipice profond, ainſi que ces ſauvages aſſurent l'avoir vu ſouvent. Ils ſont auſſi perſuadez, qu'un *Mammut* meurt, auſſitot qu'il voit, ou qu'il reſpire l'air du jour, & ſoutiennent que c'eſt ainſi que périſſent ceux, qu'on trouve morts ſur les rivages des Riviéres voiſines de leurs ſouterrains, où ces animaux s'avancent quelquefois inconſidérément. Telles ſont les fictions de ces Peuples, qui, au reſte, n'ont jamais vu de *Mammut*.

Les vieux *Ruſſes* de *Sibérie* diſent & croyent, que les *Mammuts* ne ſont autre choſe que des Eléphans, quoique les dents qu'on trouve ſoyent un peu plus recourbées, & un peu plus ſerrées dans la machoire que celles de ces derniers animaux. Voici quels sont là dessus leurs raisonemens. Avant le déluge (disent ils) leur Pays étoit fort chaud : il y avoit quantité d'Eléphans, lesquels ayant été noyez, come toutes les autres Créatures, flotérent sur les eaux jusqu'à l'écoulement, & s'enterrérent ensuite dans le limon. Le climat étant devenu froid, après cette grande révolution, le limon gela, & avec lui les corps d'Eléphans, lesquels se conservent ainsi dans la terre, sans corruption, jusqu'à ce que le dégel les découvre. Cette opinion n'a rien d'absurde, si l'on en excepte le changement de climat, puisqu'il peut fort bien être arivé que les eaux du déluge, qui couvroient tout l'Univers, ayent transporté dans ce Pays des corps d'Eléphans, qui s'y sont ensuite congelez avec la terre.

Quoiqu'il en soit, il est certain qu'on trouve, en été, des dents de *Mammut*, dans les endroits que j'ai nomez. Celles qui sont noires & fendues, ne peuvent servir à aucun usage; mais les belles valent autant que l'ivoire, & on les transporte en Moscovie, où l'on en fait des peignes, & d'autres ouvrages fort estimez.

Le voyageur, dont j'ai parlé plus haut, me dit qu'il avoit autrefois trouvé, dans une tête, deux dents, pesant ensemble douze livres de Russie, qui font environ 400. d'Alemagne. Le *Mammut*, à qui ces dents avoient apartenu, devoit avoir été d'une grosseur extraordinaire: car les dents, qu'on trouve comunemént, sont beaucoup moindres

que

que celles dont nous venons de parler.

Au reste, de toutes les persones, à qui je parlai des *Mammuts*, aucune ne put m'assurer d'en avoir vus en vie, ni m'aprendre de quelle figure ils sont faits: ce qui prouve que la persuasion, où sont les gens du Pays de l'existence de ces animaux, n'est fondée que sur des conjectures.

J'abandonai à *Makofskoi* l'ennuyeuse Riviére de *Keta*, & ayant continué ma route par terre, j'arivai heureusement le 21. d'Octobre à la Ville de *Jenizeskoi*, qui n'est éloignée de *Makofskoi*, que de 16. miles. Je fus obligé de m'arêter dans cette Ville, jusqu'à ce que l'hiver nous pût permettre l'usage des traineaux, ce qui me dona le tems de me reposer, & d'examiner le Pays. *Jenizeskoi* (1), & la Contrée dont elle est la Capitale, tirent leur nom du fleuve *Jenizea*, qui baigne les murs de la Ville. Ce fleuve prend sa source au *Sud*, dans les montagnes des Kalmaques, coule droit au *Nord*, & va se jeter dans la mer Glaciale, par une seule embouchure, diférent en cela du fleuve *Oby* dont les diférentes embouchures forment plusieurs golfes. Sa largeur, devant *Jenizeskoi*, est d'un bon tiers de mile: son eau est blanche, & claire, mais on y pêche peu de poissons. Les Bourgeois de *Jenizeskoi* me dirent, que, depuis 7. ans, ils avoient envoyé, à frais comuns, un vaisseau à la pêche de la Baleine, duquel ils

n'a-

---

(1) Le Sr. *Brand* nome cette Ville *Jenokisko*, & le fleuve, *Jenska*, sans aucune description de l'une ni de l'autre.

n'avoient encore eu aucune nouvelle : ce qui me fit penser que les glaces devoient avoir fait périr ce malheureux équipage. J'apris pourtant que les habitans de la Ville de *Fugania*, située sur le même fleuve, au dessous de *Jenizeskoi*, envoyoient, tous les ans, des vaisseaux à la même pêche, qui revenoient à bon port ; mais il y a, dans cette Ville, des gens expérimentez, qui savent choisir le tems favorable, & se garentir des cours de glace, dans les tems de dégel.

La Ville de *Jenizeskoi* n'est pas fort grande, mais elle est fort peuplée, & bien fortifiée : elle est entourée de Vilages, & de Cloitres, dont les campagnes sont très propres au labourage. Le blé, les bêtes à corne, & la volaille, abondent dans tout le Pays. La Ville a sous sa dépendance des Peuples Payens, apellez *Tungusses*, qui habitent les bords du fleuve *Jenizea*, & de la Rivière de *Tunguska*. Ces Peuples payent un tribut à S. M. Czarienne, lequel se léve en pelleteries, & sur chaque *Aro*, c'est à dire, sur chaque Chef de famille. Le froid est si violent dans ce canton, qu'il n'y croît d'autre fruit que des fraises & des groseilles, encore y sont elles assez rares.

CHAP. VII.

Départ de Jenizeskoi. *Arivée à l'Isle de* Ribnoi. *Ce qui a doné lieu à la dénomination de cette Isle. Arivée à* Ilinskoi. *Description d'une cascade,*
ou

ou pente d'eau, d'un demi mile de long. Dangers de ce passage. Magicien, ou Schaman des Tunguzes. Description de son habit, & de ses Cérémonies magiques. Description des Idolâtres Tunguzes. Coutures qu'ils se font au visage. Leurs Dieux. Leurs habits. Leurs demeures. Leurs ocupations. Et toutes leurs coutumes.

Aussitot que les glaces purent porter les traineaux, je partis de *Jenizeskoi*, sur le fleuve *Jenizea*, que je laissai ensuite à la droite, pour me mettre sur la Riviére de *Tunguska* (1). Le 20. de Janvier, j'arivai à l'Isle de *Ribnoi*, dont le nom, en langue du Pays, signifie *Isle de poisson*. Elle est située au milieu de la Riviére de *Tunguska*, & habitée par des *Russes*. On y pêche des Eturgeons, des Brochets, & des Forelles, d'une grosseur démesurée: & c'est sans doute cette particularité qui a doné lieu à sa dénomination.

Le 25. nous nous rendimes à la Ville d'*Ilinskoi*, située sur la Riviére d'*Ilni*, laquelle coule du *Sud Sud-Ouest* (2) au *Nord-Nord-Ouest*, & vient se jeter dans celle de *Tunguska*. Les rivages de celle-ci sont habitez jusques

―――――――――――――――――――
(1) Le Sr. *Brand*, pag. 65. la nome *Tunguskereka*. Elle sort du lac de *Baikal*, coule d'*Orient* en *Occident*, & se jette dans le fleuve *Jenizea* à quelques miles au dessus de *Jeniseskoi*.
(2) C'est selon la carte du *Nord-Nord-Est* au *Sud-Sud-Est*.

ques là par des *Russes*, & des *Tunguses*.

A quelques journées de chemin d'*Ilinskoi*, il y a une grande cascade (1), ou pente d'eau, qu'on apelle *Chute du Schaman*, ou *Chute du Magicien*, à cause que le fameux *Schaman*, ou Magicien des *Tunguses* a sa cabane auprès de cet endroit. Cette cascade a un demi mile de pente: ses bords sont couverts de roches afreuses, & son lit n'est qu'écueils, & que pierres; elle roule ses eaux avec une rapidité qu'il est impossible de suivre des yeux, & ses vagues, se brisant, tantot contre des rochers, tantot dans des coudes & des enfoncemens, qui n'ont point d'issue, sout une espéce de mugissement, dont l'air porte le bruit à une distance de plus de trois miles. Les barques qui sont obligées de remonter ce torrent, ne peuvent le faire qu'en 6. ou 7. jours. Outre les ancres que l'on est obligé de jeter, à chaque pas que l'on fait, il faut encore la force de plusieurs homes, pour tenir ferme, avec des perches ferrées, contre l'impétuosité du courant: quelquefois l'on travaille, avec effort, toute une journée, sans pouvoir sortir d'une place, principalement, quand on a le malheur de trouver des endroits qui ne sont pas profonds, où le bateau s'acroche ordinairement aux pierres, & se trouve souvent si fort batu des vagues par la proue, qu'il se dresse sur la poupe, & se brise

---

(1) Le Sr *Brand* ne dit pas un mot de cette cascade: il est facheux que ce voyageur n'ait pas eu la passion de la curiosité dans un Pays, qui pouvoit lui fournir tous les moyens de la satisfaire.

brise en retombant. Les barques qui descendent vont d'une vitesse qui surprend : j'en vis plusieurs qui n'employérent pas douze minutes à faire ce trajet de demi mile ; mais on a toujours la précaution de mettre les marchandises à terre, & de ne les rembarquer qu'après que le danger est fini.

Les *Russes* & les *Tunguses*, qui sont obligez de passer par là, mettent deux gouvernails à chaque bateau, l'un à la proue, l'autre à la poupe, & sur chaque flanc quantité de rameurs, que le Pilote comande par les signes d'un mouchoir, à cause que le bruit du torrent absorbe la voix. Ils ont aussi la précaution de couvrir les barques, de maniére que les flots qui s'élévent passent par dessus sans les incomoder : cependant, toutes les anées, ce passage est funeste à quelqu'un : ceux qui ne sont pas bien expérimentez dans la navigation y risquent toujours plus que les autres. Quand on a le malheur d'y faire naufrage, il est impossible de se sauver : les rochers brisent les homes, come les bateaux, & l'on trouve rarement les cadavres des malheureux qui y périssent. C'est pour cela qu'on voit sur les rivages plusieurs centaines de croix, que les *Russes* y ont élevées, en mémoire de leurs Compatriotes, ensevelis sous cette eau fatale.

Au reste, on ne peut voir cette afreuse cascade que dans la belle saison (1), parcequ'en hi-

---

(1) L'Auteur peut ne l'avoir vûe qu'à son retour ; car en alant il étoit en traineau.

hiver, les glaces de la mer arêtant le cours des eaux, la Riviére preſſée dans ſon lit remonte vers ſa ſource, & ſe mettant au niveau de la Coline, elle forme un champ de glace uni, qui cache la pente, & ſur lequel on peut aler en traineau.

J'ai dit, plus haut, que le *Schaman*, ou Magicien des *Tunguſes*, habite auprès de cette pente d'eau. Le bruit que ce Miniſtre infernal fait dans le Pays me rendit curieux de le voir, & me fit détourner de mon chemin, pour ſatisfaire mon envie. Je trouvai un grand home, extrêmement vieux, qui entretenoit pourtant douze femmes : il avoit l'air fier, & l'étoit en effet, juſqu'à l'inſolence, à cauſe du crédit que ſa profeſſion lui donoit parmi ſes Compatriotes. Il me montra d'abord tous les inſtrumens dont il ſe ſervoit dans les fonctions de ſon miniſtére, entr'autres ſon habit de cérémonie. C'étoit une ſorte de caſaque, garnie de figures de fer pendantes, qui repréſentoient toutes ſortes d'oiſeaux, de poiſſons, de bêtes féroces : des fléches, des ſcies, des marteaux, des ſabres, des maſſues, & généralement tous les objets effrayans qu'on peut imaginer. Sa chauſſure étoit auſſi de fer, ornée des mêmes agrémens que ſon habit : & ſes gans deux machines qui repréſentoient deux figures d'ours. Pour ſa tête, il avoit une eſpéce de caſque, parſemé des mêmes fetrailles, ſur le devant duquel étoient attachées deux grandes cornes de fer, reſſemblantes à celles d'un Cerf. Je voulus ſoupeſer ce lourd harnois, mais je pus à peine, d'une main, lui faire perdre terre. Quand

ce

ce Magicien veut faire quelque acte de sa profession, il endosse son habit, prend un tambour, de la main gauche & le bat de la droite, avec une baguette plate, garnie de peau de souris: il saute, en même tems, s'élevant, tantot sur un pié, tantot sur l'autre, pour agiter les ferrailles dont il est couvert, & joignant à ce tintamarre des hurlemens d'ours, qu'il imite à merveille, il forme véritablement une simphonie infernale.

Il me régala de ce spectacle; mais ce n'est là que le prélude ordinaire de ses piéces. Voici ce qu'il fait, quand quelque *Tunguse*, qui a été volé, vient lui demander le nom du voleur, ou quelqu'autre révélation. Avant toutes choses, il se fait bien payer: ensuite il comence son opération, de la façon dont je viens de le raporter, & continue de battre la caisse, de sauter & d'hurler, jusqu'à ce qu'un gros oiseau noir, d'une figure hideuse, soit descendu dans sa cabane, par une ouverture qui lui sert de cheminée. Alors le *Schaman* tombe à la renverse, come un frénétique, & aussitot l'oiseau disparoit. Un quart d'heure après, le Magicien reprend ses esprits, se reléve, prononce l'Oracle, lequel, au raport des *Tunguses*, ne manque jamais. Tous les Idolâtres du Pays ont recours à ce faux Profête, dans la plupart des événemens de leur vie: &, come on lui done tout ce qu'il demande pour ses prétendues prédictions, il a ramassé des richesses considérables, qui consistent en bestiaux.

Ces Idolâtres, qu'on apelle *Nisoves Tunguses*, sont grands & robustes: ils ont des longs cheveux noirs qu'ils portent liez, & pendans derriére la tête, come une queue de cheval: leurs femmes les entrelaffent de perles, & de figures de fer. Ils ont le vifage large, mais le nez moins plat, & les yeux moins enfoncez que les *Kalmaques*. Ils vont nuds en été, & couvrent, feulement, ce qui marque le Sexe, avec une ceinture de cuir, d'un pié de large, coupée en franges tout autour. Ils portent ordinairement au bras gauche, un pot plein d'un vieux bois toujours fumant, qui les garentit de la piqure de certains moucherons, dont la Riviére de *Tunguska*, & les forêts des environs, font couvertes. Les voyageurs font obligez de fe couvrir le vifage, les mains & les jambes; pour n'être pas tourmentez par ces infectes, lefquels incomoderoient beaucoup les Sauvages mêmes, malgré leurs précautions, fi leur peau n'étoit endurcie par l'habitude d'aler nuds.

Les *Tungufes* font grands amateurs de la beauté du vifage: mais, pour l'avoir beau felon eux, il faut l'avoir tout déchiqueté. Ils fe font coudre la peau du front, des joues, & du menton, en forme de broderie, avec du fil teint de graiffe noire; & quand ils jugent que les figures, qu'ils ont voulu tracer, font bien imprimées, ils arachent avec violence la couture, & fe font, ainfi, des ornemens qui ne s'éfacent jamais.

Leurs habits d'hiver font faits de peaux de biches, doublez de peaux de chiens, & ornez en dehors de queues de cheval, atachées çà & là. Ils n'ont ni chanvre, ni laine; mais

ils

ils font une espéce de fil, de peau de poisson, dont ils cousent leurs vêtemens, & leurs meubles. Au lieu de chapeau, ils mettent sur la tête une peau de cerf, avec les cornes, qu'ils portent, sur tout, quand ils vont à la chasse de cet animal, afin de le tromper par l'aparence d'un de ses semblables. Pour faire réussir leur ruse, ils marchent à quatre piez, jusqu'à ce qu'ils soyent à portée de la bête, & la tirent ensuite de si près, qu'ils ne la manquent guére.

Quand ils veulent se réjouir, ils s'assemblent dans un lieu vaste, où, s'étant rangez en cercle, l'un d'eux se met au centre avec un long bâton à la main, & tourne ensuite, en alongeant des grands coups, vers les jambes de ses compagnons; mais ceux-ci savent si bien éviter le bâton, en levant adroitement la jambe, qu'il est rare d'en voir fraper quelqu'un: cependant quand cela arive, ils prennent celui qui a reçu le coup, & le plongent dans l'eau.

Ils pendent leurs morts à des arbres, où ils les laissent consumer par la pouriture, après quoi, ils enterrent leurs os. Ils n'ont d'autre Prêtre que leur *Schaman*. Leurs Idoles sont des piéces de bois à figure humaine, d'environ une demie aune de long: chaque *Tunguse* a la sienne particuliére dans sa cabane, où il lui présente, tous les jours, ce qu'il a de plus exquis à manger; mais ces Dieux n'ont pas meilleur apetit que ceux des *Ostiakes*, & laissent ruisseler come eux, des deux côtez de leur bouche, les alimens qu'on veut leur faire avaler.

Les cabanes de ces Idolâtres sont faites d'écorces de bouleau, & tapissées en dehors de queues & de criniéres de cheval. Ils étalent, à leurs portes, leurs arcs & leurs fléches, & on voit très peu de leurs cabanes, au devant desquelles il n'y ait des jeunes chiens embrochez. Leurs barques sont aussi d'écorces de bouleau, longues, mais étroites & sans bancs ; les rameurs travaillent à genoux, & rament alternativement de chaque côté, n'étant pas possible de ramer des de x à la fois. Quelque fragiles que soyent ces barques, elles peuvent aisément porter huit persones, & naviger sans péril sur les plus grands fleuves. Quant aux ocupations des *Tunguses*, elles ne sont autres que la pêche en été, & en hiver la chasse, qui leur tourn't toutes sortes de pelleteries.

CHAP. VIII.

Arivée à Buratskoi. *A* Bulaganski. *Description des* Burates. *Leurs richesses en bestiaux. Leurs demeures. Leur chasse. Prodigieuse quantité de bêtes fauves. Bœufs & chameaux qu'on achéte chez eux. Portrait de ces Peuples. Leurs habillemens. Leurs filles. Leurs femmes. Leur Religion. Leurs enterremens. Leurs Prêtres. Leurs sermens. Arivée à* Jekutskoi. *Description de cette Ville. Fertilité du terroir. Caverne ardente. Religieux & Religieuse*

gieuse Mongales. Départ de Jekutskoi. *Arivée au Lac de* Baikal. *Sa description. Superstition des Peuples, au sujet du nom qu'on lui doit doner. Arivée au Château de* Cabania.

APRÈS avoir traversé, sans accident le Pays des *Tungufes Nisoves*, nous arivames le premier de Février, à la forterefse de *Buratz*; baignée par la Riviére *Angara* (1) proche de la mer, ou plutot du lac de *Baikal*. Le 11. nous vinmes à une autre forterefse, nomée *Bulaganski*. (2), fituée sur la même Riviére.

Les montagnes & le plat Pays dépendans de ces deux Places, font habitez par des Idolâtres, nomez *Burates* (3), qui font fort riches en beftiaux, & fur tout en Bœufs & en Vaches, dont le poil eft fort long, & qui n'ont point de cornes. Ces peuples habitent des cabanes fort bafses, conftruites de bois, cimentées, & couvertes de terre grafse, au milieu defquelles ils alument leur feu, dont la fumée fort par une ouverture qui eft au toit. Ils bâtifsent les uns auprès des autres,

en

---

(1) C'eft la même que celle de *Tunguska* qui fort du lac de *Baikal*, & fe jette dans le fleuve *Jenizea*. On l'apelle *Angara* à fa fortie du lac, & *Tunguska* à fon embouchure dans le *Jenizea*.

(2) Le Sr. *Brand* fait ariver le 11. l'ambafsade à *Jekutskoi*. Il fe peut que l'Ambafsadeur ait fait marcher devant lui fes domeftiques, dont le Sr. *Brand* étoit un.

(3) Le Sr. *Brand* n'entre dans aucun detail concernant ces Peuples, qu'il nome *Bratskoys*.

en forme de Vilages, toujours sur le bord de quelque Riviére. Ils ne changent point d'habitations, come font les *Tunguses*, & les autres Idolâtres, dont nous avons parlé ; & ils ont toujours au devant de leurs hutes, des grands pieux fichez en terre, pointus come des piques, au haut desquels ils atachent des boucs, des moutons, & des peaux de cheval.

Dans le printems & dans l'autone, il s'assemblent plusieurs centaines, & vont à cheval à la chasse du Cerf, de la Brebis sauvage, & de la *Réene*, qu'ils apellent *Ablavo*. Quand ils sont arivez au lieu où ils veulent chasser, ils se rangent en cercle, de maniére qu'ils entourent un grand espace de terrain : ils tournent ensuite tous à la fois, en avançant vers le centre, & de cette façon, ils chassent au milieu d'eux, tous les animaux qui se rencontrent dans le *Blocus*, où ils en font un abatis prodigieux. Il arive souvent qu'il ne leur en échape pas un seul, chaque chasseur ayant plus de trente coups à tirer, mais il arive aussi, que tirant à tout propos, & sans ordre, ils se tuent quelquefois les uns les autres, & se blessent toujours quantité de chevaux. Les fléches ne se perdent point, & chacun retrouve les siennes, quand la chasse est faite.

Ils écorchent toutes les bêtes qu'ils tuent, & après leur avoir ôté les os, ils en font sécher la chair au soleil. Tant que cette provision dure, ils s'en nourissent, & ce n'est que quand elle leur manque, qu'ils songent à retourner à la chasse, ou à la pêche selon la saison. Ce n'est pas pourtant par fainéan-
tise

tife qu'ils atendent cette extrêmité, mais parcequ'ils font furs de trouver quantité de ces bêtes fauves, dès qu'ils voudront en chercher. En effet leur Pays en est fi plein, que j'ai vu moi même un jour un côté de montagne, d'un quart de lieue de longueur, tout couvert de Brebis fauvages; mais on y trouve peu de pelleteries, & il n'y a, à cinq ou six miles à la ronde, que quelques Ours, & quelques Loups.

C'eft dans ce Pays, où les voyageurs qui vont à la Chine, achétent les Bœufs, & les Chameaux, dont ils ont befoin pour leurs équipages. Les *Burates* ne prennent point d'argent monoyé, mais de l'or & de l'argent en matiére, des baffins de cuivre & d'étain, des Zébelines pâles, des draps rouges de Hambourg, des peaux de Loutre, des foyeries de Perfe de toutes couleurs. Ils donent un Bœuf pour la valeur de 4. à 5. roubles, & un Chameau pour la valeur de 10. ou 12.

Ces Idolâtres font grands & robuftes, & fe croyent fort beaux de vifage: ils ont quelque conformité avec les *Tartares* de la Chine. Les homes, ainfi que les femmes, portent en hiver de longues robes de peau de Brebis, & fe ceignent le milieu du corps avec une large ceinture ferrée aux deux bouts. Ils ont une efpéce de bonnet, qu'ils noment *Malachave*, & qui leur couvre les oreilles. Plufieurs d'entr'eux portent en été, des habits de gros drap rouge; mais en général ils font peur à voir; car ils ne fe lavent jamais & ne coupent jamais leurs ongles. Les filles portent leurs cheveux liez en plufieurs petites

tou-

toufes, roides & hériffées, tout autour de la tête, come des rayons. Les femmes n'ont qu'une treffe d'un côté, entrelaffée de figures d'étain, & pendante. Quand quelqu'un d'entr'eux meurt, ils l'enterrent avec ses plus beaux habits, son arc, & ses fléches. Toute leur Religion confifte en un feul acte, qu'ils font deux ou trois fois l'année : ils plantent des pieux devant leurs portes, dans lefquels ils embrochent des Boucs & des Brebis en vie : ils se rangent enfuite autour de ces animaux, & leur font des inclinations de tête, jufqu'à ce qu'ils foyent expirez. Ils rendent auffi de tems en tems des honeurs au Soleil & à la Lune, fléchiffant les genoux, & inclinant la tête; mais ferrant les dents, & ne prononçant pas une parole. Ils ne veulent entendre parler d'aucune autre Divinité, ni d'aucun autre culte. Ils ont des Prêtres, qu'ils tuent, quand la fantaifie leur en prend, en difant, *il eft néceffaire d'envoyer ces gens en l'autre monde, afin qu'ils prient pour nous.* Ils enterrent ces malheureufes victimes de leur fuperftition, avec des habits & de l'argent, afin (difent ils) qu'elles ayent de quoi fe couvrir, & fe nourir, dans les lieux où elles vont. Quand quelqu'un d'eux doit prêter ferment, ils le ménent fur une haute montagne qu'ils tiennent pour fainte, & qui eft à deux journées de leur Pays, fur les bords de la mer de *Baikal*: là, ils le font jurer à haute voix, fur la vérité qu'ils veulent favoir, & ils font perfuadez que, s'il fe parjure, il ne defcendra pas en vie. La vénération qu'ils ont pour cette montagne eft fort ancienne,

&

& ils y viennent souvent ofrir des sacrifices.

On trouve dans le Pays des *Burates* le *Muskus* ou l'animal qui porte le musc: il est sans cornes & ressemble à une jeune Biche, excepté qu'il a le poil un peu plus obscur, la tête plus aprochante de celle du Loup, & deux dents recourbées qui lui sortent de la gueule, come au sanglier. Cet animal a une tumeur au dessous du ventre, ronde come une bourse, & couverte d'une peau délicate garnie d'un poil très fin. Les Chinois l'apellent *Techiam*, c'est à dire, *Cerf musqué*, à cause de la ressemblance dont nous venons de parler.

Philipe Martin dans son *Atlas de la Chine*, dit, qu'on trouve le *Musc* dans les Provinces de cet Empire que nous alons nomer. Dans la Province de *Xauxi*, aux environs de la Ville de *Leao*: dans celle de *Xenxi*, & généralement dans toute la troisiéme Région, apellée *Hanchangfu*. Dans la seconde Région que l'on nome *Paoningfu*, aux environs de la Ville de *Kiating*, & du fort de *Tienciven*, Province de *Suchuen*: en diférens lieux de la Province de *Junnan*, & dans plusieurs autres Provinces Occidentales. Il done ensuite la description suivante de cet animal.

Le *Musc* (dit il) est semblable à un jeune Cerf, avec cette diférence qu'il a le poil un peu plus brun. Il est si lent à se remuer que les chasseurs n'ont aucune peine à l'ateindre, & souvent même il se laisse aprocher & tuer, sans faire le moindre mouvement. C'est de cet animal qu'on tire le Musc, & voici la maniére dont on le fait.

Dès que la bête est prise, on la saigne jusqu'à la derniére goute, & on lui arache une espéce de bource qu'elle a sous le ventre, pleine d'une liqueur caillée odoriférante. On met dans des vases le sang & la liqueur, & après avoir écorché la bête, on la coupe en morceaux.

Les Chinois font du musc de trois sortes. Pour le premier ils prennent tout le derriére de l'animal, depuis les rognons, pilent ensuite cette chair dans un mortier, & la détrempant avec du sang, ils la réduisent en une espéce de cole qu'ils font sécher : quand elle est séche, ils en remplissent des bourses, faites de la peau de la bête, & c'est là le premier musc, & le plus exquis.

Le second se fait de la même maniére ; mais avec l'animal tout entier, & sans distinction d'aucune partie : c'est pourquoi il est moins précieux que l'autre.

Le troisiéme & le moindre se fait avec les parties de devant depuis la tête jusqu'aux rognons, & quoiqu'il soit inférieur aux deux autres, il est pourtant fort estimé.

Ainsi rien n'est inutile dans cet animal : la chair, le sang, la peau, tout est mis à profit, & c'est de là que vient le proverbe Chinois qui dit, *que le Cerf musqué vaut mieux après sa mort que pendant sa vie.*

Voila ce que dit *Martin du Musc* : pour moi, je n'ai pas sû que les *Burates* en fissent le même usage que les *Chinois*.

Je partis de *Bulaganski*, & après avoir marché encore quelques jours parmi les *Burates*,

j'ari-

DE MOSCOU à la CHINE. 67

j'arivai à la Ville de *Jekutskoi* (1) située sur la Riviére d'*Angara*, qui sort du lac de *Baikal* à 6 miles de la Ville, & coule du *Sud* au *Nord* (2). Cette Ville qui n'est bâtie que depuis peu de tems, est pourvue d'une forte Citadelle & de vastes faubourgs. Le blé, le sel, la viande, & le poisson y sont à bon marché : le seigle surtout y est si abondant, qu'on peut en avoir cent livres pesant d'Alemagne pour sept sols. On est redevable de cette abondance à la fertilité du terroir, qui, depuis *Jekutskoi*, jusqu'à *Wergolensko* (3), produit à profusion toutes sortes de danrées. Les *Russes* y ont beaucoup d'habitations, & s'y enrichissent par le moyen de l'agriculture, à laquelle ils s'apliquent uniquement.

On voit, à quelque distance au dessus de *Jekutskoi*, du côté de l'*Est*, une caverne qui jetoit autrefois des flames ; mais dont il ne sort plus à présent que quelque peu de fumée. Les habitans me dirent qu'elle avoit brulé pendant plusieurs années, & qu'elle n'étoit éteinte que depuis peu. Come presque toutes les autones, il arive en ce Pays là des tremblemens de terre, qui pourtant n'y causent pas de grands domages, je conjecturai que quelqu'un de ces accidens avoit ouvert cette caverne ardente, qui n'est autre chose qu'une grande crevasse dans un terrain

uni

---

(1) Le Sr. *Brand* la nome *Irkutskoi*, & ne la décrit point à son ordinaire.
(2) Selon la carte elle coule d'*Orient* en *Occident*.
(3) Ville au *Nord* de *Jekutskoi* auprès de la source du fleuve *Lena*.

uni, où il y a eu aparemment quelque mine combuſtible, qui eſt conſumée. Cependant quand on porte un bâton juſqu'au fond de cette ouverture, & qu'on en remue les cendres, il en ſort encore quelque chaleur.

Je vis auprès de cet endroit, un grand Cloitre, au pié duquel la Riviére d'*Angara* reçoit celle de *Jekut* (1) dont la Ville de *Jekutskoi* tire ſon nom. Ce Cloitre étoit habité par un *Taiſcha*, ou Baron *Mongale*, qui vivoit ſous la protection de S. M. Czarienne & qui avoit embraſſé la Religion Gréque. Une ſœur de ce Baron demeuroit auſſi dans la même ſolitude: c'étoit une Religieuſe *Mongale*, qui me parut n'être pas éloignée d'embraſſer le Chriſtianiſme à l'imitation de ſon Frére. Cependant quand on lui parloit de Religion, elle avoit coutume de dire, *Vraiment il faut que le Dieu des Chrétiens ſoit un Dieu bien fort, puiſqu'il a chaſſé le notre du Ciel. Notre Dieu pourtant y remontera; mais le Dieu des Chrétiens l'en chaſſera encore* Elle entroit dans une chambre, où il y avoit du monde, ſans ſaluer qui que ce fût; non pas que ce ſoit la coutume des *Mongales* de ne pas ſaluer, mais parce que c'étoit une des régles de ſon ordre. Elle portoit à la main un grand chapelet qu'elle comptoit ſans ceſſe.

Dans le même Cloitre habito't encore un *Lama* ou Prêtre *Mongale*, dont la coutume étoit auſſi de tenir un long chapelet à la main,

&

___
(1) Elle a ſa ſource dans le Pays des *Burates*, & coule du *Sud* au *Nord*.

& d'acompagner le mouvement perpétuel de ses doigts, de certaines grimaces qu'il faisoit en grommelant entre ses dents. La longue habitude de compter son chapelet lui avoit usé le pouce jusqu'à la jointure, sans qu'il eût senti aucune douleur.

Après m'être reposé quelque tems à *Jekutskoi*, j'en partis en traineau, le premier de Mars, & j'arivai le 10. au bord du lac de *Baikal*, que nous trouvames bien gelé. Nous le traversames, & nous nous rendimes heureusement au Vilage de *Kabania*. Ce lac a environ six miles d'Alemagne de large, & quarante miles de long. L'épaisseur de la glace étoit d'environ six piez. Il est dangereux d'y passer lorsque le vent soufle, parcequ'il en chasse la neige, & que la glace en est alors si glissante, que, si les chevaux ne sont ferrez avec des pointes extrêmement aigues, ils tombent à tout moment. Il y a des trous qui ne gèlent point, & qui sont souvent funestes aux voyageurs dans les tems des vents violens, parceque les chevaux venant à tomber, leur propre poids joint à la force du vent les entraine, & les voitures avec eux, sans qu'on puisse les retenir. Si l'on a le malheur de rencontrer dans ces glissades quelqu'une des ouvertures, dont je viens de parler, l'on s'y précipite, & l'on y périt sans ressource. Quelquefois le grand vent fait fendre la glace du lac, avec un bruit semblable à un coup de tonerre; mais dans quelques heures les crevasses sont refermées.

Quand on est obligé de faire passer sur ce lac les Chameaux, dont on se sert pour le voyage

voyage de la Chine, on leur met les jambes dans une espéce de botes, au dessous desquelles sont des fers crochus qui les retiennent. Pour les Bœufs, on les ferre come les Chevaux, autrement il ne seroit pas possible qu'ils pussent marcher sur la glace.

L'eau de ce lac est douce, mais claire & verte come celle de l'Océan. On y voit quantité de Chiens marins qui sortent par les ouvertures de la glace, & se montrent quelque tems hors de l'eau : ils sont tout noirs, & sans poil, come ceux de la mer blanche. Il y a aussi beaucoup de poisson, & j'ai vu des Esturgeons, & des Brochets qu'on y avoit pêchez, qui pesoient près de deux cens livres piéce.

La seule Riviére qui sort de ce lac, est l'*Angara*, qui coule vers le *Nord-Ouest*, & parmi celles qui s'y déchargent, la plus considérable est la Riviére de *Silinga*, qui vient du *Sud*, & qui est la seule grande Riviére qui prenne sa source dans le Pays des *Mongales* : les autres n'étant que de petits ruisseaux pleins de brisans. Il y a aussi quelques Isles sur cette petite mer, habitées de même que ses bords, par les *Burates*, les *Mongales*, & les *Onkotes*. On prend dans les montagnes & les forêts qui l'environent de belles Zibelines noires, & le meilleur *Kaberdiner* de toute la Sibérie.

J'oubliois de dire, qu'étant sur le point de me mettre sur ce lac, c'est à dire, auprès du Cloitre St. *Nicolas*, situé à l'endroit où la Riviére d'*Angara* prend sa source, plusieurs habitans des environs vinrent, avec empressefement, m'avertir de ne point nomer le lac *eau dormante*, tandis que je ferois deſſus, mais de lui doner toujours le nom de *Dalay*, qui ſignifie mer: en me diſant que tous les voyageurs qui avoient manqué de ſuivre leur avis, avoient été expoſez à mile dangers, par les vents impétueux qui s'étoient levez dans le moment de leur paſſage. Je me mis à rire de cette fole penſée, & je me propoſai d'éprouver ſi cette mer ſe laiſſeroit outrager impunément: je me recomandai cependant à Dieu, & je partis. Quand je fus au milieu du trajet je me fis doner un verre de liqueur, & ayant bu à la ſanté des Chrétiens d'Europe, j'en pris le lac à témoin, en l'apellant *Oſera*, qui ſignifie eau dormante; mais les vents, loin de ſe courouſſer, s'apaiſérent; & la mer, que j'avois inſultée, me porta docilement ſur ſon dos, juſqu'au Château de *Cabania*, premiére Place de la Province de *Daure*, par le tems le plus calme & le plus ſerain du monde. Ne doit on pas déplorer l'aveuglement des Peuples, qui donent dans des ſuperſtitions de cette nature, au lieu de mettre leur confiance en un Dieu, qui a tout créé, qui gouverne tout, & à qui ſeul les mers & les vents obéiſſent.

CHAP. IX.

Départ de Cabania. *Deſcription de ce Château. Arivée au Bourg d'*Ilinskoi *habité par des Ruſſes. Au Château de* Tanzienskoi. *A la Ville d'*Udinskoi.

koi. *Description de cette Ville & de son territoire. Tremblement de terre qui y arive. Abondance extraordinaire d'un certain poisson qui ne vient qu'une fois l'an dans la Riviére* Uda. *Départ d'*Udinskoi. *Arivée au Château de* Jarauna. *Sa description, & celle des Peuples qui l'environnent. Montagne de* Pomes : *pourquoi elle est ainsi apelée. Arivée à la Ville de* T'elimba. *Surprenante chevelure d'un Prince* Tunguse, *& de son fils. Arivée à* Plotsoischa. *L'Ambassade se sert de radeaux sur les Riviéres* Ingolda, *&* Schilka : *pourquoi. Arivée à* Nerzinskoi. *Description de cette Ville, & des Peuples des environs. Noms & devoirs des Idolâtres soumis à S. M. Czarienne. Chef des* Konni Tunguses : *son histoire : ses forces. Religion; mœurs; logemens; habits; & généralement toutes les coutumes des* Tunguses *de cette Contrée.*

LE Château de *Cabania* est la premiére Place de la Province de *Daure*. J'y séjournai un jour, & le 12. de Mars je me rendis au Bourg de *Bolsoi Saimka*, dont les habitans sont presque tous Russes. La campagne dépendante de ce Bourg est couverte de Colines si séches, qu'à peine y recueille-t-on
assez

assez de denrées pour la subsistance du Pays; mais on est dédomagé de cette stérilité, par la quantité de Zibelines, qu'on y prend en hiver.

Le 14. nous arivames au Château de *Tansienskoi*, où les habitans entretiennent une forte garnison *Cosaque*, pour se garentir des courses des *Mongales*: & le 19. à la Ville d'*Udinskoi*, située sur une haute montagne, & fortifiée d'un bon Château. La plus grande partie des habitans de cette Ville, ont leurs demeures au pié de la montagne, sur la Riviére *Uda* (1), qui se jette dans celle de *Silinga*, à un quart de lieue de là, vers l'Occident: & quand les *Mongales* viennent les ataquer, il se réfugient dans le Château, où ils entretiennent toujours une garnison de *Russes Cosaques*. On regarde cette Ville come la clef de la Province de *Daure*, & les *Mongales* viennent souvent, en été, dans les prairies qui l'environent, enlever les chevaux des habitans. La campagne y est peu propre au labourage, à cause des montagnes stériles dont elle est couverte: les arbres même n'y croissent pas bien; mais il y a quantité de légumes, come des choux, des raves, des carotes, qui sont les seules richesses du Pays.

Pendant mon séjour en cette Ville, il y survint un tremblement de terre, qui en fit mou-

---

(1) Elle prend sa source dans le Pays des *Konni Tunguses*, & coule du *Sud-Est*, à l'*Ouest*. Le Sr. *Brand* garde un silence profond depuis le 12. jusqu'au 29. de Mars. Il paroit bien qu'il a marché, mais on ne sait par quels endroits il a passé.

mouvoir toutes les maisons. On ne le sentit que pendant une heure ; mais il dona dans ce court espace de tems, trois secousses violentes qui nous alarmérent beaucoup. Nous en fumes pourtant quites pour la peur, & il n'a-riva dans la Ville aucun accident funeste.

La Riviére *Uda* n'est pas ordinairement poissoneuse : on n'y trouve guére, pendant onze mois de l'anée, que quelques brochets, & quelques forelles ; mais tous les ans, dans le mois de Juin, il y entre du lac de *Baikal* (1), une quantité prodigieuse de petits poissons, que les habitans du Pays noment *Omuli*, & qui sont faits à peu près, come les harangs. Ces Poissons remontent en troupes la Riviére, jusqu'au devant de la Ville, où ils s'arêtent, sans passer outre, & après avoir demeuré là quelques jours, ils se retirent dans le lac. Le Comandant de la Place me raconta qu'il avoit quelquefois fait jeter de la chaux vive dans l'eau, pour prendre de ces poissons ; mais qu'ils étoient en si grand nombre, & nageoient si serrez les uns contre les autres, qu'ils formoient une espéce de digue, sur laquelle la chaux s'arêtoit, sans aler au fond. Quand les habitans veulent en pêcher, il jettent au lieu de filets, un sac, une chemise, ou un drap de lit, & en aménent à terre, d'un seul coup, plus qu'il ne leur en faut pour leur provision de toute l'anée.

Ne pouvant plus continuer ma route en traineau, je fus obligé de séjourner quelques
jours

___
(1) Par la comunication, sans doute, de la Riviére de *Silinga* qui la reçoit.

jours dans cette Ville, pour attendre qu'on eût trouvé les chevaux, & les chameaux dont j'avois besoin. Tout étant prêt enfin, j'en partis le 6 d'Avril.

Le 26. je traversai la Riviére d'*Ona*, & le 27. celle de *Kurda*, qui toutes deux, viennent du *Nord-Nord-Ouest* se jeter dans l'*Uda*. Jusques là, nous avions toujours suivi le rivage de ce fleuve (1), en tirant vers sa source; mais il falut le quiter en cet endroit, qui est à peu près le milieu de sa longueur.

Le 29. j'arivai heureusement au Château de *Jarauna* (2). Depuis *Udinskoi* jusqu'à ce Château, le Pays est entiérement inculte & inhabité: je ne rencontrai pas un home, pendant tout le tems que j'employai à le traverser, & je trouvai par surcroit d'ennui des chemins si scabreux, que je fus très aise d'en être dehors.

Le Château de *Jarauna* est ocupé par une garnison *Cosaque*, & il y a autour quelques habitations de Russes, qui s'entretiennent par le moyen de la chasse aux Zibelines. Le Pays de la dépendance de ce Château est habité par des Idolâtres, nomez *Konni Tungusi* (3), qui aprochent beaucoup,

D 2 quant

(1) Le Sr. *Brand* pag. 83. est encore le 29. sur la Riviére *Uda*, par laquelle, dit il, ils continuérent leur voyage *à cheval*. Il faloit donc que ce fût à la nage.

(2) Le Sr. *Brand* dit, le 26. pag. 82. Sans détailler ses erreurs dans tout ce chapitre, je remarque seulement qu'il ne s'entend pas lui même, & que les Pays qu'il nome sans les décrire sont tous déplacez.

(3) Le Sr. *Brand* pag. 81. parle des *Tunguses* qui se tien-

quant au naturel & aux mœurs, des *Tungu-*
ſes des Riviéres de *Tunguska*, & d'*Angara*,
quoique leur langage ſoit diférent. Ils enterrent leurs morts avec leurs habits, leurs
arcs & leurs fléches, dans des foſſes, qu'ils
couvrent avec une grande pierre: ils aſſoment
enſuite le meilleur cheval du défunt, & l'a-
tachent à un piquet planté ſur le tombeau,
où ils le laiſſent pourir & ſe conſumer. Ils vivent de la chaſſe des Zibelines, qui ſont très
abondantes & très belles dans cette Contrée,
où l'on trouve encore quantité de linx, &
des écureuils d'un gris obſcur, que les Chinois
eſtiment beaucoup.

Vers le *Nord* du Château, nous trouvames trois lacs, qui ont enſemble environ trois
miles de circonférence, & dans leſquels on
pêche en quantité, des brochets, des carpes,
& des perches. Auprès de ces lacs il y a
deux chemins, qui par des routes diférentes,
conduiſent tous deux à *Zitinskoi* ou *Platsbis-*
cha. Je fis marcher une partie de mes gens (1)
avec la Caravane, laquelle tira droit au *Sud*,
le long du lac de *Schach*, & traverſa la montagne de *Jablusnoi*, c'eſt à dire en langue du
Pays, *Montagne de pomes*, ainſi nomée, à
cauſe qu'elle eſt couverte d'arbres, dont le fruit
a le gout de la pome. Pour moi, je paſſai
de

tiennent dans le deſert; mais il ne les déſigne, ni par
leur ſurnom, ni par les bornes de leur Pays. Voyez
la fin de ce chap. & le chap. 20. où il eſt traité amplement de ces Peuples.

(1) On ne ſait ſi le Sr. *Brand* fut du nombre, ou
s'il ſuivit ſon maitre: il ne parle ni de l'une, ni de
l'autre route, & arive bruſquement à *Nerzinskoi*.

de l'autre côté, fuivi feulement de 40. perfones, & je vins par un chemin plein de rochers & de précipices, jufqu'à la Ville de *Telimba*.

La Ville, ou plutot le Château de *Telimba*, eft habité par des Ruffes, qui s'ocupent pendant l'hiver à prendre des Zibelines, & celles qu'on trouve dans cette Contrée font les plus belles & les plus précieufes de la *Sibérie* & de la *Daure*.

Je paffai la nuit dans cette Ville, & come j'étois fur le point d'en partir, je fus vifité par un *Knés Tungufe*, qui s'apeloit *Liliulka*. Ce Prince avoit des grands cheveux, qu'il portoit en queue, dans une bande de cuir, dont il avoit fait un triple tour à fes epaules pour n'en être pas incomodé. Je crus d'abord que cette chevelure étoit artificielle, &, curieux de m'en éclaircir, je fis doner de l'eau de vie au Prince, pour le mettre de bone humeur, afin d'obtenir enfuite de lui qu'il délieroit fa bande de cuir. Ma courtoifie eut l'éfet que j'en atendois, & je fus véritablement furpris, quand je vis ces cheveux pendans; je priai le Prince de me permettre de les mefurer; ce qui m'ayant été acordé, je les trouvai longs de quatre aunes d'Holande. Ce *Knés* avoit un fils avec lui, âgé feulement de fix ans, dont la chevelure répondoit parfaitement à celle du Pére: elle avoit déja près d'une aune de long, mais le jeune home la portoit déliée, & pendante fur les épaules. Les *Tungufes* de cette contrée font Idolâtres, come les autres, & ils habitent des montagnes, où ils prennent en quantité de belles

Zibelines qui font toutes leurs richeſſes.

Au *Nord-Oueſt*, & au *Sud Eſt* de *Telimba*, il y a de hautes montagnes, que l'on ne peut traverſer qu'en deux jours, de quelque côté que l'on paſſe. Au *Nord* de la même Ville, eſt la ſource de la Riviére de *Konela*, laquelle changeant ſon nom, au milieu de ſon cours, pour prendre celui de *Wittim*, va ſe jeter au *Nord-Eſt*, ſous ce dernier nom, dans le grand fleuve *Lena*, qui a ſon embouchure dans la mer glaciale. C'eſt auſſi dans les hautes montagnes qui ſont au *Sud-Eſt* de *Telimba*, que la Riviére de *Zita* prend ſa ſource, pour venir ſe joindre à celle d'*Ingoda*, qui ſe jette dans le fleuve *Amur*, lequel coule à l'*Eſt*, & ſe décharge dans l'*Ocean Oriental*.

Le 15. de Mai, j'arivai à *Plotbiſchh*, où je rejoignis le reſte de mes gens, & la Caravane. J'apris qu'elle avoit été expoſée dans ſa route à beaucoup de dangers de la part des *Mongales*, qui avoient mis le feu à tout le fourage, qui ſe trouvoit ſur le chemin ; deſorte que, les chevaux & les chameaux manquant de nouriture, les voyageurs avoient été obligez d'en aler chercher tous les jours dans les montagnes voiſines, ce qui les avoit fort incomodez.

Le Vilage de *Plotbiſcha* eſt ſitué ſur la Riviére de *Zita*. Nous fumes contraints de nous y arêter quelques jours, tant pour y laiſſer repoſer les bêtes de ſomme, que pour y faire des radeaux, afin de pouvoir nous rendre à la Ville de *Nerzinskoi*, ſur les Riviéres d'*Ingoda*, & de *Schilka*. Ce n'eſt pas faute
de

de barques que nous fumes obligez de nous servir de radeaux, mais parceque l'eau de ces Riviéres est si basse, & leur lit si plein de rochers, que l'on ne peut y naviger autrement. Quand tout fut prêt, je fis prendre à mes équipages la route des montagnes, & m'étant mis avec les gens de ma suite sur la Riviére d'*Ingoda*, deux de nos radeaux furent aussitôt mis en piéces par les brisans: il nous en restoit un troisiéme sur lequel nous nous rangeames come nous pumes. Le 19. nous rencontrames la Riviére d'*Onon*, qui prend sa source dans le Pays des *Mongales*, coule du *Sud* au *Nord*, & venant joindre ses eaux à la Riviére d'*Ingoda*, forme avec elle celle de *Schilka* (1), sur laquelle nous continuames notre route. L'eau de la Riviére d'*Onon* est extrêmement blanche, ses bords sont habitez par des *Hordes Mongales*, qui profitant de la jonction de cette Riviére à celle de *Schilka*, viennent souvent jusqu'à *Nerzinskoi*, comettre des vols, & des brigandages. Leurs courses ne sont pourtant pas toujours heureuses: ils se laissent quelquefois prendre, & alors non seulement on leur fait restituer le butin qu'ils ont fait; mais on les punit encore come des voleurs. Outre ces châtimens, les *Russes Cosaques* de *Nerzinskoi*, & des environs, profitant aussi de la comodité des Riviéres, fondent quelquefois dans le Pays de

D 4 ces

---

(1) Elle coule du *Sud Ouest* à l'*Est*, conserve son nom jusqu'à l'endroit où elle rencontre la Riviére d'*Argun*, qui vient du *Sud*, & qui, joignant ses eaux à la *Schilka*, forme avec elle le fleuve *Amur*.

ces Mongales, où ils sacagent tout ce qu'ils rencontrent.

Nous conservames heureusement notre radeau, jusqu'à la fin de notre trajet : & le 20. du mois de Mai, nous arivames à bon port à *Nerzinskoi* (1). Cette Ville est située sur la Riviére de *Nerza*, qui vient du *Nord-Nord-Est* se jeter au *Sud*, dans celle de *Schilka*, à un demi mile de la Ville. Elle est fortifiée d'un bon Château, pourvu de canon, & d'une garnison de *Daures Cosaques*, qui servent moitié à pié, moitié à cheval. Elle est entourée de hautes montagnes ; cependant au milieu d'une plaine, où les chevaux, les chameaux, & les bœufs, trouvent en tout tems de gras paturages : les montagnes mêmes qui l'environent sont en plusieurs endroits propres au labourage, & les habitans y sément & recueillent toutes les denrées qui leur sont nécessaires.

A quatre ou cinq miles au dessus de la Ville, & à neuf ou dix miles au dessous, tout le long de la Riviére de *Schilka*, on trouve beaucoup d'habitations de gentilshomes *Russes* & *Cosaques*, qui s'ocupent à l'agriculture, à élever des bestiaux, & à la pêche. Outre les denrées que les montagnes produisent, on y trouve encore beaucoup de fleurs, d'herbes

---

(1) Le Sr. *Brand* pag. 85. dit que l'Ambassade séjourna plus de deux mois à *Nerzinskoi*. Il faut que les préparatifs que Mr. l'Envoyé fit dans cette Ville n'ayent pas permis au Sr. *Brand* d'examiner le Pays : car il n'en done pas la moindre description, quoiqu'il semble avoir eu tout le tems de la faire.

bes aromatiques, & de bones racines qui y croiffent naturellement, come la Rhubarbe bâtarde, nomée autrement *Rapontica*, qui y eft d'une groffeur & d'une longueur extraordinaires, le lis jaune & blanc, la pevoine blanche & rouge, le romarin, le thin, la marjolaine, la lavande, & une infinité d'autres fleurs & herbes, d'une odeur charmante, que je ne conus point. Les arbres fruitiers y font rares, & l'on n'y voit guére que des fraifes & des grofeilles.

Les Idolâtres de cette Contrée foumis à Sa M. Czarienne font deux fortes de Tungufes, dont les uns font apellez *Konni Tungufi*, & les autres *Olenni Tungufi* (1). Les premiers font obligez de monter à cheval, quand on eft menacé de quelque incurfion des *Tartares*, ou autrement felon le bon plaifir du Gouverneur. Les *Olenni Tungufi* fervent à pié, & font deftinez à garder la Ville, tant que le danger dure, & à la défendre, en cas

d'a-

---

(1) Le Sr. *Brand* pag. 70. divife ces Peuples en trois, qu'il nome les *Konny*, les *Alenny*, les *Sobaliski*; mais il ne défigne nullement les Pays que chacun de ces Peuples habite, & femble les comprendre tous fur les bords de la Riviére de *Tunguska*. C'eft une erreur: il n'y a fur cette Riviére que les *Nifovci*, qui font aparament les *Sobaliski* du Sr. *Brand*. Les *Konny*, & les *Olenny*, en font fort éloignez, puifqu'ils habitent les environs de *Nerzinskoi*, & les bords de la Riviére *Argun*. Voyez les chap. 7. & 20. de notre voyage. Le Sr. *Brand* continue fon erreur dans la defcription fort générale, qu'il done de ces Peuples: il leur atribue le même caractére, & les mêmes coutumes, &c. tandis qu'il y a entre les uns & les autres une auffi grande diférence fur ces articles, que fur leurs noms & leurs Pays.

d'ataque. Le Chef des *Konni Tungufes* étoit pour lors un *Knés* nomé *Paul Petroniis Gantimur*, ou bien en langue Tungufe *Catana Gantimur*, vieux home, originaire du Pays de *Nieuche*. Il avoit servi autrefois dans la Chine, en qualité de *Taïscha*; mais ayant été disgracié & remercié, il s'étoit retiré avec sa *Horde* dans la Province de *Daure*, où il s'étoit mis sous la protection de S. M. Czarienne, & avoit embrassé la Religion Gréque. Ce *Knés* pouvoit mettre sur pié en un jour, trois mile homes de cheval tous bien armez, & si aguerris, qu'on a souvent vu cinquante de ces Cavaliers, tailler en piéces 400 *Mongales*. Ceux de ces *Tungufes* qui habitent les environs de la Ville, s'apliquent à élever des bestiaux; mais ceux qui sont sur les bords de la Riviére *Schilka*, & du fleuve *Amur*, n'ont pour toutes richesses que les Zibelines, qui sont très belles dans leur quartier.

Les uns & les autres logent dans des cabanes, qu'ils apellent en leur langue, *Jurtes*; elles sont apuyées sur des pieux de bois, mis en dedans, & arangez de telle sorte qu'ils peuvent être déplacez en fort peu de tems, & transportez aisément tout à la fois, quand il prend fantaisie aux *Tungufes* de changer de quartier. Ces hutes sont couvertes de feutre ou de gason: elles ont au toit une ouverture par où passe la fumée, & au milieu de l'apartement, un foyer, autour duquel la famille s'arange en hiver, assise à terre.

La Religion de ces Peuples est la même que celle des *Daures*, dont ils croyent être descendus; & c'est par ce même préjugé d'origine

rigine, qu'on trouve entre tous les Peuples de la grande *Tartarie*, jusqu'au Pays des Mongales, une conformité presque entiére, ainsi que nous le remarquerons dans la suite de ce voyage.

Les *Tunguses* dont nous parlons sont grands, robustes, & ont le visage fort large. Les jeunes filles montent à cheval, vont à la guerre, & se servent de l'arc & de la fléche, avec autant d'adresse que les homes : elles sont ordinairement habillées come eux. La boisson comune du Pays est l'eau : les riches, cependant, usent d'une espéce de thé, qu'ils apellent, *Kara het za*, c'est à dire, thé noir, parcequ'en effet il rend l'eau noirâtre. Ils le font infuser dans du lait de jument, mêlé d'un peu d'eau, & jettent dans le pot un morceau de graisse, ou de beurre. Ils tirent aussi du lait de jument, une espéce d'eau de vie, qu'ils noment *Kunnen* ou *Arak*, & qu'ils distilent de la maniére suivante. Ils font cuire une certaine quantité de lait doux, dans lequel, après qu'il est cuit, ils jettent un peu de lait aigre ; ils laissent cette mixtion toute une nuit, à l'air, en la remuant à toutes les heures, après quoi ils la mettent dans un pot, graissé en dehors, qu'ils couvrent d'un autre, dans lequel ils passent un roseau percé. Ils font ensuite leur distilation sur le feu à la maniére d'Europe ; mais, avant que la liqueur soit bone à boire, il faut qu'elle ait passé deux fois par cet alambic. Après cela elle est potable sur le champ, & a la même force, & la même couleur, que l'eau de vie de grain. Ce qui oblige ces Peuples d'user de lait de jument, c'est que dans toute la *Siberie*, la *Daure* & même en *Tartarie*, les vaches ne veulent pas se laisser traire, tant qu'elles ont des nourissons, & quand elles cessent d'en avoir, elles n'ont plus de lait. D'ailleurs le lait de jument, est plus doux & plus propre à engraisser que celui de vache.

Ces *Tungufes* vont à la chasse dans le printems & dans l'autone, come les Burates, & font come eux, sécher au soleil la chair des animaux qu'ils tuent, dont ils font des provisions dans le printems & dans l'autone, pour leur été, & leur hiver. Ils ramassent les bulbes du lis jaune, qu'ils apellent *Savana*, les font sécher, les réduisent en farine, & en font leur pain. Ils ne prennent pas le poisson avec des filets, mais ils le tirent dans l'eau, avec des fléches rondes & fort lourdes, qui ne peuvent porter qu'à 15. ou 20. brasses d'éloignement. Cela leur sufit pour tuer les gros poissons, come les brochets, & les forelles, qui nagent toujours presque à fleur d'eau, & le long des rivages. Ces fléches font des playes si larges, que le poisson, qui en a été ateint, semble avoir été frapé d'un coup de hache.

Ces Idolâtres ont une forme de serment tout à fait particuliére: elle est usitée principalement dans les cas dont nous alons parler. Come le vaste Pays de *Sibérie* est habité par diférens Peuples, dont les uns sont sous la domination, les autres seulement sous la protection de Sa M. Czarienne, les Waiwodes, pour s'assurer de la fidélité des uns & des autres, ont acoutumé de se faire doner

en

en ôtage les enfans des principaux habitans de leurs départemens, lesquels ils gardent quelquefois jusqu'à un âge fort avancé, quelquefois ils s'en font doner d'autres à leur place, & cependant ils les entretiennent abondament de tout ce qui est nécessaire en la vie, pour leur faire trouver la captivité moins rigoureuse. Le Waiwode de *Nerzinskoi* a ordinairement deux *Tunguses*: il arive souvent que ces deux prisoniers, par jalousie ou par inquiétude se brouillent ensemble, & s'acusent ensuite réciproquement de diférens crimes. Le plus énorme selon eux, c'est d'avoir fait mourir, par la magie, quelqu'un de leurs compatriotes, ou d'avoir opéré après leur mort, quelque acte magique sur leurs cadavres. Quand cela arive, l'acusation est portée devant le Gouverneur, qui, étant obligé de juger selon les loix des *Tunguses*, demande d'abord à l'acusé, s'il osera soutenir avec serment, son innocence : si l'acusé répond, *oui*, on lui remet aussitôt un chien en vie, auquel il enfonce un couteau dans le flanc, au dessous de la cuisse gauche, & portant ensuite sa bouche à la playe, il suce le sang de l'animal, jusqu'à la derniére goute. C'est là l'assurance la plus sacrée de la vérité, & aussitôt que l'acusé l'a donée, il est renvoyé absous, & l'acusateur puni sévérement de sa calomnie. Nous parlerons ailleurs de quelques autres coutumes usitées chez ces Idolâtres (1).

(1) Voyez le chap. 20.

CHAP. X.

Départ de Nerzinskoi. *Arivée à* Argunskoi*, derniére Place frontiére de S. M. Czarienne. Description du chemin de* Nerzinskoi *à* Argunskoi. *Vieux forts ruinez: à quel usage ils avoient été bâtis. Tombeaux des* Tungufes. *Départ d'* Argunskoi. *Mines d'argent auprès de la Riviére de* Serebrenskoi. *Passage de la Riviére d'* Argun. *Entrée dans le grand Désert de* Tartarie. *Passage de la Riviére de* Kalabu. *De celle de* Terbu. *De celle de* Gan. *Dificultez de ce dernier passage. De quelle façon nagent les Chameaux. Passage de la Riviére de* Mergeen. *De celle de* Kaliar. *De celle de* Sadun. *Arivée sur la montagne de* Jalo, *où l'Ambassadeur est acueilli par un grand Seigneur* Chinois. *Source du fleuve* Jalo. *Changement de climat & de terrain, dont l'Ambassadeur s'aperçoit. Description du Pays, depuis la Riviére de* Kailar, *jusques là. Beauté des rivages du fleuve* Jalo. *Premiére garde* Chinoise. *Comment elle se fait. Pays des* Targasins. *Religion: mœurs: vêtemens: habitations: richesses: & cou-*

tumes

tumes de ces Peuples. Les bords du fleuve Jalo *comparez à un Paradis terrestre. L'Ambassadeur les quite: traverse des montagnes, où le bois & l'eau manquent : campe à un demi mille de* Xixigar, *premiére Place de la* Chine.

JE fus obligé de me pourvoir à *Nerzinskoi,* de Chameaux, de Chevaux, de Bœufs, & de vivres, pour continuer mon voyage: & tous ces préparatifs m'ayant arêté quelques semaines, je ne pus partir de cette Ville que le 18. de Juillet. Je traversai le lendemain la Riviére de *Schilka,* &, après dix jours de marche, j'arivai heureusement à *Argunskoi* le 3. d'Aout. Cette Ville, ou plutot ce Château, est la derniére Place de la domination de S. M. Czarienne, du côté de l'*Est* (1). Elle est située sur la Riviére d'*Argun*, laquelle coulant du *Sud-Ouest* au *Nord-Est*, sépare les terres de Sa M. Czarienne, d'avec celles de l'Empereur de la Chine, & va se jeter dans le fleuve *Amur*. C'est à l'*Est* de la même Riviére, que comence le grand désert de Tartarie.

Je fus encore obligé de séjourner quelques jours dans cette Place frontiére, pour y faire préparer des chariots à deux roues, propres à porter mes équipages; ce qui me couta d'au-

---

(1) Le Sr. *Brand* ne fait aucune description des lieux & des Peuples depuis *Nerzinskoi,* jusqu'à *Argun.* On le voit tout d'un coup dans le désert de *Tartarie,* où il chasse aux bêtes fauves.

d'autant plus de tems & de peine, que perfone avant moi ne s'étoit avisé de se servir de ces voitures dans le passage du désert.

La route de *Nerzinskoi*, à *Argun* seroit fort agréable, si les chemins en étoient beaux. L'on y voit à droite & à gauche, tantot de colines, couvertes de fleurs & d'herbes odoriférantes, dont les piez sont arosez par de petits ruisseaux d'une eau cristaline, tantot des hauts cédres à perte de vue, & tantot des forêts entiéres de bouleau. Par tout où l'on trouve des Riviéres, l'on y trouve aussi quantité d'habitations de *Tunguses*, & d'autres Idolâtres soumis à S. M. Czarienne, à laquelle ils payent tous les ans un tribut volontaire; mais les chemins, qui regnent dans tout le trajet, sont si scabreux, que les voyageurs s'ocupent moins à contempler les beautez de la campagne, qu'à prendre garde de ne pas se précipiter.

Je remarquai dans cette contrée plusieurs centaines de Forts, qui tomboient pour la plupart en ruine, quoique construits avec des piéces entiéres de rochers, entassées les unes sur les autres. Les *Tunguses* me dirent que les gens de guerre les avoient élevez autrefois, pour se défendre contre les *Mongales* & les *Tartares d'Occident*, qui vinrent ataquer l'ancien Royaume de *Nieuche*, dans lequel les gens du Pays comprennent tout le terrain qui s'étend le long du fleuve *Amur*, depuis *Nerzinskoi*, (que les Chinois apellent encore aujourd'hui *Nieuche*,) jusqu'aux montagnes d'*Albane* & à la Province de *Leaotung*.

Je vis aussi sur les montagnes plusieurs sépulcres

eres de *Tunguses*, couverts de pierres & de chevaux morts, atachez à des pieux.

Il y a très peu de tems que les Peuples de cette contrée se servent de chariots à roues ferrées, & de meules de moulin, & je crois qu'ils n'en ont l'usage que depuis qu'ils sont en comerce avec les *Nieuchéens*, qui habitent les frontiéres de la Province de *Leaotung*: ces comoditez n'étant conues ni chez les *Mongales*, ni chez aucun autre Peuple des environs de la *Daure*.

Le Pays, que le fleuve *Amur* arose, n'est pas par tout le même. Jusqu'à l'embouchure de la Riviére d'*Argun* dans ce fleuve, on voit à droite & à gauche, de hautes colines couvertes d'arbres & de fleurs, qui forment des objets fort agréables; mais, après qu'on a passé cette Riviére, l'on ne trouve plus que des montagnes séches & escarpées, des Pays où la nature semble expirer.

Je partis d'*Argunskoi* le 5. d'Aout (1), & après avoir fait environ huit miles, je me trouvai au bord d'une Riviére nomée *Zerebrenskoi*, par ceux du Pays, par les Alemands *Zilverstroom*, & par les *Mongales*, *Mongagol*, laquelle se jette dans celle d'*Argun*. A deux miles de là, en remontant cette Riviére, on trouve des mines d'argent, d'où les anciens habitans du Royaume de *Nieuche*, & les *Mongales* tiroient autrefois beaucoup de matiére. On y voit même encore les lieux

où

---

(1). Ici on perd de vue le Sr. *Brand*, & on ne le retrouve que le 15. auprès de la Riviére de *Gan*.

où l'on séparoit & fondoit les métaux ; mais ces mines étant négligées depuis très longtems, les ravines & les écroulemens des montagnes les ont totalement comblées. A mon retour en *Moscovie*, j'y raportai des épreuves de cette matière, laquelle fut trouvée très bone, & je ne doute point que S. M. Czarienne ne pense à faire continuer un travail, qui peut lui raporter des avantages considérables, & qui est d'autant plus facile à exécuter, que le bois abonde dans le lieu même où sont les mines.

Ce fut le 8. du même mois que nous fumes obligez de traverser la Riviére d'*Argun*. Come nous nous étions joints à la caravane qui étoit nombreuse, il falut demeurer deux jours sur le bord pour atendre que tout fût prêt : desorte que nous ne passâmes que le 9. au soir. Le lendemain, nous primes notre route dans le désert de *Tartarie*, en tirant vers le *Sud-Est*, & après avoir marché toute la journée au travers des montagnes, nous rencontrâmes une petite Riviére nomée *Kalabu*, que nous gayames sans peine : elle sort des montagnes de *Tartarie*, coule de l'*Est* à l'*Ouest*, & se jette dans l'*Argun*. Il fit un si grand froid, dans la nuit que nous passâmes sur le bord de cette petite Riviére, qu'elle fut gelée le lendemain, de l'épaisseur d'une risdale : ce qui nous surprit d'autant plus que nous étions au cœur de l'été.

Le 12. d'Aout nous traversames de même la Riviére de *Terbu*, qui a le même cours, & à peu près la même largeur que celle de *Kalabu* ; mais elle est plus profonde. Le
jour

jour suivant nous nous rendimes sur le bord de celle de *Gan*, que nous trouvames extrêmement enflée, & si creuse qu'aucun Chameau n'y pouvoit toucher. Come nous étions dans un Pays désert, où il n'y avoit point de bateaux, nous fumes obligez d'en fabriquer nous mêmes come nous pumes. Nous coupames des arbres, que nous eumes beaucoup de peine à trouver, & les ayant atachez deux à deux, nous en fimes une espéce de radeaux, sur lesquels nous passames le bagage & les marchandises. Nous construisimes aussi des petites barques, avec des branches d'arbres, liées ensemble, & couvertes de peaux de bœufs, pour voiturer les persones; & tout cela nous ayant réussi fort heureusement, les Chevaux, les Chameaux, & les Bœufs suivirent à la nage. Aucun de ces animaux ne nage plus légérement que le Chameau: dès qu'il sent que le fond lui manque, il s'éléve au dessus de l'eau, se couche de côté, & sans faire aucun mouvement des piez, il flote tout de même que si c'étoit un sac enflé de vent. Il faut atacher ces animaux, cinq ou six de suite, c'est à dire que la bride de l'un tienne à la queue de l'autre, & faire aler devant un homme à cheval, qui conduise le premier; autrement le courant les entraineroit fort loin, puisque, même avec cette précaution, ils ne peuvent jamais traverser droit, & descendent toujours fort bas avant que d'ariver de l'autre côté. La Riviére de *Gan* est fort large & fort rapide: elle vient de l'*Est*, & se jette à l'*Ouest*, dans celle d'*Argun*.

Ce passage nous ocupa quelques jours, & nous

nous ne fumes raſſemblez de l'autre côté de la Riviére que le 19. du mois. Le 21. nous vinmes à une autre Riviére nomée *Mergeen*, que nous traverſames au guet, n'étant ni large ni profonde : elle coule come les autres de l'*Eſt* à l'*Oueſt*, & ſe jette de même dans celle d'*Argun*. De là, marchant toujours entre le *Sud* & l'*Eſt*, nous gayames le 23. une autre Riviére nomée *Kailar*, qui vient du *Sud-Sud-Eſt*, & ſe jette à l'*Oueſt* dans celle d'*Argun*. Le 25. nous traverſames encore une Riviére nomée *Zadun*, qui coule du *Sud-Eſt* au *Nord-Oueſt*, & entre dans celle de *Kailar*, que nous venons de nomer.

Le premier de Septembre j'arivai ſur la montagne de *Jalo*, où je paſſai la nuit. Je trouvai en cet endroit un gentilhome *Ruſſien* que j'avois dépêché à *Xixigar*, dont il étoit déja de retour : il m'atendoit depuis quelques jours ſur cette montagne, avec un grand Seigneur Chinois, ſuivi de dix perſones, qu'on avoit envoyé à ma rencontre, ſur l'avis que mon gentilhome avoit doné de ma marche. Ce Seigneur Chinois vint auſſitôt me complimenter de la part de l'Empereur ſon Maître, & me fit préſenter pour rafraichiſſement, quinze moutons, quelques livres de thé, & quelques patiſſeries ſucrées. Il m'ofrit auſſi, pour mon équipage, quinze chevaux frais, que j'acceptai, & après l'avoir remercié, je lui fis à mon tour quelques préſens.

La montagne de *Jalo* (1) eſt ainſi nomée
à

---

(1) Le St. *Brand* ne nome point cette Montagne; mais il dit, pag. 96. que le fleuve *Jalo*, prend ſa ſource dans des colines & des vallons.

à cause du fleuve *Jalo*, qui y prend sa source. Ce fleuve dans son comencement n'a pas deux brasses de large; mais il reçoit au pié de la même montagne, plusieurs petits ruisseaux, qui en descendent come autant de veines, & qui le grossissent d'abord. J'étois arivé sur cette montagne du côté du *Nord*, & j'en sortis du côté du *Sud*; mais j'employai trois fois plus de tems à la descendre, que je n'en avois mis à la monter, & je ne fus pas plutot entré dans ce Pays bas, que je m'aperçus d'un changement notable de climat & de terrain (1):

Depuis la Riviére de *Kailar*, jusqu'à la montagne de *Jalo*, les chemins sont extrêmement pierreux, & bordez à droite & à gauche de hautes montagnes. On découvre de tems en tems quelques petits bocages, mais fort éloignez les uns des autres, & les intervales absolument dépourvus de bois; desorte que nous étions obligez d'en porter d'un gite à l'autre, pour faire cuire nos alimens. Ces montagnes cependant ne sont pas désagréables: la plupart sont couvertes de gazon, de fleurs & d'herbes odoriférantes, dont la veue réjouit. Il y aussi des Cerfs, des Biches, & des Brebis sauvages, en si grande quantité, que nous en voyions souvent des troupes de plusieurs centaines. On y trouve encore beaucoup de Perdrix, d'Oyes, & de Canards sauvages; mais par oposition, toutes les Riviéres

(1) Le Sr. *Brand* ne remarque rien, & ne done aucune description. Voyez touchant le climat le chap. suivant.

viéres que l'on rencontre depuis celle d'*Argun*, sont presque entiérement dépourvues de poissons, & l'on n'y pêche que quelques brochets & quelques forelles. Le climat qui regne sur cette étendue de Pays, n'est pas tout à fait tempéré, tenant un peu plus du froid que du chaud.

Ce fut le 2. de Septembre, que nous nous trouvames au bas de la montagne de *Jale*. Nous suivimes quelque tems le fleuve *Jalo*, dont nous trouvames les bords couverts de chênes & de tilleuls d'un verd charmant, & d'une espéce de noisetiers, qui n'avoient pas plus de cinq piez de hauteur, mais qui portoient du fruit en abondance. Joint à cela le plus beau chemin du monde, nous voyageames deux jours avec beaucoup de plaisir.

Le 4. du même mois nous arivames avec joye, à la premiére garde *Chinoise* (1) postée sur une haute montagne, d'où les sentinelles peuvent découvrir tout ce qui se passe dans la campagne des environs. Aussitot que cette garde aperçoit des voyageurs, elle va les reconoitre, & en done avis sur le champ au Gouverneur de *Mergeen* : coutume dont nous fumes instruits par notre propre expérience.

Nous passames ce poste sans nous arêter. Le 5. du mois nous aperçumes les premiéres hutes des *Targasins* (2), & le lendemain nous

---

(1) Le Sr. *Brand* arive le 4. à la troisiéme garde : ce n'est pas là le seul endroit où il marche plus vite que son Maitre.

(2) Le Sr. *Brand* les nome *Targutschini*, & il ne dit
autre

nous laissâmes les derniéres derriére nous. Ces Peuples forment une *Horde* libre, tributaire seulement de l'Empereur de la *Chine*. Ils n'élisent point de Chef parmi eux; mais ils obéissent à ceux des *Tartares*, qui sont les plus puissans. Ils sont Idolâtres, & rendent un culte Religieux au Diable. Ils sont d'une taille médiocre, & ont le visage large, come les *Mongales*. Leurs habits d'été sont ou d'étofes de coton de la Chine teinte en bleu, ou d'un cuir aprêté, & leurs habits d'hiver, de peaux de moutons, le froid étant quelquefois rude dans leur Pays, à cause du voisinage des montages. Leur langage aproche beaucoup de celui des *Tungufes*, & leurs habitations sont des cabanes, faites la plupart avec des roseaux. Ils s'ocupent à l'agriculture, recueillent beaucoup d'orge, d'avoine, & de millet, qu'ils vont vendre à *Xixigar*, & aux Vilages des environs. Les bestiaux qu'ils élévent consistent en Chevaux, Chameaux, bêtes à cornes, & à laine: celles ci, surtout, y sont d'une beauté extraordinaire: elles ont la queue large d'environ un pié, & longue de deux: elles sont en général, si chargées de graisse, qu'elles ne peuvent marcher que fort lentement. Les *Targasins* montent sur les Bœufs, come sur les Chevaux, & s'en servent pour leurs voyages. Ils fabriquent des arcs qui passent pour les meilleurs de toute la *Tartarie*, & se vendent fort cher dans ce

autre chose de ces Peuples, sinon qu'ils manquoient de Sel dans le tems du passage de l'Ambassade, laquelle eut la charité de leur en doner.

ce Pays. Ils savent aussi se servir de cette arme avec une adresse admirable.

Nous traversames ce Pays, toujours en suivant le fleuve *Jalo*, qui descend au *Sud*: & ce trajet fut assurément un des plus agréables de notre route (1). Les rivages de ce fleuve ressemblent à un *Paradis terrestre*: l'on y voit de tous côtez une campagne diversifiée de prairies & de bocages, d'où sortent mile petits ruisseaux, d'une eau qui paroit argentée. Cette vue charmante est bornée à un mile, par des montagnes, dont les penchans sont couverts de fleurs & de gazon. Outre la beauté de ces lieux, l'on y trouve une si grande quantité d'animaux sauvages, qu'il semble qu'on en ait voulu faire un parc. Les Cerfs, les Sangliers, les Tigres, & les Panteres, viennent se jouer à l'ombre des arbres, & semblent par leur contenance, n'avoir aucune férocité. Les oiseaux y volent de toutes parts: on y voit en quantité des Canars sauvages, des Oyes d'une petite espéce, qu'on apelle *Turpans*, dont le plumage est diversifié de toutes sortes de couleurs, come celui des Oyes, qu'on aporte des Indes: des Perdrix diversifiées, de même que les Oyes, & parées de quenes d'une aune de long: ces Perdrix, qui sont aussi grosses, & d'un gout aussi exquis que le Faisan, couvrent le gazon de tous les côtez, & quand on les chasse,

---

(1) Cette description manque dans le voyage du Sr. *Brand*, lequel arive d'abord au Vilage de *Xaixigar*, qu'il apelle *Suttigaroki*, où il paroit aussitot à table chez le Mandarin.

se, elles font un cri semblable à celui de la Cicogne.

Je quitai, avec regret, cet aimable rivage, pour continuer ma route vers le *Sud-Est* (1), par de hautes montagnes que nous ne pumes traverser qu'en trois jours. Outre les dangers des chemins, qui n'étoient par tout que rochers & précipices, nous ne trouvames nulle part, ni du bois, ni de l'eau propre à boire; desorte qu'il falut nous passer d'alimens chauds, & étancher notre soif avec de l'eau noire & puante, qui croupissoit, encore heureusement, dans des fosses.

Le 11. d'Aout nous sortimes de ces désagréables lieux, & nous entrames dans une plaine, dont les chemins étoient plus beaux; mais le terroir si stérile, que rien n'y croissoit. Nous marchames tout un jour dans ce désert, & ayant enfin rencontré un petit ruisseau, nous campames auprès & y passames la nuit. Nous aurions bien pu pousser jusqu'au Village de *Xaixigar*, qui n'étoit qu'à un demi mile de là; mais nous ne nous en croyions pas si proche, & nous apréhendions de ne pas trouver de longtems un gite qui nous convînt mieux.

Tom. VIII.   E   CHAP.

---

(1) La route directe continue sur le rivage du *Jalo* au *Sud*; mais l'Ambassadeur s'en détourne pour aler à *Xaixigar* place frontière de la *Chine*, où il étoit atendu par un Mandarin. Nous le verrons dans le chapitre suivant retourner sur ses pas, & reprendre le rivage du fleuve *Jalo*.

CHAP. XI.

Arivée de l'Ambaſſade au Vilage de Xaixigar, frontiére de la Chine. L'Ambaſſadeur y eſt atendu & acueilli par un Mandarin. Climat de la plaine ſéparé de celui des montagnes par un arc de nuées. Le Mandarin & l'Ambaſſadeur ſe régalent tour à tour. Ils partent enſemble de Xaixigar pour Peking. Deſcription de la Contrée de Xaixigar, & des Peuples qui l'habitent. Ville de Naunkoton, ſa ſituation, ſes habitans, & ceux des Vilages de ſa dépendance. Nom de ces habitans. Leur atachement à l'agriculture. Leur Religion. Leurs Cérémonies nocturnes. Leurs enterremens. Alimens qu'ils portent aux morts dans la foſſe. Maiſons de ces Peuples. Leur ſtature. Leurs habillemens. Liberté qu'ont les Sécretaires des Mandarins d'enlever les femmes & les filles Tartares, qui leur plaiſent. Paſſage de la Riviére Jalo. De celle de Naun, qui eſt décrite. Campement auprès de la Riviére Mongale. Cauſe de ſa dénomination. Trois lacs ſalez proche de cette Riviére. Deſcription du Pays qui eſt à l'Occident de ces lacs.

J'ai

J'ai dit que le Vilage de *Xaixigar* n'eſt qu'à un demi mile de l'endroit où je m'arêtai. Come cette Place eſt la premiére frontiére de la Chine, j'y dépêchai dès le même ſoir, un courier, pour avertir de mon arivée l'*Adaganda*, ou *Mandarin*, qui y avoit été envoyé pour me recevoir, &, le lendemain 12. au matin, je me mis en marche, acompagné de tous les gens de ma ſuite, rangez en ordre d'Ambaſſade. Mon courier m'ayant rejoint ſur le chemin, me dit que le Mandarin étoit déja ſorti de *Xaixigar*, pour venir au devant de moi, avec un cortége de 80. perſones: & en effet je rencontrai cet Officier, à un quart de mile de la Place. Nous nous abordames fort gravement, de part & d'autre, & dès que nous fumes à portée, il me complimenta avec beaucoup de politeſſe. Il ſe mit enſuite à côté de moi, & nous continuames enſemble notre marche, juſqu'à *Xaixigar*, où je trouvai une maiſon très propre, que l'on y avoit préparée pour moi: mes gens furent auſſi logez, chacun ſelon ſon rang, & les Coſaques que j'avois à ma ſuite furent ſur tout bien partagez.

Le Climat de cette contrée eſt fort inconſtant & fort malſain. Le Ciel y eſt rarement couvert de nuées; mais tous les jours, reguliérement à midi, il y ſoufle un grand vent, qui dure deux heures, lequel joint à la chaleur journaliére du Soleil, ſéche tellement la terre, qu'il s'en éléve une pouſſiére preſque inſuportable. Je m'étois déja aperçu de ce chan-

changement d'air (1). A environ cinq miles au deſſus de *Xaixigar*, j'avois trouvé le Ciel nébuleux ſur toute l'étendue des montagnes, & lorſque je fus ſur le point d'en ſortir, je le vis fort ſerain. Je remarquai même, à l'endroit où elles finiſſoient, un arc de nuées, qui regnoit de l'*Oueſt* à l'*Eſt* juſqu'aux montagnes d'*Albaſe*, & qui ſembloit faire une ſéparation de climat.

Le 14. d'Aout, le Mandarin qui m'avoit acueilli voulut me régaler: il m'envoya prier de me rendre chez lui, où il me reçut véritablement en home de Cour, & me témoigna, outre cela, une amitié particuliére. Les mets qu'on nous ſervit, furent d'abord une ſoupe d'herbes, du rôti, & de la patiſſerie; enſuite toutes ſortes de confitures & de fruits de la Chine. Les Soldats du Mandarin étoient debout autour de nous, rangez avec le même ordre, & comandez avec la même diſcipline que les troupes d'Europe. Enfin tout étoit grand dans ce régal, & rien ne m'y déplut, que d'être obligé de demeurer aſſis ſur un tapis, les jambes pliées ſous moi.

Le lendemain, je priai à mon tour le Mandarin, de venir ſe rafraichir dans mon quartier, où je le traitai à la façon de mon Pays. Nous fimes dans le repas pluſieurs rondes au ſon des trompettes & des hautbois, ce qui me parut plaire à ce bon Seigneur, lequel ſe retira fort gai, & fort ſatisfait des maniéres d'Europe.

Le 25. il me régala pour la ſeconde fois, & le lendemain, à midi, je lui rendis le réciproque.

Ce

---

(1) Voyez le chap. précédent.

Cependant je fis faire tous les préparatifs nécessaires, pour continuer mon voyage jusqu'à *Peking*, & ayant témoigné au Mandarin que j'avois envie de partir, il me répondit fort obligeament, qu'il avoit ordre de l'Empereur son Maitre de me doner tous ceux de ses gens dont j'aurois besoin, pour m'acompagner: & enfin, tout étant disposé, je partis avec lui de *Xaixigar* le 28. du même mois d'Aout.

Avant que de parler de la continuation de ma marche jusqu'à Peking, il est à propos de faire une courte description de la nature & des mœurs des Peuples, qui habitent la Contrée de *Xaixigar*. A un quart de lieue de cette Place frontiére, coule la Riviére de *Naun*, sur laquelle est située la Ville de *Naunkoton* (1), nouvellement bâtie, & fortifiée de ramparts de terre, palissadez en dehors avec des grosses poutres. Les habitans de cette Ville, & de six Vilages qu'elle a au *Sud*, sous sa dépendance, sont apellez *Daores*, ou anciens *Daures*. Le Pays même est nomé *Dore*, par les *Tartares* qui habitent les bords des Riviéres de *Naun* & de *Jalo*, jusqu'aux montagnes d'*Albase*. Ces *Daores* s'apliquent beaucoup à l'agriculture, au jardinage, & à faire sur tout de beaux plantages de Tabac; mais toute leur Religion
con-

(1) Le Sr. *Brand* la nome *Naur*, & la pose à un mile d'Alemagne de *Xaixigar*. Il ne parle point de la Riviére, & ne done aucune description du Pays ni des Peuples. Il s'atache seulement à décrire les présens & les festins que l'Ambassadeur & le Mandarin se firent réciproquement. La Riviére de *Naun* coule du *Nord* au *Sud*, & entre dans celle de *Xingal*, qui se jette dans le fleuve *Amur*.

consiste à adorer *Satan*. Ils se disent tous *Schamans*, dont la profession est de servir & d'invoquer le Diable : ce qu'ils font de la maniére suivante. Plusieurs voisins homes & femmes s'assemblent à minuit, dans une chambre, où l'un d'eux s'étend tout de son long à terre : pendant qu'il est dans cette attitude, les assistans font un tumulte & des cris afreux, qu'ils acompagnent du son lugubre d'un tambour fait exprès pour la cérémonie. Ce carillon dure deux heures, après lesquelles celui qui est couché à terre se reléve come en extase, & raconte d'un ton entousiasmé, tout ce qu'il a vu & entendu, dans les lieux où il prétend avoir été transporté : il profétise aux uns & aux autres ce qui leur doit ariver : leur done des révélations, sur les choses qu'ils sont curieux de savoir, & chacun reçoit avec respect ses oracles, qu'il croit infaillibles. Pendant tout le tems de mon séjour dans ce Pays, j'entendis presque toutes les nuits, d'un côté ou d'autre, cet horrible tintamarre.

Ces Peuples laissent leurs morts exposez dans la maison, pendant trois jours, avant que de les porter en terre ; après quoi, ils les mettent dans des fosses peu profondes, creusées en rase campagne, ou dans leurs jardins, auxquelles ils laissent une ouverture du côté de la tête du défunt. Les plus proches parens du mort viennent tous les jours lui doner à manger & à boire, par cette ouverture, lui portant les alimens à la bouche avec une cuillére qui ne sert qu'à cet usage, & mettant la boisson dans des petits vases d'étain, qu'ils arangent autour du tombeau. Ces

soins

soins ne durent cependant que quelques semaines, après lesquelles on enterre tout de bon le cadavre à demi pouri.

Les maisons des *Daores* sont faites de terre, & couvertes de roseaux, come celles de la plupart des Paysans d'Europe. Les murailles en sont blanchies en dedans, avec de la chaux. Au milieu du logis est un pilier d'environ une brasse de haut, entouré des boyaux d'un animal sauvage, auquel pilier est acroché un petit arc, acompagné de fléches, de piques, & d'autres armes. Toutes les fois que quelqu'un de la famille passe là devant, il s'y prosterne, & y fait son adoration. Il n'y a dans ces maisons, ni chambres, ni greniers; ce n'est proprement, qu'un grand apartement bas, dont la moitié est entourée d'un banc de trois piez de haut, & de six de large, garni de nates de roseaux. Au dessous de ce banc, est un fourneau de pierres, dont on alume le feu par une ouverture qui est en dehors, à côté de la porte du logis; mais ce fourneau n'échaufe pas beaucoup la maison, & il n'est utile qu'à ceux qui sont sur le banc, pendant le jour, ou qui y passent la nuit, lesquels mêmes n'en sentent qu'à peine la chaleur. Il y a toujours, dans un coin du logis, deux marmites de fer, dont l'une est continuellement pleine d'eau chaude, pour faire du thé, & l'autre uniquement destinée à faire cuire les viandes. Autour du bâtiment regnent de grandes fenêtres quarrées, fermées avec des chassis de papier, lesquels on éléve sur un bâton, dans le tems chaud, pour faire entrer la fraicheur.

Les *Daores*, en général, sont bien faits de corps, & le sexe est chez eux d'une beauté singuliére. Les habits des homes, des femmes, & des enfans, ont tous la même forme, & ressemblent à ceux des *Tartares Mansioures* de la *Chine*. Les Sécretaires des Mandarins, qui sont envoyez dans cette Province, & dans toute la *Tartarie*, pour les afaires de l'Empereur, ont la liberté (quand il leur prend envie de s'é ayer, dans le *Jardin d'Amour*) d'enlever les femmes & les filles qu'ils trouvent sur leurs pas, & d'en user, come si elles leur apartenoient: ils portent toujours sur eux, l'écrit signé par Sa M. Chinoise, qui leur acorde cette permission. J'ai été témoin de plusieurs de ces enlévemens, & rien ne m'a surpris davantage, que d'avoir vu la plupart des maris & des Péres, se glorifier de l'honeur que Mrs. les Envoyez leur faisoient de s'alier ainsi à leurs familes. Il y en a cependant à qui cela déplait; mais la crainte de la disgrace ou de la mort leur impose silence.

Après avoir marché toute la journée parmi ces Peuples, j'arivai le soir, avec le Mandarin qui m'acompagnoit, à un Bourg où nous couchames. Le lendemain 29, nous passames, sans nous arêter, dans plusieurs Vilages, & ayant retrouvé la Riviére *Jalo* (1), à l'endroit où elle joint ses eaux à celle de *Naun*, nous la traversames sans peine, parceque l'eau en étoit fort basse. La Riviére

de

(1) Cela justifie la Note faite au chap. précédent Pag. 97.

de *Naun* est belle à voir : elle est fort large, fort profonde, peu rapide, & fort poissoneuse. On y prend en quantité des Esturgeons, des Brochets, & beaucoup d'autres poissons de plusieurs espéces. Ses rivages sont mêlez de sable, & de terre, & on y trouve en plusieurs endroits de la nacre de perle.

Le 30. d'Aout nous laissames cette derniére Riviére à gauche, vers le *Sud-Sud-Est*, où elle coule parmi des montagnes, pour continuer notre route, dans une plaine sabloneuse. (1). Sur le soir, nous nous trouvames auprès d'une Riviére apellée *Mongale*, à cause de quelques familles *Mongales* qui habitent ses bords, & qui sont sous la domination de l'Empereur de la Chine. Nous campames en cet endroit, où n'ayant pas voulu nous servir de l'eau de la Riviére, à cause de sa couleur, qui aproche de celle de la boue, nous creusames la terre pour en trouver d'autre. Le bois nous manquant aussi, nous fumes prier les *Mongales*, parmi lesquels nous étions, de nous laisser mettre un chaudron sur le feu, dans chacune de leurs cabanes, ce qu'ils nous acordérent avec beaucoup de civilité, en nous ofrant même tout ce qui pouvoit dépendre d'eux d'ailleurs. Cette habitation de *Mongales* n'est que d'environ cinquantes hutes couvertes de feutre.

Auprès de ce lieu, l'on trouve trois *Ooseces,*

---

(1) Le St. *Brand* ne parle ni de la Riviére ni des lacs que notre Auteur décrit à la fin du chapitre. Il est vrai qu'il marque s'être égaré en chassant dans le désert, avec un de ses bons amis.

ces, ou trois petits lacs, dont l'eau est aussi blanche que le lait, mais si salée qu'il est impossible de s'en servir. A l'Occident de ces lacs le Pays est couvert de *Dunes*, & de montagnes, qui s'étendent fort loin, vers l'*Est* & le *Sud*, parmi lesquelles on ne trouve aucune Riviére ; ce qui oblige les voyageurs de creuser la terre, pour trouver de l'eau, laquelle y est encore très mauvaise.

CHAP. XII.

Arivée à une Ville déserte. A une autre Ville déserte nomée Taimingzingh. *Description de l'une & de l'autre. Plusieurs belles statues de pierres aux environs de la derniére. Son enceinte : ses murailles : ses bastions : ses portes. Montagne où l'on voit des monumens anciens : des fleurs : & des herbes aromatiques. Arivée à une troisiéme Ville ruinée. Son nom : haute tour que l'on y voit pleine de figures hideuses de fausses Divinitez. Vilage habité uniquement par des* Lamas, *ou Prêtres d'Idoles : pourquoi. Montagne révérée par les Tartares. Ofrandes superstitieuses qu'ils y font en passant. Passage de la Riviére* Schavamarin. *De celle de* Logaa. *Arivée à la Ville de* Karakaton. *Précautions qu'on y prend*
pour

pour se garentir des bêtes féroces, dont les montagnes des environs sont pleines. Chasse au Tigre que l'Empereur de la Chine vient faire tous les ans dans ce quartier. Description des montagnes que l'Ambassade traverse. Rocher extrêmement escarpé, sur lequel on voit avec surprise un fort beau Temple.

APRÈS avoir marché quatre jours dans ce Pays désert, sans trouver aucune habitation, nous nous trouvames auprès d'une Ville ruinée, & inhabitée (1), qui paroissoit fort ancienne, & qui étoit encore entourée d'un rampart de terre de forme quarée d'environ un mile de circonférence. La campagne qui l'environoit, paroissoit labourée, à l'*Est* & à l'*Ouest*, & l'on y voyoit de petites fosses semblables à des sillons; cependant elle étoit stérile, & nous n'y aperçumes aucun fruit. Nous partimes de là, & après avoir marché encore six jours, sans voir une seule cabane, nous arivames à une autre Ville déserte, nomée *Taimingzingh*. Elle étoit grande, paroissoit ancienne, & étoit pourvue come la première d'un rampart de terre quarré. Elle avoit outre cela des bastions, &

___

(1) Le Sr. *Brand* pag. 109. parle de cette Ville, & des autres que notre Auteur décrit dans ce chap. sous le nom de diverses Villes ruinées, sans marquer les distances de l'une à l'autre, leur forme, leur etat, ni aucune particularité.

deux tours, dont l'une étoit plus élevée que l'autre. La plus haute de ces tours étoit de figure octogone, & bâtie de pierres. Aux huit angles de cet édifice, fur huit piédestaux, élevez de terre d'environ dix braſſes, étoient des figures de pierre, qui repréſentoient diverſes hiſtoires. J'y remarquai entr'autres, quelques ſtatues en grand, dont les unes ſembloient être des Rois aſſis, les jambes pliées ſous eux, entourez de leurs domeſtiques: les autres, des Reines debout, les mains jointes, environées auſſi de ſerviteurs. Les Rois & les Reines étoient diſtinguez par leurs Couronnes qu'ils avoient ſur la tête. Tous les autres perſonages avoient les mains jointes, & étoient couronez de rayons, ſemblables à ceux, dont on orne ordinairement les figures des Saints. Cette circonſtance me fit croire, que ce monument devoit avoir été élevé par quelque Chrétien.

Sur d'autres piédeſtaux, rangez en cercle auprès de ceux dont nous venons de parler, étoient des ſtatues d'une ſculpture Chinoiſe, dont la plupart repréſentoient des Héroïnes, portant leurs lances, & dans le centre du cercle paroiſſoit un Empereur debout, tête nue, le ſceptre à la main, environé de figures hideuſes, qui reſſembloient à des Diables. Toutes ces ſtatues ſembloient être vivantes, tant elles étoient bien travaillées, & je doute qu'un habile Maître d'Europe pût rien faire de plus parfait.

Il n'y avoit aux Tours aucune ouverture qui pût leur ſervir d'entrée, ou de fenêtre. On voyoit dans la Ville des débris de murail-

DE MOSCOU à la CHINE. 109

railles de pierre, des ſtatues d'homes, d'Idoles, & d'animaux, parmi leſquelles il y en avoit deux, une de Lyon, & une de Tortue, d'une grandeur déméſurée, & pluſieurs autres ornemens, qui ſembloient témoigner que cette Ville avoit été autrefois la Capitale de quelque Royaume, ou la demeure de quelque Prince. Elle étoit, come nous l'avons dit, entourée d'un rampart de terre; ſes baſtions avoient une étendue, & une élévation extraordinaires: ſon enceinte étoit d'un grand mile d'Alemagne de circuit, quoiqu'elle n'eût que quatre portes; mais ſes rues & ſes places étoient couvertes de gazon: les Liévres y couroient de toutes parts, & nous ne vimes pas un ſeul home, ni dans la Ville, ni aux environs.

Les Chinois diſent, qu'il y a pluſieurs ſiécles qu'un Roi ou *Utaichan Tartare* regnoit dans cette grande Ville; mais, que ce Prince ayant eu la guerre avec leur Empereur, celui ci le vainquit & le chaſſa.

Sur la montagne voiſine de cette Ville, on voit çà & là des Tours de pierre, qui exiſtent encore en entier, & une place qui paroit avoir ſervi de cimetiére à des *Tartares*. Cet montagne eſt de plus couverte pendant l'eſpace d'un bon mile, de toutes ſortes de fleurs, de ſimples, & d'herbes aromatiques.

Après avoir bien examiné toutes ces ruines, nous reprimes notre route. Quatre jours ſe paſſérent, ſans que nous rencontraſſions le moindre bâtiment: enfin nous parvinmes à une troiſiéme Ville, déſerte come les deux autres, & nomée *Burgankoton*, ou

E 7 Ville

Ville d'Idoles. Cette Ville paroissoit avoir été fortifiée d'un rampart de terre, dont on voyoit encore quelques restes. Au milieu de son enceinte s'élevoit une haute Tour quarrée, bâtie de pierres, & construite à la *Chinoise*, à laquelle étoient atachées plusieurs centaines de petites cloches, qui, lorsque le vent souffloit légérement, rendoient une fort douce harmonie. Come cette Tour avoit une entrée au pié, j'y envoyai quelques uns de mes gens, pour voir ce qu'il y avoit de curieux; mais ils revinrent épouvantez, me dire qu'ils avoient aperçu, dans un antre obscur, plus de mile Idoles, qui représentoient des figures si afreuses, qu'ils en avoient été saisis d'horreur. En divers endroits des coins de la Tour, il manquoit des pierres, que la longueur & les injures du tems en avoient détachées, & dans les enfoncemens, que ces chutes avoient laissez, l'on voyoit une infinité d'inscriptions faites par les *Mongales*, ou *Tartares d'Orient*, ou plutot par les *Lamas*, ou Prêtres de ces Idolâtres qui avoient passé par ce lieu: ceux d'entr'eux qui n'avoient pas sû écrire, ayant élevé aux environs des figures d'argile.

A un demi mile de la Ville est un Vilage Chinois, qui n'est presque habité que par des *Lamas* : (car c'est ordinairement sur les voiries, que s'assemblent les oiseaux de proye) ces Prêtres ne se tiennent là que pour loger les *Tartares*, qui voyagent sur cette route, & les instruire de la Religion, & du culte des anciennes Idoles, dont nous venons de parler.

Nous vinmes de là, par un chemin sablonneux, & bordé de Dunes, à une petite montagne, sur laquelle s'élevoient quelques vieux bouleaux (1). Cette montagne est révérée, come sainte, par les *Mongales* & tous les *Tartares* de la *Chine*, lesquels ne croiroient pas faire un voyage heureux, si, en passant par là, ils n'y consacroient quelqu'un des habillemens qu'ils ont sur le corps : ils acrochent leurs ofrandes aux bouleaux, qui sont couverts, depuis le pié jusqu'au somet, de bonets, de mouchoirs, de bourses, de chemises, de culotes, de bottes, de fouets, & de tant d'autres haillons, qu'on les prendroit pour des étalages de friperie. C'est une profanation & une infamie de toucher à ces meubles, quand ils ont été une fois pendus aux arbres : aussi les y laisse-t-on pourir & consumer.

Plus loin nous rencontrames une Riviére nomée *Schava-marin*, ou *Cheval jaune*, qui coule de l'*Ouest* à l'*Est*, & se jette dans celle de *Karga* (2). Cette Riviére n'a pas plus de 30. brasses de large, & est peu profonde ; c'est pourquoi nous la gayames sans dificulté sur les Chameaux & les Chevaux.

Quelque tems après, nous nous trouvames

---

(1) Tout ce détail manque dans le Sr. *Brand*, qui après avoir parlé des bêtes fauves du désert & de l'adresse des *Chinois* à les tirer, arive heureusement à *Karakaton*.

(2) Elle est formée par la *Schava-marin*, & la Riviére *Mongale* ; elle coule au *Nord-Est* & se jette dans celle de *Xingal*, qui tombe dans le fleuve *Amur*.

mes au bord d'une autre Riviére nomée *Logaa*, qui vient du *Sud* & se décharge dans celle de *Schava-marin*, que nous venons de nomer. Cette Riviére de *Logaa* arose un Pays couvert de petites montagnes, sur les penchans desquelles on comence à apercevoir des campagnes labourées. Nous la traversâmes, &, à une petite distance de là, nous abordâmes à un grand Vilage, où il y avoit un Temple qui tomboit en ruine, & qui étoit sans Idoles. A côté de ce Temple étoit un Palais, où un grand Seigneur *Chinois*, qui avoit épousé une fille de l'Empereur, faisoit sa résidence.

Nous arivames enfin à une petite Ville nomée *Karákaton*, ou *Ville noire* (1). Elle est entourée de hautes palissades de bois de chêne ; mais c'est bien moins pour résister aux ataques de l'ennemi, que pour se garentir des Tigres & des Léopards, qui y viennent la nuit, & qui se tiennent pendant le jour dans les montagnes voisines, parmi les rochers, & les hauts chênes dont elles sont couvertes. Depuis là, jusqu'à la grande muraille, il n'y a point de sureté à voyager la nuit, à cause de ces bêtes féroces, & l'on est obligé, pour les éloigner pendant le jour, d'atacher des sonétes au cou des Chevaux, des Bœufs, des Chameaux, & des Anes dont on veut se servir. Les habitans nous dirent

que

―――――――――――――――――――――
(1) Le St. *Brand* au lieu de la décrire, s'atache à raconter le changement que les *Chinois* firent en cet endroit dans les munitions de bouche qu'ils donoient chaque jour à l'Ambassade.

que presque toutes les persones qui avoient hazardé d'entrer dans ces montagnes, avoient eu le malheur d'y être dévorées : & sur cela Mr. le Mandarin m'avertit de défendre à mes gens de s'écarter du grand chemin, ce que je fis sur le champ.

L'Empereur de la Chine vient tous les ans en cet endroit faire la chasse au Tigre, acompagné de deux ou trois mile *Tartares*, tous fort adroits à se servir de l'arc, & de quelques lanciers. Cette troupe bien armée, investit la montagne, depuis le pié jusqu'au somet, tandis que l'Empereur à pié, va poursuivre la bête, laquelle se voyant envelopée de toutes parts, fait des bonds extraordinaires pour s'échaper. De quelque côté qu'elle se présente, elle est chassée par le son des tambours, & des sonétes, qu'elle craint beaucoup : & enfin, lasse & étourdie, elle se laisse aprocher de l'Empereur, qui la tue de sa propre main, sans courir cependant aucun risque, ayant autour de lui des gens armez de lances, qui sauroient adroitement éloigner ou arêter le Tigre, s'il venoit à lui. Ce Prince se divertit aussi quelquefois à la chasse des bêtes fauves, come du Sanglier, du Cerf, du Liévre, du Renard & du Loup, qui ne manquent point dans son Empire. Ce que je viens de dire de la chasse au Tigre m'a été assuré, non seulement par les habitans de la Ville noire, mais encore par des Jésuites, qui avoient souvent acompagné l'Empereur dans ces parties de plaisir.

On trouve dans le territoire de cette Ville, un certain oiseau, qui se perche sur les arbres,

bres, de la grosseur & de la figure du Héron : son plumage est agréablement diversifié, ayant le cou & la poitrine blancs come neige, & les ailes & la queue écarlate. Il est charnu & fort bon à manger. On y voit encore une autre espéce d'oiseau, qui a la grosseur du Péroquet, le bec crochu de même, & une queue d'une aune de long, parée de plumes de toutes couleurs ; mais il est fort sauvage, & ne se laisse ni prendre ni aprocher. Les Perdrix à longues queues, & de plusieurs couleurs, abondent aussi dans cette Contrée.

A une petite distance de la Ville noire, nous rencontrames une haute montagne, sur laquelle nous trouvames un chemin taillé de main d'home de la largeur de 7. brasses, & de la longueur de 200. : ouvrage qui épargne beaucoup de fatigue aux voyageurs, lesquels seroient obligez sans ce secours, de passer par une infinité de détours, qui vont en serpentant, jusqu'au somet, & qui ont à droite & à gauche des précipices afreux. De cette montagne, que nous trouvames couverte de chênes & de tilleuls, nous entrames dans des vallées, plantées de chataigners, de noyers, & de vignes sauvages, à l'issue desquelles nous vimes un rocher d'une élévation extraordinaire, & inaccessible de tous les côtez. Vers le milieu de sa hauteur, c'est à dire, à l'élévation d'environ 150. brasses, étoit un Temple d'Idoles taillé dans le roc, & orné de quatre fenêtres. On voyoit vis à vis de l'Idole, des statues de pierre, représentant des homes assis. Je fus véritablement

ment étoné de cet aspect, & je ne pus comprendre coment des homes avoient pu escalader un rocher si escarpé, lequel est d'ailleurs si glissant, qu'une souris ne peut y grimper qu'avec peine. Les habitans des environs me dirent que cet ouvrage étoit fait depuis plusieurs siécles.

CHAP. XIII.

Arivée de l'Ambassade à la grande muraille de la Chine. Description des diférens postes qu'il faut traverser, avant que d'y parvenir. Temple magnifique au delà de la muraille. Arivée à la Ville de Galchan, où l'Ambassadeur est salué d'une triple décharge de canon. Festin que lui done le Mandarin. Musique Chinoise désagréable. Couvert des tables Chinoises. Façon de manger des Chinois. Leurs mets ordinaires. Leur boisson. De quelle façon on est servi dans les auberges. Soumission du Maître des Comédiens au Mandarin, pour lui demander l'ordre de jouer. Ouverture de la Scêne par une belle Chanteuse. Tragédie Chinoise. Quel en est le Héros. Entractes. Petites piéces tendantes à la correction des mœurs. Arivée à la Ville de Lenia. A celle de Xantugung. *Beau pont sur*

un

un marais. Arivée à la Ville de Xungunxa. *Cloitre de* Jugangu. *Autre Cloitre, où tous les habitans de la Province viennent en proceſſion. Deſcription de ces proceſſions. Ville habitée uniquement par les Concubines de l'Empereur. Sa deſcription. Bains chauds qui en ſont voiſins.*

LE 27. d'Octobre, nous aperçumes quelques Tours ſur des pointes de rochers extrêmement élevez, & un moment après, nous découvrimes la célébre muraille de la Chine, apellée *Zagankrim*, au pié de laquelle nous nous rendimes le même jour. A la diſtance d'environ 500. braſſes avant que d'y ariver, nous trouvames un enclos bordé de tous côtez de bateries, ou de petits forts de pierre, joints l'un à l'autre, par une muraille de trois braſſes de haut. Après avoir traverſé ce premier poſte, nous rencontrames une Tour de pierre, de la hauteur d'environ huit braſſes, munie de portes de fer, par leſquelles on nous fit paſſer, & après cela nous nous trouvames à l'entrée de la muraille. Elle regne d'*Orient* en *Occident*, s'élevant de tems en tems ſur des pointes de rochers extrêmement hauts, & étant flanquée de Tours de cinq cens en cinq cens braſſes. Elle eſt élevée juſqu'à la hauteur d'une braſſe, ſur des pierres de taille, qui regnent à droite & à gauche, à perte de vue. Le reſte eſt de briques maçonées avec de la chaux. Sa hau-
teur

teur est en tout de six brasses (1), & sa largeur de quatre; six Cavaliers peuvent aisément y marcher de front. Elle est en aussi bon état que s'il n'y avoit que trente ans qu'elle fut faite (2), & l'on n'y voit nulle part aucune de ces mauvaises herbes qui croissent sur les vieux bâtimens. A côté de la premiére porte de cette muraille, est un Temple d'Idoles, au haut duquel voltigeoient alors les étendarts des fausses Divinitez, & de l'Empereur des Chinois.

Après cette premiére porte, nous traversâmes une plaine d'environ cent brasses de largeur, au bout de laquelle nous trouvâmes une autre porte, où il y avoit, ainsi qu'à la premiére, une garde de cinquante homes. Des deux côtez de cette derniére porte s'étend un mur, qui embrasse la plaine, & va se joindre à la grande muraille, en formant un cercle. Sortant de là, nous entrâmes dans une autre plaine d'environ trois cens brasses de circonférence, plantée de hauts arbres, à l'*Occident* de laquelle, étoit au pié d'un haut rocher, un magnifique Temple de
faux

---

(1) Le Sr. *Brand*, pag. 112. dit 4. brasses.
(2) Le Sr. *Brand* dit pag. 113. qu'elle tombe en ruine près de la premiére porte. Au reste il décrit ce fameux passage avec autant de négligence que d'obscurité. On trouve pag. 115. 116. 117. 118. & 119. de la relation du Sr. *Brand*, une description de la muraille de la Chine, où est raporté ce qu'en dit Martin dans son *Atlas Chinois*; mais ce morceau a été cousu à l'ouvrage du Sr. *Brand*, par le Libraire ou par l'Editeur, ainsi qu'il est marqué à la pag. 115. Voyez la fin du 20. chap. de notre voyage.

faux Dieux. Enfin à une portée de mousquet de cette plaine, nous arivames à une Ville nomée *Galchan*, où je fus falué d'une triple décharge de canon. Cette Ville est de forme quarée & entourée d'une haute muraille; mais elle n'est pas fort peuplée.

Je passai la nuit dans le Fauxbourg, dont je trouvai en entrant les rues si pleines de monde, que j'eus de la peine à percer la foule. La curiosité de voir un cortége nouveau avoit atiré là tous les habitans, dont la plupart sonoient de la trompéte, pour me faire honeur.

Le soir je fus prié de la part du Mandarin qui m'acompagnoit, d'aler souper dans la maison Impériale, où il avoit pris son logement. Le Gouverneur & les premiers Magistrats de la Ville, s'y étoient rendus avant moi, & j'y fus reçu par ces Messieurs avec beaucoup de politesse. Après le Thé, on nous servit un repas superbe (1): ensuite on fit jouer une Comédie Chinoise, acompagnée d'une foule d'instrumens mal acordez, jouant tous à la fois, sans ordre & sans gout, & formant une simfonie si désagréable, que j'eusse voulu de tout mon cœur être hors de ce lieu. Les conviez à ce festin étoient assis, deux à deux sur des chaises, derriére des petites tables d'un bois sculpté, ornées par devant de beaux voiles de soye. L'on n'avoit mis ni napes, ni serviétes, ni assiétes,

ni

---

(1) Come le Sr. *Brand* n'assistoit pas à ces repas, il n'a pas pu, ou n'a pas voulu les décrire.

ni fourchétes, ni couteaux; mais seulement deux petits bâtons d'ivoire ou d'ébéne sur chaque table, en quoi consistoit tout le couvert. Les Chinois se servent de ces petits bâtons à tout usage, & avec tant d'adresse, que des morceaux aussi petits que des têtes d'épingles ne leur échapent point. Ils les tiennent de la main droite, entre le pouce, l'index, & le doigt du milieu. Leurs mets qui consistent en soupes, étuvées, ris, & rôti, ne sont point servis dans des plats; mais dans des coupes de porcelaine. Chaque sorte de rôti est aportée séparément, & les piéces en sont toujours taillées par petits morceaux. Les fruits & les confitures sont servis après tout le reste dans des petits vases de porcelaine, qu'on range avec ordre sur la table.

Les potages des Chinois sont fort apétissans : la muscade, la canelle & les autres épiceries n'y sont point épargnées. Ils y mettent une certaine herbe, qui croît, à ce qu'ils disent, sur les rochers & dans la mer: elle est verte quand elle est séche, gluante & entortillée quand elle est cuite : ses feuilles ne sont point séparées les unes des autres; mais entrelassées come des sarmens de vigne, & en monceaux. Cette herbe potagére est délicieuse & fort saine; mais j'ai entendu dire par quelques persones que ce n'étoit autre chose que des nids de certains oiseaux, dont les Chinois croyent les excrémens propres à conserver la santé. Ils font encore un ragout d'une odeur agréable & d'un gout exquis : c'est de la moile d'écrevisse, délayée dans

dans des œufs de pigeon, & assaisonée avec de la chicorée coupée à petits morceaux.

Au lieu de saliére, ils ont un petit vase rempli de saumure, dans lequel ils trempent leurs morceaux. Ils ne se servent point de cuilléres pour manger la soupe ; mais chacun prend la coupe pleine qu'il a devant soi, la porte à la bouche, & ne la remet point qu'il ne l'ait vidée ; le petit bâton d'ivoire sert alors à pousser dans la bouche, ce qui a de la peine à entrer, ou qui coule de côté ; desorte qu'ils ne répandent jamais rien sur leurs habits. Ils s'essuyent ensuite les lévres avec des mouchoirs de soye, n'ayant point de serviétes, ainsi que je l'ai dit plus haut.

Dans les maisons où l'on tient ordinaire, il y a toujours un Ecuyer au bout de la table, avec un tas de viandes rôties devant lui : il découpe une piéce après l'autre par petits morceaux, dont il remplit des petits vases, qu'il met devant les persones qui viennent manger. Quand il a dépouillé l'os, il le rompt avec les mains, & en distribue les parties aux uns & aux autres : cependant il n'a ni serviéte, ni autre linge pour s'essuyer les mains, & la graisse qui lui découle souvent jusqu'au coude, dégouteroit sans doute une persone qui ne seroit pas acoutumée à cette malpropreté.

La boisson des Chinois est l'eau de vie, qu'ils apellent *Arakka*, & une sorte de vin, qu'ils tirent du ris verd, & qui après un ou deux ans de cave, a le même goût, la même couleur, & la même force, que le vin

du

du Rhin : il eſt chaud & enivre facilement.

Comme nous étions prêts à quiter la table, le Maitre de la Comédie vint, en marchant ſur ſes genoux, préſenter au Mandarin, qui étoit à côté de moi, un livre de papier rouge, écrit en caractéres noirs. Ce Seigneur le parcourut quelque tems, & ayant montré au Comédien la piéce qu'il deſiroit être jouée, celui ci ſe proſterna, le viſage contre terre, ſe releva enſuite, & ala ſe préparer à obéir.

La Scêne fut ouverte un moment après par une femme qui vint ſur le Téâtre en chantant. Elle étoit parée d'un habit de drap d'or, orné de pierreries : elle avoit une courone ſur la tête, & un éventail à la main. Elle étoit belle, chantoit mélodieuſement, & geſticuloit de très bone grace. Cette chanteuſe retirée, on comença la piéce, dont le ſujet étoit un Empereur Chinois mort en défendant ſa Patrie, & dont on avoit voulu éterniſer la gloire, en rapelant ſur le Téâtre les belles actions. Ce Héros paroiſſoit quelquefois vétu ſuperbement, tenant en main un ſceptre d'ivoire de figure plate : & quelquefois l'on voyoit ſes Officiers, portant des étendarts, des armes, & des tambours. Les entractes étoient des petites piéces comiques, repréſentées par des domeſtiques, habillez groteſquement, qui jouoient leurs roles avec autant d'adreſſe & de bon gout, qu'auroient pu faire les meilleurs Acteurs d'Europe. Je me fis interpréter quelques unes de ces farces, dans leſquelles je ne trouvai ni exagération, ni entouſiaſme : au contraire tout m'y parut

Tom. VIII.   F   ſuſcep-

susceptible de vraisemblance, & tendant à la correction des mœurs. Il y en eut une entr'autres, qui joua un amoureux trop crédule, lequel comptant de se marier avec une Vestale, avoit épousé une femme de mauvaise vie, qui lui faisoit des infidélitez jusqu'en sa présence. Cette petite piéce fut exécutée d'une maniére fort agréable, & acompagnée d'un lut fort harmonieux.

Il étoit minuit quand ce spectacle finit: je pris alors congé de la compagnie, & je regagnai mon logis, d'où étant parti le lendemain, je traversai sur un pont de bois le fleuve *Lago*, qui vient de l'*Occident*, & se jette au *Sud-Est* dans la mer de Corée, & vers le midi j'arivai à la Ville de *Lania*.

J'entrai dans cette Ville au bruit du canon, & ayant pris mon logement dans le Fauxbourg, le Mandarin m'envoya prier à diner, dans une maison de plaisance de l'Empereur, où il avoit fait assembler le Gouverneur & les Magistrats. Le festin fut des plus splendides, & suivi come le précédent du divertissement de la comédie. Je partis de là le même jour, & ayant traversé une Riviére nomée *Xungo*, qui coule d'*Occident* en *Orient*, j'arivai sur le soir à la Ville de *Xantugung* (1), où je fus régalé par le Mandarin de même que dans les précédentes.

Le lendemain je traversai un marais sur un pont de pierres de taille, à plusieurs arcades, orné par dessus de diverses statues de pierre,

par-

_____
(1) Le Sr. *Brand* la nome *Xantuning*.

parfaitement bien sculptées, dont les plus belles représentoient des Lions. Je rencontrai ensuite plusieurs Bourgs & Vilages très peuplez, qui ne consistoient presque qu'en auberges, maisons à thé, & lieux où les voyageurs se pourvoyent de chevaux, & de toutes les autres comoditez dont ils ont besoin. Enfin j'arivai le soir à la Ville de *Xungunxa* (1). Le Mandarin voulut encore m'y doner une fête dans la maison Impériale; mais come j'étois fatigué de la forte journée que j'avois faite, je m'en excusai, & demeurai tranquile au logement qu'on m'avoit doné, où je trouvai pour me rafraichir des raisins d'une beauté, & d'un gout exquis, des limons, des pomes, des poires, des marrons, des noix, & plusieurs autres beaux fruits, que le Mandarin avoit eu soin d'y faire porter.

Le jour suivant ayant pris notre route du côté de l'*Ouest*, il nous falut traverser une haute montagne, au somet de laquelle nous vimes un Cloitre apellé *Jugangu*, dont les dehors étoient bâtis de pierres de taille, & avoient l'air d'une forteresse, ce qui faisoit un fort bel effet, dans cette élévation. Le lendemain nous tournames à gauche, du côté de l'*Est*, & après avoir laissé derriére nous plusieurs Bourgs & Vilages, nous arivames à une haute montagne fort élevée, sur laquelle paroissoit aussi un Cloitre, où étoit a-

dorée

---

(1) Le Sr. *Brand* l'apelle *Xunguxu*, & semble, depuis qu'il est entré dans la Chine, être dispensé de décrire les chemins par où il passe.

dorée la statue d'un Empereur Chinois. Cette prérogative rend ce lieu si célébre dans la Province de Peking, que les habitans des Vilages depuis la grande muraille, jusqu'à cette Capitale, y viennent tous les printems en procession, demander un été favorable aux fruits de la terre, & toutes les autones, rendre graces à l'Idole des recoltes qu'elle a bien voulu acorder. Les Vilages se vident dans ces cérémonies: les homes, les femmes, les enfans, les Prêtres, tout y acourt. Ceux-ci portent en pompe les images ou les statues de leurs faux Dieux, tandis que des Musiciens distribuez avec ordre, à la tête, au centre, & à la queue de la procession, font retentir l'air du son des tambours, des trompettes, des flutes, & d'une infinité d'autres instrumens. Les femmes marchent au milieu, montées sur des Anes, & parées de leurs plus beaux habits. Entre la premiére & la seconde banniére est un *Lama*, portant un pot ardent plein d'aromates, & la marche est fermée par un autre *Lama*, qui a devant lui une corbeille pleine de quarrez de papier dorez ou argentez, qu'il comence à répandre sur ses pas, quand on est arivé à un quart de lieue du temple, pour faire honeur à l'Idole que l'on vient visiter. Ces Vilageois séjournent quelques jours dans le Cloitre, pendant lesquels ils prient & se réjouissent alternativement.

Au delà de cette montagne est une Ville (1), uni-

(1) Le Sr. *Brand* la nome la *Ville rouge*, toujours sans description.

uniquement habitée par les Concubines de l'Empereur, auprès desquelles ce Prince va se délasser des fatigues de la chasse, quand il est en partie de ce côté là. Cette Ville n'est pas grande; mais elle n'est composée que de superbes palais de pierres de taille, couverts de tuiles rouges. Il y a quantité de Pagodes & de Temples, & elle est fermée d'une muraille de pierre, extrêmement haute. A trois portées de canon de là du côté de l'*Ouest*, est une source d'eau bouillante qui sort d'un rocher, où l'on a pratiqué d'assez beaux bains.

CHAP. XIV.

Arivée à la Ville de Kisu. *A celle de* Xangole. *A celle de* Tunxo. *Description exacte de cette derniére. De sa Riviére. De son comerce. Des joncs, ou vaisseaux dont les habitans se servent. Comerce particulier de porcelaines. File de maisons de campagne magnifiques. Leur description. Tours de quart de lieue en quart de lieue, sur le grand chemin de la grande muraille à* Peking: *leur usage. Description du Pays depuis la Ville de Lania, jusqu'à* Peking. *Entrée publique de l'Ambassadeur dans cette Capitale de la Chine. Il est régalé par ordre de l'Empereur. Il rend ses lettres de créance. Il mange à table devant l'Empereur.*

Description de la cérémonie. Conversation de l'Ambassadeur avec un Jésuite envoyé par l'Empereur. Sa M. Chinoise fait elle même servir à boire à l'Ambassadeur, dans une coupe d'or. Sa suite est pareillement régalée.

LE premier de Novembre, nous traversames la montagne & la Ville, dont j'ai parlé sur la fin du précédent Chapitre, & après avoir laissé derriére nous quelques Vilages, nous arivames vers le milieu du jour à la Ville de *Kisu*. C'est ici où les montagnes disparoissent (1), & où l'on comence à découvrir un Pays uni, qui regne d'*Orient* en *Occident*: la grande muraille paroit pourtant un peu, du côté du *Sud-Est*. Le soir nous passames une Riviére nomée *Xangu*, sur un pont de pierre bien construit, & nous vinmes enfin coucher à la Ville de *Xangole*. Le lendemain nous passames aussi sur un pont de pierre, une autre Riviére nomée *Tunxo*, sur laquelle est située la Ville de *Tunxo*, où nous nous arêtames. Come j'étois sur le pont, le Gouverneur & les Magistrats de la Ville, suivis d'un cortége nombreux & magnifique, vinrent à cheval me complimenter. Le Mandarin qui m'acompagnoit me dit que ce Gouverneur étoit un *Mongole*, ou *Tartare d'Orient*, d'une extraction illustre, ce que la politesse de ce Seigneur justifioit parfaitement.

Il

---

(1) Toutes ces remarques échapent au Sr. *Brand*.

Il nous régala, le Mandarin & moi, d'un diner splendide, auquel il avoit invité les principaux de la Ville.

La Ville de *Tunxo* (2) est grande, fort peuplée, & entourée d'une haute muraille de pierres. Elle est le siége du comerce que les Chinois font au *Japon*, dans la Province de *Nanquing*, & dans la *Corée* : & son port est toujours rempli de Joncs. L'Empereur, lui même, y tient beaucoup de ces bâtimens; ornez de galeries & de fenêtres d'une très belle sculpture, lesquels servent à transporter les Gouverneurs dans les Places qui leur sont destinées. Quand ces Officiers mettent pied à terre, ils sont obligez de marcher à reculons en regardant la barque, jusqu'à ce qu'ils l'ayent perdue de vue. Les Joncs des particuliers sont en général grands & bien construits : beaucoup d'habitans de *Tunxo* s'en servent au lieu de maisons, y mangeant, y couchant, & y élevant leurs familles : il est vrai que la Riviére ne gelant jamais, le froid ne les incomode point. Ces navires ne sont pas gaudronez, mais enduits d'une espéce de terre grasse, qui, quand elle est séche, tient plus ferme, & est plus luisante que le gaudron. Leurs mâts sont des roseaux de *Bambus*, creux en dedans, & cependant très forts : j'ai vu de ces roseaux aussi gros qu'un home l'est au milieu du corps. Leurs voiles sont faites de nates de joncs, & se plient come

_____

(2) Le Sr. *Brand* ne décrit plus rien jusqu'à *Peking*, où il entre tout d'un coup.

me des éventails, d'une maniére fort ingénieuse. La proue en est tout à fait plate, cependant très comode pour la navigation. J'entendis dire à quelques habitans, que, quand le vent étoit bon, on aloit dans quatre jours, de *Tunxo* à la mer de *Corée*, & de là au *Japon* en quatre ou cinq.

En traversant la Ville j'aperçus sur un marché des tas prodigieux de la plus belle porcelaine que j'eusse jamais vue. Je vis aussi presque dans toutes les rues, des Cloitres, des Pagodes ou Temples d'Idoles parfaitement bien construits. Je passai la nuit dans le Fauxbourg, où n'ayant plus de couchée à faire jusqu'à *Peking*, je fis disposer tous les préparatifs de mon entrée publique.

Le lendemain 3. de Novembre, à dix heures du matin, je me rendis en bon ordre, à un demi mile de cette Capitale. C'est là que comence une file de maisons de campagne magnifiques, que les Mandarins, & les principaux habitans de *Peking* ont fait élever, à droite & à gauche du chemin, jusqu'aux portes de la Ville. Au devant de ces maisons sont de petits canaux, pour recevoir les eaux pluviales, traversez de distance en distance par des petits ponts de pierre, d'une structure délicate. Chaque maison a son jardin, entouré de murailles de pierres, & orné de pavillons & de portes d'une très belle architecture. Ces superbes édifices, séparez les uns des autres par des alées à perte de vue de Cédres, & de Ciprez, forment des objets dignes d'admiration. La curiosité de
voir

voir la marche d'un Ambaſſadeur, en avoit fait ouvrir toutes les portes, au travers deſquelles on découvroit de grands parterres, qui répondoient parfaitement à la magnificence des édifices.

Depuis la grande muraille juſqu'à *Peking*, on trouve ſur la route, de quart d'heure, en quart d'heure, des hautes Tours de pierres, gardées chacune par cinq ou ſix Soldats, au haut deſquelles voltigent des étendarts jaunes aux armes de l'Empereur. Ces étendarts ſervent à doner avis des incurſions des *Tartares d'Orient*; car auſſitot que la premiére garde les aperçoit, elle met le feu à ſon drapeau, pour avertir la ſeconde, qui en fait autant, & le ſignal courant ainſi de l'une à l'autre, la nouvelle en eſt portée à la Cour, dans l'eſpace de quelques heures.

Le Pays, depuis la Ville de *Lania*, juſqu'à *Peking* eſt uni & bien cultivé. On y recueille du ris, du froment, de l'orge, du millet, de l'avoine, des pois, & des féves; mais le ſeigle n'y croît point. Les chemins ſont larges, droits, & entretenus avec beaucoup de ſoin: il y a des homes gagez pour les viſiter continuellement, & les tenir nets, ce qu'ils font avec tant d'exactitude, qu'ils n'y laiſſent pas la moindre petite pierre. On tient toujours dans les Vilages qui ſont ſur le paſſage, des ſeaux pleins d'eau, pour abreuver les Chameaux & les Anes des voyageurs, & la route eſt en tout tems ſi fréquentée, qu'on ne s'aperçoit pas d'être à la campagne.

Je laiſſai entrer la caravane, dont la marche dura une heure, après quoi j'entrai moi même avec un cortége de 90. perſones, & de pluſieurs *Coſaques*. Les rues étoient bordées de Soldats, & cependant ſi pleines de peuple, que les *Boſchys*, ou Oficiers qui marchoient devant moi, pour faire ouvrir le paſſage, avoient de la peine d'en venir à bout. Je fus conduit ainſi à l'hôtel ordinaire des Ambaſſadeurs, où quelques Mandarins vinrent d'abord me complimenter. L'on mit une garde à ma porte, & l'on m'envoya ſur le champ des rafraichiſſemens, pour moi & pour ma ſuite, avec laquelle je rendis graces à Dieu, de nous avoir conduit pendant un voyage de 18. mois, ſans autre perte que celle d'un home.

J'employai trois jours à me repoſer & à m'aranger, après quoi je demandai audiance; mais avant que de me l'acorder, l'Empereur ordona, ſelon la coutume, que je ſerois invité au repas de félicitation (1). Le même jour, quelques uns des principaux Mandarins vinrent me prendre, & me conduiſirent au Château, où je trouvai l'oncle de l'Empereur, le *Sungut Doriamba*, qui eſt come le Vicaire Général de l'Empire, & quatre autres Seigneurs des plus diſtinguez du Pays, leſquels m'acueillirent avec beaucoup de civilité.

(1) Mon deſſein n'étant que de relever les diférences géographiques, qui ſe trouvent entre la relation du Sr. *Brand*, & celle de l'Ambaſſadeur ſon Maitre, je ne m'atacherai point à marquer celles des cérémonies, dans leſquelles le Sr. *Brand* paroit avoir eu peu de part.

té. L'apartement étoit tendu de tapis magnifiques, sur lesquels ces Seigneurs m'ayant fait asseoir, & s'étant assis, le *Doriamba* me porta la parole, & me dit, que, quoique l'Empereur son Seigneur & Maitre, n'eût point encore conoissance de mon caractére, il avoit néanmoins voulu m'honorer de ce festin, pour me congratuler sur l'heureux succès du voyage long & pénible que je venois de faire. On dressa ensuite une petite table pour moi seul, de trois piez de long, & d'autant de large, que l'on couvrit d'un rôti froid, consistant en Canards, Poules, Porc, & Mouton, entassez les uns sur les autres dans des plats d'argent, où je comptai plus de 70. piéces. Ce service fut suivi d'un autre, composé de fruits & de confitures, après quoi l'on aporta du Thé, du *Tarasum*, & du vin du Rhin. Pendant que j'étois à table, les Seigneurs, qui m'avoient reçu, fumoient du Tabac, & le repas fini, le *Doriamba* m'adressant la parole une seconde fois, me dit, que dans peu de jours je serois admis à présenter mes lettres de créance à l'Empereur son Maitre; qu'en atendant, je voulusse bien être satisfait du témoignage d'afection, dont il avoit plu à ce Prince de m'honorer. Je répondis à ce compliment, & ayant pris congé de l'assemblée, je me retirai à mon hôtel.

Le 12. de Novembre le *Doriamba* m'envoya quelques Mandarins, pour m'avertir de me préparer à venir le surlendemain au Palais, rendre les lettres de S. M. Czarienne: Ce jour arivé, trois des mêmes Mandarins,

suivis

suivis de cinquante Chevaux de selle, qu'ils faisoient amener pour les gens de ma suite, vinrent me prendre à huit heures du matin, pour me conduire à la Cour. Ces Officiers étoient vêtus de robes de Damas, ornées sur la poitrine & sur le dos de figures de Dragons, de Lions, de Tigres, & de Grues, travaillées en or. Les complimens faits de part & d'autre, nous partimes de l'hôtel, & come j'avois disposé mon monde à la maniére de l'Europe, nous nous rendimes au Palais, marchant en fort bel ordre.

Quand nous fumes arivez à la premiére porte (au devant de laquelle est un pilier gravé de quelques caractéres) on nous dit, qu'il faloit, selon la coutume, descendre de cheval, ce que nous fimes, & après avoir traversé à pié trois grandes cours, nous nous trouvames dans une quatriéme, où je fus reçu par un grand nombre de Mandarins, revêtus de leurs habits de cérémonie, come les précédens.

Un moment après, ayant été averti que l'Empereur étoit sur son trône, je me fis introduire, & je rendis mes lettres de créance à ce Prince, qui me renvoya après les cérémonies, & une courte conversation.

Le 16. de Novembre, les Mandarins vinrent me dire que j'étois invité, de la part de l'Empereur, à manger à table devant lui: sur quoi ayant assemblé les Gentilshomes de ma suite, je me rendis au Palais, où je fus reçu dans la cour, come la première fois, par un grand nombre de Seigneurs & Mandarins revêtus de leurs habits de cérémonie. Peu
de

de tems après l'Empereur ayant ordoné qu'on m'introduisît, j'entrai dans la sale du trône, sur lequel ce Prince se promenoit, ayant à ses côtez, quelques persones, qui jouoient de la flute traversiére, & douze Gardes du corps, armez de halebardes dorées, sans pointes, du haut desquelles pendoient des longues queues de Tigres, & de Léopars. Dès que je fus entré, l'Empereur s'assit, la simfonie cessa, & les Halebardiers se rangérent à terre, les jambes pliées sous eux, aux deux côtez du trône.

Le *Doriamba*, l'Oncle du Prince, & deux autres grands Seigneurs, prirent leurs places aux deux côtez de l'Empereur, peu éloignez de sa persone, & l'on me conduisit à la mienne, qui étoit à la droite, éloignée du trône d'environ quatre brasses. L'Empereur avoit devant soi une table dressée, servie de rôti froid, de fruits, & de confitures, dans des plats d'argent, & couverte d'un voile de damas jaune.

Après que S. M. Chinoise m'eut considéré quelque tems avec atention, elle ordona au *Doriamba*, qui se mit à genoux pour recevoir le comandement, de me faire aprocher un peu plus du trône, & aussitot cet Oficier m'ayant pris par la main, me conduisit & me fit asseoir à la distance d'environ deux brasses de la persone de S. M. Mes Gentilshomes furent placez derriére moi, à une distance d'environ six brasses. J'avois à ma droite quelques grands Seigneurs du Pays, & à ma gauche, un Oncle de l'Empereur. S. M. envoya vers moi le *Doriamba*, par deux fois diférentes, pour me demander, en termes très gracieux, des nouvelles de la santé de leurs Majestez Czariennes, à quoi je répondis come je le dus. Ensuite S. M. fit découvrir sa table, & m'ordona de manger. J'avois une table à moi seul, couverte aussi d'un damas jaune. Les Mandarins, & tous les autres Oficiers de la cérémonie, au nombre de 200. étoient rangez à leurs places ordinaires, avec des tables de deux à deux, & tout le monde étoit assis sur des tapis, les jambes pliées, à la maniére des Persans.

L'Empereur m'envoya d'abord de sa table, une Oye rô'ie, une mammelle de Truye, & une piéce de Mouton gras: ensuite quelques plats de fruits, & une coupe pleine de Thé, bouilli avec du lait, & du beurre. Je reçus cette faveur avec les témoignages du respect dû à S. M. laquelle me fit demander un moment après par le *Doriamba*, quelles étoient les langues d'Europe que je savois parler. Je répondis que je parlois la Russienne, l'Alemande, la Flamande, & que j'entendois un peu l'Italienne: sur quoi S. M. ayant envoyé un Oficier vers le derriére du Palais, il en sortit sur le champ trois Jésuites, qui furent se mettre à genoux devant le trône, où après avoir fait leurs inclinations, ils reçurent ordre de se relever.

L'un de ces trois Religieux étoit François, & s'apeloit Pére *Jean-François Gerbillon*. Les deux autres, dont l'un s'apelloit Pére *Antoine Thomas*, étoient Portugais. L'Empereur comanda au premier, de venir me parler, lequel aussitot s'étant aproché de ma place, me demanda en Italien de la part de S. M. combien de tems j'avois employé à venir de *Moscou* à *Peking*? Par quels Pays, & sur quelles voitures j'avois voyagé? Sur quoi ayant éclairci ce Pére, il ala raporter ma réponse à l'Empereur, qui témoigna d'en être satisfait, par ces paroles, *Gowa Gowa*, qui signifient *fort bien, fort bien*.

Peu après, S. M. Chinoise envoya encore vers moi son *Doriamba*, qui me dit que l'Empereur desiroit me voir en face, & m'ayant en même tems pris par la main, il me mena devant le trône, puis me fit monter sur une estrade élevée de six marches, qui fut dressée sur le champ, & là, me fit asseoir à table vis à vis de l'Empereur, auquel j'avois préalablement mes révérences. Je suis, Maître, si nouvelle d'Europe. Ce Prince parla ensuite un moment avec le Pére *Gerbillon*, par lequel il me fit demander une seconde fois, combien de tems j'avois demeuré en chemin? De quelle façon j'avois voyagé? Et de combien de miles la Pologne, la France, l'Italie, le Portugal & la Hollande, étoient éloignez de Moscou? Je répondis à toutes ces questions, le mieux que je pus; après quoi l'Empereur s'étant fait aporter une coupe d'or, pleine d'une liqueur apelée *Kumis*, qu'on me dit être de l'eau de vie de lait de jument, il la remit au *Doriamba*, avec ordre de me la présenter: je la reçus en faisant une inclination, & la rendis de même, après avoir gouté de la liqueur qui étoit dedans. L'Empereur comanda après cela, de faire avancer les gens de ma suite, à la distance d'environ

di

dix brasses de son trône; en quoi ayant été sur le champ obéi, il les fit régaler l'un après l'autre, d'une coupe de la même liqueur. Cela fait je réitérai mes révérences, & le *Doriamba* m'ayant repris par la main, me reconduisit à ma place, où je restai assis, jusqu'à ce que l'on m'avertit de me lever.

CHAP. XV.

Festin de la cérémonie d'audiance. Courte histoire du P. Grimaldi Jésuite. Description du Palais de l'Empereur. De la Sale du Trône. Du Trône même. Portrait de l'Empereur. Son habillement. L'Ambassadeur est acompagné par des Mandarins, à un festin & à un spectacle, où il voit divers tours de souplesse curieux. Comédie Chinoise. Riches habits des Acteurs. Festin que le Doriamba done à l'Ambassadeur. Ample description de ce festin. Du lieu où il est doné. Et des coutumes Chinoises en pareilles ocasions. Autre festin doné à l'Ambassadeur par le Surintendant des finances de l'Empire. Description des lieux & des coutumes. Suite de cette fête. L'Ambassadeur & le Surintendant montent à cheval, & vont voir les curiositez de la Ville. Diverses descriptions des choses que l'Am-

bassa-

bassadeur voit dans cette ocasion. Fête Chinoise qu'on célébre tous les ans. Description de cette solennité. Audiance de congé. Description des lieux, & des cérémonies. Eléphans, Chevaux, chariots de l'Empereur, exposez dans les cours du Château, pour servir de parade.

La cérémonie achevée, l'Empereur se leva, & après m'avoir fait l'honeur de me saluer, il passa de la Sale du Trône, à un apartement qui étoit à gauche. Come je sortois aussi de la Sale, le *Doriamba* me joignit, & me demanda, de la part de son Maitre, si je n'avois apris en Europe aucune nouvelle d'un certain Pére *Grimaldi*, que S. M. Chinoise y avoit envoyé pour ses afaires. Je lui répondis que j'avois entendu dire en partant de *Moscou*, que ce Pére étoit arivé à Smirne, avec une suite de 25. persones, & que de là, il devoit se rendre en Perse, & aux Indes. Il me répliqua, qu'il étoit vrai que ce Réligieux avoit aussi été envoyé aux Indes : qu'on avoit eu avis de son arivée à la Ville de *Goa*, d'où il étoit parti, pour continuer sa comission, & qu'il y avoit sept ans qu'il étoit sorti de la Chine. Le *Doriamba* me quita ensuite, & je me retirai à mon hôtel.

Je parlerai ailleurs de l'état, & des coutumes de la Cour Chinoise (1). Je vais faire

à

(1) Voyez la fin du chap. 20.

à présent une courte description du Palais, & du Trône de l'Empereur.

Le Palais est un édifice quarré, deux fois plus long que large, haut d'environ huit brasses, bâti de briques, & couvert de tuiles, peintes en jaune, & vernies. Le dessus & les extrêmitez du toit, sont ornez de figures de Lions, de Dragons, & d'autres animaux, sculptées en pierre. Les fenêtres du frontispice sont de petites ouvertures fermées avec des chassis de papier. Au devant de la porte de la grande sale, est un escalier de pierres, de quelques marches, & l'on voit au fond de cet apartement, deux portes, sur chacune desquelles est en forme de courone, un ouvrage de relief sur du bois doré. Cette sale qui est élevée jusqu'au toit, est lambrissée d'un bois peint de couleurs très riches, mêlées d'or & de laque, & soutenue par douze grands piliers sculptez & dorez. Sa longueur est d'environ 30. brasses, sa largeur de 10. & son plancher est couvert de tapis à la *Tartare*, ornez de feuillages, & d'autres agrémens.

Le Trône étoit placé au bout de la sale, du côté de l'*Orient*, vis à vis de la grande porte. Au devant de l'estrade étoient deux escaliers de six marches chacun, le long desquels regnoit à droite & à gauche une balustrade, dont l'épaisse dorure m'empêcha de distinguer la matiére, que les uns me dirent être d'or, les autres d'argent: elle étoit gravée en relief, & travaillée avec beaucoup d'art. A la droite & à la gauche de l'estrade étoit un pareil escalier, & une pareille balustrade. Le Trône, qui avoit la figure d'un

autel

autel, étoit fait avec deux demi-portes, lesquelles en se baissant & se joignant, formoient un siége, élevé de trois piez au dessus de l'estrade. Ce siége étoit garni de Zibelines noires, & l'Empereur y étoit assis, ses jambes pliées sous lui.

Ce Prince étoit pour lors âgé d'environ cinquante ans : il avoit le visage large, & gravé de petite vérole : les yeux noirs, & bien fendus : le nez aquilin. Il ne portoit point de barbe ; mais seulement une moustache noire & pendante. Son habit consistoit uniquement en une veste de damas brun, & une robe de satin bleu obscur, garnie d'hermine. Un chapelet à gros grain de corail pendoit à son cou, & lui descendoit sur la poitrine. Il avoit sur la tête un bonet, bordé de Zibeline, au dessus duquel étoient atachez une houpe de soye rouge, & un bouquet de plumes de Pan, qui se recourboient par derriére. Ses cheveux étoient tressez, & pendans en une seule toufe sur son dos. Il avoit des botines de velours ; mais il ne paroissoit dans tout son habillement ni or, ni pierreries. L'assemblée étoit rangée avec beaucoup d'ordre, & l'on n'y entendoit pas le moindre murmure : tous les Oficiers gardant un silence profond, les yeux fixez à terre.

Le jour suivant deux Mandarins envoyez par l'Empereur, & suivis de cinquante chevaux, vinrent me dire que, si j'étois curieux de voir la Ville, ils avoient ordre de leur Maître de m'acompagner dans tous les endroits où je voudrois aler : j'acceptai cet honeur,

neur en remerciant, & étant aussitôt monté à cheval, avec ces Messieurs, nous nous rendîmes ensemble dans un *Schouburg*, ou maison de plaisance, qui étoit un édifice fort vaste & fort élevé. Dans une cour, au milieu de ce Palais, étoit un grand téâtre de bois sculpté, peint de très belles couleurs, sur lequel des Comédiens jouoient ordinairement des piéces pour de l'argent. Autour de ce téâtre regnoit une belle galerie, dans laquelle les Mandarins me placérent, aussi bien que toutes les persones de ma suite. Là on nous régala d'abord avec du Thé & du *Tarasin*, & l'on nous servit ensuite un repas magnifique, pendant lequel on représenta la Comédie. Dans les intervales paroissoient des Bateleurs, qui divertissoient la compagnie par des tours de souplesse surprenans, & qui faisoient paroitre sous le gobelet, avec autant d'adresse que ceux d'Europe, des fruits, des oiseaux en vie, & toutes les figures qu'on leur demandoit. Il y en eut un entr'autres qui, sur la pointe d'un bâton, qu'il tenoit à la main, faisoit tourner incessament une boule de verre, grosse come la tête d'un home, la jetant souvent en l'air, & la recevant toujours sur la pointe du bâton, où il la faisoit tourner encore come auparavant. A la fin du spectacle, on aporta une cane de *Bambus*, de 7. brasses de long, que six persones tinrent droite au milieu du téâtre : un jeune garçon de dix ans, sortit alors come un éclair, & ayant saisi la cane avec les dents & les piez, monta come un singe, jusqu'à la pointe : là, il se coucha sur le ventre, & tourna na longtems de côté & d'autre, come une girouéte: puis s'étant tout d'un coup élevé, il retomba sur une de ses mains, & resta un moment dans cette atitude, les piez en l'air; après quoi s'étant élevé une seconde fois, il frapa des mains à trois reprises, retomba sur la pointe du *Bambus*, & descendit come il étoit monté.

La Comédie fut très belle: elle fut jouée par les Comédiens de l'Empereur, qui changérent diverses fois d'habits de soye, couverts d'or, toujours plus magnifiques. Le sujet de la piéce étoit le triomfe d'un Héros Chinois, célébré par des Empereurs, & des Dieux mêmes, qui paroissoient sur le téâtre, le visage teint d'une couleur de sang. Les actes furent entremêlez de danses & de petites piéces comiques. Il parut entr'autres deux jeunes filles, parées superbèment, & tenant chacune un éventail à la main, lesquelles étoient debout sur les épaules d'un home, où elles se mouvoient & se tournoient en cadence, avec autant d'aisance & de souplesse que si elles eussent été sur le téâtre. Deux jeunes homes vétus grotesquement, faisoient les rolles d'*Hostiki*, qui reviennent à ceux des Arlequins d'Europe, & qui sont fort récréatifs. Après le spectacle je remerciai Messieurs les Mandarins, & me retirai.

Ce même jour l'Empereur partit pour la chasse au Tigre, dont nous avons parlé plus haut; mais il fut de retour quelques jours après.

Le *Sungut Doriamba* m'ayant fait prier à souper, je me rendis chez lui, où après quel-

quelques momens de conversation, dans une sale où étoit son lit, ce Seigneur me prit par la main, & me fit entrer dans l'apartement le plus magnifique de sa maison. J'y trouvai des tables dressées, entourées & couvertes de voiles de soye, enrichis d'une broderie en or relevée en bosse. Sur les bords de ces tables étoient des vases, pleins de fleurs artificielles, faites de soye, peintes avec des couleurs si vives, & si bien diversifiées, qu'on les eût prises pour des fleurs naturelles. Il y en avoit entr'autres d'un cramoisi foncé, qui étoient d'une beauté achevée. Dans la belle saison on substitue la nature à l'artifice, & cet ornement est selon moi bien imaginé, & fort agréable. A l'extrêmité de chaque table étoit un réchaut d'argent, dans lequel fumoit un bois précieux nomé *Kalamba*, qui remplissoit l'apartement d'une odeur très douce. Autour de la chambre du festin regnoient des grandes & des petites figures, sculptées en bois avec beaucoup d'art, & couvertes d'une riche dorure. Il n'y avoit que deux siéges, qui se touchoient, l'un pour le *Doriamba*, l'autre pour moi, garnis tous les deux de peaux de Tigres, & de Léopards. Les Mandarins & les autres conviez devoient être assis en bas, sur des tapis.

Après que tout le monde fut rangé, on servit à chacun une grande coupe de Thé, dans laquelle étoient aussi des cernaux de grosses noix, & des noyaux de noisettes, avec une cuillére de fer, pour manger ces fruits, lesquels aussi bien que le Thé étoient excellens. On distribua ensuite des coupes
d'agathe,

d'agathe, pleines d'une eau de liqueur délicieuse, & en même tems on étala avec simétrie, aux extrêmitez des tables, des grands vases pleins de viandes rôties, coupées par morceaux & entassées. Ces vases étoient entourez d'herbes & de fleurs artificielles de toutes les couleurs, & ne devoient servir que de parade. Un moment après on aporta six grandes coupes, dont les unes étoient pleines de soupe, les autres de viandes & de poissons bouillis. Plusieurs services de diférens mets suivirent celui là, & enfin l'on couvrit les tables de plats de porcelaine, pleins de toutes sortes de fruits & de confitures de la Chine, dont l'odeur & le gout surpassoient la beauté.

A la perspective des tables, étoit un téâtre richement orné, sur lequel on représentoit pendant le festin, une Comédie Chinoise, entremêlée de chants & de danses qui enchantoient. Les danseurs étoient des jeunes garçons habillez en filles, qui, au son d'une belle voix & d'une flute alemande, se mouvoient avec une souplesse admirable. Il avoient des évantails, dont ils faisoient avec grace mile gestes, & leurs habits étoient également riches & de bon gout. La femme & la fille du *Doriamba* se montroient par une porte entr'ouverte au coin de la sale : elles étoient debout & parées à la *Tartare*, d'habits superbes. Cette agréable fête dura trois heures, après lesquelles je pris congé & regagnai mon hôtel.

Quelques jours après le Surintendant des finances de l'Empire, apelé *Schiloy*, voulut aussi me régaler chez lui. J'y fus reçu avec beaucoup de magnificence, dans une grande sale richement étofée, come le sont tous les apartemens des grands Seigneurs Chinois. A trois coins de cette sale étoient sur des piez d'ébéne, trois tables d'un marbre blanc, parsemé de veines & de figures noires que la nature y avoit pratiquées. Sur ces précieuses tables, & sur plusieurs autres piez de marbre & d'ébéne, s'élevoient des hauts vases d'argent, chargez de fleurs artificielles de toutes sortes de couleurs, parfaitement ressemblantes aux naturelles. Des piliers de pierre d'une belle architecture & richement peints, soutenoient le toit de cet apartement, dont le lambris étoit sculpté, & le plancher paré à la *Mosaique*. A droite & à gauche étoient des grandes fenêtres, par où l'on découvroit des colines couvertes d'une verdure agréable, & des bocages arosez par une infinité de petits ruisseaux. Pendant le repas on dansa vis à vis des tables, un balet qui fut exécuté avec beaucoup d'ordre.

La fête finie, ce Seigneur me fit monter à cheval, & me mena sur un marché, où étoit étalée une quantité prodigieuse d'or, d'argent, de pierreries, de draps, & d'étofes de soye. De là il me conduisit à l'apotiquairerie de l'Empereur, que j'étois fort curieux de voir. L'Oficier qui en avoit la direction, nous régala d'abord avec du Thé, après quoi il nous montra beaucoup de racines, de simples, & de drogues, dont il nous expliqua toutes les propriétez. Pendant ce tems là plusieurs persones vinrent avec des ordo-
nances

nances de Médecins Chinois, qui étoient à peu près dans le même stile que celles des Médecins d'Europe. Il nous fit ensuite passer dans une boutique pleine de bijoux, où je fis quelques petites empletes, & de là dans un jardin de plantes, où je vis beaucoup de fleurs & d'arbrisseaux rares, que nous n'avons point en Europe. Il me montra aussi un grand vase de verre plein d'eau, dans lequel étoient des petits poissons, qui n'avoient pas plus d'un pouce de long, dont l'écaille sembloit avoir été dorée du plus bel or, & dont la chair, que quelques uns de ces animaux montroient sous des écailles détachées, paroissoit aussi rouge que le cramoisi le plus vif.

Au sortir de ce jardin, le Surintendant voulut me faire voir tous les marchez de la Ville. Au dessus de chaque boutique, est une grande planche, où le nom du Marchand, & ceux des diférentes marchandises dont il fait comerce, sont écrits en gros caractéres. Le poisson que l'on vend sur un marché particulier est toujours en vie, dans des cuves pratiquées à cet usage sur le marché même, & consiste principalement en Carpes, Anguilles, Ecrevisses, & une espéce de Serpent d'eau, que les Chinois mangent. Je vis un autre marché particulier, pour le Gibier & les Bêtes Fauves, qui étoit couvert de Cerfs, de Biches, de Liévres, de Faisans, de Gelinotes, & de Perdrix.

Le 7. de Janvier, sur le soir, on comença dans Peking une fête qui dura trois semaines, & qu'on célébre tous les ans à la nouvelle lune du premier mois. Elle fut anoncée par le son de la grosse cloche du Palais de l'Empereur, par plusieurs coups de canon, & par le bruit de certains tambours qui ne servent qu'au culte des Idoles. L'air retentit alors des feux d'artifice, des fusées, des petards, & des mousquetades, que chaque habitant selon sa faculté s'empressa de tirer. Les *Lamas* ou Prêtres des faux Dieux remplirent les temples, & l'on n'entendit plus de toutes parts, que tambours, trompettes, & cris de joye. Ce carillon dura jusqu'au lendemain à dix heures, & alors les processions comencérent à courir les rues. C'étoient des troupes de plusieurs miliers de persones, dont les unes batoient le tambour, les autres sonoient de la trompette, & tous ensemble formoient une simfonie tumultueuse qui étourdissoit. A la tête, au centre, & à la queue, étoient des *Lamas* & des Moines qui portoient des banniéres & des figures de fausses Divinitez, plus monstrueuses que de vrais Diables. Quelques uns de ces Ministres tenoient entre leurs mains des pots ardens pleins d'aromates, & tous comptoient avec leurs doigts des grands chapelets, qui pendoient jusqu'à terre. Cette solennité dura trois jours, pendant lesquels les boutiques furent fermées, avec défenses sous de grosses peines de faire aucun comerce. Le reste de la fête se passa en cavalcades, & parties de plaisir: on voyoit dans les rues des troupes de femmes, montées sur des Anes, d'autres dans des chaises roulantes à deux roues, entourées de grands voiles de soye, qui n'y laissoient qu'une ne ouverture par devant, & chargées par derriére de domestiques, qui joüoient de divers instrumens. Quelques unes de ces Dames paroissoient au dehors, la pipe à la bouche, & vétues de riches habits. Il n'y a que la Province de *Peking*, dans toute la Chine, où les femmes ayent la liberté de se montrer: encore cette coutume n'est elle bien établie que dans la Capitale, qui n'est presque habitée que par les *Tartares*: les familles *Chinoises* ayant été obligées de se retirer dans les fauxbourgs, & le long des murs, où elles ont des marchez, & toutes les autres comoditez de la vie.

Quelques jours après cette solennité, l'Empereur m'envoya signifier par deux Mandarins, que j'eusse à me rendre au Palais, le lendemain, deux heures avant le jour, pour y être admis à mon audiance de congé. Trois Mandarins vinrent en effet me prendre, une heure avant celle qui m'étoit prescrite, & étant monté à cheval, je me rendis avec ces Oficiers à la porte où il faut en descendre. De là nous traversames trois cours à pié, & nous nous trouvames ensuite dans la quatriéme, où je fus reçû come la premiére fois, par un grand nombre d'Oficiers qui m'y atendoient, revêtus de leurs habits de cérémonie, lesquels me régalérent d'un certain Caffé qu'ils prennent le matin, & qui a tout l'air d'un boüillon de féves. Dès que le jour parut, on me fit asseoir entre les deux principaux Mandarins, hors, & à côté de la porte de la sale du trône, tandis que les autres Mandarins prirent leurs places sur des tapis à terre, à la droite & à la gauche de la cour, chacun selon son rang. Une demie heure après on entendit venir l'Empereur, qui étoit précédé d'une simfonie de flutes traversiéres, & de luts. Le trône étoit autrement fait que celui que j'avois vu la premiére fois : une tapisserie de damas jaune le couvroit du haut en bas, & sur deux élévations pratiquées aux deux côtez, étoient deux grands tambours de deux brasses & demie de haut, dont les caisses étoient sculptées en relief, & dorées. Après que l'Empereur fut assis, un Héraut vint par son ordre à la porte de la sale, où il prononça quelques mots d'une voix pénétrante : ensuite s'étant avancé dans la cour, où étoient les Mandarins assis, il leur cria trois fois de suite ; *Courbez vous : courbez vous jusqu'à terre*: ce que ces Oficiers firent autant de fois. Alors on entendit un carillon de cloches, mêlé du son des tambours, des luts, & de certains tuyaux, dans lesquels trois homes soufloient de toutes leurs forces. Pendant cette simfonie deux grands Seigneurs envoyez par S. M. Chinoise vinrent me prendre par la main, & me conduisirent de la place où j'étois, éloignée de huit brasses du trône, à une autre qui n'en étoit qu'à trois brasses, où ils me firent asseoir entre deux Princes de l'Empire *Tartares* d'origine. En ce moment la grosse cloche du Palais sona : on batit les tambours qui étoient aux deux côtez du trône, sur lesquels chaque coup de baguette sembloit être un coup de pistolet : les flutes jouérent, & l'on soufla à neuf reprises différentes dans les tuyaux dont j'ai parlé, lé, après quoi l'on me pria de m'asseoir à terre, où l'on m'aporta dans une coupe d'or, du même Caffé que j'avois pris dans la cour. Ensuite je m'aquitai des devoirs de ma comission, & ayant réitéré mes révérences, l'Empereur descendit du trône, & se retira.

Les Gardes du Corps de S. M. Chinoise étoient rangez en haye à droite & à gauche, depuis le trône jusqu'au milieu de la quatriéme cour. Leurs habits étoient de coton rouge à petits carreaux. Ils portoient des petits chapeaux, sur les formes desquels étoient des bouquets de plumes de couleur jaune, laquelle est la livrée de l'Empereur. Ils avoient des grands sabres au côté, & à la main des lances brillantes, au haut desquelles voltigeoient des petits drapeaux. Dans la même quatriéme cour, étoient huit Chevaux blancs de l'Empereur, pour servir de parade, & dans la troisiéme au même usage, trois Eléphans d'une grosseur extraordinaire, dont l'un étoit blanc. Ces trois derniers animaux étoient couverts de grands caparaçons de soye, enrichis d'une broderie en or relevée en bosse. Ils avoient des brides d'argent doré, & leurs harnois étoient garnis par tout, de plaques d'argent gravées & dorées. Ils portoient chacun sur le dos une petite tour de bois sculptée avec art, & richement dorée, dans laquelle huit persones pouvoient comodément s'asseoir. Dans la même cour étoient encore quantité de chariots à deux roues, & de litiéres de l'équipage de l'Empereur, le tout doublé de damas jaune, come aussi un grand nombre de tambours & de bassins de cuivre

destinez

destinez aux cérémonies du culte des Idoles.

Un char de l'Empereur, atelé d'un éléphant, m'atendoit à la sortie du Château, pour me ramener. Dix homes de chaque côté, retenoient ce prodigieux animal, avec des grosses cordes qui aboutissoient à sa bride, & un autre home étoit assis sur sa nuque, avec un croc de fer à la main dont il le conduisoit. Quoique cet éléphant n'alat que son pas ordinaire, les conducteurs étoient obligez de courir à perte d'haleine pour pouvoir le suivre; desorte que je fus rendu chez moi dans un instant.

CHAP. XVI.

L'Ambassadeur visite les Péres Jésuites de Peking. Description de leur maison: de leur Eglise: d'une colation que ces Péres donent à l'Ambassadeur, & à sa suite. L'Empereur fait conduire l'Ambassadeur, par des Mandarins au parc de ses Eléphans. Nombre de ces animaux. Leurs propriétez. Leur intelligence. Leur pâture. De quel Pays ils viennent. Longueur de leurs dents. Coment l'Ambassadeur s'aperçoit que les Chinois mangent des Chiens. Divers amusemens que le Doriamba envoye dans la cour de l'Ambassadeur. Animaux inconus envoyez à l'Empereur de la Chine d'une Isle de la mer d'Orient.

rient. *L'Ambassade sort de* Peking. *Arive à la Ville de* Galchan. *A celle de* Naun. *Entre dans le désert de* Tartarie. *Danger qu'elle y court, par raport aux* Mongales. *Disète de fourage.*

LEs Péres Jésuites m'ayant fait prier d'aler voir leur maison, j'en fis demander la permission à l'Empereur, qui me l'acorda, avec deux Mandarins pour m'y acompagner. C'est un grand bâtiment, entouré d'une haute muraille de pierres. L'on y entre par deux grandes portes à la Romaine, bâties de pierres de taille. On voit dans la cour, à main gauche, sous une loge couverte, un globe céleste, & un globe terrestre, d'une grosseur extraordinaire, ayant chacun plus d'une brasse de haut. La façade de l'Eglise est d'une belle architecture Italienne, & l'on y voit, hors d'œuvre, des orgues faites par le P. *Thomas Pereyra.* La nef est bâtie à la Romaine, aussi bien que l'autel, & le tout paré de tapisseries, de tableaux, & de statues d'un prix considérable. Cette Eglise est assez grande pour contenir deux ou trois mile persones, & il y a au dessus un horloge, qui forme un carillon, en sonant les heures.

Après m'avoir fait parcourir tout l'édifice, ces Péres me conduisirent dans une chambre pleine d'ouvrages de peinture, & de sculpture, où je vis assurément tout ce que l'art peut produire de plus parfait en l'un & l'autre genre. Enfin ils me firent entrer dans un apar-

apartement proprement meublé, où étoit dreffée une colation magnifique, compofée de toutes fortes de fruits, & de confitures de la Chine. L'excellent vin n'y manquoit pas, & nous bumes fi longtems à la fanté des Potentats Chrétiens, qu'il étoit prefque minuit, quand je pris congé de ces gracieux Péres.

Le lendemain deux Mandarins vinrent me dire qu'ils avoient ordre de l'Empereur leur Maitre de me faire voir les beautez de la Ville: fur quoi ayant fait monter mes gens à cheval, & y étant monté moi même, ces Seigneurs nous conduifirent au parc des Eléphans de S. M. Chinoife. J'y vis quatorze de ces animaux, d'une groffeur prodigieufe, parmi lefquels il y en avoit un blanc. L'Ecuyer qui en avoit foin, voulut leur faire faire en notre préfence, les tours qu'il leur avoit apris, & c'eft une merveille de voir coment ils obéiffent au premier comandement. Ils imitérent fucceffivement le cri du Tigre, le mugiffement du Bœuf, le hanniffement du Cheval, & le chant du Serin de *Canarie*, avec tant de reffemblance, que quiconque ne les eût pas vu, s'y fût certainement trompé. Quelques uns fonérent de la trompette avec autant de juftefse, & plus de force qu'un home auroit pu faire. Ils vinrent enfuite, l'un après l'autre me faire la révérence, en fe baiffant d'abord fur un genou, puis fur l'autre, & fe relevant de même. Quand ils veulent fe coucher, ils étendent les jambes de devant, enfuite celles de derriére, & fe trouvent ainfi le ventre plat

à

à terre. Il y avoit un de ces animaux, qui, parcequ'il étoit entier & furieux, avoit une grosse chaîne aux piez, qui l'empêchoit de se mouvoir. Au devant de son écurie étoit une fosse profonde, afin que s'il fût venu à se déchainer, il n'eût pas pu sortir sans s'y précipiter. Celui là, & quelques uns des autres avoient des dents d'environ une brasse de long, qui leur sortoient de la bouche. Leur pâture ordinaire est de la paille de ris, liée en petites botes, dont chacune fait un morceau, qu'ils portent dans leurs gueules avec leurs trompes. Les Mandarins me dirent que ces animaux venoient du Royaume de *Siam*, & que le Roi de ce Pays en envoyoit tous les ans quelqu'un à l'Empereur de la *Chine*, par forme de tribut.

Après cette récréation, je priai les Mandarins de venir se rafraichir dans mon quartier, ce qu'ils acceptérent. Chemin faisant, je vis au devant de la porte d'un Seigneur *Chinois*, un domestique qui écorchoit un Chien gras : sur quoi, ayant demandé aux Mandarins ce qu'on vouloit en faire, ils me répondirent qu'on vouloit le manger, ajoutant que la chair de ces animaux étoit très rafraichissante, & par conséquent très saine, sur tout en été.

Quelques jours après, le *Doriamba* envoya pour me récréer, dans la cour de mon hôtel, une Pantére dans une cage : des joueurs de gobelets, & d'autres bateleurs, qui faisoient faire à des Singes, & des Souris, des tours fort divertissans. Le Maitre des Singes mit au milieu de la cour, un panier plein

plein de petits habits de diverses couleurs ; ensuite il apela ses Singes, & leur ayant comandé, à chacun en particulier, d'aler s'habiller d'une certaine couleur, & de prendre un certain masque, ces animaux obéirent avec une adresse admirable & sans se tromper. Il les fit après cela danser sur la corde, où ils voltigérent longtems fort agréablement. Mais ce qui me réjouit le plus, fut de voir deux Souris, dont l'une enchainoit & détachoit l'autre, selon que le maitre le lui comandoit, nouant une petite chaine de fer, aux jambes, au cou, & au milieu du corps de sa camarade, & la dénouant avec une adresse & une vitesse surprenante.

Les Jésuites de *Péking* me racontérent que d'une Isle de la mer d'*Orient*, on avoit envoyé depuis trois ans, à l'Empereur de la Chine, quatre animaux, gros & faits à peu près come des Chevaux, lesquels avoient chacun deux cornes, longues, droites, & pointues : que l'Empereur leur avoit ordoné (à eux Jésuites) d'aler examiner ces animaux, & de lui raporter s'ils en avoient vu de pareils en Europe, ou dans les Indes ; à quoi ayant obéi, ils étoient revenus dire à l'Empereur, que non seulement il n'en avoient jamais vu de cette espéce, mais même, qu'ils n'en avoient jamais oui parler : ce qui étoit vrai. Je fus curieux de voir des bêtes si rares ; mais l'éloignement du lieu où on les avoit mises, & les préparatifs de mon départ, auxquels je faisois travailler, ne me permirent pas de me satisfaire.

Cependant je fis prier le *Doriamba* de me
faire

faire avertir huit ou dix jours avant celui que S. M. Chinoife prefcriroit pour mon départ: ce qui m'ayant été acordé, felon ma demande, je me trouvai tout prêt au jour marqué, qui fut le 19. de Février 1694; deforte qu'après avoir eu l'honeur d'être admis le matin, pour la derniére fois, à la table de l'Empereur, je fortis des portes de *Peking*, acompagné d'un nombre confidérable de Mandarins, & d'autres Oficiers de l'Empire.

Le 25. j'arivai à la Ville de *Galchan*, proche de la grande muraille : & de là, après avoir traverfé le Pays de *Xaixigar*, à la Ville de *Naun*, frontiére du vafte défert de *Tartarie*. Ne devant plus rencontrer de Ville jufqu'à celle d'*Argun*, où comence la domination de S. M. Czarienne, je m'arêtai quelques jours dans celle de *Naun*, pour y acheter des felles, & beaucoup d'autres provifions dont j'avois befoin. De toutes les bêtes de charge que la caravane & moi, avions laiffées en venant dans cette Ville, à peine en trouvames nous 800. en état de fervir, les autres étant mortes, ou fur les dents faute de fourage; deforte que je fus heureux, d'avoir eu la précaution de faire acheter bon nombre de Chameaux & de Mulets dans la Ville de *Peking*, où ces animaux font à bon marché. Je ne dois pas oublier de dire que tous mes équipages furent défrayez par ordre de l'Empereur jufqu'à la Ville de *Naun*.

Tout étant prêt le 22. de Mars (1), je régalai

(1) Depuis cet endroit jufqu'à l'arivée de l'Ambaffade à *Mofcou* les dattes ne s'acordent plus entre la relation du Sr. *Brand*, & la notre.

régalai le Mandarin qui m'avoit acompagné par ordre de l'Empereur, & après avoir pris congé l'un de l'autre, avec beaucoup de témoignages d'amitié, il prit ce jour là la route de *Peking*, & moi, le 26. celle de l'ennuyeux désert de *Tartarie*.

Après deux jours de marche, je me trouvai dans le Pays des *Targafins*, fur le bord du fleuve *Jalo*, où le fourage nous manqua, l'herbe vieille ayant été brulée, & la nouvelle étant encore trop courte. Cependant je fus averti, par les habitans du Pays, que quatre *Taifcha Mongales*, à la tête de trois mile homes, étoient campez fur les bords des Riviéres de *Sadun*, & de *Kailar*, où il nous atendoient, pour nous faire un mauvais parti. Je remerciai de tout mon cœur ceux qui me donérent cet avis, & en même tems, je comandai une garde de foixante homes à cheval, bien armez, pour veiller la nuit autour de nos tentes. Le lendemain nous quitames l'ancienne route, & nous gagnames par des chemins détournez la montagne de *Jale*; mais plus nous avancions, moins nous trouvions de fourage, & nos bêtes comencoient à maigrir & à perdre leurs forces. Dans la nuit il fe leva un froid piquant, & il tomba une grande quantité de neige, fur la montagne où nous étions : cependant nous continuames de marcher, & ayant enfin trouvé une Coline, dont le fourage ancien n'avoit point été brulé, nous y campames, & y fimes paitre nos beftiaux, qui étoient prêts à fe rendre.

Jufques là, nous avions évité les *Mongales*;

les ; mais nous n'étions pas encore hors de danger : c'est pourquoi je consultai avec quelques persones de ma suite, pour déterminer si nous reprendrions l'ancienne route, ou si nous continuerions de l'éviter. La dificulté des nouveaux chemins nous inquiétoit un peu ; mais la supériorité de nos ennemis nous faisoit trembler : desorte que toutes réflexions faites, nous jugeames à propos, plutot que de nous exposer à un combat inégal, de faire route vers l'*Orient*, dans des Pays qui nous étoient inconus.

Nous començames notre trajet, par une montagne également haute & escarpée, où nous perdimes d'abord douze Chameaux, & quinze Chevaux, que la faim qu'ils venoient de soufrir, avoit mis hors d'état de suporter la fatigue présente. Ce fut bien pis dans la suite : de seize jours que nous employames dans ces routes détournées, aucun ne se passa, qu'il ne tombat un nombre considérable de nos animaux, soit parcequ'ils étoient trop chargez, soit parceque le peu de mauvais fourage que nous trouvions, n'étoit pas capable de les sustenter. Ces accidens nous obligèrent enfin de chercher le grand chemin ; mais avant que d'y ariver, nous essuyames encore beaucoup de pertes, parceque nous fumes pendant deux jours dans une campagne que les *Mongales* avoient totalement brulée, & où il ne fut pas possible de ramasser une bote de foin. Ces deux jours passez, nous trouvames un chemin frayé, que nous suivimes, le long duquel étoit quelque reste d'herbage, que nos bêtes dévoroient. Ce-

pendant

pendant la plupart des marchands de la caravane étoient démontez, & ils avoient perdu tant de Chameaux, que sans la précaution qu'ils avoient eue de s'en pourvoir à Peking, au double de ce qui sembloit leur en être nécessaire, ils auroient été obligez de laisser dans le désert la moitié de leurs marchandises.

CHAP. XVII.

Arivée au bord de la Riviére de Zadun, où l'Ambassade campe. Un Chinois envoyé au Gouverneur de Nerzinskoi se joint aux voyageurs, avec une troupe de cent homes armez. Passage de la Riviére de Kailaan. Les Mongales brulent la campagne. L'incendie gagne les tentes des voyageurs; les oblige de se sauver. Désordres & pertes causées par cet accident. Disête de fourage. Perte de 18. Chameaux, & 22. Chevaux. Passage de la Riviére de Mergeen. De celle de Gan. Disête de vivres dans le désert, où le pain manque totalement.

APRÈS bien des fatigues & des ennuis, nous parvinmes enfin au bord de la Riviére de *Zadun*, où ayant trouvé l'herbe nouvelle assez haute pour faire paitre nos Chameaux, & nos Chevaux, nous y dressames nos tentes

tes, & y reposames deux jours. Pendant ce tems-la, un Oficier Chinois, acompagné d'environ cent homes armez, vint se joindre à nous. C'étoit un Magistrat de la Ville de *Mergeen*, que le *Viceroi* de *Tartarie*, envoyoit par ordre de l'Empereur, au Gouverneur de *Nerzinskoi*, pour les afaires de S. M. Chinoise. Cette compagnie nous vint fort à propos: car nous trouvant alors une troupe de 600. homes, nous étions mieux en état de résister aux voleurs.

Le 15. d'Avril nous rencontrames la Riviére de *Kailaan* (1), que nous gayames sans peine, parcequ'elle étoit fort basse, & nous alames camper à un mile au delà, dans une valée, où nous trouvames fort peu de fourage. Le lendemain, come nous nous disposions à partir, nous aperçumes du côté du *Nord-Ouest*, une épaisse fumée qui s'élevoit jusqu'aux nues. Je pensai d'abord que les *Mongales* avoient mis le feu à l'herbe du désert, pour cacher leur marche à la faveur de la fumée, & fondre sur nous à l'improviste: c'est pourquoi je fis aussitôt conduire les Chevaux & les Chameaux qui nous restoient, derriére une haute montagne, où je postai cent homes pour les garder, & les garentir de l'embrasement s'il étoit possible; ensuite je disposai le reste de la troupe à bien recevoir l'ennemi; mais dans l'espace d'une demie heure, le Ciel fut si fort obscurci par la

---

(1) C'est celle de *Kailar*, laquelle coulant de l'Est à l'Ouest se jette dans l'*Argun*.

la fumée qui avançoit, & la flame poussée par un vent si impétueux, que nous ne pensâmes plus qu'à nous sauver de l'incendie. Nous tentames en vain de couper cours au tourbillon de feu, l'orage le porta dans notre camp plus vite qu'un éclair, & nous contraignit de nous retirer en désordre, dans les endroits où il y avoit le moins d'herbe séche, d'où nous eumes la douleur de voir dans un instant embraser nos tentes. Les douze premiéres furent déplacées, & enlevées toutes en feu, par la tempête qui les dispersa de côté & d'autre : plusieurs balots de marchandises furent endomagez, & quatorze homes de la caravane si maltraitez, que nous les crumes morts: on les pansa cependant avec tant de soin, qu'il n'en périt qu'un lequel étoit originaire de Perse. Je courus moi même un grand risque : car ayant voulu rester sur la place jusqu'à l'extrêmité, j'eus à peine le tems de gagner le coin d'une montagne, où deux de mes domestiques me sauvérent la vie en me couvrant de terre & de fumier.

L'Envoyé Chinois qui étoit décampé un moment avant nous, & qui avoit déja gagné la montagne, se ressentit aussi de cet embrasement ; mais come l'herbe étoit fort rare dans l'endroit où il se trouva, la flame, qui ne put s'y répandre avec rapidité, s'atacha seulement aux queues des Chevaux.

En moins de tems qu'on n'en eût employé à compter 200. toute la campagne fut rôtie jusqu'à la Riviére de *Kailaan*, qui étoit à un mile de nous, laquelle ayant arêté la flame, l'incendie cessa. Cependant il faloit
du

du fourage, pour empêcher nos bêtes de mourir de faim, & le feu l'ayant tout consumé aux environs de notre camp, j'envoyai mon guide pour découvrir quelque endroit où il y en eût, afin d'aler y dreſſer nos tentes; mais après avoir cherché pendant vingt quatre heures, il vint nous dire que le Pays étoit incendié, juſqu'à deux journées de chemin à la ronde, & que de tout le fourage qu'il avoit vu çà & là, épargné par la flame, il n'y en auroit pas pour doner une fois à la moitié de nos beſtiaux. Cette mauvaiſe nouvelle acheva de nous conſterner, & ce fut alors que nous crumes véritablement périr, dans cet afreux déſert. En tournant le dos à la Riviére de *Kailaan*, pour aler dans le Pays que le feu n'avoit pas ravagé, nous étions ſurs de tomber entre les mains des *Mongales*, qui étoient campez de ce côté là: deſorte qu'après avoir bien conſulté, nous aimames mieux nous expoſer au danger de manquer de tout pendant deux jours, qu'aux mauvais traitemens de nos ennemis, auxquels nous n'étions plus en état de réſiſter, ſoit par la fâcheuſe ſituation où nous nous trouvions, ſoit parceque la troupe Chinoiſe nous avoit quitez.

Nous décampames donc de l'endroit funeſte, où la malignité des *Mongales* nous avoit retenus, & après avoir marché toute une journée, en piquant nos chevaux exténuez, nous nous trouvames ſur le ſoir, dans un chemin ſi marécageux, que 18. Chameaux & 22. Chevaux s'y enfoncérent dans la boue ſans qu'on pût jamais les en retirer. Contraints

traints d'abandoner ces animaux, nous voulumes du moins conserver leurs charges: pour cet effet nous travaillames toute la nuit, à défaire les balots & à les distribuer dans les autres charges, lesquelles devinrent si lourdes par cette augmentation, qu'à peine les bêtes qui les portoient pouvoient se mouvoir.

Le lendemain nous traversames encore plusieurs marais, & quelques hautes montagnes, & nous nous rendimes le soir sur le bord de la Riviére de *Mergeen* (1), où nous trouvames quelque peu de fourage, qui fut bientot dévoré. Nous traversames cette Riviére; mais la campagne étant encore rôtie de l'autre côté, nous perdions à tout moment des bêtes de charge. Par surcroit de malheur, les vivres comencérent à nous manquer: les *Cosaques*, & les marchands de la caravane avoient mieux aimé charger leurs Chameaux de marchandises que de munitions de bouche; desorte que le pain, les grains, & les légumes, dont on n'avoit pris qu'une petite quantité, disparurent tout d'un coup. Nous étions cependant encore à dix ou douze journées de chemin d'*Argun*, & nous n'avions aucun secours à espérer jusqu'à cette Ville frontiére. Nous eumes recours à quelques maigres Bœufs, qui nous restoient encore; mais comme le nombre en étoit petit, par raport à celui des voyageurs,

il

___

(1) Elle sort des montagnes qui sont à l'*Est* du fleuve *Argun*, & vient se décharger dans ce fleuve en coulant d'*Orient* en *Occident*.

il falut en user avec économie. Pour cet effet nous distribuames notre troupe par chambrées, & toutes les fois qu'on tuoit un Bœuf, on donoit à chacune une certaine quantité de viande, qui devoit durer un certain tems: ces portions étoient fort modiques, il faloit d'ailleurs les manger sans pain; desorte que nous soufrimes des peines, qu'il est plus aisé d'imaginer que de décrire.

Le 18. de Mai nous gayames la Riviére de *Gan*, & ayant trouvé de l'herbe fraiche de l'autre côté, nous y campames & y séjournames trois jours, pendant lesquels nos Chameaux & nos Chevaux reprirent un peu leurs forces. Nous leur aurions doné le tems de se remettre tout à fait, si la diséte des vivres n'eût fait crier nos *Cosaques* & nos domestiques. Ces malheureux étoient obligez de travailler sans cesse, sans avoir un morceau de pain à mettre à la bouche, & la portion de viande étoit devenue si légére, qu'elle ne sufisoit plus à les sustenter. Les uns venoient me montrer du sang de Bœuf cuit, les autres des peaux coupées en couroyes & rôties au feu qu'ils dévoroient au lieu de pain: les entrailles n'étoient pas perdues, & ils en faisoient aussi des repas délicieux. Enfin je crois que si la famine eût duré encore quelques jours, ils auroient déchiré leurs Chevaux & leurs Chameaux, & les auroient mangez tout cruds, come font les *Caffres*.

CHAP. XVIII.

Chasse aux bêtes fauves qui soulage les vo-

yageurs. Excès où porte la faim. Exprès dépêché à Argun *pour avoir du secours. Plaintes des affamez. Riviére poiſſoneuſe que l'on trouve heureuſement en route. Hute d'un* Schaman *ou Magicien Tunguſe, que les chaſſeurs découvrent dans les montagnes. Cérémonies nocturnes que l'Ambaſſadeur voit opérer. Arivée d'un convoi de munitions de bouche. Uſure des conducteurs. Sortie du déſert. Arivée à* Nerzinskoi. *A* Udiskoi. *A* Jekutskoi. *Au Château de* Keetskoi. *A* Samarofkoiam. *A* Tobolesk. *A* Wergaturie. *Et enfin à* Moſcou.

QUELQUES bêtes fauves s'étant montrées aux environs de notre camp, je jugeai que le Pays devoit en abonder, & je comandai ſur le champ quelques bons tireurs d'arc, pour aler chaſſer le long de la Riviére. En effet en peu de tems, ils eurent fait un abatis d'environ 50. piéces, Cerfs, ou Rénes, leſquelles ayant été diſtribuées aux affamez, ils n'atendirent pas qu'elles fuſſent à demi cuites, chacun tomba ſur ſa portion avec une avidité qui faiſoit horreur, & la dévora tout enſanglantée : tant il eſt vrai que la faim qui n'eſt pas aſſouvie eſt un des plus cruels ſuplices. Il eſt cependant ſûr que la nature peut la ſuporter plus longtems que la
ſoif,

soif, laquelle pour peu qu'elle dure, rend la vie même insuportable.

Dans ces entrefaites je dépêchai à *Argun* un Gentilhome escorté de 8. *Cosaques*, avec une lettre pour le Gouverneur, afin qu'il eût la bonté de nous envoyer incessament des Bœufs, des Moutons, du Pain & de la Farine; mais ce secours ne pouvant nous ariver que tard, nous joignimes l'impatience à la nécessité, & les jours comencérent à nous paroitre des anées.

Nous quitames la Riviére de *Gan*, pour avancer toujours vers les frontiéres autant que nous pourions, & flater nos maux, de l'espérance de rencontrer le convoi, duquel n'ayant eu aucune nouvelle après trois jours de marche, nous entendimes dans notre troupe des plaintes & des lamentations qui déchiroient le cœur; il nous restoit bien quelques quartiers de bêtes fauves; mais qu'étoit ce petit secours en comparaison du nombre des affamez? L'argent nous étoit inutile: nous étions au milieu d'un désert, où toutes les richesses de la troupe n'auroient pas pu nous procurer un morceau de pain; desorte qu'il falut faire de nécessité vertu, & apaiser la faim par tous les moyens que nous pumes imaginer. Notre industrie étoit presque épuisée, & nous touchions à l'extrêmité, lorsqu'à la descente d'une montagne, nous aperçumes un ruisseau, où la providence sembloit avoir conduit exprès une quantité prodigieuse de poissons. Les Brochets & les Forelles s'y montroient sans fuir, & l'on pouvoit aisément les tirer avec l'arc. Les *Tunguses*

&

& les *Cosaques* sont fort adroits à cet exercice, sur tout quand l'eau des Riviéres est claire: ils se servent pour cela de fléches à deux becs, lesquelles embrassant le poisson par le milieu du corps, l'aménent aussitot au dessus de l'eau. J'avois à ma suite quelques uns de ces tireurs que je comandai sur le champ, & come ils ne manquent guére leurs coups, ils eurent bientot pris un bon nombre de piéces, lesquelles jointes aux restes de nos bêtes fauves, nous firent faire le soir un fort bon repas.

Quelques chasseurs que j'avois aussi comandez, me raportérent à leur retour, qu'ils avoient trouvé dans la montagne une hute, habitée par un *Schaman* ou Magicien, oncle de notre guide. J'ai parlé au long dans le comencement de mon voyage (1), de ces Ministres de Satan, & de la quantité qu'on en trouve parmi les *Tunguses*. Sur le minuit je fus éveillé par des hurlemens afreux: sur quoi étant sorti de ma tente, & ayant demandé aux sentinelles le sujet de ce bruit, ils me répondirent que c'étoient le *Schaman* & son neveu qui se réjouissoient. M'imaginant bien qu'ils pratiquoient plutot quelque cérémonie nocturne, je me fis conduire en tapinois jusqu'à la cabane, où je vis le vieux Magicien assis, tenant en sa main une fléche renversée, dont la pointe étoit directement sous son nez, & la tête plantée en terre: il demeura un moment dans cette atitude; après

(1) Ch. 7.

près quoi il se leva, & fit quelques sauts autour de la fléche en redoublant ses hurlemens: ensuite l'oncle & le neveu furent se mettre au lit. Le lendemain les *Cosaques* qui avoient escorté le Gentilhome, que j'avois dépêché à *Argun*, me dirent que le vieux *Schaman* étoit venu la nuit précédente à leur rencontre, & qu'en leur présence, il avoit enlevé son neveu, qui les conduisoit au travers des montagnes. Cela ne paroit possible que par quelque force surnaturelle, & je ne sai s'il ne faut pas croire que ces *Schamans* ont en effet quelque comunication avec le Diable. Les *Cosaques* nous aprirent en même tems, que dans trois jours nous recevrions le secours que j'avois demandé au Gouverneur d'*Argun*; nouvelle qui nous combla de joye à la verité, mais qui nous jeta dans une impatience qui aigrit nos maux.

Ce jour tant desiré venu, nous vimes en effet ariver le convoi: il consistoit en 25. Bœufs ou Vaches, & en pain noir cuit au four; mais les conducteurs voulurent profiter de notre diséte, & nous vendre tout au poids de l'or. Ces sangsues eurent l'inhumanité de nous demander d'un pain une risdale, & de tout le reste à proportion. Il y avoit si longtems que nous soufrions la faim, que ce prix exorbitant ne rebuta persone: chacun se crut au contraire fort heureux de trouver enfin de quoi se rassasier.

Dieu ayant ainsi fait cesser nos peines, nous reprimes courage, & levames nos tentes pour continuer notre route: nos bêtes ne soufroient plus: plus nous avancions, plus
nous

nous trouvions de pâturage ; desorte qu'en peu de jours nous fumes hors du désert funeste, où nous avions essuyé tant d'incomoditez & tant de pertes.

Le 27. de Mai nous vinmes au bord de la Riviére d'*Argun*, où la caravane & moi demeurames campez pendant quelques jours: enfin en étant partis nous arivames le 31. à la Ville de *Nerzinskoi*, rendant graces au Ciel de nous avoir préservez des mains des *Mongales*, & doné la force de résister aux fatigues du pénible trajet que nous venions de faire.

Nous séjournames dans cette Ville jusqu'au 5. d'Aout, tant pour y réparer notre équipage délabré, que pour y prendre quelque repos: après quoi nous nous mimes en marche par terre, & nous arivames le 8. à la Ville d'*Udiskoi*, où ayant pris des barques, & vogué toute la nuit par un vent favorable, nous entrames en Sibérie, & le 12. nous nous rendimes à la Ville de *Jekutskoi*.

Le 17. nous partimes de cette Ville, & après avoir essuyé la pluye & l'orage pendant quelques jours, nous arivames à *Jenizeskoi*, que nous quitames le 26. pour continuer notre route par une forêt d'environ 20. miles de long, où nous vimes quantité de bêtes féroces, lesquelles fuyoient pourtant devant nous.

Au bout de ce trajet nous trouvames le Vilage de *Makofskoi*, où je pris des barques, & m'étant mis avec ma suite sur la Riviére *Keta*, nous parvinmes le 28. de Septembre au Château de *Keetskoi*, près du fleuve *Oby*, sur
lequel

lequel nous nous embarquames, jusqu'au Bourg de *Samarofkoiam*, où est l'embouchure de la Riviére *Jalis* (1). Come nous descendions le fleuve, nous n'eumes ni peine ni danger dans notre navigation, que nous finimes le 16. d'Octobre.

Je séjournai 14. jours à *Samarofkoiam*, pour atendre que la Riviére de *Jalis* fût prise & pût soutenir les traineaux; ce qui étant enfin arivé, je profitai du tems, & me rendis le 29. à *Tobolesk*, où je m'arêtai trois semaines, autant pour me reposer, que pour y faire acheter des rafraichissemens & de nouveaux habits, dont nous avions tous besoin.

Etant enfin partis de cette Capitale de *Sibérie*, pour finir une fois un voyage pénible, & revoir la Cour de nos Maitres, nous nous rendimes le 24. de Novembre, sans aucun événement remarquable, à la Ville de *Wergaturie*, & enfin le premier de Janvier (2), nous fumes de retour à *Moscou*, d'un voyage qui avoit duré deux ans & dix mois pendant lesquels nous avions été chaque jour exposez à des dangers & à des fatigues, dont je ne done dans cet ouvrage qu'une foible idée. Nous rendimes graces au Dieu tout puissant, qui nous avoit conservez dans une course si périlleuse, & ramené sains & sauves dans le lieu d'où leurs Majestez Czariennes nous avoient fait partir.

Tom. VIII.   H   CHA-

---

(1) C'est l'*Irtis*.
(2) Le Sr. *Brand* dit le 31.

CHAP. XIX.

Route de l'Ambassadeur. Frontiéres de la Sibérie en général. Coment l'Ambassadeur prend lui même les hauteurs, pour faire les positions des lieux. Carte qu'il fait sur le plan de celle de Mr. Witsen. Frontiéres de Sibérie au Nord. Etendue & bornes du Pays des Samoïdes. Description de ces Peuples, leurs alimens, leurs voitures, leurs Princes, leurs armes, leur figure diforme, leur Religion, leurs Idoles, leurs cabanes, leurs mariages, leurs récréations, leurs chansons, leurs Magiciens. Côtes de la Samoïde. Quels animaux on y trouve. Climat du Pays. Détroit du Waigats. Sa description. Jusqu'à quel endroit la mer est impraticable. De quelle maniére les Russes y font la pêche du Chien marin, & du Nerwal. Dangers qu'ils y courent. Ancienne liberté qu'avoient les Russes, de faire passer par le Waigats les denrées qu'ils achetoient sur les côtes de la mer Glaciale. Pourquoi cette liberté leur a été ôtée. Montagne du Pojas, ou Dos du Monde. Ample description de son étendue. Bor-

nes de la Sibérie *au* Sud. *Source du fleuve* Jaika. *De la Riviére de* Tobol. *Du fleuve* Oby. *Du fleuve* Jenizea. *De la Riviére de* Selinga.

LA plupart des voyageurs qui écrivent des relations, groſſiſſent leurs volumes de fixions ou de narrations exagérées : tantot ils donent come des prodiges, des choſes d'une très petite conſéquence : tantot n'étant pas aſſez inſtruits par eux mêmes de certaines circonſtances, ils ſe contentent de les raporter telles que d'autres perſones les leur ont débitées. Pour moi, plus atentif à procurer l'avantage du public qu'à exciter ſon admiration, je me ſuis renfermé dans le détail des particularitez, dont j'ai eu une conoiſſance parfaite, & n'ai recherché dans mes deſcriptions, que les ſimples ornemens de la vérité. Je reconois cependant que je n'ai pas toujours pris la peine d'aranger mes remarques dans le meilleur ordre, & que j'en ai même obmis de certaines, qui peuvent être néceſſaires : c'eſt pourquoi, après avoir prié le Lecteur d'excuſer mes négligences, j'ai tâché de les réparer dans les Chapitres qui ſuivent.

J'ai traverſé la *Sibérie* & la *Daure*, dont j'ai décrit dans ma précédente relation, les Villes, les Places, les Campagnes, & les Riviéres, qui ſe ſont trouvées ſur ma route. Mon trajet, à le compter depuis le *Waigats* juſqu'au fleuve *Amur*, a été du *Nord* à l'*Eſt*. Je m'en ſuis détourné vers la *Tartarie Bas-*

kirsienne, d'où j'ai marché de l'*Ouest* à l'*Est*, jusqu'au Pays des *Mongales*, & de là, jusqu'à la *Chine* de l'*Ouest* au *Sud*.

Les Frontiéres de la *Sibérie* sont en général garnies de troupes, dont une partie est ocupée à réduire sous l'obéissance de S. M. Czarienne, les diférentes Nations *Tartares*, enclavées dans cette Province du côté du *Sud*, ou à contenir dans le devoir celles qui sont déja soumises. Ces Frontiéres sont fort étendues : on peut en voir la circonférence dans la Carte que j'ai mise à la tête de cet ouvrage, où les curieux auront la bonté de se conduire par les dégrez de latitude, & de ne pas s'arêter par raport aux distances des Villes & des Riviéres, à la diférence d'un mile plus ou moins. Aucun Géographe ne s'est encore doné la peine de voyager dans ces vastes Pays, moins encore d'en mesurer & fixer l'étendue : c'est pourquoi, obligé de m'orienter par le secours des Astres, j'ai pris par tout les hauteurs du Pole, avec des instrumens de Mathématique, & j'ai fait ensuite mes positions le plus exactement qu'il m'a été possible. Ceux qui travailleront après moi sur cette matiére, pouront sans contredit doner quelque chose de plus parfait ; mais du moins me restera-t-il la gloire de leur avoir, pour ainsi dire, rompu la glace, & d'être le premier de ma nation, qui ait fait le voyage de la *Chine*, par les terres de la *Sibérie* & de la *Daure*.

Il faut que j'avoue que je n'eusse peut-être pas pensé à faire une carte générale des Régions que j'ai parcourues, si le célébre Mr.
Ni-

Nicolas Witsen Bourguemêtre d'Amsterdam ne m'en eût fait concevoir l'idée. Cet habile home, dont la mémoire sera toujours chére à la République des Lettres, a le premier fait conoitre à l'Europe, la *Sibérie*, le Pays des *Kalmukes*, celui des *Mugales*, & quelques autres, qui s'étendent jusqu'à la grande muraille de la *Chine*: & come la carte qu'il en a donée m'a servi de guide en plusieurs endroits de mon voyage, elle m'a fourni en même tems un plan, que je n'ai fait que continuer.

Voici le somaire que j'ai promis au comencement de ce chapitre, pour supléer à ma relation.

Je començai ma route en tirant droit au Nord, vers les Pays des *Samoïdes* & des *Wagulisses* (1), qui s'étendent jusqu'à la mer, & dépendent du Gouvernement de *Pelun* en *Sibérie*. Les *Samoïdes* sont divisez en deux Peuples, savoir les *Beresofki*, & les *Pustosserses*, lesquels malgré la diférence de leurs noms & de leurs langages sont réputez pour une seule nation. Les premiers habitent les côtes de la mer, & le bord oriental du fleuve *Oby*, jusqu'à *Truchamskoi*, ou *Mungazciskoi* (2). Les autres se tiennent

---

(1) Ce sont les *Wollostusgi*, Peuples que l'Auteur décrit amplement dans le chap. 1. où il les nome *Sirénes*.

(2) Ville nomée sur la carte *Mungascia*. Elle est auprès des côtes de la mer Glaciale entre l'*Oby* & le *Jenizea*, beaucoup plus proche de ce dernier fleuve que de l'autre.

nent aux environs d'*Archangel*, construisant leurs cabanes en été, le long du fleuve *Dwina*, & les transportant en hiver dans les forêts. Ces derniers sont les restes d'un Peuple qui fut longtems voisin des *Beresofski*, & qui quita le rivage de la mer pour se transplanter sur celui du *Dwina*.

Les *Samoïdes* qui habitent les côtes de la mer, n'ont rien d'humain que la figure: leur génie n'est capable d'aucune conception, & leur naturel est aussi féroce que celui des Chiens & des Loups. Ils mangent les charognes des Chevaux, des Anes, des Chiens, & des Chats, & vivent ordinairement de Baleines, de Vaches marines, & d'une autre espéce de poisson nomé *Nerwal*, que les cours de glace aménent mort sur les rivages: peu leur importe que ces alimens soyent cuits ou cruds, ils dévorent tout avec la même avidité, & il ne leur manque que des ailes, pour ressembler aux oiseaux de proye apelez *Malmukkes*, qui vont ainsi que les Ours blancs, chercher les corps morts des Baleines sur les mers du *Groenland*. Ce n'est pas la nécessité qui oblige ces malheureux Peuples à vivre de la sorte; mais leur extrême paresse, qui ne leur permet ni de pêcher, ni de chasser, ni d'élever des animaux domestiques, ce qu'ils pouroient faire comodément, & avec succès dans leur Pays même.

Ils ont des Chefs parmi eux qui lévent les tributs, & qui les aportent aux Oficiers de S. M. Czarienne, préposez à cet effet dans les Villes voisines. Un de ces Oficiers
qui

qui avoit fait quelque séjour à *Postoi-Oser* (1), me dit que ces Sauvages se servoient de traineaux, tirez par des *Rées*, qu'ils faisoient aler avec une vitesse incroyable, jusqu'au somet des plus hautes montagnes. Il ajouta qu'il avoit vu quelques uns de leurs Chefs, entrer dans la Ville sur de semblables traineaux, atelez de 6. & quelquefois de 8. *Rées*: que ces petits Princes étoient ordinairement habillez d'écarlate, & les gens de leur suite de peaux de *Rées*, come le sont tous les *Samoïdes*. Leurs armes sont l'arc & les flèches, dont ils portent toujours un carquois plein derriére le dos, & dont la pointe est d'os de *Nerwal*, au lieu de fer.

Quant à leur figure, on peut dire qu'il n'y a point d'homes au monde plus diformes qu'eux. Ils sont d'une stature basse & voutée: ils ont les épaules & le visage larges, le nez écrasé, la bouche grande, les lévres livides & pendantes, les yeux égarez & perçans come ceux du linx. Ils portent des grands cheveux pendans: quelques uns les ont roux, mais la plupart noirs come de la poix. Ils ont en général peu de barbe, la peau brune & ferme; cependant ils sont peu propres à la course. Les *Rées* qu'ils atélent à leurs traineaux, ont la figure du Cerf, les cornes semblables à celles de cet animal, le cou tortû, cependant come le Dromadaire. Ces animaux ont cela de particulier, qu'ils

H 4 sont

---

(1) Ville située sur un lac de même nom, vis à vis du détroit de *Waigats*, qu'elle a au *Nord*.

sont blancs en hiver come la neige, & gris en été : on les nourit avec de la mousse, qu'on trouve sur la terre, dans les forêts.

Les *Samoïdes* sont Idolâtres & si grossiers dans leur culte, qu'il n'en savent doner aucune raison. Ils rendent des honeurs au Soleil & à la Lune, par quelques inclinations qu'ils font le matin & le soir, à la maniére des Persans. Ils adorent outre cela des Idoles à figure humaine, qu'ils font de bois ou de fer, & qu'ils placent les uns au dedans, les autres aux environs de leurs cabanes, où ils les pendent à des arbres. Leurs hutes sont couvertes d'écorces de bouleaux cousues ensemble ; lorsqu'il leur prend envie de les déplacer, ce qui leur arive ordinairement quand l'hiver & l'été aprochent, ils en transportent les fondemens, qui sont des pieux de bois, les fichent en terre, l'un contre l'autre en rond, & couvrent ensuite cette espéce de ruche avec des écorces de bouleau : ils laissent une ouverture au toit, pour le passage de la fumée : au milieu de l'apartement est le foyer, autour duquel les homes & les femmes, passent la nuit tout nuds & pêle mêle : leurs enfans couchent dans des berceaux faits d'écorces de bouleaux, pleins d'une raclure de bois aussi mole que le duvet, & couverts d'une piéce de peau de *Rée*.

Ils ne considérent dans leurs mariages aucun dégré de consanguinité : ils achétent les filles moyennant une certaine quantité de *Rées* & de pelleteries, & ils prennent come les Orientaux, autant de femmes qu'ils peuvent en entretenir. Dans leurs assemblées de récréacréation, ils se mettent deux à deux debout, l'un vis à vis de l'autre : ils balancent ensuite leurs jambes, & avec la paume de la main se frapent alternativement la plante des piez. Leurs chansons sont des hurlemens semblables à ceux de l'Ours : quelques uns hannissent come des Chevaux : d'autres pipiotent come de jeunes oiseaux. Ils ont des Magiciens parmi eux qui opérent toutes sortes d'actes diaboliques, ou plutôt toutes sortes de tromperies & d'impostures ; mais c'est assez parler de ces Peuples abominables, passons à des faits plus intéressans.

Le long des côtes de la *Samoïde* depuis le *Meseem* (1) jusqu'au *Waigats*, on trouve en quantité des Ours, des Loups, des Renards, des Cerfs, & d'autres bêtes sauvages, come aussi diférentes espéces d'oiseaux, dont les plus comuns sont le Canard & la Perdrix. En hiver tous ces animaux sont aussi blancs que la neige, & le froid y est si rude, que j'ai vu moi même dans cette saison, les Pies & les Corneilles geler en volant & tomber mortes sur mes pas.

Quant au détroit de *Waigats*, on sait ce que les *Anglois*, les *Danois*, & les *Hollandois* en ont écrit. Ces nations entreprenantes ont souvent envoyé des vaisseaux pour en tenter le passage ; un ou deux de leurs bâtimens ont même pénétré dans ce redoutable canal ; mais à peine ont ils eu le tems d'y entrer, que les cours de glace les ont obligez

de

---

(1) Golfe de la mer du *Nord*, au *Nord* d'*Archangel*.

de regagner au plus vite les mers d'où ils étoient venus. Mr. *Nicolas Witsen*, instruit par les persones mêmes qui avoient hazardé l'entreprise, a traité amplement de toutes les particularitez qui concernent ce détroit, dont il a doné la carte aussi bien que de ses côtes, jusqu'au fleuve *Oby*. Cet habile home montre, que depuis le *Waigats*, jusqu'au *Cap Saint* (1), la mer est absolument impraticable, & qu'un second *Christofle Colomb* pouroit bien par le secours des astres, se faire une route au travers de ces vastes eaux; mais qu'il ne résisteroit pas mieux qu'un autre aux montagnes glacées qui y flotent de toutes parts. En effet la Nature munit tous les ans cette côte de *Sibérie* d'une si grande quantité de glace, qu'il est impossible à un navire d'aler, je ne dis pas jusqu'au *Cap Saint*, pour passer de là au *Japon*, & au Pays de *Jesso*, mais d'avancer seulement jusqu'à l'embouchure de la Riviére *Jenizea*. Voici ce que m'ont raporté des *Russes*, qui ont quelquefois fait le voyage du *Waigats* au fleuve *Oby*.

,, Nous alons sur nos *Kotski* ,, (espéce de barques propres à naviger sur la mer) " jus-
,, qu'au détroit de *Waigats*, pour y pêcher
,, le *Chien marin* & le *Nerwal*. Quand la
,, pêche n'est pas bone là, nous passons
,, outre; mais dès que le vent de mer vient
,, à soufler, les côtes se couvrent de glaces,
,, qui

---

(1) Voyez la description du *Cap Saint* dans le chapitre suivant.

„ qui nous obligent de nous réfugier dans les
„ golfes les plus prochains. Nous y restons
„ à l'abri, jusqu'à ce que le vent de terre se
„ léve, & que les glaces soyent fondues jus-
„ qu'à la distance de quelques miles de la
„ côte : alors nous nous remettons en mer
„ sans perdre de tems, & nous continuons
„ notre pêche en côtoyant, jusqu'à ce que
„ le vent froid soufle encore. Si dans ce
„ tems là, nous nous trouvons malheureu-
„ sement éloignez des golfes qui nous ser-
„ vent de retraites, nos barques sont mises en
„ piéces, par les chocs des glaces, & nous
„ périssons.

Il y a environ cinquante ans que les *Russes de Sibérie*, qui aloient sur les côtes de la
mer glaciale, faire provision de blé, de farine, & d'autres denrées pour la subsistance de
leur Pays, avoient la liberté de faire passer
leurs barques chargées par le *Waigats*, en
payant à S. M. Czarienne les droits établis;
mais la Cour ayant été informée que cette
liberté facilitoit aux Marchands les moyens
de tromper la vigilance des Oficiers, & de
porter jusques dans le cœur de la *Russie*,
quantité de marchandises, dont ils fraudoient
les droits, en suivant des Riviéres détournées, elle a défendu depuis quelque tems le
passage du *Waigats*, & ordoné, qu'à l'avenir, les denrées & marchandises, qui viendroient des côtes de la mer glaciale, ne pouroient entrer en *Sibérie* que par la Ville de
Berefova (1), d'où elles seroient voiturées,

H 6   par

---

(1) Située sur le bord occidental, & à quelque distance de l'embouchure du fleuve *Oby*.

par les montagnes de *Kamenskoi*, autrement *Pojas*, dans les lieux de leur destination. Ces nouveaux ordres gênent beaucoup les Marchands, qui sont obligez en partant de *Beresova*, de couper en deux, les troncs d'arbres qui leur servent de barques, & d'en porter avec soi les piéces pour s'en servir, après avoir traversé les montagnes, dont le trajet dure quelques jours & finit vers le Nord. Là ils retrouvent d'autres Riviéres, sur lesquelles après avoir rejoint & calfeutré leurs bateaux, avec de la mousse d'arbres, ils rembarquent leurs marchandises pour *Archangel*, ou pour les Places de *Sibérie*, situées sur le fleuve *Oby*.

Du Pays des *Wagulisses*, je tournai vers le *Pojas* ou *Dos du monde*. C'est une chaine de montagnes, qui selon les remarques les plus exactes, a la forme d'un dos. Elle comence au lac de *Pezerse* (1), & s'étend sans interruption, jusqu'au Pays de *Wergature*, où elle se confond avec la montagne de ce nom; desorte qu'on ne peut traverser celle ci, sans passer sur l'autre. De là elle continue vers le *Sud*, apuye le Château d'*Utka*, & regne jusqu'au Pays des *Tartares Ussines* (2), où la Riviére d'*Ussi*, & un peu plus à l'*Est*, celles de *Nitra*, de *Tuna*, & quelques autres moins considérables en sortent; la derniére de ces Riviéres va se jeter

au

---

(1) A l'*Occident* de la Riviére d'*Irtis*, vis à vis de son embouchure dans l'*Oby*.

(2) Ou *Ussimziens*; car l'Auteur varie sur ce nom, & les nome sur sa carte *Ussimzi*.

au *Nord-Ouest*, dans celle de *Kama*. Du Pays des *Tartares Uſſines*, la chaine continue de s'étendre au *Sud*, & vient borner le Pays des *Kalmaques*. C'eſt là que le fleuve *Jaika* ſi poiſſoneux, qui a ſon embouchure dans la mer Caſpienne, & la grande Riviére de *Tobol*, prennent leurs ſources, le premier à l'*Oueſt*, & l'autre au *Nord* de la montagne que nous décrivons, laquelle tournant enſuite à l'*Eſt*, continue de ſéparer le Pays des *Kalmaques* d'avec la *Sibérie*, juſqu'au delà des lacs de *Saiſan* & de *Kalkulan*: le fameux fleuve *Oby* a ſa ſource dans le premier de ces lacs, & la Riviére d'*Irtis* dans l'autre. Ici notre chaine reprend au *Sud*, & après avoir enfanté le grand fleuve *Jeniſea*, qui ſe décharge dans la mer glaciale, elle forme un coude entre le *Nord-Oueſt* & le *Sud*: la partie qui regarde le *Nord-Oueſt* regne le long du fleuve que nous venons de nomer: celle du *Sud* s'étend juſqu'au lac de *Koſogol*, d'où ſort la Riviére de *Selinga*, qui va ſe perdre dans le grand lac de *Baikal*. Du lac de *Koſogol*, le *Pojas* entre dans le grand déſert de ſable, qu'il traverſe juſqu'au Pays des *Mongales*; après quoi laiſſant un intervale de quelques journées de chemin, il reprend au *Sud*, juſqu'à la grande muraille de la *Chine*, d'où tournant encore à l'*Eſt*, il va enfin aboutir à la mer de *Corée*, ainſi qu'on peut le voir par la carte ci jointe, où tous les détours de cette longue chaine ſont exactement marquez.

H 7　　　　　　　　CHA.

CHAP. XX.

Source de la Riviére de Kugur. *Tartares* Uffimiens*; comencement & bornes de leur Pays. Autres Tartares, voisins de ceux-ci. Ocupations des uns & des autres: leurs denrées: leurs vêtemens: ceux de leurs femmes. Stature & complexion de ces Peuples: leur langage: leur religion. Quels Peuples habitent le Pays situé entre les sources du* Tobol *& de l'*Oby*, sur la frontiére méridionale de* Sibérie. *Lac de* Jamuschowa, *qui produit du sel. Combats entre les* Russes *& les* Kalmaques *au sujet de ce sel. Ville qui sépare au Sud, les terres de S. M. Czarienne, d'avec celles du Prince des* Kalmaques. *Pays des* Barabinsy. *Son étendue. Quels Peuples sont les* Barabinsy. *A quels Princes ils payent tribut. Leurs Chefs. Leur complexion. Leurs inclinations. Leurs cabanes. Leurs ocupations. Leurs denrées. Leur pain. Leurs armes. Leurs bestiaux. Leurs pelleteries. Leurs habits. Leurs femmes. Leurs Idoles. Leurs chasses. Ville de* Tomskoi, *frontiére entre la* Sibérie *& les* Kalmaques. *Sa description.*

cription. Ses habitans. Son comerce. Courte route de Tomskoi à la Chine. Description du Pays situé entre cette Ville & celle de Jenizeskoi. Pays des Kirgises: ses frontiéres vers la Sibérie: son étendue au Sud-Est. Complexion, mœurs, stature & langage de ces Peuples. Tunguses & Burates, le long du fleuve Jenizea. Bornes de leur Pays au Sud. Places frontiéres des Mongales. Etendue & bornes de leur Pays. Noms & puissance des trois Chefs auxquels cette Nation obéit. Frontiéres de Sibérie à l'Est. Château & Pays d'Argun: Sa situation: Ses habitans. Caractére des Konni Tungusi. Leurs forces. Leurs habillemens. Leur chasse. Leurs femmes. Leur Religion &c. Mines d'argent auprès d'Argun. Distance entre Argun & Nerzinskoi. Description de cet espace de terrain. Riviére de Gorbisa: elle sépare les Etats de S. M. Czarienne d'avec ceux de l'Empereur de la Chine. Etendue de ceux-ci jusqu'à l'Océan Oriental. Riviéres de Tugur & d'Uda. Description de leur cours. Peuples qu'on trouve entre ces deux Riviéres. Leur comerce de Pelleteries.

De

*De quel département est cette Contrée. Certains Insulaires de l'Océan Oriental, qui viennent tous les ans négocier dans ce Pays. Riviére d'*Ogotha. *Baleines,* Nerwal, *Chien marin qu'on trouve en quantité depuis l'embouchure de cette Riviére jusqu'au* Cap de glace. *Ville de* Kamsatka. *Quels Peuples l'habitent. Climat des environs du* Cap Saint, *ou* Cap de glace. *Golfe de* Kamsatka. *Quels poissons on y prend. Description du* Cap de glace. *Villes d'*Anadieskoi *&* Sabalska. *Par qui habitées. Riviére poissoneuse de* Salazia. *Habitations souterraines des* Cosaques. *Abondance de Pelleteries aux environs du* Cap de glace. *Diférens noms de ce Cap. Montagnes de glace qui couvrent la mer de ce côté là. Fleuve de* Lena: *sa source. Ville de* Jekutskoi, *Capitale de la Contrée Septentrionale de* Sibérie. *Pêche & barques de ses habitans. Riviéae d'*Amga. *Quels Peuples habitent ses bords. Leurs habillemens. Leur Religion, & toutes leurs coutumes. Leur langue. Leur caractére. Idolâtres apellez* Jukogaies. *Leur Pays. Leurs coutumes. Dents de Mammut,*

qu'on

qu'on trouve sur les bords du fleuve Lena. Riviéres considérables qui se déchargent dans ce fleuve. Description de leur cours, & des Pays qu'elles arosent. Ville & terroir fertile de Wergolenskoi. Riviére de Kirenga. Fécondité du Pays qu'elle traverse. Côtes de la mer impraticables. Jusqu'où l'on a pu pénétrer. Peuples qu'on a découverts dans ces Pays froids. Description du fleuve Jenizea depuis sa source jusqu'à son embouchure. Des Riviéres considérables qu'il reçoit. Des Peuples qui habitent ses bords. Villes de Tangviskoi, & de Mungascia. Leur situation. Leur comerce. Idée générale de la Chine, où l'on trouve beaucoup de remarques curieuses qu'on ne détaille point dans cet argument.

JE m'arêterai ici pour parler des Peuples qui habitent l'étendüe du Pays que j'ai décrit dans le précédent chapitre (1), & des diférens Princes dont ils sont tributaires. Depuis

(1). C'est à dire du Pays que traverse le *Pojas* ou *Dos du monde*. L'Auteur ne se borne pas là; car après avoir conduit sa description jusqu'aux frontiéres de la *Chine*, il la reprend à l'*Est* & au *Nord*, & détaille toute l'étendue Septentrionale de *Sibérie*, & revient au fleuve *Jenizea*, où il s'croit arêté dans le précédent chapitre.

puis *Wergature* jusqu'à la Riviére de *Suzawaia*, & tout le long de cette Riviére jusqu'au Pays des *Tartares Uffines*, ce ne sont presque que des habitations de *Wogulskes*, Payens dont j'ai décrit, dans ma relation (1), la Religion, les mœurs, & le comerce. La Riviére de *Kugur*, sur les bords de laquelle l'on comence à trouver des *Tartares Uffines*, prend sa source dans le Pays de ces Peuples, entre la Riviére de *Suzawaia*, & celle d'*Uffa*, baigne en passant une Ville nomée *Kungun* où S. M. Czarienne entretient une garnison, & vient se jeter dans la Riviére de *Kama*. Les *Tartares Uffines*, & d'autres *Tartares*, apellez *Baskinses*, comencent d'habiter les environs de la Ville d'*Oeffa*, d'où ils s'étendent vers l'*Occident* (en formant des Bourgs & des Vilages, dont ils cultivent les campagnes à la maniére des *Russes*) le long de la Riviére de *Kama*, & du fleuve *Wolga*, jusqu'aux Villes de *Sarat* & *Sarapul* (2) situées sur ce dernier fleuve. Sa Maj. Czarienne entretient des garnisons dans ces deux Villes, pour tenir ces Peuples en bride, & les obliger à payer les tributs, qui consistent en pelleteries & en miel. Ces deux sortes de *Tartares* soufrent avec peine l'autorité des Gouverneurs, & sont fort sujets à se révolter. Autrefois ils excitoient à tout moment
des

---

(1) Chap. 2.
(2) L'Auteur a voulu dire depuis *Sarapul* sur la *Kama* jusqu'à *Sarat* ou *Saratof* sur le *Wolga*. C'est du moins entre ces deux Villes, qu'il pose sur sa carte le Pays de ces *Tartares*.

des séditions ; mais depuis quelque tems ils sont plus tranquiles.

Au *Sud-Est* de ceux ci, jusqu'aux frontiéres de la Ville d'*Astracan*, on trouve d'autres petites Hordes *Tartares*, qui sont indépendantes, quoique de la même nation que les précédentes. Elles se joignent souvent à celles des *Kalmaques* des environs d'*Astracan*, pour venir piller & ravager la *Sibérie*.

En général l'agriculture ocupe & entretient tous ces *Tartares*. Ils recueillent principalement de l'Orge, de l'Avoine, & du Blé noir. Aussitot qu'ils ont moissoné, ils font une aire au milieu du champ, & y batent leurs grains, qu'ils emportent nets dans leurs habitations. Le miel est plus abondant chez eux que dans aucun Pays du monde. Les homes s'habillent de drap blanc de Russie : leurs vêtemens ont à peu près la même forme que ceux des Paysans Moscovites, avec cette diférence, que les Tartares portent une espéce de Manteau qu'ils laissent pendre derriére le dos. Les femmes ne se couvrent en été qu'avec une simple chemise, plissée artistement de haut en bas, & brodée en soye de diverses couleurs : en hiver elles ont des jupes semblables à celles des Alemandes. Elles portent des petites mules plates qui ne leur couvrent que les doigts des piez, & qui se lient au dessus des ongles. Toute leur coeffure consiste en un ruban large d'une main, qui leur couvre le front, & se lie sur le derriére de la tête : ce ruban est brodé en soye, & parsemé de rangs de perles de verre de toutes couleurs, pendans aux environs des yeux.

yeux. Quelques unes se servent au lieu de ruban, d'un carton mince, aussi brodé en soye, & parsemé de perles, qu'elles portent plat sur le front, & élevé de deux mains au dessus du niveau de la tête. Quand elles sortent elles se couvrent le visage d'une toile quarrée brodée en soye, & entourée de franges de même soye.

Les *Tartares Uffimiens* & *Baskirses*, sont des Peuples vaillans & très propres à la guerre: ils montent bien à cheval & se servent avec une adresse admirable de l'arc & de la fléche, qui sont leurs seules armes. Ils sont grands & robustes, & ont les épaules fort larges. Ils laissent croitre leurs barbes: les poils de leurs sourcils deviennent si épais & si longs, qu'ils leur pendent sur les paupiéres: plusieurs les ont hériffez vers les deux côtez du front, au delà duquel ils passent même quelquefois. Ils parlent un langage particulier, qui aproche de celui des Tartares d'*Astracan*, dont ils peuvent se faire entendre en partie. Ils sont en général Idolâtres: le comerce qu'ils ont eu autrefois avec les *Tartares de Krimée* avoit introduit chez eux le *Mahométisme*, que quelques-uns professent encore.

Le Pays situé entre les sources de la Riviére de *Tobol* & du fleuve *Oby* est habité par des *Kalmaques*, qui s'étendent jusqu'au lac de *Jamuschowa* (1), lequel est encore de leur

(1) Ou *Jamisowa*. Il est à l'*Est* de la Riviére *Irtis* & peu éloigné du rivage. Il ne faut pas confondre
les

leur dépendance. Les rivages de ce lac sont couverts de Sel, dont les *Russes* de *Tobolesk* viennent tous les ans faire leur provision. Ils équipent pour cet effet 20. ou 25. barques nomées *Dochenikes*, qu'ils escortent ordinairement de 2500. homes bien armez, & remontent ainsi la Riviére d'*Irtis*, jusqu'à ce qu'ils soyent parvenus vis à vis du lac: alors ils mettent pied à terre, vont en troupe couper le Sel avec des instrumens dont on a coutume de couper la glace, & quand ils en ont une quantité sufisante, ils en chargent leurs barques & se retirent. Il se passe peu d'anées que ces marodeurs ne soyent assaillis par les *Kalmuques*, qui veulent les empêcher d'enlever un Sel qui leur apartient; mais ceux-ci sont ordinairement les plus foibles, & contraints de céder leur propre bien aux *Russes*.

En descendant la Riviére d'*Irtis*, depuis le lac de *Jamuschowa*, on trouve une Ville nomée *Torra*, au pié de laquelle la petite Riére de *Tuza*, se jette dans celle d'*Irtis*. Cette Ville est la frontiére de *Sibérie* de ce ce côté là, & sépare les terres de Sa Maj. Czarienne, d'avec celles du Prince ou *Bustuchan* des *Kalmuques*. Les Peuples qui l'habitent sont apellez *Barabinsy*, & forment un petit Etat qui s'étend à l'*Est* depuis cette Ville

---

les *Kalmuques* avec les *Kalmaques*; les premiers n'ocupent que le Pays dont l'Auteur parle; & les autres ont diverses habitations, tant sur les côtes de la mer *Caspienne*, que le long des frontiéres méridionales de *Sibérie*, jusqu'au Pays des *Mongales*.

Ville jufqu'au fleuve *Oby*, vis à vis l'embouchure de la Riviére de *Tom*, & la Ville de *Tomskoi*. Les voyageurs font obligez de paffer en hiver par ce Pays pour fe rendre à *Tomskoi* & à *Jenizeskoi*: les chemins n'étant pas praticables par *Surgut* & *Narum* à caufe des glaces du fleuve *Oby*. Les *Barabinfy* font une forte de *Kalmuques*, defquels S. M. Czarienne & le *Buftuchan* tirent un tribut par égales parts. Ils font comandez par trois Chefs ou *Taifcha*. Le premier s'apelle *Karfagaz*, le fecond *Baikis*, & le troifiéme *Baiduk*. Ces trois Oficiers exigent le tribut, & l'aportent à ceux de S. M. Czarienne, favoir le *Karfagaz* à la Ville de *Tora*: le *Baikis* au Château de *Teluwa*, & le *Baiduk* à celui de *Kalemba*: tout ce tribut confifte en pelleteries.

Ces Peuples font vigoureux & guerriers. Ils logent fous des cabanes de bois, baffes come celles des *Tartares* de *Sibérie*: ils ne fe fervent point de fourneaux, mais d'une efpéce de cheminée, dont ils ferment l'ouverture quand le bois eft réduit en charbons, afin que la chaleur refte dans l'apartement. Leurs cabanes font ramaffées en forme de Vilages: ils les dégarniffent en été pour y faire entrer la fraicheur: en hiver ils les couvrent de bois pour les rendre chaudes. Ils font grands amateurs de l'agriculture, & recueillent abondamment de l'Orge, de l'Avoine, & du Blé noir. Ils ne fément point de Seigle, & ne mangent point du pain qui en eft fait: quand on leur en préfente, ils le prennent parceque le gout leur en plait; mais
ils

ils le mâchent en grimaceant, come si c'étoit de l'ordure, & après l'avoir roulé quelque tems dans la bouche, ils le rejettent & se raclent la langue, afin qu'il n'en reste aucune particule qu'ils puissent avaler. L'orge est leur nouriture ordinaire : ils le font tremper quelque tems dans l'eau, & le pressent ensuite pour le dépouiller de l'écorce, après quoi ils le mettent sur le feu dans des chaudiéres de fer, où ils le laissent sans eau, jusqu'à ce qu'il soit bien rôti : alors ils le prennent à poignée, & le font craquer sous la dent, come s'ils brisoient des os : cet aliment est leur pain quotidien. Ils mangent aussi des oignons de lis secs, après les avoir détrempez dans du lait, & réduits en bouillie. Leur boisson est l'eau de vie de lait de jument, qu'ils apellent *Kumis*, & le *Karasa* ou Thé noir, dont les *Bulgares* leur ont apris l'usage.

Leurs armes sont l'arc & la fléche, come celles de tous les *Tartares*. Ils élévent beaucoup de Chameaux, de Chevaux, de Vaches, de Moutons; mais ils ne nourissent aucuns Porcs, & n'en mangent point la chair. Les Zébelines, les Martes, les Ecureuils, les Hermines, les Loups, les Castors, les Loutres, qui abondent chez eux, leur fournissent quantité de pelleteries, dont ils payent leurs impositions. Leur Pays (come nous l'avons dit) s'étend depuis la Ville de *Tora*, jusqu'au fleuve *Oby* : il est fort uni & couvert par tout de cédres, de bouleaux, & entr'autres de forêts de sapins arosées d'une infinité de petits ruisseaux d'une eau cristaline. Leurs habits

bits sont faits à la maniére des *Kalmuques*, & ils prennent come eux autant de femmes qu'ils peuvent en nourir. Lorsqu'ils vont à la chasse des pelleteries ils portent dans la forêt leur Idole ou *Saitan* : c'est une figure de bois, grossiérement faite avec un couteau, & couverte d'un habit d'étoffes de plusieurs couleurs, à la maniére des femmes *Russiennes*. On la tient ordinairement dans une armoire qui ne sert qu'à cet usage. Quand on la méne à la chasse, on la met dans un traineau particulier, où les chasseurs viennent lui faire ofrande de la premiére bête qu'ils prennent, de quelque espéce qu'elle soit. Lorsque la chasse a été copieuse, les chasseurs s'en retournent en faisant des cris de joye, & ils ne sont pas plutôt arivez à leur cabane, que pour rendre graces à leur Divinité de la faveur qu'elle vient de leur acorder, ils la posent sans la déplacer de sa niche, sur le lieu le plus élevé de la hute, où ils la parent de haut en bas, devant, derriére, & sur les côtez, des plus belles peaux des Zébelines, & des Martes qu'ils ont prises, lesquelles restent sur ce trône, jusqu'à ce qu'elles soyent usées, ce Peuple regardant come sacrilége, celui qui ose employer à son usage, ou vendre les choses qu'il a une fois consacrées à sa fausse Divinité. Cette superstition prive le comerce des pelleteries les plus précieuses, que l'on voit avec chagrin pourir sur les corps des Idoles de cette nation aveugle.

A l'extrêmité du Pays des *Barabinsy*, du côté de l'*Oby*, on trouve au delà de ce fleuve ve la Ville de *Tomskoi*, dont j'ai parlé plus haut, laquelle apartient à S. M. Czarienne, & sépare sa domination d'avec celle du *Bustuchan*. Cette Place est grande, forte & agréablement située. Il y a toujours beaucoup de troupes, tant *Russiennes* que *Cosaques*, pour arêter les *Tartares* du *Sud*, qui viennent souvent fondre sur la *Sibérie*. Les Fauxbourgs de la Ville, qui en sont séparez par un petit ruisseau, sont habitez par des Tartares, apellez *Buchares*, qui payent tribut à S. M. Czarienne. La Ville est située sur la Riviére de *Tom*, qui vient du Pays des *Kalmuques* (1): elle est le Siége du comerce que les Sujets du *Bustuchan*, & les *Buchares* font à la *Chine*: beaucoup de marchands *Russes* s'intéressent aussi dans le négoce de ces Peuples. Leurs Caravanes vont à la *Chine* en douze semaines, & en reviennent en aussi peu de tems; mais elles passent par des chemins extrêmement pénibles, & sont obligées de tems en tems, de charger leurs Chameaux de bois & d'eau, pour faire cuire leurs alimens dans les déserts qu'elles traversent. Elles prennent leur route en droite ligne dans le Pays des *Kalmuques* (2), & passent par *Kokoton* (3), Ville de la *Chine* hors de la grande muraille; mais cette route est impraticable aux *Russes*, & aux autres Peu-

Tom. VIII.   I   ples

---

(1) Coule du *Sud-Est* au *Nord-Ouest*, & se jette à la droite de l'*Oby*.

(2) Au Sud de *Tomskoi*.

(3) Cette Ville est sur le bord Oriental du désert de sable nomé *Xamo*. Pour y venir, il faut que du Pays des *Kalmuques*, les caravanes se détournent à l'*Est*,

ples qui vont à la *Chine*, tant par les dificultez du trajet, qu'à cause des bandes de voleurs, dont les chemins sont couverts de toutes parts.

Depuis *Tomskoi* jusqu'à la Ville de *Jenizeskoi*, le Pays est uni, & couvert de bois, de distance en distance; mais totalement désert & inhabité. Il y a cependant deux Villes, l'une apelée *Kusneskoi*, l'autre *Krasnajar*, situées entre les Riviéres de *Kia* & *Zuwin* (1); mais le terrain qui les sépare n'est point habité, non plus que les bords des Riviéres. Le Pays des *Kirgises*, Peuples soumis au *Bustuchan*, est limitrophe à ce désert, du côté du *Sud Est*. La Ville de *Krasnajar*, qui apartient à S. M. Czarienne, est bien fortifiée, & pourvue d'une garnison *Cosaque*, qui est obligée d'être toujours sur ses gardes contre les irruptions des *Kirgises*. Vingt Chevaux sellez sont jour & nuit sur le marché de la Ville, devant la porte du Gouverneur, prêts à courir après ces voleurs, lesquels, quoiqu'en paix avec la *Sibérie*, viennent souvent à l'improviste, piller les environs de *Krasnajar*, où ils enlévent homes, chevaux, & généralement tout ce qu'ils y trouvent. Les *Cosaques* leur font quelquefois payer cher le butin qu'ils ont fait, en leur taillant en piéces des *Hordes* entiéres.

Les

---

(1) Ou *Zulim*. Ces deux Riviéres coulent d'abord du *Sud* au *Nord*: celle de *Zulim* se recourbe ensuite à l'*Ouest*, & se joignant avec la *Kia*, elles se jettent ensemble à la droite du fleuve *Oby*.

Les *Kirgiſes* s'étendent au *Sud-Eſt*, juſqu'au Pays des *Mongales*. Ils aiment le métier de la guerre, & ſont très propres à l'e-
xercer. Ils ſont grands, robuſtes, larges de
viſage. Ils reſſemblent aux *Kalmuques*, quant
au naturel & aux mœurs. Ils ſe ſervent de
l'arc & de la fléche: ils portent outre cela,
quand ils vont en courſe, des maſſues ou
des lances, qu'ils laiſſent pendre à leur poi-
gnet quand ils ſont à Cheval. La plupart
habitent des montagnes où il eſt impoſſible
de les vaincre. Leur langage eſt à peu près
celui des *Kalmuques*: ils entendent & parlent
auſſi la langue des *Tartares* de *Krimée*, &
la *Turque*.

Les bords du fleuve *Jenizea*, en deſcen-
dant depuis *Kraſnajar* juſqu'à *Jenizeskoi*,
ſont habitez à droite & à gauche, par des
Tunguſes & des *Burates*. Les derniéres habitations de ceux-ci confinent à l'*Eſt* au Pays
des *Mongales*, vers le pié du *Pojas*, ou *Dos
du monde*, entre le Château de *Tunkinskoi*,
& la Ville de *Selinga*. Les Places frontiéres
du côté des *Mongales*, ne ſont pas fort grandes; mais bien fortifiées & pourvues de bones garniſons, compoſées de *Mongales* mêmes, & de *Tartares* de leur dépendance,
tels que ſont les *Mirotty*, les *Mily*, & quelques *Burates*. Ces troupes qui ſervent à
Cheval, tiennent tous le Pays en ſureté du
côté d'*Occident*. On trouve ſur ces frontiéres une eſpéce de bois de *Santal* extraordinairement dur. Quelques *Burattes*, qui ſont
ſous la protection de S. M. Czarienne, a-
voient autrefois leurs habitations aux envi-

rons de la Ville de *Selinga*; mais les Officiers du Czar s'étant aperçus que ces Peuples follicitez par les *Chinois*, començoient à déferter leur Pays, pour fe joindre aux *Mongales*, ils les tranfplantérent pour s'affurer d'eux, dans les montagnes des environs du lac de *Baikal*, où le refte de ces *Burates* vit actuellement tranquile, en payant à S. M. Czarienne un tribut de Zébelines, & d'autres fourures, qui font très belles, & très abondantes dans leur nouveau quartier.

Toutes les terres de la domination des *Mongales*, ou (come on difoit anciennement de la poftérité de *Gog & Magog*) confiftent dans l'étendue fuivante. Elles comencent au lac de *Kofogol*, d'où elles s'étendent à l'*Eft*, jufqu'au défert de fable, dont elles fuivent la longueur jufqu'au lac *Dway* (1), ou mer des *Mongales*. De là, elles prennent au *Nord*, jufqu'au Pays d'*Argun*, & tournent enfuite au *Nord Ouest*, jufqu'aux Riviéres d'*Onon* & de *Sikoi*, où elles aboutiffent. Ces Peuples obéiffent à trois Chefs, ou Régens, dont le premier & le plus abfolu, qui eft come le Patriarche de la Nation, fe nome *Kattugi* (2): le fecond *Aziroi-Sain-Chan*: le troifiéme *Elict*. La domination de celui-ci eft bornée par le Pays des *Tartares*

---

(1) Ce lac eft nomé fur la carte *Organ Dalai*: il eft à l'extrêmité du défert de Sable, qui regarde le *Nord*.
(2) Ce Patriarche fait fa réfidence dans une Ville nomée *Kudak*, ou *Ville d'Idoles*, laquelle eft à l'*Eft*, & peu éloignée du lac de *Kofogol*, où comence le Pays des *Mongales*.

res d'*Occident*. Le premier & le second de ces Princes vivent ensemble en bone intelligence, & tiennent réciproquement leurs sujets dans le devoir ; le troisiéme court & pille de tous les côtez : il vient quelquefois à la tête de ses troupes, jusqu'au dessous de la grande muraille de la *Chine*, & ne craint pas d'enlever les présens, que l'Empereur envoye tous les ans aux *Tartares* des environs de ses Etats, pour les engager à la paix & à l'union. Le *Kuttugt*, & l'*Asiroi-Sain-Chan* ont mis toutes les terres de leur dépendance sous la protection de S. M. Chinoise, à cause de l'apréhension où ils sont sans cesse des incursions du *Bustuchan* des *Kalmuques*, dont ils furent cruellement maltraitez en 1688. & 1689.

Quitons les Frontiéres de la *Sibérie*, du côté des *Mongales*, & venons à l'*Est*, vers le Château d'*Argun*, situé sur le bord Occidental de la Riviére du même nom. C'est (come nous l'avons dit ailleurs) (1) une Place frontiére, apartenant à S. M. Czarienne : elle est pourvue d'une garnison *Russienne*. Les habitans des environs sont apelez *Konni Tungusi*, & payent tous les ans à Sa Maj. Czarienne un tribut en pelleteries de Zébelines & de Linx, dont leur Pays abonde. Ils sont aguerris & intrépides : ils peuvent dans l'ocasion mettre sur pié quatre mile homes de cheval, armez d'arcs & de fléches : ils craignent peu les *Mongales*, qui
n'osant

(1) Ch. 1c.

n'ofant les ataquer à force ouverte, fe contentent de chercher & d'enlever la nuit, les troupeaux de Chevaux & de Moutons, qui paiffent dans les lieux écartez. Les habits d'hiver de ces *Tungufes* font faits de peaux de Moutons : ils fe ceignent le corps avec des ceintures larges d'une main, & couvertes de plaques de fer. Leur bonnets font bordez d'une peliffe, qu'ils peuvent détacher fur le champ, quand ils font furpris par la pluye. Ils portent des botines à la Chinoife. Ils vont en été la tête nue & rafée, à la réferve d'une toufe de cheveux, qu'ils laiffent pendre par derriére, fuivant la coutume des *Chinois*. Leurs habits de cette faifon font faits de toile bleue de la *Chine*, tiffue & piquée de coton. Ils ne portent point de chemifes. Ils ont le vifage large come les *Kalmuques*, peu de barbe : cependant ils font d'une complexion très vigoureufe. Quand les vivres leur manquent, ils vont par *Hordes*, à la chaffe du Cerf ou de la *Rée*, & partagent enfuite par égales parts, les animaux qu'ils ont abatus. Ils tirent groffiérement ; mais ils ne manquent jamais leur coup. Les femmes font prefque habillées come les homes : on ne les diftingue que par deux toufés de cheveux, entrelaffées de petits cercles d'argent ou d'étain, lefquelles leur pendent de chaque côté de la tête jufques fur la poitrine. Il eft permis à chaque home d'avoir autant de femmes qu'il peut en entretenir : ils en font un comerce entr'eux, & fe les vendent les uns aux autres, fans délicateffe & fans jaloufie. Leur religion

gion consiste à croire qu'il y a un Dieu dans le Ciel, ne lui rendant cependant aucun honeur, ni ne lui adressant aucune prière. Ils vont dans la nuit en troupes, invoquer *Satan*, au son du tambour, lui demander s'ils seront heureux ou malheureux à la chasse ou en course, & le consulter sur ce qu'ils doivent entreprendre. Quand ils veulent se régaler entr'eux, ils distilent du lait de Jument, qu'ils font aigrir exprès, dont ils tirent une espéce d'eau de vie qu'ils noment *Arak*: aulieu d'alambic, ils se servent de deux pots qu'ils mettent l'un sur l'autre, & qu'ils bouchent bien: ils passent dans celui de dessus un tuyau de bois, par où sort l'esprit du lait. Les homes, les femmes, les enfans, se regorgent sans exception de cette liqueur, jusqu'à ce qu'ils tombent par terre où ils demeurent quelquefois des heures entiéres, sans doner aucun signe de vie. Les femmes & les filles montent à cheval, & se servent de l'arc & de la fléche, avec autant d'adresse que les homes. Ces Peuples négligent totalement l'agriculture, & mangent aulieu de pain, des ognons de lis, tantot réduits en bouillie, & tantot secs. Le seul comerce qu'ils font consiste en pelleteries, que les *Targasins* & les *Xaixigares* (1), Peuples soumis à l'Empire de la Chine, viennent échanger contre du coton bleu, des toiles, & du tabac. Ces *Tunguses* croyent tirer leur origine des *Targasins*, apellez autrement *Daores*, avec lesquels

(1) Ces Peuples sont décrits dans les ch. 10. & 11.

quels ils vivent dans une parfaite intelligence : plusieurs familles des deux Nations se regardent même encore come aliées par le sang les unes aux autres.

A une demie journée de chemin du Château d'*Argun* (1), est une montagne où l'on trouve des mines d'argent. Les anciens habitans du Royaume de *Nieuchou* ou de *Daoure* les avoient ouvertes : on y voit même encore les restes des fonderies que ces Peuples industrieux y avoient pratiquées ; mais les mines sont presque totalement comblées.

Du même Château d'*Argun* à la Ville de *Nerzinskoi* Capitale de la *Daure*, il y a dix journées de chemin, en le faisant par terre. Cet espace de terrain est fort agréable: l'on y trouve à tout moment des ruisseaux : les montagnes y sont couvertes de fleurs & d'herbes aromatiques de toutes les sortes : les valées d'un grand pâturage, qui s'éléve jusqu'à la ceinture. C'est domage que les *Tungufes* qui habitent cette Contrée, & qui sont sous la domination de S. M. Czarienne, négligent de cultiver un si beau Pays.

Du Château & de la Riviére d'*Argun*, je traverse le fameux fleuve *Amur*, & je viens à la Riviére de *Gorbifa* (2). Elle sépare les
Etats

(1) En tirant au *Sud*, auprès de la Riviére de *Serebrenskoi*, voyez le ch. 10.
(2) Jusques là l'Auteur parle de ce qu'il a vu ; ce qui suit procéde, des instructions qu'il a eu soin de prendre des Oficiers des Places par où il a passé, ainsi qu'il le promet dans la premiére page de son ouvrage.

Etats de S. M. Czarienne d'avec ceux de l'Empereur de la Chine: c'est à dire, que tout le Pays qui s'étend à l'*Est*, depuis cette Riviére jusqu'à la mer, apartient à S. M. Chinoise, & que celui qui regne à l'*Ouest* & au *Nord* de la même Riviére, dépend de S. M. Czarienne.

Je vais parler du Pays situé à l'*Est* (1) de la Riviére de *Gorbisa*. On y trouve les deux Riviéres de *Tugur* & d'*Uda*, qui ont leurs lits au *Nord* du fleuve *Amur*, coulent come lui à l'*Est*, & vont se décharger de même dans l'*Océan Oriental*, ou mer d'*Amour*. Entre ces deux Riviéres on trouve quantité de belles Zébelines. Les rivages de l'une & de l'autre sont habitez par des *Tunguses*, & par deux autres Peuples, apelez *Alemuri* & *Koreisi*. Ces derniers doivent être sortis du Pays de *Coela*, qui n'est pas éloigné de leurs habitations, & où quand le vent est favorable, ils peuvent se rendre en peu de jours. On dit qu'ils étoient d'abord venus camper sur les rivages du fleuve *Amur*, d'où ils s'étoient ensuite étendus jusqu'à l'endroit où ils sont aujourd'hui. Ceux de ces Peuples, qui sont voisins des côtes de la mer, n'ont d'autre moyen pour s'entretenir que la pêche; mais ceux qui sont avancez dans le Pays, y trouvent:

(1) L'Auteur semble se contredire en cet endroit: il vient de remarquer que tout le Pays qui est à l'*Est* de la Riviére de *Gorbisa* apartient à la *Chine*, & il paroit décrire ce même Pays come dépendant de la Sibérie. La contradiction cesse si l'on pose ces Pays au *Nord-Est* de la Riviére de *Gorbisa*, où ils sont en effet selon la carte.

trouvent en quantité de belles Zébelines, & d'autres pelleteries précieuses dont le comerce les enrichit. Cette Contrée est du département du Waiwode de *Jakutskoi* (1), lequel tient toujours une forte garde dans la forêt, pour contenir les *Tartares* de la Chine, qui y viennent à la chasse des Zébelines.

On voit ariver tous les ans sur les bords de ces deux Riviéres, des Peuples qui viennent de certaines Isles de l'*Océan Oriental*, lesquelles on peut découvrir de l'embouchure de ces Riviéres. Ces Insulaires sont vêtus d'habits doublez de pelleteries précieuses, au dessous desquels ils portent des vestes de soye, à la maniére des riches *Persans*. Ils sont d'une stature médiocrement haute, portent de grandes barbes, & ont bone mine. Ils viennent dans de petits bateaux, acheter les filles des *Tartares* de *Sibérie*, qu'ils payent avec des Zébelines & des Renards noirs, dont ils disent que leur Pays abonde. Ils tâchent par toutes sortes de moyens d'engager les *Tungufes* à aler négocier dans leur Isle, & disent que le gouvernement de *Jakutskoi* a été autrefois sous leur domination : en effet le raport qu'il y a entre leur langage, & celui de cette Province, peut faire ajouter foi à cette tradition.

Au *Nord* des deux Riviéres dont nous venons de parler, on trouve encore celle d'O-

(1) Capitale de la Contrée Septentrionale de *Sibérie* sur le fleuve *Lena*.

d'*Ogotha* (1), entre laquelle & celle d'*Uda* les côtes de la mer sont toujours remplies de Baleines. Ce gros poisson de même que le Nerwal, & le Chien marin, se tient aussi en prodigieuse quantité, depuis l'embouchure de cette même Riviére d'*Ogotha*, jusqu'au *Cap de glace*.

La Ville de *Kamsatka* (2), & les côtes voisines sont habitées par deux Peuples, apelez *Xuxi* & *Koeliki*, qui ont chacun un langage particulier. Ceux qui sont le long de la mer portent des habits de peau de Chien marin, & demeurent dans des cavernes souterraines; mais ceux qui habitent la campagne sont riches. Ils vont à la chasse du Cerf, dont ils mangent la chair crue, de même que celle du poisson, & ne se lavent jamais qu'avec leur urine. Ils sont rusez come des Renards, & n'ont ni bone foi, ni fidélité. Toutes leurs armes consistent dans la fronde, avec laquelle ils jettent des pierres fort loin, & avec une force extraordinaire. La neige couvre pendant 7. mois de l'an, cette Contrée voisine du *Cap de glace* : elle n'y tombe cependant pas fort haute, & toujours au comencement de l'hiver, après quoi elle géle, & l'on n'en voit plus de toute la saison. Au pié de la Ville de *Kamsatka* est un Golfe, qui sert de retraite au *Nerwal*,

I 6.   &

---

(1) Elle coule du *Sud* au *Nord-Est*, au travers de hautes montagnes, & se jette dans l'*Océan Oriental* au dessous du Château *Lama*.

(2) Située à l'extrémité de la *Sibérie* vers le *Nord-Est*, sur les côtes du *Cap de glace*.

& à plusieurs autres gros poissons. Les habitans du Pays y prennent tous les ans des quantitez prodigieuses de ces animaux.

Le *Cap de glace* est une langue de terre qui avance dans la mer (1), où elle est coupée par plusieurs bras d'eau, qui forment des Golfes & des Iles. Un peu au dessus de *Kamsatka*, la mer a une entrée (2) par où passent les pêcheurs. Les Villes d'*Anadieskoi* & *Sabalska* (3) sont habitées par les *Xuxi* & *Koeliki*, que nous venons de décrire. La Riviére de *Salazia* est très poissoneuse: l'on y pêche principalement le Harang, l'Esturgeon, le *Sterbeth* & le *Nebna*. Le long de cette Riviére on trouve en s'éloignant de la mer, diverses habitations souterraines, habitées par les *Cosaques* que S. M. Czarienne y entretient, pour recevoir les tributs des Peuples. On y trouve aussi les Zébelines & le Linx, en si grande quantité, que ce petit terrain fournit plus de Zébelines à S. M. Czarienne, qu'aucune autre Contrée de la *Sibérie*. Le Climat du *Cap de glace*, ou selon les Russes du *Swetoinos*, c'est à dire, *Cap Saint*, est extraordinairement froid. Il y géle si fort que plusieurs endroits de la mer se couvrent de glace, dont les piéces portées par les vents s'acumulent, & forment en peu de tems de hautes montagnes, qui durent d'une

---

(1) Au *Nord Est* de la *Sibérie*.
(2) Formée par la Riviére nomée *Kamsatza* qui vient du *Nord-Ouest* & a son embouchure en cet endroit.
(3) Ces deux Villes ou plutôt ces montagnes, sont les derniéres de la *Sibérie* au *Nord-Est*.

d'une anée à l'autre. Il arive quelquefois que ces tas de glaces, & même la surface de la mer demeurent deux ou trois ans sans fondre : événement dont nous avons eu un exemple dans la gelée de 1694., qui dura sans interruption jusqu'en 1697.

Du *Cap de glace*, je passe au grand fleuve de *Lena*, qui prend sa source au *Sud-Ouest* (1), vers le lac de *Baikal*, lequel (come nous l'avons dit (2)) sépare la *Sibérie* de la *Daure*. Sur cette Riviére est située la Ville de *Jakutskoi*, Capitale de la Contrée Septentrionale de Sibérie. Ses habitans viennent dans la belle saison, au *Cap Saint*, à *Sabatsia*, à *Nadirskoi*, & au golfe de *Kamsatka*, pour y pêcher le *Nerwal*, dont ils prennent les dents, & la Baleine dont ils font de l'huile. Les barques dont ils se servent sont faites de cuir, & fendent l'eau avec beaucoup de vitesse. Les Peuples des environs de cette Ville, & des bords de la Riviére *Amga*, sont apelez *Jakutses*. Ils portent des habits composez de piéces raportées de pelleteries, dont les diférentes couleurs forment un assemblage bizarre. Sur les coutures & autour de ces vêtemens, regne une bordure de poil de *Rée* blanche, de la largeur d'une main : ils sont ouverts sur le derriére & aux deux côtez, & faits à peu près à la mode Alemande. Ces Peuples portent des cheveux longs & pendans sur les épaules : l'usage des che-

mises

---

(1) Coule au *Nord*, & se jette dans la mer glaciale.

(2) Ch. 8.

mises ne leur est point conu. Ils sont persuadez de l'existence d'un Dieu dans le Ciel, auquel ils croyent être redevables des biens, des femmes, & des enfans qu'ils possédent. Ils n'ont qu'une fête dans l'anée, qu'ils célébrent dans le printems, avec beaucoup de solennité. La cérémonie consiste à alumer un grand feu, & à l'entretenir tant que la fête dure: ils se passent de boire pendant ce tems là; mais ils employent leur *Kumis* ou *Arak*, à faire des libations, qu'ils viennent, l'un après l'autre répandre dans le feu, du côté de l'*Orient*. Ce *Kumis* est une eau de vie de lait, dont ils usent ordinairement. Quand quelqu'un d'entr'eux meurt, le plus proche parent est contraint de se faire enterrer tout vivant à côté du défunt: déplorable coutume, qui tire peut-être son origine de cette Contrée des Indes, où la femme est obligée d'aler sur le bucher, mêler ses cendres à ceux de son Epoux, afin de pouvoir renouveler dans l'autre monde leur jouissance réciproque.

La langue des *Jekutses* aproche beaucoup de celle des *Tartares Mahométans* qui habitent les environs de *Tobolesk*, lesquels tirent leur origine des *Buchares*: c'est peut-être aussi à l'imitation de ces mêmes *Tartares* qu'il est permis à chaque *Jekutse* d'avoir autant de femmes qu'il peut en nourir. Ces Peuples voyagent, & transportent leurs marchandises sur des traineaux tirez par des Cerfs qui vont très vite. Ils sont en général hardis, vaillans, industrieux, & paroissent amateurs de la vérité. Lorsque S. M. Czarienne ne envoye à *Jekutskoi* un Gouverneur indulgent, qui ne fait pas les contenir, ils se pillent quelquefois les uns les autres, & se font réciproquement tout le mal qu'ils peuvent ; mais quand cet Oficier use avec rigueur de son autorité, ils vivent en paix, & l'on n'entend parler entr'eux d'aucune violence : ils louent au contraire la sévérité du Waiwode, & desirent qu'il les gouverne longtéms. Ils ont acoutumé de dire que leurs ancêtres étoient *Mongales*, & qu'ils habitoient autrefois une partie du Pays des *Kalmaques*, d'où les Russes les avoient fait sortir, pour les transplanter dans les terres de leur domination. Ils ajoutent qu'ils aimeroient bien mieux être dans leur Pâtrie, que dans un Pays extrêmement froid, où ils sont obligez de passer les trois quarts de l'anée dans des cavernes souterraines. Ils sont fort sujets au scorbut ; mais ils ont le secret de s'en guérir en peu de tems, en mangeant d'un certain poisson crud, & se frotant d'une espéce de gaudron qu'ils noment *Deugti*.

Outre les *Jekutses*, on trouve encore sur les bords du fleuve *Lena*, des Idolâtres apelez *Jukogaies*. Tout ce que je sais de particulier touchant ces Peuples, c'est qu'ils décharnent les cadavres de leurs morts, en font sécher les squelettes, & après les avoir parez de plusieurs rangs de perles de verre, ils les pendent aux environs de leurs cabanes, & leur rendent les honeurs divins.

On vient tous les ans sur les rivages du *Lena*, chercher des dents & des os de *Mammut*. Ce Fleuve passant dans les montagnes dont

dont j'ai parlé dans ma relation (1), reçoit les ravines qui en fondent, dans les dégels du printems, lesquelles entraînent ordinairement des grandes piéces de terre gelée, que le fleuve roule, & qu'on voit en été sur son rivage. C'est dans ces piéces de terre que l'on trouve des dents, & quelquefois des squelettes entiers de ces animaux monstrueux.

Les Riviéres considérables qui se déchargent dans ce fleuve, sont le *Wittim*, l'*Olekina*, & la *Maja*, qui toutes trois, prennent leur source au *Sud* (2). Leurs bords sont couverts de Zébelines noires, & de plusieurs autres espéces de belles pelleteries: tellement qu'en hiver, on peut y acheter mile peaux pour trois ou quatre *Roubles*.

Les environs de la Riviére *Maja*, ceux de la Ville de *Wergolenskoi* (3), où le fleuve *Lena* prend sa source, & le Pays qu'arose la petite Riviére de *Kirenga* (4) abondent en grains. Tout le Gouvernement de *Jakutskoï* en tire anuellement sa subsistance, même à fort bon marché, car cent livres de Farine de Seigle n'y coutent pas plus de 10. ou 12. sols: les bestiaux & la viande s'y achétent à proportion. Il est vrai que come l'argent est rare

___

(1) Ch. 6.
(2) Coulent au *Nord-Ouest*, & se déchargent à la droite du fleuve.
(3) Au *Nord* du lac de *Baikal*.
(4) Elle prend sa source dans les montagnes qui sont au *Nord* du lac de *Baikal*, coule au *Nord* & se jette à la droite du *Lena*, à l'endroit où ce fleuve comence d'être considérable.

rare dans cette Province reculée, il y vaut un prix extraordinaire.

Les côtes de la mer, depuis l'embouchure du fleuve *Lena*, jusqu'à celle du fleuve *Jenisea*, sont impraticables: aucun voyageur n'en a jusqu'à ce jour fait le chemin, ni par eau, ni par terre. Quelques uns sont pourtant venus jusqu'à la Riviére de *Tarsida* (1); mais le froid & la glace les ont empêché de passer outre. Les Peuples que l'on a trouvé entre le fleuve *Jenizea*, & la Riviére de *Tarsida* sont Idolâtres, partie *Samoïdes*, partie *Tunguses*, & vivent come ceux de leur Nation dont j'ai parlé ailleurs.

Le Fleuve *Jenizea*, dont les rivages ne sont presque habitez que par des Russes, prend sa source au *Sud*, dans le Pays des *Kalmuques Kirgises*, & est par tout extrêmement poissoneux. Il reçoit trois Riviéres considérables, qui sont *Wernaja Tunguska*, *Podkamenna Tunguska*, & *Nisnaja Tunguska* (2). Ces trois Riviéres tirent leur surnom des Peuples qui habitent leurs bords, qui sont une sorte de *Tunguses* (3) aussi brutes que les *Samoïdes*, & comparables en tout à ces derniers, si ce n'est que ceux là sont d'une stature plus grande, mieux faits, & plus robustes que les *Samoïdes*. De plus les *Tun-*

guses

(1) Elle coule du *Sud-Est* au *Nord*, & a son embouchure dans la mer glaciale, un peu plus au *Nord* que celle du fleuve *Jenizea*.

(2) Elles coulent du *Sud-Est* au *Nord-Ouest*, & se jettent toutes trois à la droite du fleuve.

(3) Ces *Tunguses* sont différens des *Nisoves*, *Konni*, & *Olenny*, dont il est traité aux ch. 7. & 20.

guses aiment le combat, & font souvent la guerre à leurs voisins. Ils se servent de l'arc & de la fléche. Leur chasse ordinaire est celle de l'*Elan*. Quand quelque chasseur a blessé un de ces animaux, lui, sa femme, & ses enfans, le suivent à la trace dans le bois, jusqu'à ce qu'il tombe : ils courent quelquefois pendant sept ou huit jours, sans rien manger ; car ils ne portent aucune provision, mais ils se ceignent l'estomac d'un plastron fait à cet usage, qu'ils rétrécissent chaque jour de deux pouces, pour chasser la faim : ils atteignent enfin la bête épuisée, & après avoir achevé de l'assomer, ils dressent une tente sur l'endroit même, où ils demeurent jusqu'à ce qu'ils ayent entiérement dévoré leur proye. Chemin faisant, ils chassent aux pelleteries : & s'en retournent par les Villes & les Vilages des *Russes*, auxquels ils vendent ce qu'ils ont pu prendre. Ces Pelleteries consistent ordinairement en Renards, blancs & bruns, & en Ecureuils : les Zébelines étant très rares dans ces forêts. On trouve sur les bords du fleuve *Jenizea* (1), deux Villes nomées *Taugriskoi*, & *Mungascia*, où il se fait un comerce considérable de toutes sortes de fourures, de dents de *Nerwal* & de *Mammut*. Leurs habitans s'avancent tous les étez en grand nombre jusqu'à l'em-

_____

(1) Vers son embouchure : la premiére de ces Villes est nomée sur la carte *Turugaskoi*, & posée sur le bord Occidental du fleuve : la seconde est bien du même côté ; mais éloignée du fleuve de quelques miles, & presque sur les côtes de la mer glaciale.

l'embouchure du fleuve dans la mer glaciale, pour y faire la pêche du Chien marin & du *Nerwal*, qui s'y trouvent en quantité.

Voila tout ce que j'avois à dire au sujet de la *Sibérie* & de la *Daure*. Mon dessein étoit d'en décrire l'étendue, les bornes, & les Peuples; & je l'ai fait, si je ne me trompe, d'une maniére à ne laisser rien à desirer, pourvû que l'on veüille prendre la peine de conférer cette addition avec la relation de mon voyage. Il me reste à doner une idée générale de la Chine, & à joindre à ce que j'en ai déja dit, quelques circonstances qui m'ont échapé, quoique j'en aye pris sur les lieux une conoissance parfaite.

Depuis les frontiéres de cet Empire, par lesquelles je suis entré, jusqu'à la Ville de *Peking*, le Pays semble être particuliérement protégé du Ciel. On y jouit d'un Climat temperé, d'un air pur; & je suis persuadé, que come *Peking* est la Ville capitale de l'Etat, la Province qui porte son nom en est aussi la plus belle & la plus heureuse. Les homes y sont robustes, bien faits, & peu sujets aux maladies. Le terroir y est très fertile: grains, herbes, fruits, légumes, tout y croît en abondance, & à l'exception du Thé, des étofes de soye, & des porcelaines, dont il n'y a aucune manufacture, cette Province produit tout ce qui est nécessaire à la vie. L'hiver y est vif, & done souvent de la glace assez forte pour porter des homes. L'été y est fort chaud; mais l'une & l'autre de ces saisons y est suportable & bien réglée. Il n'en est pas de même des autres Provinces,

dont

dont la plupart font impraticables en été, à cauſe des exceſſives chaleurs.

Les anciens Chinois ont l'eſprit & le cœur plus droits que les *Manſures* ou *Tartares*. Ils ménent une vie ſobre, & ſe diſtinguent dans leurs habillemens par la modeſtie & la propreté. Ils aiment qu'on leur faſſe des préſens. Ils ſont hardis dans le comerce, juſqu'à la témérité, & poſſédent parfaitement l'art de ſe conformer au génie de chaque Peuple. Ils obſervent religieuſement leurs anciennes loix, qu'ils regardent come ſacrées. Ils conſervent même juſques aux moindres de leurs uſages barbares, & prennent grand ſoin de n'en point adopter de nouveaux: un de ces uſages eſt d'être toujours vêtus de la même façon. Pluſieurs perſones diſtinguées de leur tribu m'aſſurérent, come une tradition certaine, que leur Religion, leurs loix, & leurs mœurs, étoient les mêmes depuis 12000. ans, ſans qu'il eût jamais été poſſible à aucun de leurs Chans ou Empereurs d'y aporter la moindre altération.

Il paroît pourtant, par la réformation que l'Empereur *Ammologan Chambi*, préſentement regnant, a comencé d'introduire dans la Religion & dans les loix, que ce Prince s'eſt mis au deſſus des préjugez & des ſuperſtitions de ſes Peuples. Il n'a pas craint de faire publier dans tous les lieux de ſon Empire, que quiconque voudroit embraſſer la Religion Chrétienne, c'eſt à dire, la foi de l'Egliſe de Rome, il étoit libre de le faire. Cet édit a d'abord mis l'alarme parmi les *Bonzis* ou Prêtres des Idoles; mais on les a
con-

traint de garder le silence, & d'être tranquiles spectateurs de la propagation de l'Evangile. Il se fait tous les ans à leurs yeux, plus de mile conversions, & il y a toute aparence que l'Empereur lui même a le cœur Chrétien. Cependant il conserve toujours ses 1236. concubines, peut-être est ce par politique : peut-être aussi parcequ'il lui couteroit trop d'abolir une coutume si douce. Ce Prince est plus absolu, que ne l'a été aucun de ses Prédécesseurs : il a si bien su inspirer à ses sujets le respect & la crainte, qu'il s'est rendu souverainement despotique, & maitre de faire des loix conformes à son bon plaisir.

Les *Chinois* sont persuadez qu'il n'y a point de Pays dans le monde plus étendu que le leur : ils portent cette prévention jusqu'à ne poser aucune terre que la leur sur leurs cartes géographiques, comprenant toutes les autres dans un petit point, qu'ils placent au milieu d'une grande mer, & qui n'a pas plus d'aparence dans ces cartes, que la moindre des planétes en a dans le Ciel. Ils apellent leur Empereur *Fils du Soleil*, *Dieu de la Terre*, & lui rendent des honeurs divins. Ils professent une Idolâtrie grossiére, en remplissant leurs temples d'un nombre infini de figures hideuses, qu'ils adorent come autant de Divinitez. Je me suis souvent entretenu avec des *Chinois* sur l'immortalité de l'ame, & la vie éternelle ; mais ils ne veulent point comprendre ces véritez, & se retranchent toujours à dire, que leurs ancêtres ne les ayant pas crues, ils ne peuvent ni ne doivent les croire eux mêmes. Le souverain bien
de

de la vie confifte, felon eux, dans la poffeffion d'un grand nombre de femmes ; volupté à laquelle ils fe livrent fans ménagement. Ils ne favent ce que c'eft que péché : le crime même ne noircit pas parmi eux, d'une infamie perpétuelle; mais la punition que la Juftice impofe à celui qui l'a comis, n'eft regardée que come une tache légére qu'un peu de tems éface, & le criminel reparoit bientot après dans le monde, avec autant de hardieffe & de crédit, que s'il eût toujours été honête home.

La jurifprudence, la police, & généralement toutes les loix & les ufages établis parmi ces Peuples, pour affurer le repos de la fociété en général, & des familles en particulier, ont quelque chofe de groffier & de barbare, qui demanderoit une réformation. Leurs manufactures confiftent principalement dans la fabrique des étofes de foye, de porcelaines, & de draps, que l'Europe eftime beaucoup, & recherche avec empreffement. Ils font la guerre avec des puiffantes armées, ne fe mettant jamais en campagne qu'avec deux ou trois cens mile homes, ainfi qu'ils ont fait en dernier lieu contre le *Bufluchan*, ou Prince des *Tartares d'Occident*, lequel a ocupé ce prodigieux corps depuis 1686. jufqu'en 1693. Lorfque leur Empereur a le malheur d'être tué dans le combat, ils fe déconcertent fur le champ, & chacun cherche fon falut dans la fuite. Ils portent du canon en campagne, & favent l'employer avec fuccès; mais leurs Soldats ne font pas bien armez, n'ayant la plupart que l'arc & la fléche.

Ils

Ils ont foin de munir leurs Chevaux de felles bien rembourées, lefquelles ils relévent encore avec des couffins, & d'efpéces de matelas, qui tiennent les Cavaliers affis fort haut & fort mollement: au refte ces nombreufes armées marchent & fe meuvent fans ordre & fans difcipline: elles combatent de même, fondant tout à la fois fur l'ennemi, qui les taille en piéces, quand il fait profiter de leur confufion.

Plufieurs Auteurs ont élevé jufqu'aux nues la fageffe du gouvernement *Chinois*, & la perfection où ces Peuples ont porté les arts & les fciences. Pour moi, je ne puis m'empêcher de dire, que je les ai trouvé inférieurs en tout aux Européens. Il eft vrai qu'ils font quelque progrès dans l'étude des Matématiques, de l'Aftrologie, & de quelques autres fciences; mais à qui en font ils redevables, fi ce n'eft au zéle infatigable des Jéfuites qui s'y font tranfplantez, & qui leur ont porté avec les lumiéres de l'Evangile, celles des beaux arts.

L'*Ammologan Chan*, *Kamfti*, ou l'Empereur préfentement regnant, eft un *Mongole* ou *Tartare d'Orient*, originaire du Pays de *Nieucheu*, des environs du fleuve *Amur*. Come ce Prince gouverne avec beaucoup de juftice, il jouit de l'Empire avec beaucoup de tranquilité. Cependant il hait intérieurement les *Chinois*, & leur préfére en toutes chofes les *Tartares* de fa nation, jufques là qu'il n'acorderoit point à un *Chinois* un emploi de quelque conféquence, fi l'afpirant ne fe faifoit préalablement naturalifer *Manfure*.

La

La Ville de *Peking* n'eſt preſque habitée que par de Tartares, les familles Chinoiſes (come je l'ai dit ailleurs) (1), s'étant retirées aux Fauxbourgs, où elles ont leurs biens, & des marchez particuliers pour leur comerce. Toutes les perſones de marque de l'Empire entretiennent un certain nombre d'eſclaves, qu'elles ſont obligées de vêtir, de monter, & d'armer, quand l'Etat eſt en guerre, moyennant une ſolde qu'elles tirent annuellement de S. M. Chinoiſe, qui peut outre cela ſe ſervir de ces mêmes eſclaves quand elle le juge à propos. Le nombre des Jéſuites de *Peking* n'étoit, lorsque j'y arivai, que de huit Péres, dont deux étoient Eſpagnols, trois Portugais, deux François, & un Romain. Les *Chinois* & principalement les Seigneurs de la Cour ont une haute eſtime pour ces Religieux, & pour tous les autres Eccléſiaſtiques chrétiens: les ſeuls *Bonzis* ou Prêtres des Idoles les regardent de mauvais œil; mais ceux ci ne portent que de foibles obſtacles à la propagation de la foi Chrétienne, le zéle continuel, avec lequel les Miſſionaires s'y apliquent, étoufant chaque jour l'yvroye, que ces Miniſtres de Satan tâchent de répandre parmi le pur grain de l'Evangile. La Nation Ruſſienne a auſſi dans *Peking* une Egliſe & des Miſſionaires, leſquels ont engagé pluſieurs *Chinois* de diſtinction à embraſſer la Religion Gréque.

Je crois inutile de doner ici une liſte des
Chans

(1) Chap. 15.

Chans ou Empereurs qui ont regné dans la Chine jusqu'à ce jour, parceque les persones curieuses peuvent en voir un Catalogue exact dans la *Chronologie Chinoise* de Mr. *Christian Menzelius* Conseiller & Médecin ordinaire de S. M. Prussienne, imprimée à *Berlin*, en 1696. Je finis donc, en ajoutant à ce que j'ai dit ailleurs de la grande muraille, qui embrasse une partie de l'Empire *Chinois*, que cet ouvrage a moins de quoi surprendre par la beauté de sa structure, que par le travail, & les somes immenses qu'il a dû couter. C'est ce dernier motif qui porte encore les Chinois à détester la mémoire de l'Empereur, qui a fait élever ce prodigieux rampart, parcequ'il a (disent ils) ruiné l'Empire de fond en comble. Le Pére *Alexandre* Jésuite m'assura qu'il avoit lui même, par ordre de l'Empereur, suivi cette muraille, depuis son comencement qui est à l'*Ouest*, jusqu'à sa fin, qui est au *Sud-Est* vers la mer de *Corée*, & qu'il avoit compté de l'une à l'autre extrêmité, 300. miles d'Alemagne, ajoutant que si elle étoit bâtie sur un terrain uni, ainsi qu'elle l'est sur des montagnes, sa longueur seroit bien de 400. miles. Elle a quatre entrées, qui sont les portes de *Leaotung*, de *Daoure*, de *Leling*, & de *Tibet*. Elle est si large que huit Cavaliers peuvent y marcher comodément de front.

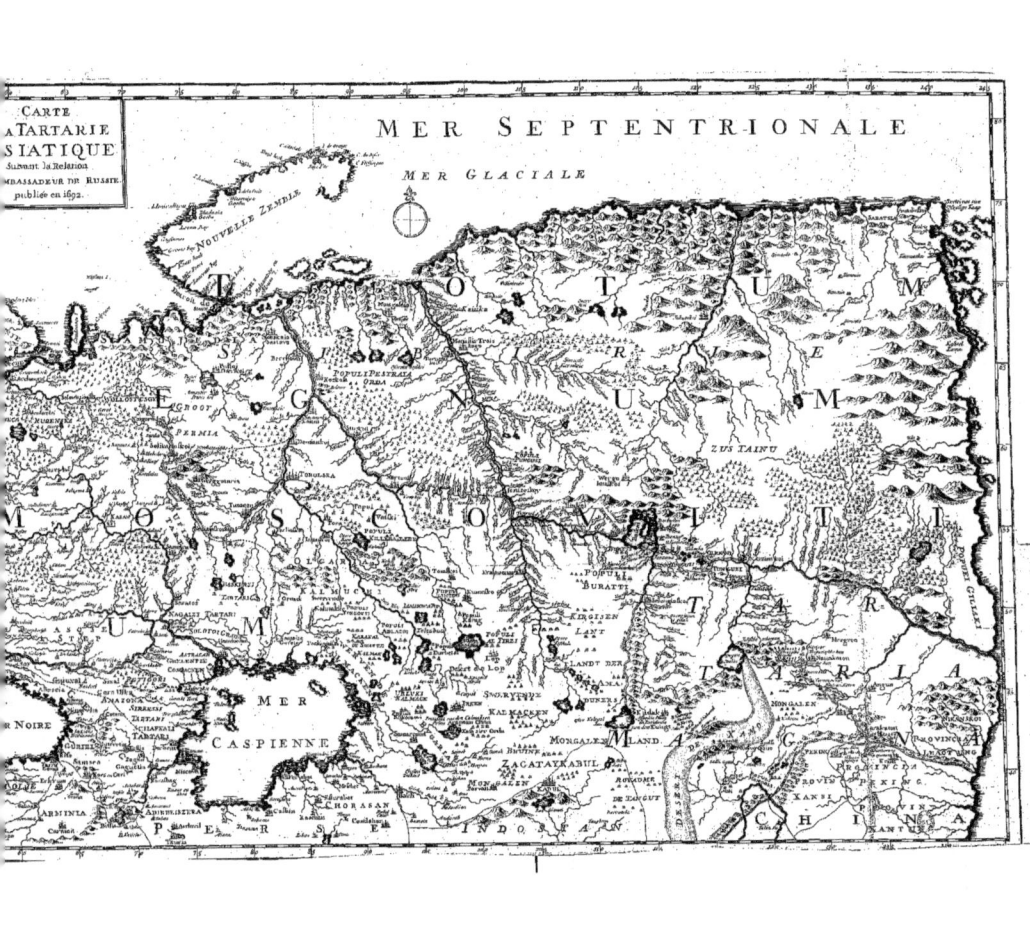

JOURNAL
DU SIEUR
LANGE,
Contenant ses Négociations

à la Cour

de la

CHINE

En 1721. & 1722. avec
des Remarques.

JOURNAL DU SIEUR LANGE,

Contenant ſes Négociations

à la Cour

de la

CHINE

En 1721. & 1722. avec des Remarques.

MONSIEUR d'*Iſmailoff*, Envoyé Extraordinaire de Sa Majeſté *Czarienne*, ayant fixé ſon départ de *Peking* pour le 2. du mois de Mars, après avoir terminé ſes négociations à la Cour de la Chine du mieux qu'il lui avoit été poſſible (1), j'avois d'abord réſolu de l'acompagner juſqu'à la grande muraille,

---

(1) Mr. d'*Iſmailoff*, Gentilhome de beaucoup de mérite & Capitaine du Régiment des Gardes de *Preobraſchinsky*, fut envoyé en l'an 1719. par le défunt Empereur de la *Grande Ruſſie* à la *Chine*, avec le Caractére d'Envoyé Extraordinaire, pour renouveler les Traitez avec cet Empire, & pour tâcher d'engager la Cour de *Peking* à doner les mains à un comerce réglé & libre avec la *Ruſſie*.

raille, mais Messieurs du Ministére jugérent à propos de me refuser un Passeport, sous prétexte qu'étant destiné par Sa Majesté *Czarienne* à résider à la Cour du *Chan* (1), il me faloit une permission de la persone même de Sa Majesté *Bogdoi-Chanienne*, non seulement pour aler jusqu'à la grande muraille, mais aussi toutes les fois que je voudrois aler coucher hors la Ville de *Peking*: Et cela, à ce qu'ils disoient, afin qu'étant un étranger, la Cour pût toujours être assurée qu'il ne m'arivat aucun accident (2). Et come Sa Majesté *Bogdoi-Chanienne* avoit déja quité alors le séjour de *Peking*, pour aler prendre le divertissement de la chasse, ce ne fut qu'avec bien de la peine que je pus obtenir la permission d'acompagner Sadite Excellence, sous l'escorte d'un Ecrivain du Con-

(1). Tous les *Tartares* donent à leurs Princes regnants le titre de *Chan*: & come la maison qui ocupe à présent le Trône de la *Chine* est issue de cette branche des *Tartares Payens*, qui nous est conue sous le nom des *Moungales Orientaux*, les Empereurs de la *Chine* se conformant à la coutume universelle de leur Nation, conservent encore à l'heure qu'il est le titre de *Chan*. Consultez *l'Histoire Généalogique des Tatars*.

(2) Mr. *d'Ismaïloff* à son départ de *Peking*, y laissa en vertu de ses instructions le Sr. *Lange*, en qualité d'Agent acrédité de la *Russie*, pour travailler à loisir au réglement du comerce & à l'établissement d'une corespondance aisée entre les deux Empires: & quoique le Ministére *Chinois* s'oposat fortement à la résidence dudit Sr. Agent en cette Cour, sous prétexte qu'elle étoit contraire aux constitutions fondamentales de l'Empire, néanmoins ledit Envoyé extraordinaire sut si bien préndre ses mesures, que le *Bogdoi-Chan* y dona les mains malgré toutes les intrigues contraires du Ministére.

Conseil des afaires des *Moungales* & de quelques Soldats, jusqu'à *Czhanpinfu*, qui est une Ville éloignée de *Peking* de 60. *Ly* (1); d'où je revins.

Le 6. du mois de Mars à *Peking* (2).

Le 7. de grand matin je vis entrer dans la cour de mon logis un home, ayant l'extérieur d'un misérable gueux, qui étoit chargé de quelques Poules fort maigres, de quelques plats de Choux salez, & de quelques pots de *Tarrasune*, qui est une boisson que les *Chinois* boivent au lieu de Vin, en la faisant chaufer avant que de la prendre: cet home ayant mis tout cela à terre dans la cour de ma maison, aloit s'en retourner, lorsque je le fis rapeler pour savoir de lui, ce que cela vouloit dire; sur quoi il me répondit, ,, que c'étoit une partie des provisions
,, qu'il avoit achetées pour moi, par ordre
,, du Collége qui a la direction des magazins
,, de vivres de l'Empereur; mais que n'ayant
,, pu porter le tout en une seule fois, il s'en
,, aloit de ce pas querir le reste,,. Là dessus m'étant informé de lui quel home il étoit, il m'aprit; ,, qu'il avoit fait un contrat avec
,, ledit Collége de me pourvoir tous les 9.
,, jours d'une certaine quantité de provisions
,, de bouche,, . Sur quoi je lui ordonai de reprendre sur le champ toutes ces Provisions, qu'il

(1) Une *Ly* de la *Chine* fait justement 360. Pas Géométriques.

(2) Persóne n'ignore que la Ville de *Peking* est maintenant la Capitale de la *Chine*, & qu'elle passe pour la Ville la plus peuplée & la plus grande de l'Univers.

qu'il difoit avoir achetées pour moi, & de ne plus rien aporter dans mon quartier, jufqu'à ce que je fuffe informé au préalable de la part du Confeil des afaires étrangéres, combien je devois recevoir journellement par ordre de S. Majefté *Bogdoi-Chanienne*, & par qui j'aurois à le recevoir.

Enfuite de quoi j'envoyai faire favoir aux Mandarins, qu'on m'avoit donez pour avoir foin de propofer au Confeil ce qui me pouroit regarder, ce qui m'étoit arivé avec un home, qui étoit venu en la fufdite maniére, me pórter des provifions de la part de S. M. *Bogdoi-Chanienne*, & que je recevrois toujours avec beaucoup de refpect tout ce que ce Monarque, par amitié pour Sa Majefté *Czarienne*, me feroit doner pour ma fubfiftance, pourvû qu'on me l'envoyat d'une maniére convenable; les faifant prier en même tems, de me faire favoir en quoi confiftoit l'entretien qui m'étoit deftiné par la Cour. Sur quoi ces Mrs. me firent favoir en réponfe, ,, que je recevois à préfent le même en-
,, tretien, que j'avois reçu auparavant pen-
,, dant la Réfidence de Monfieur l'Envoyé
,, Extraordinaire en cette Cour, & qu'ils a-
,, voient fait déja un acord avec un certain
,, home, qui me livreroit réguliérement mes
,, provifions ,, . Je leur fis repréfenter là-deffus, ,, que je n'avois eu aucun entretien
,, féparé pendant la Réfidence de Sadite
,, Excellence à *Peking*, ayant toujours eu
,, l'honeur de manger à une même table a-
,, vec elle: que pour cette raifon je ne pou-
,, vois rien recevoir maintenant, avant que
,, de

„ de savoir précisément en quoi il consistoit:
„ & qu'après cela, je les prierois de me
„ faire payer à moi même le montant de l'ar-
„ gent, qu'il en faloit doner au pourvoyeur „.
Ces Mrs. ne manquérent pas de me faire remontrer sur cela, „ qu'il ne faloit pas exa-
„ miner de si près ce que le *Chan*, sans au-
„ cune obligation, me faisoit doner par une
„ clémence particuliére „. Mais je les fis
assurer fortement à mon tour, „ que je ne
„ recevrois absolument rien en cette manié-
„ re; parceque j'étois fort en suspens, si je
„ devois croire, que Sa Maj. *Bogdoi-Cha-*
„ *nienne* entendoit qu'une semblable persone
„ fût chargée de la disposition de ce qu'elle
„ m'avoit destiné pour mon entretien „. Cette résolution déplut furieusement à Mrs. les
Mandarins, qui avoient compté de fournir
leur table de mes provisions: mais voyant
que dificilement ils viendroient à bout de
faire valoir leur savoir faire en cette ocasion,
ils me délivrérent à la fin la spécification
suivante, disant, que c'étoit là ce qui m'é-
toit destiné par jour pour mon entretien par
ordre du *Chan*.

1. Poisson.
1. Brebis.
1. Pot de *Tarrasune*.
1. Poule.
1. Jatte avec du lait.
2. Onces de *Thé*.
2. Onces de Beurre.
2. Onces d'Huile de Lampe.
½. Gin de Choux salez.

2. Pe-

2. Petites Mesures de Ris.
15. Gins de Bois.

A mon interpréte par jour.

1. Once de *Thé*.
½. Gin de Farine.
2. Onces de Beurre.
2. Onces d'Huile de Lampe.
2. Petites Mesures de Ris.
8. Gins de Bois.
Et tous les 9. jours une Brebis.

A chacun de mes Domestiques par jour.

1½. Gin de Viande de Bœuf.
1. Once de Sel.
1. Mesure de Ris.
5. Gins de Bois.

A un Dragon que Monsieur l'Envoyé Extraordinaire avoit laissé à *Peking*, au sujet de quelques Tapisseries, auxquelles on travailloit pour Sa Maj. *Czarienne*.

1. Mesure de Ris.
1. Once de *Thé*.
½. Gin de Farine.
2. Onces de Beurre.
2. Onces d'Huile de Lampe.
5. Gins de Bois.
Et tous les 9. jours une Brebis.

Par des Onces il faut entendre des *Laen*, & par des *Gins* des Livres.

En me donnant cette spécification les Manda-

darins me dirent; ,, Que parcequ'on seroit
,, obligé d'acheter les Brebis, les Poissons,
,, les Poules & le Lait de mes provisions,
,, argent comptant, j'en pourois recevoir pa-
,, reillement la valeur en argent ; mais qu'à
,, l'égard des autres articles, il faloit m'aco-
,, moder à les recevoir en nature des maga-
,, zins du *Chan* (1): sur quoi je les assurai
,, que je ne m'y oposerois point, pourvû
,, que cela se fît d'une maniére décente &
,, non par des gens inconus, qui prendroient
,, la fuite après les avoir mis bas dans la
,, cour du logis, come cela s'étoit déja fait
,, une fois,,. En même tems je leur demandai, ,, si je pourois avoir encore les Chevaux
,, de Sa Maj. *Bogdoi Chanienne*, pour m'en
,, servir quand j'en aurois besoin, come ce-
,, la s'étoit pratiqué dans le tems de Mon-
,, sieur l'Envoyé Extraordinaire,,. Ils me
répondirent là dessus; ,, que je pourois à la
,, vérité avoir toujours les Chevaux du *Chan*;
,, mais que come les écuries de la Cour é-
,, toient fort éloignées, il seroit nécessaire
,, que toutes les fois que je voudrois sortir,
,, je

(1) L'Empereur de la *Chine* reçoit la plupart des contributions de ses sujets de la campagne en denrées & manufactures du cru de chaque Province, qui sont ensuite distribuées en la même maniére à tous ceux qui sont au service de ce Monarque, & comptées pour une partie de leur salaire. Desorte que tout l'*Or* & l'*Argent* qui entre dans le trésor du *Chan*, ne peut provenir que des contributions des Villes, des droits d'entrée & de sortie, des droits du passage, des Mines d'*Or* & d'*Argent*, & des amandes ou confiscations ; ce qui ne laisse pas cependant d'aler par an à des somes immenses.

„ je le leur fiſſe ſavoir le jour d'auparavant;
„ & qu'alors ils auroient ſoin que les Chevaux
„ fuſſent le lendemain de grand matin en
„ mon quartier „ . (1) Pour couper court
à cet inconvénient, & pour n'être pas toujours obligé de leur dire, où je voudrois aler,
je pris la réſolution d'acheter 6. Chevaux &
de les entretenir à mes dépens, quoique le
fourage ſoit fort cher à *Peking*. La garde
qui avoit été auprès de l'hôtel de *Ruſſie* du
tems de Mr. l'Envoyé Extraordinaire ſous le
comandement d'un Brigadier, y reſta ſur le
même pié après ſon départ, de même que
deux Mandarins du 37. ordre (2) avec un
écrivain, pour recevoir de moi toutes les
propoſitions que j'aurois à faire, ſoit de bouche ſoit par écrit, & pour en faire leur raport
au conſeil des afaires étrangéres: & cette diſpoſition ne laiſſa pas au comencement de me
paroitre de fort bon augure.

Le

(1) A *Peking*, quelque tems qu'il puiſſe faire, on monte à Cheval lorſqu'on a des viſites à faire par la Ville; mais les Princes du ſang & les autres grands Mandarins de l'Empire, ſe font ordinairement porter en Litiére en ces ocaſions acompagnez d'une grande ſuite de Domeſtiques.

(2) Tout home conſtitué en quelque charge ou dignité publique dans la *Chine*, depuis le premier juſqu'au dernier, eſt apelé du nom de *Mandarin*: De là vient qu'il y en a de pluſieurs ordres, qui ſont tous diſtinguez les uns des autres, par leurs habits & par les caractéres & figures diférentes, qui ſont brodées ou tiſſues dans ces habits; deſorte qu'on peut d'abord ſavoir en voyant un *Mandarin*, de quel ordre il eſt, atendu qu'il eſt défendu à tout *Mandarin* ſous des peines très rigoureuſes, de paroitre en public ſans porter l'habit afecté à ſon ordre.

SIEUR LANGE.

Le 9. le Brigadier de la garde de mon hôtel me fit savoir, que Sa Maj. *Bogdoi-Chanienne* feroit le lendemain de retour de la chaffe; & que fi j'avois envie d'aler au devant d'Elle, on doneroit ordre que les Mandarins fuffent prêts à m'efcorter avec une Garde à Cheval pour la fureté de ma perfone.

Le 10. je montai de grand matin à Cheval, pour aler au devant du *Chan*. Dès que S. M. m'eut aperçu, elle m'apela & me demanda, *fi je ne m'ennuyois pas d'être feul dans un Empire étranger & fi éloigné de l'Europe*; elle s'informa encore, *fi je me portois bien & fi j'étois content de toutes chofes*. Sur quoi ayant remercié S. M. avec une profonde révérence de fon acueil gracieux, je l'affurai *que je me portois parfaitement bien; & que je ne pouvois qu'être très content ayant le bonheur de réfider à la Cour d'un fi grand Monarque*. Après quoi S. M. m'ayant congédié, elle fe fit porter en fa litiére à *Peking*, fuivie d'une Cour fort nombreufe (1).

---

(1) L'Empereur de la *Chine* pouvoit avoir alors 69. ans lunaires; mais il étoit encore fort difpos tant de l'ame que du Corps, & paffoit pour un Monarque d'une pénétration extraordinaire & d'un génie fupérieur. Les Péres Jéfuites Miffionnaires à la *Chine* avoient beaucoup de pouvoir fur fon efprit, & il les confultoit ordinairement dans toutes les afaires importantes. Il monta fur le Trône en l'an 1662. âgé de 8. ans, & mourut en l'an 1722. au mois de Septembre, à l'âge de 70. ans lunaires. Le Prince fon troifiéme fils, qui par le confeil des Péres Jéfuites avoit déja le coman-

Le 11, 12. & 13. je fis notifier aux Mandarins Solliciteurs de mes afaires, „ qu'ayant à
„ faire travailler à plusieurs ouvrages pour
„ l'Empereur mon Maitre, je pourois bien
„ avoir besoin de l'argent dont diférens Marchands de cette Ville se trouvoient être redevables au Comissaire *Gusaitnikoff*, qui
„ avoit été en dernier lieu à *Peking* avec la
„ caravane de la *Sibérie* (1); & que je les
„ priois de m'acorder leur assistance pour fa-
„ ciliter le recouvrement desdites somes,
„ atendu que les débiteurs s'étoient engagez
„ par devant Monsieur l'Envoyé Extraordi-
„ naire de me satisfaire à cet égard inconti-
„ nent après son départ „. Les Mandarins s'expliquérent fort favorablement là dessus ; mais nos débiteurs en ayant eu le vent, se retirérent à la campagne, ce qui m'obligea à remettre cette afaire jusqu'à une autre fois.

Le 15. S. M. *Bogdoi-Chanienne* ala à *Czchan-zchunnienne*, qui est un Château de plaisance de ce Monarque à 12. *Ly* à l'Occident

---

mandement des armées de l'Empire sur la fin du Regne de son Pére, lui a succédé à l'Empire : car le défunt Empereur avoit fait confiner quelques anées avant sa mort les deux Princes ses fils ainez dans une étroite prison, à cause de quelques pratiques de révolte vrayes ou suposées, en les déclarant exclus de la succession à l'Empire. Cependant leur frére les a remis en liberté incontinent après son avénement à l'Empire, & les a comblez de bienfaits, pour leur faire oublier le passedroit qu'on leur a fait en sa faveur.

(1) On done le titre de *Comissaire* à ceux qui ont la direction des Caravanes, qui viennent en tems de paix de la *Sibérie* pour négocier à *Peking*.

cident de *Peking*, où il fait ordinairement sa résidence. Mais ayant observé en passant, que les arcs de triomfe & autres semblables ornemens, qu'on élevoit pour le jour de sa naissance des deux côtez du grand chemin tout pavé de gros carreaux de pierre de taille, qui méne de *Peking* à *Czchan-zchunnienne*, n'étoient pas de la magnificence acoutumée, tout le Ministére en fut disgracié pour plusieurs semaines: sur quoi Mrs. les Ministres ayant incessamment fait démolir tout ce qui avoit été bâti auparavant, firent ériger de nouveau depuis le Palais de l'Empereur à *Peking* jusqu'à *Czchan-zchunnienne*, un grand nombre de portes triomfales & de colones d'une architecture tout à fait magnifique & d'un gout exquis, embellies par tout de dorures & de festons d'étofes de soye de toute sorte de couleurs les plus vives. On y voyoit aussi en divers endroits des téâtres d'une beauté charmante, où les Comédiens les plus habiles s'éforçoient à l'envi, de représenter en leur perfection les piéces de téâtre les plus dificiles, au concert d'une Musique complette, tant pour les voix que pour les instrumens, le tout entremêlé de divertissemens de Danseurs & de Sauteurs. Tous ces ouvrages se trouvant achevez, Mrs. du Ministére se transportérent en corps devant le Palais Impérial, supliant ce Monarque à genoux & le visage prosterné en terre, de vouloir leur rendre ses bones graces & de vouloir bien envoyer quelqu'un de sa part pour examiner

cette

cette nouvelle structure (1). Mais S. M. *Bogdoi Chanienne* leur fit dire, *qu'elle ne vouloit rien voir de tout cela: & qu'elle ne célébreroit pas non plus le jour de sa naissance à Peking, atendu qu'elle ne seroit pas moins Empereur de la Chine à Czchan-zchunnienne. qu'elle l'étoit à Peking assise sur le trône Impérial* (2).

Le 16. je fis prier les Mandarins Solliciteurs de mes afaires de me venir voir pour des afaires qui regardoient le Conseil : sur quoi on me fit savoir, que l'un d'entr' eux étant malade, l'autre n'oseroit se mêler d'afaires qui regardoient le Conseil, sans le concours de son camarade; ce qui m'obligea de prendre patience jusqu'à ce que celui qui étoit malade seroit rétabli, & que je pourois les

(1) Les honeurs qu'on rend à l'Empereur de la *Chine* vont jusqu'à l'adoration, tous ceux qui veulent avoir audiance de lui, étant obligez de se prosterner trois fois devant lui, de quoi persone ne peut se dispenser, ni même les Ambassadeurs & autres Ministres étrangers : Mr. d'*Ismaïloff* nonobstant sa qualité d'Envoyé Extraordinaire de la *Russie*, ayant été obligé de passer par là, aussi bien que tous les autres.

(2) Le défunt Empereur de la *Chine* tenoit les grands Seigneurs *Chinois* bien court, atendu qu'il savoit bien que dans leurs cœurs ils suportoient toujours impatiemment le joug des *Tartares*. Cependant depuis les grandes exécutions qu'il fit faire dans les premiéres anées de son regne, ce Monarque faisoit rarement punir de mort les grands Mandarins *Chinois*, qui tomboient en sa disgrace, se contentant de les condaner à de si grosses amandes pécuniaires, qu'il les mettoit par là absolument hors d'état de pouvoir entreprendre quelque chose contre son autorité, quelque envie qu'ils en pouvoient avoir d'ailleurs.

les voir tous deux ensemble.

Le 18. 19. & 20. je voulus me servir de l'ocasion de la maladie de mon Mandarin, pour faire quelques visites chez des Marchands de ma conoissance & chez les Péres Jésuites, espérant de les engager par là de venir pareillement me voir à leur tour, & de pouvoir m'entretenir quelquefois avec eux sur le comerce de cet Empire : mais je trouvai partout qu'on me recevoit avec une civilité extrêmement gênée, principalement les Marchands, qui faisoient semblant d'être ocupez à d'autres afaires importantes : desorte que voyant qu'il me seroit assez dificile de parvenir à mon but dans la conjoncture présente, je crus que le meilleur parti que je pourois prendre, seroit de remettre ces sortes de visites à un tems plus convenable. Mais parcequ'ils ne pouvoient point douter qu'une semblable maniére de me recevoir ne m'eût doné ocasion de faire bien des réflexions, ils me firent savoir par main tierce; ,, que mes
,, visites leur seroient toujours très agréables,
,, & qu'ils souhaiteroient de tout leur cœur,
,, de me pouvoir divertir tous les jours du
,, mieux que les coutumes du Pays le leur
,, permettoient, & de venir me voir pareille-
,, ment dans l'ocasion , si ce n'étoit la peur
,, des Soldats qui me suivoient par tout, qui
,, les en empêchoit : car en cas qu'on ne pla-
,, çat pas ces Gens dans la même chambre,
,, où ils seroient avec moi, & qu'on ne leur
,, donat pas tout ce qu'ils souhaiteroient, ils
,, pouroient les acuser d'avoir avec moi un
,, comerce clandestin de grande importance,
,, ou

,, ou quelque autre négociation suspecte, ce
,, qui ne manqueroit pas de leur couter une
,, some considérable, & peut-être même de
,, les ruiner entiérement ,,. (1) Il est vrai
que Mrs. les Péres Jésuites ne pouvoient pas
avoir tant à craindre de l'insolence des Soldats de ma Garde que les Marchands, la
qualité de Gens de Cour qu'ils portent, leur
donant une tout autre considération parmi
le Peuple que ne l'ont les Gens ordinaires;
mais en qualité d'étrangers ils prétendoient,
qu'ils étoient obligez de prendre toutes les
précautions possibles, pour ne pas doner lieu
à des soupçons (2). Cet avis ne me surprit
aucu-

---

(1) Les Princes de la Maison *Tartare*, qui regne à
présent dans la *Chine*, ont apris aux dépens de leurs
ancêtres, qu'ils ne doivent pas se reposer beaucoup
sur la fidélité de la Nation *Chinoise*; c'est pourquoi
toute la Milice de l'Empire est quasi composée de
Tartares Moungales, qui jouissent à cette ocasion de
plusieurs prérogatives fort considérables, ce qui les
rend extrêmement insolens & quasi insuportables
envers les *Chinois*: & come le nombre de ces *Tartares*
ne seroit pas naturellement assez grand pour tenir en
bride un Empire aussi étendu que la *Chine*, le défunt
Bogdoi-Chan trouva à propos, pour en augmenter le
nombre, de faire un réglement, portant que tous les
Tartares Moungales homes & femmes, qui se marieroient
à l'avenir à des *Chinois* ou *Chinoises*, seroient obligez
à faire élever leurs enfans selon les coutumes des
Moungales, & à leur faire aprendre la Langue *Moungale*, & que moyennant ces précautions, ces enfans nez
d'un *Moungale* & d'une femme *Chinoise* ou d'une femme *Moungale* & d'un *Chinois*, seroient censez *Moungales*
naturalisez, & que come tels ils jouiroient de toutes
les prérogatives de cette Nation, sans aucune distinction d'avec les *Moungales* naturels.

(2) Ce n'étoit qu'une excuse des Péres Jésuites pour
se

SIEUR LANGE,

aucunement, sur tout à l'égard d'une Nation, dont je conoissois déja passablement le génie, atendu que dans les afaires d'une nature aussi dificile, que l'étoient celles que j'avois à ménager, les comencemens sont d'ordinaire fort épineux par tous les Pays du monde: mais je ne laissai pas pour cela de me flater, que cette entrée dèsavantageuse dans l'exercice de ma charge aloit dans peu changer à mon avantage, d'abord que S. M. *Bogdoi-Chanienne* auroit reçu la Lettre de créance de l'Empereur mon Maitre.

Le 22. mes Mandarins vinrent tous deux me voir pour savoir ce que j'avois à proposer au conseil: sur quoi je les priai:

„ (1) De faire souvenir en mon nom l'*Al-*
„ *legamba* ou Président du Conseil des afai-
„ res étrangéres, qu'on avoit laissé la Let-
„ tre de Créance de S. M. *Czarienne* bien
„ au delà du terme acoutumé entre mes
„ mains & que j'atendois par son canal les
„ ordres de S. M. *Bogdoi-Chanienne*, quand
„ il lui plairoit de la recevoir.

„ (2) De vouloir informer ledit Prési-
„ dent, que j'avois résolu de louer une mai-
„ son pour moi dans le voisinage de l'hôtel
„ de *Russie* vers le tems de l'arivée de la ca-
„ ravane,

se défaire honêtement des visites du Sr. *Lange*, dont la persone ne leur pouvoit pas être infiniment agréable, résidant à *Peking* come il faisoit pour ménager les afaires d'un Monarque, qui avoit fait chasser tous les Jésuites de son Empire, voulant qu'à l'avenir il ne vînt point d'autres Missionaires de la Religion *Catholique-Romaine* en ses Etats, que des Capucins.

„ ravane, afin qu'on pût réparer en atendant ledit hôtel, qui ménaçoit ruine de vieillesse, & qui pouroit bien être abatu entiérement par les pluyes qui aloient venir; qu'à moins de cette réparation le Comissaire n'y sauroit venir loger à son arivée à *Peking*, excepté qu'il ne voulût s'exposer de gayeté de cœur à faire des pertes considérables.

„ (3) De vouloir demander pour moi un passeport avec l'escorte nécessaire, pour quelque bagage resté à *Peking* du tems de l'Ambassade, que j'avois à expédier incessament pour *Selinginskoi* (1).

Ledit bagage étoit une partie de soye crue, que j'avois achetée pour le compte du Sr. *Nicolaï Christizij*, pour caisse & effets, qu'il avoit laissez entre mes mains (2).

La réponse que je reçus immédiatement après de ces Mrs. portoit en substance; „ que „ l'Empereur lui même m'ayant assigné cette

---

(1) *Selinginskoi* est la dernière Forteresse de la dépendance de la *Russie* vers le *Nord-Ouest* de la *Chine*; cette Ville est située dans le Pays des *Moungales* sur la rive droite de la Riviére de *Selinga* à 30. journées de *Peking* & à 51. Deg. 30. Min. de Latit. Le climat de *Selinginskoi* est fort doux, & le terroir des environs très bon: mais les *Moungales Occidentaux* qui l'habitent, n'ont pas l'usage de cultiver les terres; cependant tout ce qu'on y séme & plante réussit à merveille.

(2) Par toute la *Russie* on ne se sert quasi que de soye de la *Chine*: aussi est elle certainement la meilleure du monde, tant pour la beauté que pour la bonté, étant une afaire de fait, qu'avec deux livres de soye de la *Chine*, on va plus loin dans les manufactures, qu'avec trois livres de soye de *Perse* & d'*Italie*.

„ te maison pour mon logement, persone ne
„ s'exposeroit facilement à lui insinuer, que
„ je n'en étois pas content, & qu'à moins
„ d'une permission spéciale de sa part, per-
„ sone en tout *Peking*, fût ce le Prince Im-
„ périal même, n'oseroit me louer une mai-
„ son, vû que cela auroit l'aparence, co-
„ me si S. M. *Bogdoi-Chanienne* n'avoit pas
„ une maison logeable à doner à une perso-
„ ne étrangére ,, . A quoi je répliquai :
„ que je ne doutois aucunement qu'un si
„ grand Monarque n'eût assez de maisons,
„ pour pouvoir loger tout autant d'étrangers
„ qu'il lui plairoit, mais que j'étois très per-
„ suadé, que dès que S. M. *Bogdoi-Cha-*
„ *nienne* seroit informée de l'état de cette
„ maison, elle ne voudroit pas m'obliger à
„ y demeurer davantage : qu'au surplus c'é-
„ toit agir directement contre le Droit co-
„ mun reçu par tout l'Univers, de vouloir
„ gêner une persone publique jusqu'au point
„ de l'empêcher de louer pour son argent u-
„ ne maison, où elle pouroit avoir sa como-
„ dité, sans en avoir fait parler auparavant
„ au Monarque même ,, . Ils me répondirent là dessus ; ,, que les maniéres qui é-
„ toient en usage en *Europe*, n'étoient point
„ reçues chez eux : & que, come tous les autres
„ Pays du monde avoient leurs coutumes
„ particuliéres, la *Chine* avoit aussi les sien-
„ nes, qui ne sauroient être changées, pour
„ quelque raison que ce pût être ,, . Ils me
dirent même nettement, qu'ils ne pouvoient
pas écrire au Conseil sur ce sujet, d'autant
qu'ils savoient certainement que persone n'oseroit

roit en faire la propofition à l'Empereur. Sur quoi leur ayant répondu, ,, que cela é-,, tant, il faloit bien que je priffe patience, ,, jufqu'à ce que l'impoffibilité d'y refter da-,, vantage m'obligeroit d'avoir recours à d'au-,, tres mefures ,,; Ils me firent d'eux mêmes la propofition, ,, s'il ne fe pouroit pas qu'on ,, fupliat le *Chan* de me faire doner une autre ,, maifon, fans alléguer que celle que j'ocu-,, pois préfentement étoit fi mauvaife ,,: mais voyant que je ne prétendois en fortir que parcequ'elle étoit fi délabrée, ils perfiftérent à dire, qu'il étoit impoffible qu'on en pût faire la propofition à S. M. fur ce pié là.

Le 23. les fudits Mandarins vinrent derechef me trouver pour me dire, ,, que le ,, Préfident confulteroit les autres Membres ,, du Confeil fur ma Lettre de Créance, & ,, qu'il en feroit fouvenir l'Empereur, lorf-,, que l'ocafion s'en préfenteroit: Mais que ,, par raport à l'expédition du bagage, il ,, faloit que je priffe patience jufqu'après le ,, jour de la naiffance de l'Empereur, puif-,, que les préparatifs de cette Fête ocupoient ,, tellement à préfent tout le monde, qu'il ,, étoit abfolument impoffible de vaquer à ,, aucune autre afaire, de quelque impor-,, tance qu'elle pût être.

Le 1. d'Avril l'*Ahloye* ou Maitre des cérémonies du *Chan* me fit inviter par ordre de S. M. *Bogdoi Chanienne* de venir à *Czchan-zchunnienne*: fur quoi n'ayant pas manqué de m'y rendre à l'inftant, je n'y fus pas fitot arivé que j'envoyai faire favoir mon arivée

...e au fusdit *Ahloye*. Et étant alé enfuite le ...oir en fon logis, j'apris de lui, que S. M. *Bogdoi-Chanienne* avoit été dans l'intention ...e m'admettre le même jour encore à l'au...iance, mais que d'autres afaires lui étant ...urvenues inopinément, elle lui avoit ordoné ...e me mettre en mains une piéce qui étoit ...chevée de la tapifferie, à laquelle on travail...oit pour S. M. *Czarienne*, afin que je la ...uffe envoyer d'avance en *Ruffie* par un Ex...près, & affurer la Cour que les piéces qui ...eftoient à faire ne manqueroient pas d'être ...achevées en trois mois (1). Je me fervis de l'ocafion du paffeport & du convoi, qu'il me faloit pour l'expédition de cette piéce de tapifferie, pour prier ce Seigneur, „ qu'il
„ voulût avoir la bonté de faire enforte que
„ S. M. fît ordoner au Préfident du Confeil
„ des afaires étrangéres de me doner en mê-
„ me tems un paffeport & l'efcorte néceffaire
„ pour le bagage reftant de l'Ambaffade, que
„ j'avois à expédier: & qu'il voulût encore
„ prendre la peine de s'informer, quand il
„ plairoit à S. M. de recevoir la Lettre de
„ Créance de S. M. *Czarienne* dont j'étois
„ chargé „. Là deffus l'*Ahloye* m'ayant prié de m'arêter en fa maifon, en atendant qu'il iroit en faire la propofition à l'Empereur,

(1) Les tapifferies *Chinoifes* font ordinairement faites de Satin à grandes figures de broderie d'or & de
foye, d'un coloris extrêmement brillant, mais d'un
deffein peu corect. On n'en trouve guéres d'ajuftées
pour l'ameublement d'un apartement, à moins qu'on
ne les faffe comander exprès pour cet effet, ou qu'on
ne les raffemble de divers endroits.

reur, il me raporta à son retour; *que S. M. feroit incessament doner ses ordres au Conseil, afin qu'il eût à me pourvoir des passeports & escortes nécessaires, tant pour la Tapisserie que pour le bagage que je voulois expédier: Mais que cela ne se pouroit faire qu'après la Fête: Que pour ce qui étoit de la Lettre de Créance, il n'avoit pas trouvé à propos d'en parler à l'Empereur, atendu qu'il lui paroissoit que S. M. se souvenant d'ailleurs de ma persone, elle n'auroit garde d'oublier ma Lettre de Créance* (1). Cependant il me dona

_____

(1) Le défunt Empereur de la *Chine* malgré son grand âge, avoit encore la mémoire si excellente peu de tems avant sa mort, qu'un Pére Jésuite *Flamand*, qui est encore à *Peking*, raconta à un de ses amis *Catholique-Romain* de la suite de Mr. d'*Ismaïloff*, qu'il y avoit environ 20. ans & davantage, que ce Monarque lui ayant montré un jour un *Pivert*, lui demanda s'il y avoit aussi de cette espéce d'oiseaux en son Pays, & qu'ayant répondu qu'*oui*, il avoit été obligé de lui en dire le nom en *Flamand*: que peu de tems avant l'arivée de Mr. d'*Ismaïloff*, l'Empereur ayant jeté par hazard les yeux sur un semblable oiseau, s'étoit avisé de lui demander derechef, s'il s'en trouvoit de la même espéce en son Pays, & qu'ayant répondu cette fois que *non*, ce Prince lui demanda, *pourquoi il ne lui disoit pas la vérité; & s'il ne se souvenoit pas, que dans un tel tems il lui avoit dit, qu'il y avoit de semblables oiseaux en son Pays*: sur quoi lui Pére Jésuite ayant avoué qu'il étoit déja si longtems hors de la *Flandre*, qu'il ne sauroit en conscience asurer positivement, s'il y en avoit ou non; l'Empereur lui demanda, *s'il n'en savoit donc pas le nom*, à quoi ayant pareillement répondu que *non*, ce Monarque trouva fort plaisant, que lui Jésuite avoit oublié sa Langue Maternelle, tandis qu'il se souvenoit fort bien encore qu'il lui avoit dit 20. ans passez, qu'on trouvoit de semblables oiseaux en son Pays, & qu'on les apeloit d'un tel nom, lui en disant en même tems le nom en *Flamand*.

dona en quelque maniére l'assurance, que le *Chan* ne différeroit pas longtems à la recevoir; ensuite de quoi il me fit des excuses de ce qu'il ne pouroit pas m'entretenir plus longtems, parcequ'il étoit obligé à s'en retourner incessament à la Cour.

Le 2. on devoit selon la coutume ordinaire célébrer en grande magnificence à *Czchan-zchunnienne* le jour de la naissance de l'Empereur, mais d'autant que S. M. étoit encore mécontente du Ministére, elle ne reçut que les complimens ordinaires à cette ocasion, sans aucune autre cérémonie: après quoi chacun se retira chez lui. J'eus come les autres l'honeur de faire mes complimens à S. M. sur sa fête. Ce qui me parut mériter le plus d'être vu en cette ocasion étoient 3000. Vieillards, dont le moins âgé avoit 60. ans, qui par ordre exprès de l'Empereur avoient été mandez à *Peking* de toutes les Provinces de l'Empire. Ils étoient tous habillez de jaune, qui est la couleur des livrées Impériales; & après qu'ils furent arivez à *Czchan-zchunnienne* en marche de parade, ils alérent se ranger dans la Cour du Château, où ils eurent l'honeur de faire leurs complimens à l'Empereur: ensuite de quoi S. M. leur fit distribuer à chacun sans distinction 4. *Laen* d'argent & les renvoya chez eux.

Le même jour le Prêtre *Laurentij* de l'Eglise de *St. Nicolas* à *Peking*. (1) me présenta un

---

(1) Ceux du culte *Grec* n'ont qu'une seule Eglise à *Peking*, mais les *Catholiques-Romains* y ont trois Eglises

un mémoire de quelques dettes, qu'il avoit à prétendre de divers particuliers de cette Ville par raport à la succession du défunt Archi-Mandrite, en me priant de lui vouloir acorder mon assistance en cette afaire.

Le 3. ayant reçu du Conseil le passeport nécessaire pour le Courier que je devois faire partir avec la piéce de tapisserie, je le dépêchai le même jour encore sous l'escorte d'un Courier *Chinois*.

Le 8. quelques inconus étant entrez chez moi me firent dire par le moyen de mon interpréte, ,, qu'ils avoient acheté pour moi ,, un certain nombre de Brebis; mais que si ,, je ne voulois pas les avoir en nature, ils ,, étoient prêts à me doner une demie *Laen* ,, en argent pour chaque Brebis ,,. Je ne manquai pas de renvoyer encore ceux-ci de la même maniére que le premier, en leur faisant savoir, ,, qu'il faloit qu'il vînt quel- ,, qu'un du Colége qui a la direction des ,, maga-

---

ses publiques fort magnifiquement bâties, où l'on voit tous les Dimanches & jours de Fêtes une affluence extraordinaire de monde de toute condition, étant permis à un chacun de se faire de la Religion *Catholique-Romaine*. Cependant l'on y trouve cette singularité, que les homes ne se découvrent point la tête pendant le Service Divin, parceque c'est une espéce d'infamie chez les *Chinois*, d'avoir la tête découverte, & qu'on n'y voit point de femmes, à cause qu'elles ont leurs Eglises particuliéres. Le défunt Empereur de la *Chine* favorisoit même le culte de l'Eglise *Romaine* à un tel point, qu'il avoit ordoné que tous les fils des Mandarins qui étudioient sous la direction des Péres Jésuites seroient obligez d'aler tous les Dimanches & jours de Fêtes à leurs Eglises, ce qui dona terriblement de l'inquiétude aux *Bonzes Chinois*.

„ magazins des vivres de l'Empereur, pour
„ m'indiquer les gens qui devoient m'aporter
„ des provisions,,. Ils tentérent encore en
diférentes ocasions de faire entrer de cette
maniére du bois & d'autres provisions chez
moi, sans que je puße jamais aprendre qui
ils étoient, ou de la part de qui ils venoient.

Le 11. je reçus le passeport pour le bagage
du Sr. *Nicolai Christizij*, que je dépêchai
deux jours après de *Peking*, sous l'escorte
d'un Courier *Chinois*; le Président du Conseil me fit dire en même tems; „ qu'il ne
„ faloit pas que je fiße beaucoup de sembla-
„ bles expéditions, tandis que les nouveaux
„ traitez de comerce entre les deux Empires
„ ne seroient pas encore ratifiez dans les for-
„ mes acoutumées, vû qu'on n'avoit pas
„ entendu consentir à un paßage continuel
„ par petites caravanes, come moi même
„ j'en savois sufisament les raisons, ayant
„ assisté à toutes les conférences tenues à ce
„ sujet.

Le 13. j'apris que S. M. *Bogdoi-Chanienne* aloit partir inceßament pour *Jegcholl*, qui
est une Ville nouvellement bâtie avec un magnifique Château hors de la grande muraille,
à 440. *Ly* ou 2. journées de poste à l'*Orient*
de *Peking*, où elle est acoutumée de paßer
la belle saison à la chaße & à d'autres divertißemens de la campagne.

Le 14. je montai à cheval pour aler trouver le Président du Conseil, mais étant arivé à sa porte, la Garde m'arêta jusqu'à ce
qu'on lui eût anoncé mon arivée. Incontinent après, il m'envoya un de ses Domesti-

ques pour s'informer : *si je venois à dessein de lui faire une visite, ou si j'avois à lui parler d'afaires, & en cas que je vinsse pour afaires, que je voulusse les comuniquer auparavant à ce domestique, afin qu'il pût informer son Maitre de quoi il s'agissoit.* Je fis faire mes complimens au Président par ce messager & lui fis dire, *que je venois pour lui faire une visite : mais que si c'étoit pour des afaires que je venois, elles regarderoient aparemment le Maitre & non le Valet.* Après quoi le même domestique étant revenu me dit, *que je serois le bien venu à son Maitre.* (1). Etant entré là dessus dans la Cour, le Président sortit de son apartement pour me recevoir, & m'ayant présenté la main après quelques complimens réciproques, il me mena dans un salon ouvert, où nous nous assimes l'un auprès de l'autre. On servit d'abord du Thé avec du Lait à la maniére des *Chinois* ; & après avoir été assis quelque tems je le priai de faire souvenir S. M. *Bogdoi-Chanienne* que j'avois des Lettres à lui présenter de la part du *Czar* mon Maitre, & que je serois bien aise de savoir s'il lui plairoit de les recevoir avant son départ. Il me répondit là dessus, tout come le Maitre des cérémonies avoit déja fait ; ,, que S. M. ne ,, l'ignoroit point : que selon les aparences elle

---

(1) Dans la *Chine*, lorsqu'on vient voir un Mandarin, de quelque ordre qu'il puisse être, pour des afaires qui regardent sa Charge, le Mandarin est obligé de mettre les habits afectez à son ordre, faute de quoi il est condané à de grosses amandes.

,, elle sauroit bien d'elle même quand il se-
,, roit tems recevoir ces Lettres, sans
,, qu'on l'en fît souvenir: & que si l'on vou-
,, loit en agir autrement, il sembleroit co-
,, me si lui ou moi nous voudrions prescrire
,, à S. M. un tems pour faire quelque cho-
,, se ,,. Je me donai toutes les peines imaginables pour l'engager d'une ou d'autre maniére en cette afaire, mais en vain, & il falut à la fin que je m'en tinsse à cette même
réponse, à cela près qu'il y ajouta; ,, que
,, si S. M. n'eût pas voulu accepter ma Let-
,, tre de Créance, elle n'auroit eu garde de
,, consentir que je résidasse à sa Cour en
,, qualité d'Agent: & que Mr. d'*Ismailoff*
,, s'étant assez expliqué touchant les raisons
,, pour lesquelles j'étois resté à *Peking*, cet-
,, te Lettre ne pouvoit rien contenir qui fût
,, si pressant. ,, Je lui répliquai à cela;,, qu'en
,, *Europe* les Monarques n'étoient point a-
,, coutumez, lorsque S. M. *Czarienne* leur
,, écrivoit des Lettres, de laisser passer tant
,, de tems sans les recevoir; & qu'ils ne
,, trouvoient non plus mauvais que le Mi-
,, nistére les fît souvenir de ces sortes d'afai-
,, res importantes: que partant je ne m'étois
,, aucunement atendu à la *Chine* à une ré-
,, ponse de cette nature. Mais d'autant que
,, c'étoit une chose à laquelle je ne pouvois
,, pas remédier, il faloit que je prisse pa-
,, tience jusqu'à ce qu'il plairoit à Sa Maj.
,, *Bogdoi-Chanienne* d'en disposer autrement.
Le 16. je montai encore à cheval pour
aler voir voir l'*Allegadah* ou premier Ministre,
dans l'espérance d'en tirer une résolution plus

avantageuſe par raport à mon afaire, que n'avoit été celle du Préſident du Conſeil. Etant arivé à ſon hôtel on me laiſſa à la vérité entrer dans la Cour; mais come je n'avois pas envie d'entrer dans la chambre de ſes domeſtiques, je fus obligé de m'arêter dans la Cour, juſqu'à ce qu'on lui eût notifié mon arivée: il ne manqua pas tout come l'autre de m'envoyer un domeſtique pour s'informer du ſujet de mon arivée; & lui ayant fait ſavoir, que je ſouhaitois d'avoir l'honeur de le voir & de l'entretenir d'une afaire, dont je ne ſaurois m'expliquer à ſon domeſtique, ce même domeſtique revint un moment après me dire; *mon Maitre vous remercie, Monſieur, de la peine que vous avez bien voulu prendre; il ſe porte fort bien, mais il n'eſt pas en comodité de vous voir.*

Le 17. je m'en fus encore en ſon voiſinage, & ayant envoyé mon interpréte à ſon hôtel pour ſavoir s'il vouloit permettre que je puſſe le voir pour un moment, il me fit répondre que cela ne ſe pouvoit point, parcequ'il étoit ſur le point de ſortir pour aler trouver S. M. & que même il ne ſavoit pas quand il auroit le tems de me parler. C'eſt pourquoi voyant à la fin que c'étoit une afaire qui ne vouloit pas être preſſée je pris le parti de la laiſſer dormir pour quelque tems.

Le 19. j'alai voir un Pére Jéſuite *Alemand*, qui étant une vieille conoiſſance & de mes amis depuis mon premier voyage en ce Pays, ne fit point de façon de me dire, que pluſieurs des premiers Mandarins de la *Chine* déſaprouvoient fort que le *Chan* eût conſenti à mon ſéjour

séjour à *Peking* (1); mais que come il n'y avoit persone dans tout l'Empire qui fût assez hardi pour oser trouver à redire aux actions de ce Monarque, à moins que de se vouloir exposer à un terrible hazard, il y avoit aparence qu'ils s'acoutumeroient insensiblement à ma persone (2). Il me dit encore qu'il avoit envoyé diverses fois son valet à mon quartier pour me faire ses complimens, mais que la Garde qui étoit à l'entrée de la maison l'avoit toujours renvoyé, come un home qui n'avoit rien à faire chez moi; que cependant il croyoit bien qu'elle n'auroit pas été tout à fait si intraitable, s'il eût voulu leur doner la piéce. Il me recomanda fortement de ne faire aucune recherche de ce qu'il

(1) La Nation *Chinoise* regardant come saintes & inviolables ses anciennes Loix & coutumes, il ne faut pas s'étoner, si elle soufroit impatiemment la résidence d'un Agent de *Russie* à *Peking*, come étant directement contraire aux constitutions fondamentales de l'Empire, qui interdisent absolument aux *Chinois*, de sortir hors de l'Empire, & aux étrangers, d'y venir établir un domicile fixe.

(2) La grande quantité de sang que le défunt Empereur de la *Chine* fut obligé de faire répandre dans les premiéres anées de son Regne, afin de pacifier l'Etat, jeta une si grande terreur dans les cœurs de tous les *Chinois*, que les plus grands Seigneurs de l'Empire n'oserent s'aprocher du depuis de sa persone, qu'en tremblant: cependant au fonds ce Monarque n'étoit rien moins qu'un Tiran, puisqu'il aimoit extrêmement la Justice, & qu'il épargnoit le sang de ses sujets tant qu'il étoit possible. Il avoit même défendu par tout son Empire sous des peines très rigoureuses de faire exécuter à mort aucun criminel, pour quelque crime que ce pût être, à moins qu'il n'eût confirmé & signé en persone la sentence de mort.

qu'il venoit de me dire, parcequ'il ne vouloit pas paroitre dans cette afaire, & qu'il sufisoit que j'en fusse informé pour prendre mes mesures là-dessus dans l'ocasion.

Il y a à *Peking* un grand nombre de petits Marchands ou plutot de Colporteurs, qui, d'abord qu'ils aprennent qu'il est arivé des étrangers soit de *Russie* ou d'ailleurs, viennent leur aporter dans leur quartier de toute sorte de marchandises, qu'ils tirent en partie des Lombards en partie des autres maisons particuliéres de toute qualité, qui ont des marchandises dont ils souhaitent se défaire. Et chez ces gens on trouve souvent bien mieux son fait, tant en toutes sortes de curiositez qu'en étofes de soye, que dans les boutiques. C'est pourquoi je proposai à quelques uns d'entre eux de m'aporter de tems en tems ce qu'ils auroient de plus curieux, soit en étofes soit en bijoux ou d'autres marchandises de prix, afin que je pusse parvenir avec le tems à une conoissance exacte de toutes les marchandises qu'on trouve en cette Ville. Là dessus ces gens me représentérent que je pouvois bien croire qu'ils ne demandoient pas mieux que de gagner, atendu que c'étoit leur métier, & que par conséquent ils ne manqueroient pas de faire ce que je souhaitois d'eux, si la maison étoit partagée entre plusieurs ménages; parceque les marchandises qui ne conviendroient pas à l'un pouvant être du gout de l'autre, ils débiteroient toujours quelque chose : mais qu'ocupant seul la maison, come je faisois, & ayant une si nombreuse Garde à ma porte, ils ne sauroient le faire, par la raison qu'avant qu'on leur permettoit l'entrée dans la maison, ils étoient obligez de convenir avec les Soldats de la Garde, combien ils leur doneroient en sortant: & soit qu'ils vendissent quelque chose ou non, il faloit également qu'à leur sortie ils leur donassent l'argent dont ils étoient convenus avec eux en entrant.

Le 20. j'envoyai demander aux Mandarins qui étoient chargez du soin de mes afaires; „ s'ils avoient conoissance de ce que les „ Soldats de la Garde, qui étoit à ma por- „ te, ne laissoient entrer persone chez moi, „ à moins qu'on ne leur donat de l'argent„. Ils me firent savoir en réponse; „ qu'ils „ n'en savoient rien du tout, mais qu'ils ne „ manqueroient pas d'en faire une exacte re- „ cherche, & qu'en cas qu'il se trouvat que „ telle chose étoit arivée par le passé, par „ l'ignorance des Soldats qui étoient en fac- „ tion, ils y metroient bon ordre pour l'a- „ venir„. Effectivement j'apris dans la suite qu'ils en avoient parlé aux Oficiers de la Garde, qui leur répondirent; „ qu'ils a- „ voient ordre de garder soigneusement cette „ maison & de veiller atentivement à ce que „ la canaille, qui est d'ordinaire extrêmement „ insolente, ne trouvat pas moyen d'entrer „ dans la Cour & d'y voler quelque chose; „ & que, comé c'étoit à eux à en répondre, „ il faloit qu'ils prissent les précautions qu'ils „ trouvoient nécessaires pour cet effet„. Ils vinrent me raporter cette réponse comé un argument sans réplique; mais je les assurai que, quand la Garde laisseroit entrer chez moi, tous ceux qui viendroient me voir pendant le jour, je ne la rendrois responsable d'aucun vol, qui pouroit être fait chez moi, atendu que j'avois moi-même des domestiques, qui pouroient chasser de la Cour de mon logis, ceux qui auroient la hardiesse d'y entrer, sans y avoir afaire.

Il faut remarquer en cette ocasion, que les *Chinois* ont la maniére de ne s'expliquer qu'une seule fois sur une proposition; & après avoir doné une fois une réponse sur quelque matiére que ce puisse être, ils se tiennent toujours clouez à cette réponse, come à un argument infaillible. En sorte qu'on a beau tourner avec eux une afaire de vingt côtez diférens, pour les convaincre d'une maniére ou d'autre de leur erreur, ou pour les faire revenir de leur sentiment, on n'y fait que perdre sa peine, atendu qu'ils se tiennent fermement liez à leur premiére parole. Et c'est une régle généralement reçue chez tous les *Chinois*, soit grands, soit petits, sur tout lorsqu'ils ont afaire à des étrangers; ensorte que toutes les fois qu'il s'agit de quelque proposition, que leur intérêt ou leur vanité les empêche de gouter, on peut compter certainement, qu'après des disputes infinies, on sera à la fin obligé de recevoir la parole qu'ils ont prononcée dans le comencement pour toute réponse, soit qu'elle y convienne ou non.

Le 21. je parlai au Brigadier de ma Garde de cette afaire. C'est un home qui a l'estime générale de tout ce qu'il y a de gens de mérite dans l'Empire. Il y a quelques anées qu'il

qu'il ocupoit une des premiéres Charges de l'Etat, mais il fut disgracié & fait Brigadier, à cause de la mauvaise conduite de son Frére. Je puis dire que c'est bien le plus digne home que j'aye conu à la *Chine*, plein d'honeur, de raison & de probité, & les Péres Jésuites couviennent avec moi, qu'il n'a pas son pareil dans toute l'étendue de ce vaste Empire. Il désaprouva d'abord extrêmement la conduite des Oficiers & des Soldats de la Garde, mais il me représenta en même tems;
„ qu'ayant des ordres précis de l'Empereur
„ d'empêcher soigneusement, que toute sor-
„ te de canaille ne pût entrer & sortir chez
„ moi à leur fantaisie, afin qu'on ne me fît
„ pas quelque insulte, il n'avoit pu que do-
„ ner les mêmes ordres aux Oficiers de ma
„ Garde ; mais que pour les empêcher do-
„ rênavant d'abuser de ses ordres, il vien-
„ droit régulièrement deux fois par semaine
„ en mon quartier, pour avoir l'œil sur leur
„ conduite„. Ce qui me dona à la vérité le moyen de lier une amitié particuliére avec lui ; mais ni moi ni toutes les menaces que le Brigadier pût faire aux Oficiers & Soldats à ce sujet, & même les effets rigoureux qu'il leur en fit ressentir en diverses ocasions, ne purent réprimer l'avidité insatiable de ces gens de guerre, qui croyent être fondez en droit d'exiger des contributions de ceux qui négocient avec les étrangers. Enfin il m'auroit été insuportable de continuer d'être à la merci des chicanes, que cette prétendue Garde d'honeur s'étudioit tous les jours à me faire, si je n'avois eu l'espérance que ma

Lettre de Créance aloit être reçue incessament, & qu'après cela je pourois faire ma Charge avec plus d'agrément.

Le 23. mon interpréte ayant rencontré un de nos Débiteurs le fit souvenir des promesses qu'il avoit faites à Mr. l'Envoyé Extraordinaire *Ismailoff*, & l'assura que, pour peu qu'ils diféreroient de me contenter, ils aloient être arêtez tous, atendu que cette afaire ne soufroit plus de retardement; sur quoi il lui promit de venir me voir en 2. ou 3. jours avec ses camarades, & de faire tout son possible que ce ne fût pas à mains vuides.

Le 26. deux de ces Débiteurs se rendirent chez moi avec un Marchand *Chinois*, qui leur avoit servi de caution. Ils m'anoncérent dès l'abord qu'un de leur compagnie apelé *Dzchun-Dzchan*, qui nous étoit redevable de 1400. *Laen* argent fin, étoit mort l'anée passée: mais come j'étois instruit que trois d'entr'eux s'étoient obligez solidairement les uns pour les autres en tel cas, ce dont ils ne pouvoient pas disconvenir eux mêmes, il falut que cette some fût portée sur le compte des interessez survivans. De ces deux Débiteurs qui vinrent chez moi, l'un apelé *Dzchin-Borche* se trouvoit encore en ariére de 700. *Laen*, selon le dire de mon interpréte, mais il ne convenoit que de 650. *Laen*: l'autre apelé *Dzchin-Sanga* devoit fournir 340. *Thun*. de *Kitaika*. (1.) à l'arivée de la prochaine

(1) C'est une sorte de toile de coton lustrée très forte.

prochaine Caravane à *Peking*, & cela en vertu d'un billet qu'il en avoit fait au Comissaire *Gusaitnikoff* payable à lui ou à son ordre. Je leur dis, ,, que quoique je n'eusse pas entre ,, mes mains les obligations qu'ils avoient ,, donées au S. *Gusaitnikoff*, cela ne les de- ,, voit pourtant pas empêcher de payer ces ,, dettes à moi, sinon tout à la fois, du ,, moins peu à peu, à mesure que leurs for- ,, ces le leur permettroient, atendu que c'é- ,, toit un argent qui devoit entrer dans l'é- ,, pargne de S. M. *Czarienne*; & que lors- ,, qu'ils m'auroient payé le tout, je leur fe- ,, rois mon billet de mortification, qui ren- ,, droit éteintes & de nulle valeur leurs o- ,, bligations, qui étoient entre les mains du- ,, dit Sr. *Gusaitnikoff* ,, (1). Sur quoi ils répon-

forte & serrée, qu'on fait à la *Chine* de toute sorte de couleurs, dont il se fait un débit fort considérable par toute l'*Asie Septentrionale*.

(1) Le comerce entre la *Russie* & la *Chine* est à présent un Monopole afecté uniquement au trésor de la *Sibérie*, aucun des sujets de la *Russie* n'osant sous peine de la vie se mêler publiquement de ce comerce, que pour le compte de la courone, quoique cela se pratique assez souvent par la connivence des *Waiwodes* des places frontieres. En vertu du dernier traité entre les deux Empires on ne peut envoyer de la *Sibérie* que tous les ans une seule caravane à *Peking*, dont la suite ne peut être que de 200. persones tout au plus, au lieu de 1000. & davantage qui la composoient cidevant, & qui étoient entretenues aux dépens du *Chan* de la *Chine* pendant leur séjour sur les terres de cet Empire; ce qui est aussi changé maintenant, ensorte qu'il faut qu'ils se nourissent à leurs dépens. Le Comissaire qui a la direction de la Caravane reçoit à compte du trésor de la *Sibérie* toutes sortes de pelleteries

répondirent; „ qu'ils ne pouvoient qu'être
„ contens de cet expédient, & que confor-
„ mement à la promesse qu'ils avoient faite à
„ Mr. l'Envoyé Extraordinaire de me doner
„ une entiére satisfaction là dessus, ils ne
„ manqueroient pas de faire ensorte, que je
„ pusse toucher effectivement une partie de
„ leurs dettes avant la fin du mois „ . Ces
promesses continuoient de jour en jour en
cette maniére sans le moindre effet; & come
je savo's par ma propre expérience, qu'il n'y
a pas au monde de plus mauvais payeurs que
les *Chinois*, lorsqu'on ne peut pas les y con-
traindre par la force, il me falut songer à
d'autres expédiens.

 Le 1. de Mai, je remis à mes Mandarins
deux mémoires au sujet desdites dettes & de
celles du Prêtre de *St. Nicolas*, en les priant
de vouloir les présenter au Conseil & me comuniquer la réponse qu'on y feroit.

 Le même jour mes Mandarins me mirent
en mains 82. *Laen* 26. *Fun*, argent fin, disant; „ que S. M. *Bogdoi-Chanienne* avoit
„ ordoné de me payer cette some pour la
„ valeur des Brebis, Poissons, Lait & Pou-
„ les des deux mois passez; & qu'à l'avenir il
„ viendroit de 9. jours en 9. jours un Ecrivain
„ du Trésor Impérial m'aporter 12. *Laen* 37.
„ *Fun* en payement desdites provisions, &
„ que pour les autres denrées que je recevois
             „ en

ries & marchandises du crud du Pays, au prix dont
il peut convenir avec les Gardes dudit trésor, & il
doit en payer la valeur à son retour de la *Chine*, en
argent, ou en marchandises du crud de la *Chine*.

„ en nature, on auroit soin de me les en-
„ voyer pareillement par un Comis des ma-
„ gazins, dont on les tireroit„. Desorte
que tout ce que je recevois par mois pour
l'entretien de ma persone, soit en argent,
soit en denrées, pouvoit faire tout au plus
selon le prix courant d'alors 48. *Laen*: mais
on ne me donoit point de fourage pour mes
Chevaux; ce qui faisoit un article considérable à *Peking*, où le fourage est extrêmement
cher.

Après que pendant tout ce jour il eut fait
un fort mauvais tems de pluyes entremêlées
de grands coups de vent, la vieille maison
où j'étois logé, ne pouvant plus résister aux
injures du tems, la muraille de tout un côté
de ma chambre tomba vers la minuit dans la
cour du logis; ce qui me faisant craindre extrêmement pour ce qui en restoit encore, je
fus obligé de me sauver dans une chambre
voisine, pour me mettre en quelque maniére
à l'abri du péril évident, où je me trouvois
exposé. Et quoique cette chambre ne fût
qu'un fort vilain trou, je n'y courois pas si
grand danger, n'étant pas tout à fait si vieille
que l'autre.

Le lendemain 2. du mois, je fis avertir
mes Mandarins de ce qui venoit de m'ariver,
en les priant de faire ensorte qu'on vînt incessamment réparer, sinon toute la maison,
du moins mon apartement; sur quoi ils me
firent assurer, qu'ils aloient y travailler sur
le champ.

Mais le 4. ils changérent de ton, & me
firent savoir qu'on n'y pouvoit rien faire avant
le

le départ de l'Empereur, vû que le Colége qui a la Sur-Intendance des bâtimens étoit si ocupé avec la Cour, qu'il ne pouvoit doner ses atentions à aucunes autres afaires pour le présent. Là dessus je voulus essayer de faire réparer moi même mon apartement par des gens que je fis louer à mes dépens. Mais il manqua de leur en couter bien cher, & les Mandarins me proteslérent, que c'étoit une afaire qui les pouvoit perdre eux mêmes pour jamais, si l'Empereur venoit à savoir, qu'ils eussent consenti que je fisse réparer de mon argent une maison qui lui apartenoit, mais qu'ils m'assuroient qu'on viendroit y travailler au premier jour.

Le 8. S. M. *Bogdoi-Chanienne* partit pour *Jegcholl*, & ayant eu l'honeur de la suivre en cette ocasion jusqu'à 15. *Ly* de *Peking*, S. M. me demanda, *si j'atendois bientot la Caravane*. Je lui répondis là dessus, que je n'avois à la verité jusque là aucunes Nouvelles du Comissaire, mais que pour cela je ne laissois pas de compter qu'elle pouroit être en deux mois à *Peking*. Sur quoi elle me fit proposer, *si*, en atendant la Caravane, *je ne voulois pas venir passer mon tems avec la Cour à Jegcholl*. Je reçus une invitation si gracieuse avec toute la soumission qu'elle méritoit, promettant de venir faire la révérence à S. M. à *Jegcholl* le plutot qu'il me seroit possible (1). Mais à mon retour à *Peking* le

---

(1) Le défunt Empereur de la *Chine* étoit extraordi-

SIEUR LANGE.

le Gouverneur de la Ville me fit favoir; ,, que ,, je ne pourois pas fuivre l'Empereur, avant ,, que S. M. eût fait expédier les ordres né- ,, ceffaires à lui & au Confeil, pour me do- ,, ner les chevaux de relais & l'efcorte de ,, Mandarins, dont j'aurois befoin pour ce ,, voyage.,,. En atendant je fis divers a- cords avec quelques particuliers pour diférentes fortes d'ouvrages de vernis que S. M. *Czarienne* fouhaitoit d'avoir ; ce que je ne pus pas faire au prix ordinaire, atendu que ces gens étoient obligez de diftribuer une grande partie de ce qu'ils gagnoient par jour aux Soldats de ma Garde, pour avoir l'entrée libre chez moi.

Le 10. mes Mandarins étant venus me voir, l'un d'entr'eux prit congé de moi, étant, à ce qu'il me dit, nomé par la Cour pour aler en qualité d'Envoyé vers le *Dalaï-Lama* (1), & l'autre me dona des affurances

dinairement afable & gracieux envers les *Européens*, furtout envers ceux qu'il favoit exceller en quelque fcience. Il étoit d'une taille peu comune à ceux de fa Nation, & l'on ne pouvoit conoitre en aucune façon, ni à fon teint, ni à fes traits, qu'il étoit d'extraction *Tartare:* on remarquoit par les feuls os de fes joues, qu'il avoit un peu larges & relevez vers les extremitez, des yeux, qu'il tenoit quelque chofe des *Moungales*.

(1) Le *Dalaï Lama* eft le Grand Pontife des *Callmoucks*, des *Moungales*, & de plufieurs autres Nations Idolâtres du *Nord des Indes*. Il eft adoré come Dieu par tous ces Peuples & paffe dans leur efprit pour immortel: il demeure dans un Couvent auprès de la Ville de *Potala* dans le Royaume de *Tangut*, fur une haute montagne au *Sud* du défert de *Xamo* vers les Fron-

ces positives, que le lendemain de grand matin on comenceroit à travailler à la réparation de mon quartier, & qu'on avoit déja fait provision des matériaux nécessaires pour cet effet. A l'égard de mes deux mémoires au sujet des susdites dettes, il me dit en réponse; ,, que le Président ne les avoit pas ,, voulu recevoir, ne trouvant pas à propos ,, de se mêler de pareilles babioles, d'autant ,, plus qu'il avoit déja averti d'avance Mr. ,, d'*Ismailoff* même, que le Conseil ne ,, s'embarasseroit absolument point d'aucune ,, afaire de dettes. Que cependant il avoit ,, ordoné à lui Mandarin de presser ces débiteurs de me payer, suposé qu'ils fussent ,, en état d'aquiter de pareilles somes.

Le 20. mon Mandarin étant venu s'arêter à ma porte & ayant apris que mon apartement étoit toujours au même état, il envoya un de ses gens me faire des excuses de ce qu'il ne venoit pas me voir, atendu qu'il craignoit que la grande chaleur qu'il aloit faire sur le midi, ne lui causat quelque incomodité. Mais je lui fis dire pour toute réponse; ,, que ,, je n'entendois rien à un semblable compliment, & que je souhaiterois de tout ,, mon cœur qu'il pût être à l'avenir tout à ,, fait dispensé de venir chez moi ,,. Sur cette réponse il prit le parti de venir me trouver lui même & de se plaindre extrêmement de la négligence du Colége qui a la Surintendance

---

tiéres de la *Chine*. Consultez l'*Histoire Généalogique des Tatars.*

dance des bâtimens à pourvoir à la réparation de ma maison, nonobstant qu'il lui eût écrit plusieurs fois sur ce sujet en des termes fort pressans. Je lui demandai, ce qu'il croyoit que le Czar mon Maitre penseroit du traitement qu'on me faisoit, & s'il ne craignoit pas qu'on le pouroit rendre responsable avec le tems d'une pareille conduite : mais s'étant mis à rire, il me dit ; qu'il se passoit bien d'autres choses chez eux & de bien plus grande importance que ne l'étoit celle-ci, sans qu'on osat pour cela aler en porter ses plaintes au Chan, & qu'il ne doutoit point qu'il n'en fût tout de même chez nous. Cependant le Brigadier de ma Garde en ayant été informé ala trouver les Mandarins de ce Colége & les menaça, qu'il iroit lui même avertir l'Empereur, que par leur négligence ils contribuoient à la diminution de sa gloire dans les Pays étrangers, en cas que sans plus diférer, ils ne fissent réparer ma maison dans le jour du lendemain.

Le 25. il vint enfin des ouvriers qui travaillérent à remettre mon apartement en état de pouvoir être habité. Le même jour un de nos Débiteurs apelé *Dzchin-Sanga* vint m'aporter 50. *Thun* de *Kitaika*, mais pour les autres je ne vis aucune aparence d'en tirer quelque chose, d'autant que la misére étoit fort grande chez eux, & que les efforts que mon Mandarin faisoit auprès d'eux tendoient plutot à en atraper de tems en tems de petites gratifications pour lui, qu'à presser férieusement notre payement.

Dans les mois de Juin, Juillet & une
partie

partie de celui d'Aout, il ne se passa à mon égard rien de remarquable à la Cour ou dans le Ministére, parceque tous ceux qui étoient de quelque distinction étoient alez participer aux divertissemens de la campagne. C'est pourquoi je remplirai ce vuide par un raport fidéle des observations, que pendant mon séjour en cette Cour j'ai pu faire, tant par moi même que par le moyen de quelques uns de mes amis, sur l'état présent du négoce de la Ville de *Peking*. Mais je suis obligé en même tems d'avertir le Lecteur qu'il s'en faut beaucoup, que ces observations ne soyent télles qu'elles auroient pu l'être, si je n'avois pas été si gêné, & si on m'avoit laissé jouir des comoditez nécessaires pour m'en pouvoir instruire à fonds.

Ceux de la *Corée*, qui sont tributaires à la *Chine*, viennent tous les ans deux fois à *Peking* (1), savoir au mois de *Mars* & au mois d'*Aout* au nombre de 40 à 50 persones, tant pour payer le tribut à l'Empereur, que pour faire leur négoce, qui consiste principalement dans les marchandises suivantes.

Une

---

(1). La *Corée* est une presqu'Isle à l'*Est* de la grande muraille de la *Chine*: elle est contigue à l'*Ouest*, de la Province de *Léaotung* de la *Chine*, & au *Nord*, du Pays des *Moungales Orientaux*. Les habitans de la *Corée* sont depuis un tems immémorial tributaires à la *Chine*, qui les traite fort durement, ne leur permettant aucun comerce avec les étrangers: cependant ils ne laissent pas de venir clandestinement avec leurs marchandises par la mer du *Japon* dans la Riviére d'*Amur*, & de là par la *Naunda* jusqu'à la Ville de *Naun*, pour y trafiquer avec les *Moungales* & indirectement avec les *Russes*.

Une sorte de gros Papier d'un grand Volume fait de soye crue, qui aproche du gros Papier à enveloper qu'on a en *Europe*: on se sert de ce Papier à la *Chine* pour les fenêtres au lieu des vitres.

Du Papier à figures d'or ou d'argent, pour en revêtir le dedans des apartemens.

Toutes sortes de grands éventails de plusieurs façons.

Des Nates très fines & fort proprement travaillées, dont on se sert pendant l'été au lieu des Matelats.

Du Tabac à fumer coupé fort menu, dont il se fait une grande consomation à la *Chine*, & qui est bien plus estimé par les *Chinois*, que celui qui croît chez eux.

Une sorte de Toile de Coton rayée.

Une sorte de Pelleterie, que les *Russes* apellent *Chorky*, & qu'on nome *Colouk* en Sibérie, qui se trouve en grande abondance à la *Corée*, & dont il se fait un débit considérable à *Peking*.

Une sorte de Poisson sec, qu'ils tirent de certaines grandes Coquilles de la Mer du *Japon*.

C'est avec ces Marchandises qu'ils font leur trafic; & quoiqu'il les faille quasi considérer come une même Nation avec les *Chinois* & en quelque maniére come leurs sujets, ils ne jouissent pas de la moindre liberté pendant leur séjour à *Peking*; toute comunication & conversation leur étant absolument interdite, tant avec les étrangers qu'avec les *Chinois* mêmes: desorte qu'ils ne sont pas regardez avec moins de mépris par les *Chi-*
nois,

nois, que tout le reste des autres Nations de la Terre. Come ils ne sauroient faire de comerce considérable avec leurs marchandises, ils aportent ordinairement de grosses somes d'argent à *Peking*, en piéces de huit d'*Espagne*, & en écus d'*Hollande*, qui sont estimez à la *Chine* être à 5. 6. jusqu'à 7. pour cent de plus bas aloi, que l'argent fin de cet Empire, qu'on apelle comunément l'*Argent du Chan*. Ce qui fait voir que les habitans de la *Corée* doivent avoir quelque comerce avec les Isles du *Japon*, ou du moins avec les Isles situées entre le *Japon* & la *Corée*; nonobstant qu'il soit absolument défendu aux habitans de ce Pays d'avoir la moindre comunication ou comerce avec d'autres Nations, & de recevoir des bâtimens étrangers dans leurs Ports; y ayant pour cet effet toujours un Mandarin de la Cour résidant à la *Corée*, pour avoir l'œil sur les démarches de cette Nation. De cet argent ils achettent à *Peking*:

De la plus fine Soye crue.

D'une sorte de Damas apelé par les *Russes Goly*, & par les *Chinois Couly-Toanza*, ce qui veut dire, Damas de la *Corée*, parce qu'au comencement ceux de la *Corée* étoient les seuls qui tiroient de ces sortes de Damas.

D'une sorte d'Etofe mince de Soye propre pour les doublures, apelée par les *Chinois Fansa*.

Du Thé & des Porcelaines.

De toute sorte de vases de cuivre blanc pour les nécessitez du ménage.

Du

Du Coton.

Ils tirent auſſi des queues de *Zébelines*, pour en border leurs bonets & les cous de leurs robes.

Il y a aparence qu'ils trafiquent en d'autres endroits avec la Soye & les Damas qu'ils emportent de *Peking*, atendu qu'ils en tirent en bien plus grande quantité, qu'il ne leur en faut pour la conſomation de leur Pays.

Lorſqu'il n'y a point de Caravane de Ruſſie ou d'autres gens de cette Nation à *Peking*, on loge ceux de la *Corée* dans l'hôtel afecté au logement des *Ruſſes*; mais lorſqu'il y a des *Ruſſes* en cette Ville, on leur done un autre quartier. Et c'eſt pour cette raiſon que les Chinois apellent cette maiſon *Couly Coanne* ou Magazin des *Coréens*, lorſqu'elle eſt ocupée par les habitants de la *Corée*, & *Uruſſu Coanne* ou Magazin des *Ruſſes*, lorſqu'il y loge des gens de cette Nation.

Dès que ceux de la *Corée*, ſoit qu'ils ſoyent des députez du Pays ou des Marchands, ſont arivez & logez à *Peking*, on nome incontinent deux Mandarins, qui ſe rendent à leur quartier, pour obſerver ceux qui entrent & ſortent chez eux, & pour les examiner ſur le ſujet qui les y améne, & d'où peut venir la conoiſſance qu'ils ont avec ces gens. On fait même poſter des Gardes tout à l'entour de leur quartier, pour empêcher que perſone ne puiſſe avoir quelque coreſpondance ſecréte avec eux. Lorſque quelqu'un de cette Nation veut aler ſortir pour quelque afaire, la Garde le ſuit par tout avec de grands fouets, pour empêcher que perſone ne

ne le vienne aborder sur la rue, & il n'ose
aler voir persone sans la permission de la
Garde. Come les habitans de la *Corée* ne
sont pas acoutumez de monter à Cheval, &
que même ils n'oseroient en monter aucun
de crainte de quelque accident, on leur done une Garde de l'infanterie, qui n'a point
d'autres armes, lorsqu'elle est en Garnison,
que ces fouets. Outre tous ces traitemens
pleins de mépris on fait afficher à leur quartier un Edit de la Cour, portant qu'il est défendu à qui que ce puisse être d'entrer chez
eux sans la conoissance des Mandarins députez pour cet effet, qui, après les avoir exa-
minez sur ce qu'ils y ont à faire, tiennent e-
xactement notice de leurs noms & envoyent
un Soldat avec eux dans la maison, pour
prendre garde à ce qu'ils y vont faire. C'est
une comission fort lucrative que celle des
Mandarins députez à la Garde de ceux de la
Corée, atendu qu'ils ne manquent pas de
doner le comerce avec eux en ferme à la
compagnie des Marchands qui leur en ofre
le plus, ce qui monte quelquefois à des somes considérables, & il n'est permis à persone excepté à ceux de cette compagnie de
trafiquer avec lesdits habitans de la *Corée*.

    Les *Chinois* n'ont quasi point de comerce
avec les *Indes* (1); à l'exception de quelque
petit

---

(1) La *Chine* est séparée des Etats du *Grand-Mogol*
par des déserts sabloneux absolument impraticables
pour les Marchans, & des autres Provinces des *Indes* par des montagnes fort dificiles à passer; ce qui
empêche quasi tout comerce entre ces diférens E-
tats.

petit trafic, qui se peut faire sur les Frontiéres avec les sujets des Etats voisins : mais en quoi il consiste, c'est ce qu'il m'a été impossible d'aprendre, vû que de mile gens qu'on trouve à *Peking*, à peine y en a-t-il un seul qui ait quelque conoissance de ce qui se passe au dehors de la Ville. Il est vrai que les *Chinois* sont alez trafiquer quelquefois à *Bengale*, dans les Isles *Philippines*, à *Batavia* & même jusqu'à *Goa* : mais cela n'est arivé qu'à la dérobée & par la connivence des Mandarins Gouverneurs des Forts de Mer, moyennant une bone some d'argent, sans que la Cour en ait eu aucune conoissance ; d'autant qu'il est absolument défendu à tout sujet de l'Empire d'aler voyager dans les Pays étrangers, pour quelque sujet que ce puisse être, à moins d'une permission ou d'un ordre exprès de l'Empereur ou du gouvernement. (1).

Les *Bouchares* viennent aussi à *Peking*, mais

___

(1) La plupart des *Chinois* qui se trouvent répandus en divers endroits des *Indes Orientales* pour faire leur comerce, sont de la postérité de ceux qui se sauvérent de la *Chine* lorsque les *Tartares Moungales* s'en rendirent les Maitres, & ils n'ont de la comunication que clandestinement avec les autres *Chinois* leurs compatriotes. On les peut aisément reconoitre à leurs cheveux, qu'ils portent de la longueur qu'ils ont naturellement, au lieu que les *Chinois* sujets des *Tartares* sont obligez sous peine de la vie de couper leurs cheveux à la maniére des *Callmoucks* & des *Moungales*, qui ont tous la tête rase, excepté une seule toufe au haut de la tête, qu'ils conservent de la longueur naturelle de leurs cheveux.

mais sans observer des tems réglez pour cela (1).

Ils aportent de grandes cornalines rondes d'un fort beau rouge, que les *Chinois* troquent d'eux contre des Damas, des *Kitaika*, du Thé, du Tabac, des Porcelaines, & même contre de l'argent. On les enfile ensuite à de petits cordons de soye à la maniére des Chapelets, & les Mandarins des premiers ordres, lorsqu'ils assistent en habit de cérémonie à quelque solennité de la Cour ou des Coléges, où ils ont séance, en portent un tour

(1) Il y a deux *Boucharies*, la grande & la petite. La grande *Boucharie* est située entre la *Perse* & les Etats du *Grand-Mogol*, vers les 40. Dég. de Latit. C'est le Pays des *Tartares Usbeks*, qui sont Mahométans. La petite *Boucharie* est située à l'*Orient* de la grande & s'étend jusqu'aux Frontières de la *Chine* du côté du désert de *Xamo* & du Royaume de *Tibet*, qui confine avec elle au *Midi*: cette dernière est sujette au *Contaisch Grand-Chan* des *Callmoucks*. Les *Bouchares* sont une Nation particulière, laquelle n'a aucune connexion ni avec les *Tartares* Mahométans ou Payens, ni avec aucun autre Peuple de ces Cantons. Ils ne savent pas eux mêmes d'où ils tirent leur origine: cependant ils ne laissent pas de faire profession du culte Mahométan: ils ocupent les Villes des deux *Boucharies* & ne se mêlent absolument d'aucune autre chose que du comerce. Ceux de la grande *Boucharie* font leur négoce dans les Etats du *Grand-Mogol*, dans la *Perse* & dans la *Sibérie* & payent tribut au *Chan* des *Usbeks*; ceux de la petite *Boucharie* trafiquent dans la *Chine*, aux Royaumes de *Tibet* & de *Tangut*, & avec les *Callmoucks* & *Moungales* leurs voisins. Ces derniers payent contribution au *Contaisch*. Les *Bouchares* ont beaucoup de coutumes & cérémonies aprochantes de celles des *Juifs*, dont ils ont aussi en quelque manière la Dialecte, la phisionomie, & la taille, ce qui peut doner ocasion à bien des réflexions.

tour pendu au cou qui leur defcend jufque fur l'eftomac.

Ils aportent encore du Mufc, des Diamans cruds & de plufieurs autres fortes de *Bijoux*, mais (à ce que j'en ai pu aprendre) de fort peu de valeur; parcequ'il eft fort rare de trouver parmi les *Chinois* quelque amateur, qui veuille rifquer une fome confidérable pour une belle pierre. Les *Chinois* poliffent ces petites pierres à leur maniére, afin de les rendre propres à fervir aux ornemens de tête du fexe.

Je n'ai eu aucune ocafion de fréquenter en perfone ceux de cette nation, n'ayant pas joui d'une liberté affez étendue pour cela ; come eux de leur côté n'ofoient pas fe rifquer de venir chez moi, crainte de la Garde qui étoit à ma porte : enforte que je ne puis pas rendre un compte tout-à-fait exact de ce qui les regarde.

Ils aportent auffi à *Peking* de l'Or en poudre (1), que les *Chinois* leur achétent d'or-

___

(1) L'or que les *Boucháres* portent à la *Chine* vient de ces hautes Montagnes, qui féparent les Etats du *Grand-Mogol* d'avec la grande *Tartarie*. Toutes ces montagnes abondent en mines très riches & de toute forte, mais il n'y a perfone qui y faffe travailler. Cependant on ne laiffe pas d'en profiter annuellement par la grande quantité de grains d'Or que les torrens, qui tombent tous les printems de ces montagnes lorfque la neige vient à fe fondre, entraînent avec eux dans les vallons voifins : car les habitans de ces Montagnes & les *Callmoucks*, qui campent avec leurs troupeaux dans les plaines voifines, viennent ramaffer enfuite ces grains dans les Coulées, que ces torrens laiffent dans les endroits par où ils paffent, &

dinaire la *Laen* à 5. 6. jusqu'à 7. *Laen* en argent, parcequ'il n'est pas encore purifié. On m'a assuré que c'est un Or très fin, dès qu'il est purifié, & qu'il passe à la *Chine* pour être de la même valeur que l'*Or du Chan*.

Ces Tartares habitent dans les Provinces de *Chamill* & de *Turfan* (1), sous la protection de l'Empereur de la *Chine*, moyennant un médiocre tribut qu'ils lui payent annuellement.

Ils achétent à *Peking* en retour.

Des Cuirs de *Russie* pour en faire des bottes.

Des peaux de *Renards*, tant roux que bruns.

De *Petits Gris*, tant blancs que noirâtres.

Des *Castors*.

Des *Zébelines* & d'autres Pelleteries.

Des Damas.

Des *Kitaika*.

Du Coton de même que des Draps de Laine d'*Europe*, dont ils consument eux mêmes une partie & vendent le reste aux

Call-

---

les troquent aux *Bouchares* contre toutes sortes de petites Marchandises, dont ils peuvent avoir besoin pour les nécessitez de leurs ménages.

(1) Les Provinces de *Chamill* & de *Turfan* sont situées à l'*Ouest* du désert de *Xamo* vers les 40. Dég. de Latit. Elles font partie de la petite *Boucharie*, & ont été sujettes jusqu'ici au *Contaisch* Grand-*Chan* des *Callmoucks*: mais depuis quelques anées les *Chinois* joints aux *Moungales* s'en sont emparez, après en avoir chassé les *Callmoucks*.

Callmoucks (1) leurs voisins. Ils prennent aussi:

Du Thé.

Du Tabac & des moindres Porcelaines & de tout cela en assez grande quantité.

Outre les Marchandises, que je viens de spécifier, je n'ai pas apris qu'ils en emportent d'autres de *Peking*.

Les plus beaux meubles de vernis, come par exemple les Cabinets, les Chaises, les Tables, les Paniers, & autres vases de cette nature, de même que les plus belles Porcelaines viennent du *Japon* (2); & cela lorsque l'Empereur y envoye quelqu'un pour des afaires publiques, qui ne manque pas d'être chargé de la plupart des Princes & grands Seigneurs du Royaume de leur en aporter à son retour. Quelquefois on trouve aussi

---

(1) Les *Callmoucks* sont des *Tartares* Payens, qui ocupent une grande partie de l'*Asie Septentrionale*: ils sont partagez en trois branches principales, sous un seul Souverain *Chan* qu'ils apellent le *Contaisch*: ils n'ont point d'habitations fixes & vivent toujours sous des tentes. Quoique les *Callmoucks* soyent indisputablement les plus braves d'entre les *Tartares*, ils ne laissent pourtant pas de mener une vie fort paisible, se contentant de l'entretien que leurs troupeaux leur peuvent fournir, & ils ne feront du mal à persone, à moins qu'on ne comence par leur en faire; mais lorsqu'on les a une fois irritez ils sont ennemis irréconciliables: leur culte est celui du *Dalaï Lama*.

(1) Toutes les Marchandises du *Japon* sont de contrebande à la *Chine*; & c'est la raison pourquoi il n'en peut point venir en *Russie* avec les caravanes de la *Chine*, à moins d'un hasard tout extraordinaire, peu des marchandises du *Japon* qui peut entrer à la sourdine à la Chine étant extrêmement recherché & payé fort cher par les Chinois mêmes.

aussi moyen d'en faire entrer sous main dans l'Empire ; mais cela est assez rare. C'est pourquoi les Marchandises du *Japon* ne sont pas toujours à avoir à *Peking*, à moins que d'en vouloir payer un prix excessif. Cependant on en trouve aussi quelquefois à fort bon marché, parcequ'il se passe rarement une anée, que l'Empereur ne condane quelques uns des grands Seigneurs de l'Empire à des amandes considérables, qui pour lors sont obligez de faire argent de tout ce qu'ils ont en Biens, soit meubles ou immeubles ; & quiconque se trouve avec un bon fonds d'argent en ces ocasions, peut faire un coup considérable, & acheter les plus beaux effets du monde à un prix fort modique (1).

Après les Ouvrages de vernis du *Japon* ceux de la Province de *Fokien* passent pour être les meilleurs : mais on n'en voit guére venir à *Peking*, parceque les grands Seigneurs de la *Chine* chicanent trop les Marchans & leur prennent leurs marchandises sous toute sorte de prétexte, sans qu'ils en puissent jamais espérer le moindre payement. C'est pourquoi tous les Marchans & autres gens de quelque profession lucrative à *Peking*, sont acoutumez de se choisir des Protecteurs parmi

(1) Il paroît que c'est une maxime favorite de toutes les Cours de l'*Orient* de fermer pour un tems les yeux sur toutes les malversations & fourberies des Ministres, & puis, lorsqu'on les croit bien engraissez de la substance du Peuple, de les mettre au pressoir, pour en exprimer tout le suc au profit du Prince; mais la Cour *Ottomanne* pousse cette politique trop loin.

parmi les Princes du Sang & les autres grands Seigneurs ou Ministres de la Cour : & par cet expédient, moyennant une bone some d'argent qu'il leur en coute annuellement, à proportion de ce qu'ils peuvent gagner, ils trouvent le moyen de se mettre à l'abri des extorsions des Mandarins & quelquefois même des simples Soldats. Car à moins de quelque semblable protection puissante un Marchand est un home perdu à la *Chine* & sur tout à *Peking*, où chacun croit avoir un droit incontestable de former des prétensions sur un home qui vit du trafic. Et si quelqu'un étoit assez malavisé, pour vouloir tenter d'en obtenir une juste réparation par la voye de la Justice, il tomberoit de mal en pis. Car les Mandarins de la Justice, après en avoir tiré tout ce qu'ils auroient pu, ne manqueroient pas à la vérité d'ordoner que les effets, qu'on lui auroit pris injustement, seroient raportez au Colége : mais il faudroit qu'il fût bien habile pour les faire ensuite revenir de là.

On trouve encore à *Peking* des gens assez habiles dans les vernis, mais leurs ouvrages n'aprochent pas ceux du *Japon* ou de *Fokien*, ce qu'on veut atribuer à la diversité du climat. Et c'est pour cette raison que les ouvrages de vernis faits à *Peking*, sont toujours à bien meilleur marché que ne le sont les autres, quoique les vernis de *Peking* surpassent encore infiniment tout ce qu'on fait en ce genre en *Europe*.

Les vaisseaux qui arivent tous les ans de *France*, de *Hollande*, d'*Angleterre*, & de

Portu-

Portugal à *Canton*, aportent ordinairement les marchandises qui suivent.

De l'argent de diverse monoye.
Toutes sortes de Draps fins.
Des Camelots.
Des Etoffes de Laine.
Des Serges.
Des Toiles fines de *Hollande*.
De grandes Horloges & des Montres de poche.
Des Miroirs de toute sorte de grandeur.
Des instrumens de Mathématique.
Des Etuis d'*Angleterre*.
Des Crayons.
Du Papier d'*Europe* de toute sorte.
Diférentes sortes de Galanteries, tant à l'usage du sexe que des homes.
Quelques sortes de boissons d'*Europe* & sur tout du Vin.

Une bone partie desdites marchandises est distribuée en présens aux Mandarins du gouvernement de cette Ville, & du reste les Marchans *Européens* font d'ordinaire une bone avance. Ils employent l'argent qu'ils ont aporté en diverses sortes de marchandises, en vertu de certains acords arêtez d'avance, & ils emportent à leur départ.

De la Soye crue.
Des Damas travaillez sur des desseins donez.
Des Draps de soye.
Des ouvrages de vernis.
Du Thé verd, & du Thé-Booy.
Des Badianes.
Des Cânes.

Des

Des Porcelaines faites sur des modelles donez.

Ils y achétent aussi quelquefois de l'Or, mais fort rarement, parcequ'ils le trouvent à meilleur marché aux *Indes*.

Ils trouvent encore à *Canton* d'assez belles pierres fines, excepté des Diamans, mais non pas en trop grande quantité.

C'est en *Quoantung* & *Fokien* qu'on fait les meilleurs Brocars de soye, qu'on emporte en quantité en *Europe* au dire des *Chinois*.

L'Argent que les vaisseaux d'*Europe* aportent à *Canton*, est reçu sur le même pié de celui, que ceux de la *Corée* aportent à *Peking*. Et ils ont l'avantage de pouvoir acheter les Marchandises à 30. jusqu'à 40. pour cent meilleur marché, qu'on ne le sauroit faire à *Peking*. C'est avec raison que les Marchans *Européens* vendent leurs Marchandises argent comptant aux *Chinois* & payent de même ce qu'ils achétent d'eux. Car, quand les *Chinois* s'aperçoivent qu'on veut troquer avec eux marchandises contre marchandises, ils mettent les leurs à un prix si exorbitant, que les étrangers peuvent à peine avoir le tiers de la juste valeur de leurs marchandises.

L'anée passée il étoit arivé à *Canton* un Comissaire François de la nouvelle Compagnie des *Indes* formée à *Paris* (1), qui avoit aussi obtenu l'agrément de la Cour pour

---

(1) C'est de la compagnie du *Mississipi*, qu'on entend parler ici.

y résider à l'avenir. Mais lorsqu'il voulut expédier un Vaisseau chargé de marchandises, il trouva tant d'obstacles à la Douane & auprès du gouvernement, sans doute pour en tirer encore quelque bone some d'argent, nonobstant qu'il eût déja beaucoup dépensé en présens, que désespérant à la fin de voir une fin à ces avanies, il dona ordre au Capitaine du Vaisseau de lever l'ancre & de mettre à la voile en dépit de ces Mrs. Ce qui lui réussit à la vérité à souhait, mais il fut obligé, pour éviter d'être maltraité à cette ocasion, de prendre des habits à la *Chinoise* & de se retirer dans un Couvent de Dominiquains à 2. *Ly* de *Canton* ; (1) où il se tint *incognito*, jusqu'à ce que les Péres Jésuites de cette nation, qui sont à *Peking* eussent trouvé moyen à force de présens, de lui procurer la liberté d'y faire ouvertement son séjour avec 2. à 3. Domestiques; jusqu'à ce que la Cour en auroit disposé autrement, à condition que les Domestiques aussi bien que le Maitre seroient habillez à la *Chinoise*. Cependant j'ai apris dans la suite que les Mandarins du gouvernement de *Canton* ne laissent échaper aucune ocasion de le chagriner, en sorte qu'il sera aparemment obligé de se rem-

(1) Il y a beaucoup de Couvens *Catholiques Romains* à la *Chine*, qui du tems du défunt Empereur de la *Chine* jouissoient à peu près des mêmes immunitez dans cet Empire, que dans les Etats de la Religion *Romaine* en *Europe*, persone ne pouvant prétendre d'y avoir entrée que du consentement des Religieux, ou en vertu d'un comandement exprès de l'Empereur.

rembarquer à la premiére ocasion qui se présentera.

On a aussi débité qu'il y avoit eu l'anée passée à *Canton* une Frégate d'*Ostende*, avec pavillon de l'Empereur *Romain*.

Au reste on transporte d'*Europe* à la *Chine*, & de la *Chine* en *Europe* mile sortes de petites bagatelles, sur lesquelles on ne laisse pas de faire un gain considérable, mais il m'est impossible d'en pouvoir doner une spécification au juste.

A l'égard de notre comerce avec la *Chine*, il est à présent dans un état fort pitoyable, & rien au monde n'auroit su porter plus de préjudice à nos caravanes, que le comerce qui se fait à *Urga* (1). Car de cet endroit il vient tous les mois & même toutes les semaines à *Peking*, non seulement les mêmes marchandises, qui sont dans la caravane, mais il en vient encore d'une qualité bien meilleure, que le sont celles qu'on trouve

M 6 dans

___

(1) Le Camp du *Chan* des *Moungales Occidentaux*, qui est tributaire à la *Chine*, est apelé *Urga*. Ce Prince campe ordinairement à la droite de la Riviére de *Selinga* vers les bords de la Riviére d'*Orchon*, environ à 500. *Wersts* au *Sud* de *Selinginskoi*, en tirant vers les frontiéres de la *Chine*; & quoiqu'il ne campe pas toujours au même lieu, il quite néanmoins rarement cette Contréc, à moins d'une nécessité indispensable. En vertu des derniéres conventions des frontiéres, les *Russes* de *Selinginskoi* peuvent librement venir à *Urga* troquer du bétail des *Moungales* contre des cuirs de *Russie* & de gros draps de laine de la Fabrique de *Sibérie*: mais come sous ce prétexte on y porte beaucoup de pelleteries de prix, qu'on négocie contre des marchandises de la *Chine*, ce comerce clandestin aporte beaucoup de préjudice aux caravanes de la *Sibérie*.

dans la Caravane; & cela en si grande quantité, que ces marchandises que les Marchans *Chinois*, qui ne font qu'aler & venir continuellement entre *Peking* & *Urga*, pour y trafiquer avec nos Gens, aportent à *Peking*, & celles que les *Lamas* (1) des *Moungales* y portent de leur côté, valent tous les ans au moins 4. à 5. caravanes, telles que l'est celle qui y vient sous le nom de S. M. *Czarienne*. Et j'ai apris à cet égard des gens mêmes, qu'on envoye des grandes maisons de *Peking* à *Urga*, pour y faire leurs provisions de pelleteries, qu'ils y ont acheté pour le compte de leurs Maitres de bien plus beaux *Renards* noirs, qu'ils n'en avoient jamais vus dans la caravane. Il faut ajouter à cela, qu'outre que cette grande afluence de nos marchandises par la voye d'*Urga* les fait considérablement baisser de prix, les Marchans *Chinois* & les *Lamas* des *Moungales*, qui les transportent de cet endroit à *Peking*, sont toujours en état de les doner à 4. ou 5. pour cent meilleur marché, que ne le sauroit faire un comissaire de la Caravane; de quoi le Lecteur sera facilement convaincu, pour peu qu'il veuille faire atention sur ce que je m'en vais lui mettre devant les yeux.

Les Marchans *Russes* & toute sorte d'autres gens, qui vont & viennent incessament entre *Selinginskoi* & *Urga*, achétent leurs mar-

---

(1) Les Prêtres des *Moungales Occidentaux* & des *Callmoucks* sont apelez *Lamas*, il y en a de diférens ordres & vœux. Consultez l'*Histoire Généalogique des Tatars*.

marchandifes là où ils trouvent le mieux leur fait; au lieu qu'un Comiffaire eft obligé à recevoir les fiennes du Tréfor de S. M. des mains des Prifeurs jurez du Tréfor, qui les lui mettent bien fouvent à un fi haut prix, qu'il les peut à peine vendre pour la moitié de ce qu'elles lui reviennent. Un autre avantage que les particuliers qui vont trafiquer à *Urga* ont, c'eft qu'ils n'ont befoin que de 10. à 12. jours pour y aler, & que començant leur trafic dès le moment qu'ils y font arivez, ils font 2. ou 3. jours après en état de s'en retourner; au lieu qu'un Comiffaire, après avoir fait des dépenfes confidérables peut à peine ariver en 3. mois à *Peking*, & lorfqu'il y eft arivé, on le tient renfermé pendant 6. ou 7. femaines, felon la maxime que les *Chinois* ont euë jufqu'ici. Enfuite de quoi l'abondance des marchandifes de *Ruffie*, qu'il trouve à *Peking*, l'oblige encore à s'y arêter plufieurs mois, avant que de pouvoir débiter les fiennes: & come en vertu des derniers traitez il faut qu'il fe nouriffe lui & tous ceux qui dépendent de la caravane à fes propres dépens, cela ne peut caufer qu'une notable diférence dans la balance de ce comerce en confidération des tems paffez. Car avant qu'on començat à négocier fur *Urga*, une caravane, quelque forte qu'elle pût être, étoit vendue en moins de 3. mois, au prix que le Comiffaire y vouloit mettre lui même; encore tous les Marchans de *Peking*, qui trafiquoient pour lors avec nos gens, devenoient ils riches à ce comerce; au lieu que tous ceux qui ont négocié avec nous du depuis, n'ont fait qu'y perdre, en sorte qu'il faut compter qu'ils sont quasi tous entièrement ruinez à présent. Les dépenses nécessaires pour ces voyages à *Urga* sont aussi fort petites: car un tel Marchand peut acheter à *Selinginskoï* assez de vivres pour 10. *Roubles*, pour en pouvoir nourir dix persones pendant tout un mois, au lieu qu'à *Peking* cela sufit à peine pour une semaine. Outre cela ceux qui vont négocier directement à la *Chine* sont obligez de payer le fourage, dont ils peuvent avoir besoin pour la nouriture de leurs Chevaux, au lieu que ceux qui vont négocier à *Urga* y mettent leurs Chevaux à l'herbe, sans en payer quoi que ce puisse être. Les Marchans *Chinois* de leur côté qui viennent à *Urga* font pareillement moins de dépense que le Comissaire, parcequ'ils achétent à *Peking* & dans les autres Villes par où ils passent du Thé, du Tabac, du Ris & d'autres sortes de légumes, des Damas ordinaires, des *Kitaikas* & autres pareilles marchandises à un fort bas prix, qu'ils troquent en chemin aux *Moungales* contre des Chevaux, des Brebis & en un mot contre toute sorte de bétail. Desorte que les Marchans particuliers faisant des deux côtez leurs voyages avec bien moins de dépense qu'un Comissaire de la caravane, ils doivent de toute nécessité pouvoir vendre & acheter leurs marchandises à un bien plus juste prix, que ne le sauroit faire un Comissaire, qui se doit arêter tant de mois avec une nombreuse suite dans une Ville, où il fait si cher vivre qu'à *Peking*, tandis que les Marchans particuliers de *Selin-*

linginskoi peuvent faire 4. à 5. voyages diférens à *Urga*. Enfin la Caravane étant de retour en *Ruſſie*, y trouve après de ſi grandes dépenſes les marchandiſes de la *Chine* pareillement en ſi grande abondance, par la quantité que toutes ſortes de particuliers y en tranſportent continuellement, qu'elles ne peuvent être qu'à un prix très modique. Toutes ces circonſtances bien conſidérées, il eſt fort aiſé à comprendre que dans la balance de la caravane, le profit d'à préſent ne peut pas l'emporter de beaucoup ſur la dépenſe.

Cependant quoique j'aye fait voir que les avantages que les particuliers trouvent dans le négoce qu'ils font ſur *Urga* ſont fort conſidérables, il ne laiſſe pas d'être inconteſtable, que le comerce de *Peking* lui eſt infiniment préférable, par la raiſon qu'en ce dernier endroit on peut avoir le choix des marchandiſes, ſans qu'on ſoit obligé d'accepter toutes les marchandiſes qui ſe préſentent, ce qui arive à ceux qui vont négocier à *Urga*: en ſorte que, pour peu qu'on voulût s'apliquer à faire valoir cet avantage, on pouroit rendre le comerce des caravanes tout autrement profitable au Tréſor de S. M. Impériale de la Grande *Ruſſie* qu'il ne l'eſt à préſent. Pour cet effet il faudroit comencer par bien aſſurer la liberté de notre comerce par toute la *Chine*: après quoi on pouroit établir à ſon aiſe de bons magazins à *Peking* & aux autres endroits que l'on jugeroit comodes & faire ſur les lieux dans les manufactures mêmes ſes acords pour la livrance de toutes ſortes de marchandiſes de la meilleure

qualité

qualité qu'elles se puffent trouver dans l'Empire; en quoi nous aurions bien d'autres comoditez, que ne les ont présentement les autres Nations qui trafiquent à la *Chine*. Alors le Comiffaire arivant avec la Caravane à *Peking*, ne feroit plus obligé à s'y arêter plufieurs mois, come cela eft arivé aux Srs. *Oskolkoff* & *Gufaitnikoff*; parcequ'il pouroit inceffament s'en retourner avec les marchandifes qu'on tiendroit prêtes pour fon arivée. Cela s'entend à condition qu'on eût pris les précautions néceffaires pour empêcher que l'Agent, qui réfideroit pour cet effet à *Peking*, ne dépendît plus à l'avenir de la difcrétion des Mandarins & des fimples Soldats, come il m'eft arivé à moi. Mais tous les foins qu'on pouroit prendre pour cet effet feront abfolument inutiles, tandis qu'il fera permis aux particuliers d'aler négocier à *Urga*, parceque la grande quantité de marchandifes qui vient de là à *Peking*, tiendra toujours nos marchandifes à un fort bas prix. Et je fuis pleinement convaincu que toute forte de négoce qui fe peut faire à *Urga*, excepté celui des Draps de laine & des Cuirs de *Ruffie*, quoique les *Moungales* iroient encore acheter ceux ci à *Peking*, ne peut abfolument que caufer le dépériffement entier des Caravanes & à la fin la ruine totale de tout le comerce de *Ruffie* en ces quartiers. Mais revenons à notre Journal.

Le 14. d'Aout, je reçus une lettre du Comiffaire *Iftopnikoff* en date de la Riviére de de *Tola* (1) du 29. *Juillet*, par laquelle il me prioit de tâcher d'engager le Conseil qui a la direction des afaires des *Moungales* (2), à lui envoyer une assignation de 2000. *Laen* en argent sur la Douane de *Kalchanna* (3), ofrant de restituer cette some, dont il se trouvoit avoir besoin pour lors pour les nécessitez pressantes de la Caravane, dès qu'il auroit comencé son négoce à *Peking*, & il ajoutoit, qu'on avoit autrefois acordé la même chose au Comissaire *Oskolkoff*.

Le 15. je m'en fus au Conseil & ayant parlé de cette afaire à l'*Askinnamma* ou Vice Président, il me promit de consulter là-dessus les Registres du Conseil & d'en écrire même incessament à *Jegcholl* au Président,
&

(1) C'est une Riviére du Pays des *Moungales*, laquelle vient de l'*Orient* se jeter dans la Riviére d'*Orchon*, environ à 250. *Wersts* au *Sud-Est* de la Ville de *Selinginskoi*. En vertu du nouveau réglement les caravanes de la *Sibérie*, qui vont à *Peking*, doivent entrer sur les terres de la dépendance de la *Chine* en passant cette Riviére.

(2) Le conseil des afaires des *Moungales* à *Peking* est un Colége, qui a soin de ce qui regarde la nation des *Moungales*, tant ceux qui sont sujets héréditaires de l'Empereur de la *Chine*, que ceux qui ne sont que sous la protection de cet Empire. Ce Colége entre même indirectement en conoissance de toutes les afaires, qui regardent les Puissances, qui confinent avec la *Chine*, depuis le *Nord-Est* jusqu'à l'*Ouest*, d'où vient que c'est un des tribunaux les plus ocupez de l'Empire.

(3) *Kalchanna* est la premiére Ville *Chinoise* qu'on trouve en dedans de la grande muraille, en venant de *Selinginskoi*: c'est là où se payent les entrées & sorties pour la *Russie* & pour une grande partie du Pays des *Moungales*.

& qu'il me feroit comuniquer fa réponfe dès qu'elle feroit arivée.

Le 17. ayant envoyé mon Interpréte au Confeil pour aprendre fi l'on avoit pris quelque réfolution fur cette afaire, il revint avec cette réponfe; „qu'on avoit à la vérité trou-
„ vé dans les Regiftres que le Confeil avoit
„ autrefois fait avancer de l'argent au Co-
„ miffaire, mais que le comerce faifoit un fi
„ petit objet chez eux, qu'il ne valoit pas
„ la peine que le Confeil fît paffer en coutu-
„ me de fe faire incomóder tous les jours
„ par des propofitions de cette nature.

Le 18. un Mandarin étant venu me trouver de la part du Confeil me notifia, que S. M. s'étant fouvenue de mon féjour à *Peking*, avoit ordoné au Confeil de me faire efcorter par un Mandarin, acompagné de quelques gens de guerre, à *Jegcholl*. Sur quoi je lui répondis, que je ferois prêt à partir pour le lendemain avec mon Interpréte & deux Domeftiques, pourvû qu'ils vouluffent bien faire tenir prêts les Chevaux de relais, dont j'aurois befoin pour cet effet.

Le 19. tout étant prêt pour mon voyage je partis de grand matin de *Peking*.

Le 21. j'arivai à *Jegcholl*; je me rendis d'abord à la Cour & ayant trouvé le Chambellan du *Chan*, qui eft d'ordinaire un Eunuque (1), je le priai conformement à la coutume

---

(1) Tous ceux qui fervent à la chambre du *Chan* de la *Chine* font eunuques, mais tous *Chinois* ou *Moungalus*, la Nation *Chinoife* n'étant pas moins jaloufe du fexe

tume de la nation de s'informer de ma part de l'état de la santé de S. M. *Bogdoi-Chanienne*, & de vouloir bien lui faire savoir mon arivée. Sur quoi S. M. me fit la grace de m'envoyer sur le champ une table couverte de toute sorte de fruits nouveaux, qui fut suivie d'une autre chargée de plusieurs mets de sa Cuisine. Elle me fit dire en même tems, qu'elle m'envoyoit cela pour me servir de rafraichissement, & que je ferois bien de garder la chambre pendant ce jour là, pour me reposer des fatigues du voyage.

Le même soir quelques uns des Péres Jésuites, étant venus me voir, m'avertirent que l'*Allagadah* ou premier Ministre avoit résolu de proposer à l'Empereur de faire camper la Caravane au delà de *Kalchanna* dans les Landes, en atendant le retour de la Cour à *Peking*, suposant que tandis que la Cour & la plupart des gens de distinction étoient à la chasse, il n'y auroit rien à faire à *Peking* pour la Caravane, que quantité de dépenses inutiles, & qu'ils croyoient qu'il ne manqueroit pas de me demander un ordre au Comissaire pour cet effet. Il étoit facile à voir que ce qui avoit déterminé le Ministre à prendre cette résolution, ne pouvoit être que la crainte que les présens qu'il se promettoit de tirer du Comissaire, s'il se trouvoit à *Peking* à l'arivée de la Caravane, pouroient lui passer

---

sexe que les autres *Orientaux*; mais les *Moungales* & généralement tous les *Tartares* ne sont pas fort sujets à cette maladie.

passer devant le nez & tomber en d'autres mains, s'il étoit absent. Mais come ce dessein étoit d'une fort dangereuse conséquence & qu'il n'aloit pas à moins qu'à faire crever de faim & de froid dans les Landes, tant les homes que les Chevaux du service de la caravane, je me vis obligé de doner toute mon atention aux moyens de rompre les mesures du Ministre.

Le 22. étant alé le matin à la Cour, l'Empereur m'envoya demander par le Maitre des cérémonies un passeport pour quelques Mandarins, qui devoient passer les frontiéres de *Russie*: mais come je ne pouvois pas bien pénétrer le fonds de cette comission, je crus devoir refuser le passeport qu'on me demandoit. Cependant nonobstant toutes les excuses, dont je pus m'aviser pour m'en exemter, le Maitre des cérémonies vint me déclarer tout net le lendemain, qui étoit

Le 23. ,, que l'Empereur étoit une fois ,, résolu de faire partir ces gens, que je leur ,, donasse un passeport ou non; mais qu'aussi ,, je ne devois dorénavant m'atendre qu'à ,, des refus certains en tout ce que je pouvois avoir à proposer ,, ; ce qui me fit conoitre qu'il étoit d'une nécessité indispensable pour moi de me conformer en cette ocasion à la volonté de S. M. *Bogdoi-Chanienne*, si je voulois conserver quelque espérance de m'oposer avec succès au dessein du Ministre. C'est pourquoi

Le 24. Lorsque le Maitre des cérémonies vint derechef me parler de cette afaire, je lui mis entre les mains un écrit adressé aux Ofi-

SIEUR LANGE.

Oficiers Comandans sur nos Frontiéres, dans la forme qu'on l'avoit souhaité de moi : ce que je ne fis pourtant que sous la condition, qu'on n'empêcheroit point la Caravane de poursuivre directement sa route à *Peking*, & que le Comissaire à son arivée en cette Ville jouiroit d'une entiére liberté de comencer incontinent son comerce, sans qu'on le pût tenir renfermé pendant un certain tems, come cela s'étoit fait par le passé. Le Maitre des cérémonies me promit là dessus d'en parler à S. M. qui eut non seulement la bonté d'y doner incessament son consentement, mais elle fit même doner des ordres précis au Président du Conseil de veiller soigneusement, afin que persone n'entreprît en aucune maniére de troubler le comerce du Comissaire.

Le 25. un Pére Jésuite *Portugais* apelé le Pére *Maurano*, étant venu me trouver, me dit ; *qu'il y avoit une persone de qualité, qui me faisoit ofrir par lui* 10000. *Laen d'argent jusqu'à l'arivée de la Caravane, pour les employer à tels usages que je trouverois à propos : & que ce Seigneur étoit fort scandalisé de la réponse peu obligeante que j'avois reçue du Conseil qui a la direction des afaires des Moungales, à l'ocasion des 2000. Laen que je lui avois demandées pour les besoins de la Caravane.* Sur quoi ayant voulu savoir qui pouvoit être ce Seigneur, il me dit ; *qu'on lui avoit défendu à la vérité de me nomer cette persone : mais qu'il vouloit bien m'avouer en confidence, que c'étoit le Prince* 9me *Fils du Chan qui me faisoit ofrir*

cette

cette fome (1). Là-deſſus je ne manquai pas de lui témoigner combien j'étois touché de la généroſité d'un Prince, à qui je n'avois jamais pu avoir l'honeur de faire la révérence, ajoutant; *que nonobſtant que pour ma perſone je me puſſe fort bien paſſer de la ſome que j'avois demandée au ſusdit Conſeil, je n'oublierois pourtant jamais la bone volonté que S. A. Impériale avoit bien voulu me marquer en cette ocaſion, & que je la regarderois toute ma vie avec la même reconoiſſance, come ſi j'avois profité effectivement des ofres de ſa généroſité.* Mais le Père Jéſuite m'ayant remontré, que le Prince ſe croiroit peut-être ofenſé, ſi je refuſois ſes ofres tout à fait, je fus obligé d'accepter 1000. *Laen*, pour lui ôter une pareille opinion de moi (2).

Le 26. je fis une viſite aux Pères Jéſuites de la Nation *Françoiſe* (3), où je trouvai
le

---

(1) Le défunt Empereur de la *Chine* avoit 17. Princes nez de diverſes femmes & Concubines. Il s'en trouva trois à la première audience de Mr. d'*Iſmaïloff*, qui étoient tous trois fort bien faits, ayant le teint très beau & des yeux noirs parfaitement bien coupez, ſans qu'on leur pût trouver aucun de ces traits diformes de la Nation *Moungale*.

(2) Il y a aparence que ce fut un piége dreſſé au Sr. *Lange*, pour le rendre ſuſpect à l'Empereur de la *Chine*; qui, dans le deſſein où il étoit dèslors de diſpoſer de la ſucceſſion à l'Empire en faveur du Prince ſon troiſième fils, ne pouvoit pas manquer de prendre ombrage de la moindre fauſſe démarche, que l'Agent de *Ruſſie* vînt à faire en cette ocaſion; ce qui devoit porter naturellement ce Monarque à doner les mains à ſon renvoi, en quoi conſiſtoit aparemment tout le fin de cette intrigue.

(3) Les Pères Jéſuites étoient tout puiſſans auprès
du

le Président du Conseil, qui me fit savoir
par la bouche de ces Péres, „ qu'il venoit
„ de recevoir des ordres de l'Empereur, qui
„ étoient si favorables à notre comerce, que
„ persone se pouvoit vanter d'avoir jamais
„ joui d'une semblable liberté dans la *Chine*,,.
Je lui répondis par le moyen de ces mêmes
Péres; „ que je n'avois aucun lieu de dou-
„ ter d'une ponctuelle exécution de ces or-
„ dres de S. M. puisqu'elle avoit eu la bon-
„ té d'en charger la persone de Mr. le Gou-
„ verneur-Général de *Peking*, dont le zéle
„ infatigable pour le bien de l'Empire & les
„ intentions favorables pour l'entretien de la
„ bone intelligence entre S. M. *Bogdoi-Cha-*
„ *xienne* & le *Czar* mon Maitre m'étoient
„ sufisament conues „. Là-dessus il me fit
dire; „ qu'il n'étoit pas un home capable à
„ recevoir des présens des étrangers pour
„ leur

du défunt Empereur de la *Chine*, & come l'Empereur
de la *Chine* d'aujourd'hui est proprement l'ouvrage
de leurs mains, il ne faut pas douter qu'ils ne soyent
pareillement bien assurez de son amitié, quelque bruit
qu'ils ayent soin de faire courir du contraire. A la
premiére audience de Mr. d'*Ismaïloff*, l'Empereur é-
tant assis sur le Trône Impérial, avoit à sa gauche,
come à la place d'honeur, à trois pas du Trône un
peu en avançant dans la Sale, trois des Princes ses
fils, & à la droite un peu plus en avançant, les Péres Jésuites suivans la Cour. A cinq pas derriére
ceux ci, encore plus en avançant, étoient placez sept
Princes *Moungales* de la Maison Impériale; & puis
des deux côtez de la Sale les Ministres & grands
Mandarins de la Cour, tous étant assis les jambes
croisées à la maniére ordinaire de tous les *Tartares*.
Par une distinction si avantageuse, on peut en quelque maniére comprendre en quelle considération ces
bons Péres devoient être auprès de ce Monarque.

,, leur rendre quelque service, come beau-
,, coup d'autres faisoient en pareil cas, &
,, qu'au contraire une démarche de cette na-
,, ture lui ôteroit pour jamais la liberté de
,, parler en faveur de qui que ce fût à l'Em-
,, pereur, si jamais S. M. vînt à en être
,, informée. Mais qu'il croyoit cependant
,, pouvoir se réserver, que lorsqu'il vien-
,, droit chez nous pour acheter quelque cho-
,, se nous le traitassions un peu plus favora-
,, blement que les autres ,,. Sur quoi je
l'assurai, ,, qu'on sauroit toujours faire une
,, distinction convenable de sa persone.

Le même jour je priai le Maitre des cérémonies de faire mes très humbles remerci-
mens à S. M. du gracieux acueil, dont
elle avoit bien voulu me faire honorer pendant mon séjour à *Jegcholl* & de la suplier
en même tems de vouloir me doner la permission de m'en retourner à *Peking*; vû que
je comptois que la Caravane ne mettroit plus
guére de tems à y ariver. Quelques heures
après il vint me dire en réponse, que S. M.
comptant d'aler le dernier du mois prendre
le divertissement de la chasse dans les Landes à quelques lieues de *Jegcholl*, je pourois profiter de cette ocasion, pour me con-
gédier de S. M. & pour m'en retourner ensuite à *Peking*. Il y ajouta, que S. M. a-
voit ordoné au Gouverneur de *Peking* de s'y
en aler pareillement, pour me mettre entre
les mains les tapisseries qu'on avoit fait faire
pour S. M. *Czarienne*.

Pendant le reste de mon séjour à *Jegcholl*
ma table fut servie tout come du premier
jour

our de la cuisine de S. M. Et l'on me fit voir tous les bâtimens & jardins de ce charmant endroit, qui est certainement digne de faire les délices d'un si grand Monarque, aussi surpasse-t-il infiniment en beauté & en magnificence les Palais de *Peking* & de *Czchanzchunnienne*.

Le 31. j'eus l'honeur de suivre Sa Majesté lorsqu'elle partit de *Jegoholl*, & en cette ocasion elle eut la bonté de s'informer, *si je m'étois toujours bien porté*. Après avoir répondu à un si gracieux compliment avec tout le respect que je lui devois, elle me dit encore, *qu'elle croyoit s'apercevoir de quelque changement sur mon visage & qu'il faloit que je prisse soin de me bien porter*. Ensuite de quoi elle me dona la permission de m'en retourner à *Peking*, après m'avoir fait dire par le Maitre des cérémonies, que si la Caravane n'avoit pas été si proche, j'aurois pu avoir l'honeur de l'acompagner à la chasse (1).

Le 3. de Septembre, je fus de retour de mon voyage de *Jegoholl*, après avoir été trois jours en chemin.

Tom. VIII.   N   Le

---

(1) La chasse est l'ocupation favorite des *Tartares* Payens, & l'on peut regarder le plaisir que le défunt Empereur de la *Chine* prenoit à la chasse come un reste des inclinations de sa nation: cependant il ne laissoit pas d'y entrer beaucoup de politique dans cette passion aparente. Car alant tous les ans avec un corps d'Armée de 50. à 60000. homes à la chasse, en équipage de guerre, & faisant ordinairement plus de 100. lieues de chemin en cette sorte, ce Monarque entretenoit ses troupes & ses courtisans dans l'habitude des fatigues, & les empêchoit par là de s'acoutumer trop à la molesse de la vie oisive des *Chinois*.

Le 7. j'envoyai mon Interpréte à *Kalchanna* au devant du Comiffaire avec 1500. *Laen* d'argent.

Le 10. je fis favoir à mon Mandarin, que la Caravane alant ariver inceffament, il faloit qu'on fongeat férieufement à réparer la maifon, ou que du moins on m'en laiffat le foin, afin que les marchandifes ne vinffent point à fe gâter faute de couvert pendant les pluyes abondantes de l'ariére faifon. Mais il me refufa conftament la liberté de la faire réparer moi même, fous la promeffe qu'il auroit foin de la faire réparer fans faute avant l'arivée de la Caravane. Mais voyant qu'un jour fe paffoit après l'autre, fans qu'on vînt mettre la main à l'œuvre, je me rendis.

Le 15. chez le Préfident, pour le prier de vouloir doner les ordres pour la réparation de cette maifon, ou du moins de ne s'opofer pas que je le fiffe faire à mes dépens. Mais fa réponfe fut, qu'on aloit inceffament louer des ouvriers, qui la rétabliroient en un feul jour. Et ces promeffes continuérent toujours de même, tant de la part du Préfident que de la part de mon Mandarin, jufqu'à ce que le Comiffaire ariva enfin

Le 29. avec la Caravane à *Peking*. Come il pleuvoit pendant tout ce jour à verfe, le Comiffaire trouva à fon arivée qu'il n'y avoit aucun apartement dans toute la maifon, où lui ou fes gens auroient pu être à l'abri de la pluye, & il falut laiffer tout le bagage de la Caravane dans la Cour, fans en pouvoir décharger le moindre bal-

ballot. Dès que la Caravane fut entrée dans la cour de mon logis, on renforça la Garde à la porte, & l'on posta des Sentinelles tout à l'entour de la maison pour nous assurer, à ce qu'on disoit, contre les voleurs; mais en effet pour ôter les ocasions au Comissaire de pouvoir négocier avec qui que ce fût, avant qu'on auroit reçu les marchandises, dont on prétendoit avoir besoin pour le service de S. M. & de la Cour. Outre cela on comanda encore deux Mandarins avec un Ecrivain pour se tenir auprès de notre maison, avec ordre de prendre bien garde qu'on ne donat point de marchandises à crédit & de marquer exactement les noms de tous les gens qui entreroient & sortiroient chez nous, quelles marchandises & combien ils achéteroient de nous, & à quel prix.

Au comencement du mois d'Octobre, j'envoyai derechef au Conseil au sujet de la réparation de notre maison: sur quoi on me fit savoir

Le 6. par un Ecrivain, que le Président avoit dépêché un Courier à l'Empereur, pour s'informer si S. M. vouloit, que la maison fût réparée de son Trésor, ou si c'étoient nous qui la devions faire réparer; atendu qu'en vertu de la dernière convention entre les deux Empires, l'Empereur ne devoit plus rien fournir à nos gens. Desorte qu'il falut avoir encore patience jusqu'à ce que

Le 12. les ouvriers vinrent enfin travailler à cette réparation tant promise de notre maison; mais cela se fit avec tant de négligence, que, lorsque l'ouvrage fut achevé, on n'y pouvoit

pouvoit remarquer que fort peu de diférence d'avec ce qu'il étoit auparavant.

Le Comissaire employa le reste de ce mois à faire déplier ses marchandises, afin d'avoir tout en bon ordre vers le tems qu'on lui permettroit de comencer son négoce. En atendant nous fumes visitez très assidument par quatre Mandarins, qui prétendant être députez de la Cour pour recevoir des marchandises pour la provision de S. M., demandoient au Comissaire une exacte spécification de tous les effets de la Caravane, afin qu'ils en pussent choisir incessament ce qu'ils trouveroient être convenable pour le service de la Cour. On leur répondit à cela ; ,, qu'ils ,, ne devoient point s'atendre, que le Comis- ,, saire leur donat une spécification de tout ,, ce qu'il y avoit dans la Caravane : mais ,, que s'ils avoient des ordres de la Cour ,, pour nous, ils eussent à nous aporter des ,, Lettres de Créance, adressées ou à moi, ,, ou au Comissaire, ou bien qu'il faloit ,, qu'ils nous fissent voir une spécification ,, des marchandises qu'ils devoient avoir, si- ,, gnée du Maitre de la Garderobbe de l'Em- ,, pereur : & que pour lors on pouroit leur ,, dire, s'il y avoit de telles marchandises ,, dans la Caravane, ou non ,,. Mais ces Mrs. n'en voulurent point démordre, soutenant ; ,, qu'il faloit s'en raporter à la coutu- ,, me du tems passé, où le Comissaire de ,, chaque Caravane avoit été obligé de doner ,, une semblable spécification à ceux qui é- ,, toient députez de la part de la Cour, pour ,, recevoir des marchandises de lui : qu'ils
,, ne

ne prétendoient pas être atrapez pour cette fois, come il étoit arivé du tems des derniers Comissaires; où la Cour n'avoit eu que des marchandises médiocres, tandis qu'on avoit vendu les meilleures aux particuliers. Que pour cet effet ils auroient soin d'examiner tout ce que le Comissaire avoit aporté, & qu'ensuite ils prendroient la provision nécessaire pour la Cour, de ce qu'ils y trouveroient de meilleur, & sur tout des *Zébelines*, la paire à 3. *Laen*, come à l'ordinaire „. Le Comissaire, voyant que ces Gens prétendoient le forcer à leur doner des marchandises sur un pié si peu raisonable, me pria de lui acorder la protection du *Czar* notre comun Maitre, aléguant qu'il avoit des *Zébelines*, qui lui coutoient à lui même 20. jusqu'à 30. *Roubles* la paire, & qu'il étoit aisé à comprendre, quel négoce il pouroit faire avec le reste de ses effets, s'il étoit obligé de vendre de pareilles marchandises à un si chétif prix. Sur quoi je fis comprendre à ces députez; *que les marchandises qui étoient dans la Caravane n'apartenoient ni à moi, ni au Comissaire, & que, posé même que cela fût, ils ne devoient point s'atendre qu'on leur fît crédit de quoi que ce pût être, à moins que d'aporter une spécification dans les formes, signée par celui qui a la Sur-Intendance de ces sortes d'afaires à la Cour; mais que si cela ne se faisoit point, ils n'avoient qu'à venir avec de l'argent, & qu'alors le Comissaire leur feroit voir des marchandises & verroit, s'il pouroit s'acomoder avec eux.* Ces Mrs. firent d'abord semblant d'être d'être ofensez de cette réponse ; cependant ils s'engagérent à la fin à nous aporter une semblable spécification : mais cela se diféroit d'un jour à-l'autre, & en atendant ils ne laissoient pas de faire tous les efforts possibles pour nous engager à leur délivrer à bon compte telle partie de marchandises, qu'ils jugeroient à propos de prendre.

Le 1. de Novembre, ayant envoyé mon Interpréte au Conseil pour solliciter le Président de vouloir acorder main levée au Comissaire, afin de pouvoir comencer son comerce, il me fit savoir en réponse ; ,, qu'il ,, lui étoit impossible de le faire, avant que ,, les Députez de la Cour eussent reçu les ,, marchandises, qu'ils avoient à recevoir ,, pour S. M.

Le 4 je parlai de cette afaire non seulement à mon Mandarin, mais aussi aux *Kien-sù* ou Mandarins comis auprès de notre maison, afin qu'ils disposassent ces gens à nous doner leur Mémoire, pour pouvoir terminer cette afaire.

Le même jour, j'alai au devant de S. M. qui revint de la chasse & l'ayant rencontré le lendemain, qui étoit

Le 5. à 80. *Ly* de *Peking*, auprès des bains chauds de *Tangzchang*, S. M. m'aprit, *qu'elle venoit de recevoir la Nouvelle d'Europe, que S. M. Czarienne avoit fait la Paix avec la Couronne de Suéde, par la Médiation de l'Empire Romain*. Après quoi elle me demanda, *combien de tems il y avoit que la Caravane étoit arivée ?* Sur quoi je lui répondis; *qu'elle étoit à la vérité depuis*

29. du mois de Septembre à Peking, mais qu'on n'avoit pas encore permis au Comiſſaire de comencer ſon négoce: enſuite de quoi ſa Majeſté m'ayant congédié, elle ſe rendit aux Bains.

Il faut qu'en cette ocaſion j'informe le Lecteur de la coutume de cet Empire, en les cas tels que l'étoit celui de la députation en queſtion de Cour. Tous les Mandarins qui ſont chargez de quelque comiſſion de la Cour, ſoit pour des ſujets de l'Empire, ſoit pour des étrangers, ſont nomez & expédiez par le Miniſtére: quand une telle comiſſion eſt finie, ces gens ſont obligez de faire des préſens conſidérables, non ſeulement au Miniſtére, mais auſſi aux Princes du ſang, & afin que cela ne les incomode pas trop, & que même ils en puiſſent garder quelque choſe par devers eux, ils n'ont pas à craindre que les gens, à qui ils ont afaire en cette ocaſion, trouvent de la protection chez les Miniſtres, ou qu'on vienne jamais à faire une recherche ſérieuſe de leur conduite. Ce qui eſt ſi vrai, que perſone n'hazardera facilement de ſe plaindre de leurs tours de paſſe-paſſe; parceque l'on n'ignore pas que quelque mine qu'on faſſe, il n'y a point de réparation à eſpérer. Perſone ne peut adreſſer ſes plaintes directement à l'Empereur, mais il faut abſolument paſſer par les mains des Miniſtres, ou de ceux qui ſont en poſſeſſion des premiéres Charges du Palais ou de la Chambre de S. M. & ces Mrs. ſont tous ſi étroitement liez d'intérêts avec les autres grands Seigneurs de l'Empire, que quelque part que la partie soufrante vienne à s'adresser, elle doit nécessairement être la dupe de l'afaire.

Le même jour, les députez essayérent de nouveau de lever quelques marchandises, en atendant que leur Mémoire seroit dressé; mais leur dessein vint à manquer.

Le 9. je parlai derechef aux Mandarins du Conseil au sujet de notre Caravane; mais je n'en pus tirer aucune autre réponse, sinon, que cette afaire ne regardoit persone que les Députez de la Cour.

Le 14. lorsque je voulus sortir pour aler moi même au Conseil, la Garde qui étoit à notre porte refusa de me laisser passer, sous prétexte, que les quatre Mandarins députez de la Cour avoient comandé, qu'on ne laissat sortir persone jusqu'à ce que les marchandises, qui devoient être levées pour la Cour, fussent livrées; & quoique je passasse malgré la Garde, je fus pourtant obligé de m'en revenir sans avoir pu rien faire, atendu que le Président n'étoit pas en Ville.

Le 15. j'envoyai mon Interpréte au Conseil, pour recevoir la résolution du Président sur ce que j'avois représenté au Conseil le jour d'auparavant; & come il aprit qu'il n'y étoit pas, mais qu'il le pouroit trouver dans sa maison, il y ala lui parler & vint me dire en réponse;
,, que le Président auroit soin que cette afai-
,, re fût terminée incessament; que cepen-
,, dant il faloit aussi pour cet effet, que le
,, Comissaire s'acomodat à mettre ses mar-
,, chan-

„ chandifes à un prix raifonable „; ce dont il n'avoit jamais été queſtion auparavant. Il chargea outre cela mon Interpréte de me dire, que dans ces tems on le trouvoit rarement chez lui, parcequ'il étoit obligé d'être tout le long du jour à *Czchan-zchunnienne* auprès de S. M.: que partant, quand j'aurois quelque afaire à lui propofer, il faloit que je la fiſſe comuniquer par mon Interpréte aux Mandarins du Confeil, qui ne manqueroient pas de lui en faire inceſſament le raport néceſſaire.

Le 16. les Mandarins députez ayant fabriqué à leur fantaifie une fpécification des marchandifes, qu'ils devoient recevoir pour la provifion de S. M. & de la Cour, ils vinrent nous la préfenter, dans la penfée de lever une partie confidérable de marchandifes par cette fourberie.

Mais le 17. cette fpécification ayant été tranflatée en Langue *Ruſſe*, nous trouvames que la quantité de marchandifes qu'ils prétendoient, étoit trop confidérable pour leur pouvoir être acordée. C'eſt pourquoi on leur demanda, *de la part de qui cette fpécification nous étoit envoyée, & qui c'étoit qui l'avoit fignée*: fur quoi, après bien des tours & des échapatoires inutilement employez, ils furent à la fin réduits à avouer qu'elle étoit de leur propre façon, & qu'ils avoient jugé qu'une telle quantité fufiroit vrai femblablement pour les befoins de la Cour. Mais en faifant cet aveu, ils ne laiſſérent pas de faire comprendre au Comiſſaire; „ qu'il ne devoit point „ fe flater, qu'il pouroit comencer à négo-

„ cier

„ cier avec perſone, avànt qu'ils euſſent re-
„ çu tout le coutenu de cette ſpécification.

Le 18. l'*Allegadah* étant venu nous voir,
pour acheter quelques marchandiſes, je le
ſupliai de ſe ſouvenir des promeſſes, que S.
M. avoit eu la bonté de faire à Mr. d'*Iſmailoff*, au ſujet de la liberté du comerce, a-
tendu que du train que les afaires prenoient,
il paroiſſoit quaſi qu'on les avoit entiérement
oubliées: mais il me dit pour toute réponſe;
„ que c'étoit une afaire qui ne le regardoit
„ en aucune maniére, & qu'il n'y avoit que
„ le Conſeil, à qui il faloit que je m'adreſ-
„ faſſe pour cela (1).

Le 22. j'envoyai mon Interpréte au Conſeil avec un Mémoire au ſujet de cette afaire, mais les Mandarins qui s'y trouvoient
refuſérent de le recevoir, ſous prétexte, qu'il
leur faloit préalablement avoir les ordres du
Préſident là-deſſus & ſavoir de lui, s'ils a-
voient à l'accepter ou non.

Le même jour, les quatre Députez étant
venus

---

(1) A la *Chine* tout ſe fait par la diſpoſition des diférens Coléges, auxquels les afaires peuvent avoir
raport, ſans qu'il ſoit permis de s'adreſſer directement à la Cour, pour quelque afaire que ce puiſſe
être. Dans les tems des derniers Empereurs *Chinois*
ces Coléges étoient ſi abſolus, qu'en bien des ocaſions l'Empereur lui même n'oſoit pas toucher à leurs
décrets; mais depuis que les Princes *Tartares* ſont
montez ſur le Trône de la *Chine*, on n'y regarde plus
de ſi près, témoin l'exercice de toutes ſortes de Religions étrangéres publiquement autoriſé & la réſidence de l'Agent de *Ruſſie* à *Peking* acordée, par le
ſeul bon plaiſir du *Chan*, nonobſtant toutes les re-
montrances contraires du Miniſtére & les conſtitu-
tions du gouvernement de la *Chine*.

venus nous voir, nous donérent à entendre;
„ que le tems ordinaire qu'on avoit acoutu-
„ mé de tenir le Comiſſaire renfermé étant
„ ſur le point de finir, ils étoient venus pour
„ comencer à négocier avec lui & pour a-
„ prendre, combien il demandoit de chaque
„ ſorte de marchandiſe, afin qu'après avoir
„ achevé de faire leur acord, ils puſſent
„ inceſſament déclarer l'entrée de notre mai-
„ ſon libre à tout le monde „ . Sur quoi
je leur fis demander; *qui pouvoit les avoir
autoriſé à renfermer pour un certain tems,
come on pouroit faire à des Eſclaves, les ſujets d'un ſi grand Monarque que l'étoit le
Czar mon Maitre.* Mais ces Mrs. ne trouvant pas à propos de répondre à une queſtion
ſi délicate, ſe contentérent de dire; „ qu'il
„ faudroit bien que le Comiſſaire ſe détermi-
„ nat à leur doner les marchandiſes, qu'ils
„ lui demandoient, & cela au prix qu'ils ju-
„ geroient convenable, à moins qu'il ne vou-
„ lût de gayeté de cœur s'engager en des
„ dépenſes, qui ſurpaſſeroient de beaucoup
„ le profit qu'il avoit en vue par ſon opiniâ-
„ treté; & que dans la néceſſité où il étoit
„ de nourir ſes gens à ſes propres dépens,
„ il agiſſoit directement contre ſes intérêts,
„ de ne vouloir pas finir avec eux.

Là-deſſus je voulus ſavoir ; *s'ils avoient
des ordres de nous preſſer d'une manière ſi
violente, à leur doner des marchandiſes: ſur
quoi ils répondirent que non, & qu'ils étoient
venus pour trafiquer avec le Comiſſaire; mais
qu'il faloit qu'il leur donat des meilleures
marchandiſes de la Caravane, & cela au prix*

que la Cour en avoit toujours payé. Le Comissaire pour faire un dernier effort, leur ofrit des marchandises de la même qualité de celles que la Cour avoit reçues autrefois, sans en augmenter le prix: mais cela ne les acomodant pas encore, ils s'en alérent, disant, qu'ils aloient consulter ensemble, pour voir s'il étoit faisable qu'ils augmentassent le prix des marchandises, au delà de ce que la Cour en avoit toujours doné.

Peu de tems après on vint chercher mon Interpréte de la part du Conseil, pour lui comuniquer la réponse du Président au sujet de mon mémoire: sur quoi je l'y envoyai à l'heure même avec le mémoire en question, ne doutant point, après ce que le Président lui avoit dit là dessus lui même, qu'il n'alat être reçu sur le champ. Mais à son retour il m'aprit, que le Président avoit ordoné à un Mandarin de me faire savoir la réponse qui suit, telle que je l'ai écrite mot à mot de la bouche de l'Interpréte. *J'ai été trouver l'Allegamba au sujet du Mémoire de Mr. l'Agent; & il ne nous a pas seulement défendu d'accepter ledit Mémoire, mais il m'a de plus chargé de lui dire, ce qu'on a déja fait entendre autrefois à Mr. d'Ismaïloff; à savoir, que le comerce est regardé chez nous avec mépris & come un fort petit objet: que Mr. l'Agent n'ignore pas lui même, que nous avons constamment refusé le passage à la présente Caravane, & que certainement on n'auroit jamais consenti qu'elle entrat dans la Chine, si S. M. se laissant aler aux instances réitérées de Mr. d'Envoyé Extraordinaire, n'y eût à la fin doné*

doné les mains. Que l'Allegamba y avoit ajouté même ces paroles: Ces Marchans viennent ici pour s'enrichir eux mêmes & non pas nos gens; ce que l'on peut assez voir parcequ'ils prétendent mettre eux mêmes le prix à leurs marchandises, pour les pouvoir vendre d'autant plus cherement. C'est pourquoi alez dire à Mr. l'Agent, que non seulement nous refusons le Mémoire en question, mais que même il n'a pas besoin dorênavant de s'incomoder en aucune manière pour nous proposer des afaires, qui peuvent concerner le comerce; parceque nous ne voulons plus nous embarasser à l'avenir avec les Marchans de Russie.

Dans la suite notre prison continua à peu près sur le même pié, en sorte qu'il n'étoit permis qu'aux seuls Domestiques du premier Ministre & du Président & à un Ecrivain de la Garderobe d'entrer chez nous: Ce qu'ils firent fort assidument & aparemment pour épier ce qui se passoit en notre quartier, dans l'espérance que nous serions à la fin obligez à soumettre notre comerce à leur discrétion.

Le 25. un Ecrivain du Conseil étant venu chez moi avec une espéce de compliment, j'embrassai cette ocasion pour faire savoir à l'Allegamba; ,, que je n'étois pas assez stu-
,, pide pour n'avoir pas pénétré le vrai mo-
,, tif de la réponse inopinée que j'avois reçue
,, derniérement de sa part: mais que le co-
,, merce, qu'il regardoit maintenant avec
,, tant de mépris, pouroit peut-être bientot
,, lui paroitre un objet tout autrement consi-

,, dérable, lorsqu'on viendroit à mettre les
,, afaires des Frontiéres sur le tapis: qu'il y
,, avoit grande aparence, qu'on se pouroit
,, souvenir alors de l'injustice qu'on comet-
,, toit maintenant à notre égard, & que je
,, me croyois obligé de l'en avertir à présent,
,, qu'il étoit encore tems d'y remédier par
,, les voyes amiables.

Le même jour j'apris que le Brigadier, qui avoit eu jusque là l'inspection sur la Garde auprès de l'hôtel de *Russie*, étoit rentré dans les bones graces de l'Empereur, & que S. M. venoit de lui conférer la Charge de Grand Maréchal de la Cour avec le comandement en Chef de l'Armée, que ce Monarque entretient dans le Pays des *Moungales* (1). Sur quoi je me rendis à l'heure même chez lui, pour lui en faire mes complimens, & ayant trouvé moyen en cette ocasion de l'entretenir de

___

(1) Les *Moungales* sont des Tartares Payens qui habitent au *Nord* de la *Chine*: ils sont partagez en deux branches, dont la premiére est celle des *Moungales Orientaux* ou de *Nieucheu*, qui habitent vers les bords de la Mer du *Japon*, entre la Riviére d'*Amur* & la grande muraille: Ceux ci sont les sujets naturels de la maison *Tartare*, qui regne à présent à la *Chine*, & ce sont précisément eux, qui se sont rendus Maîtres de cet Empire dans le siécle passé: ils sont ensevelis dans un Paganisme extrêmement grossier & n'ont quasi aucune Religion: ils habitent pour la plus grande partie dans des Villes & des Vilages & se nourissent de l'agriculture. La seconde branche des *Moungales* est celle des *Moungales Occidentaux*, autrement apelez *Calchas*; ces derniers sont seulement sous la protection de la *Chine* sans lui être entiérement sujets, ayant leur *Chan* particulier. Ils vivent sous des tentes & se nourissent de leur bétail sans cultiver les terres; leur Religion est le culte du *Dalai Lama*.

de ce qui nous étoit arivé avec les quatre Mandarins députez de la Cour, il me dona sa parole, qu'il les feroit apeler le même jour encore à la Cour, pour s'informer au juste de l'état de cette afaire, & qu'ensuite il leur ordoneroit de recevoir, sans plus diférer ce qui seroit absolument besoin pour le service de S. M. & de la Cour. Il me témoigna en même tems d'être extrêmement surpris de la conduite que son Frére le premier Ministre & l'*Allegamba* tenoient en cette ocasion.

Le 27. le premier Ministre, étant revenu chez nous, me dit; ,, qu'il avoit apris que ,, l'Interdit sur notre maison n'étoit pas en- ,, core levé, & qu'il souhaitoit que je lui en ,, voulusse aprendre la raison ,,. Sur quoi je lui répondis; ,, qu'il y avoit déja longtems ,, que je cherchois à en être instruit, mais ,, que je ne trouvois persone qui en voulût ,, prendre conoissance; que cependant cette ,, afaire devoit éclater nécessairement avec le ,, tems, vû que c'étoit une injustice criante ,, de tenir renfermée pendant tant de tems u- ,, ne Caravane, qui étoit venue sur la foi ,, des traitez solennellement confirmez ,,. Il me répliqua là-dessus; ,, qu'il y avoit déja ,, longtems que la Cour avoit résolu de ne ,, plus accepter des Caravanes; parceque ,, tous les Marchans qui avoient négocié a- ,, vec les *Russes* étoient réduits à la besace, ,, par la trop grande abondance des marchan- ,, dises de *Russie* qui se trouvoit présente- ,, ment dans la *Chine*: que ce n'étoit que ,, sur les fortes instances que Mr. d'*Ismailoff*
,, avoit

„ avoit faites tant à la Cour qu'au Conseil,
„ ofrant pour cet effet que le Comissaire &
„ ses gens vivroient à l'avenir à leurs propres
„ dépens, qu'on avoit à la fin acordé le pas-
„ sage à la présente Caravane: que loin de
„ faire la moindre atention à ces circonstan-
„ ces, le Comissaire refusoit maintenant le
„ prix ordinaire, qu'on lui avoit ofert de la
„ part de la Cour de ses marchandises &
„ prétendoit les vendre à un bien plus haut
„ prix. Qu'il souhaitoit que je voulusse fai-
„ re entendre raison là-dessus au Comissaire
„ & lui remontrer ce qu'il venoit de me di-
„ re „. Sur quoi je lui dis; „ que je n'avois
„ garde de mettre un prix nouveau sur les
„ marchandises que le Comissaire avoit en
„ comission: que même cela ne dépendoit
„ pas de ma volonté; atendu que c'étoit au
„ Comissaire à répondre des marchandises
„ qu'on lui avoit confiées, qui ne pouroit
„ pas permettre que d'autres que lui, qui
„ devoit les vendre, y missent le prix: que pour
„ ce qui étoit du passage de la Caravane,
„ qu'il étoit stipulé longtems avant la venue
„ de Mr. d'*Ismailoff* à la *Chine*, en quoi il
„ ne se pouvoit faire le moindre changement
„ sans ébranler en leurs fondemens les trai-
„ tez conclus entre les deux Empires; &
„ que posé même qu'il y eût quelque chose
„ à y changer, cela ne se pouroit faire que
„ d'un consentement comun, & après que
„ par des Députez, nomez à cet effet par les
„ deux Empires, on auroit fait examiner à
„ fonds cette afaire & dresser un nouveau
„ plan de convention „. Cette réplique

pou-

pouvant engager trop avant le Ministre, il rompit l'entretien & se fit aporter quelques marchandises par le Comissaire.

Les quatre Mandarins députez de la Cour voyant à la fin, que nous aimions mieux continuer à garder notre arêt, que de nous abandoner à leurs prétensions irraisonables; & que d'un autre côté le Grand-Maréchal de la Cour s'intéressoit vivement pour nous, voulant absolument qu'ils fissent une fin de cette afaire, l'Interdit sur notre maison fut enfin levé, &

Le 2. de Décembre, le Conseil fit publier qu'il étoit permis à tout le monde de venir négocier avec nous; mais on s'étoit réservé un tour de chicane, qui nous fit grand tort & rebuta absolument tous les négocians. Car dès qu'on vit que les Marchans començoient à venir chez nous, on leur fit savoir;
,, que persone ne pouroit emporter la moindre
,, chose de ce qu'il auroit acheté chez nous,
,, sans l'avoir fait voir auparavant aux quatre
,, Mandarins députez de la Cour, afin qu'ils
,, en pussent prendre, ce qu'ils trouveroient
,, être convenable aux besoins de la Cour ,,.
Cet avertissement ôta toute envie aux négocians de venir trafiquer avec nous, atendu qu'ils n'y pouvoient trouver que des pertes assurées, s'ils étoient obligez de passer par les mains de ces Mandarins afamez. Ce qui m'a fait conoitre plus que toute autre chose, quel pénible métier c'est à la *Chine* que le négoce, lorsqu'on est contraint de dépendre de la discrétion des Mandarins & des Soldats, qui n'en ont absolument point. Mais le *Poyamba*

ba ou Grand-Maréchal de la Cour, en ayant été informé, eut encore la bonté de vouloir remédier à ce nouvel incident, ordonant aux Mandarins de ne prendre de persone autre que du Comissaire les marchandises dont la Cour avoit besoin. Pour cet effet il envoya même son Maitre d'hôtel avec eux chez le Comissaire, pour lui dire; ,, qu'il venoit de ,, la part de son Maître pour voir combien ,, & de quelles sortes de marchandises ces ,, gens léveroient pour la Cour, afin qu'il ,, lui en pût faire un raport précis ,,. Sur quoi on leur présenta des marchandises, mais il en agirent avec tant de retenue en présence de cet home, qu'ils ne prirent en tout qu'une médiocre partie de marchandises : cependant ils ne laissèrent pas de se tenir toujours auprès de notre maison, pour prendre des Marchans *Chinois*, ce qu'ils n'osoient plus nous demander. Et pour achever de contrecarer notre comerce, le Ministére avoit représenté à l'Empereur, qu'il étoit entré depuis plusieurs anées dans les magazins de pelleterie de S. M. une beaucoup plus grande quantité de *Zébelines*, qu'il n'en faloit pour la consommation de la Cour; & que cette quantité venant à s'augmenter d'anée en anée, il valoit mieux que S. M. en fît vendre une partie, que de les laisser se gâter.

Les 12. 13. & 14. plusieurs Marchans *Chinois* & autres Comissionaires, tant des grandes maisons que des gens ordinaires de *Peking*, étant venus chez nous, & ayant hazardé d'acheter quelques *Petits-Gris* & autres marchandises de peu de valeur, pour voir

voir le véritable but des Mandarins qui se tenoient auprès de notre logis, ils ne rencontrérent d'abord aucun obstacle de leur part: mais lorsque le marché fut conclu, on leur signifia qu'ils ne devoient rien emporter de ces marchandises, avant qu'on en eût choisi ce qu'il y avoit de meilleur pour la Cour.

Le 15. sur ce qu'on sut à la Cour & au Conseil, que nous avions fait un comencement de trafiquer, on fit publier qu'on aloit vendre à un juste prix 20000. *Zébelines* des magazins de pelleterie de l'Empereur. Sur quoi tous ceux, qui avoient comencé à négocier avec nous, y alérent acheter leurs provisions; les uns de crainte des chicanes des Mandarins, & les autres parcequ'ils croyoient y trouver mieux leur compte qu'avec nous. Effectivement on y vendit, à ce que j'ai apris dans la suite, les meilleures *Zébelines* à $2\frac{1}{2}$. *Laen*, les moyennes à $1\frac{1}{2}$. à 1. *Laen* les moindres à 90. *Fun*. Toutefois ce n'étoient point des *Zébelines* de *Sibérie*, mais de celles que les *Toungouses* (1) de la domi-

―――――――――――――

(1) Les *Toungouses* sont un Peuple Payen du *Nord* de l'*Asie*, qui tire vrai-semblablement son origine des *Tartares*: ils ocupent une grande partie de la *Sibérie Orientale*, & quelques branches de cette nation s'étendent même jusque sur les bords *Méridionaux* de la Riviére d'*Amur*: cette derniére partie des *Toungouses* est sujette aux *Chinois* & tellement mêlée avec les *Moungales Orientaux*, qu'à peine les en pourroit on distinguer, si la nature même n'avoit distingué toutes ces nations les unes des autres par des marques inéfaçables, qui se découvrent facilement dans les diférens traits de
leurs

domination *Chinoise* prennent aux environs de la Riviére d'*Amur* (1), & dont ils font obligez de fournir annuellement une certaine quantité dans le trésor de Sa Maj. La Contrée d'où ces *Zébelines* viennent, s'apelle *Solloni*.

Le 16. j'apris que, nonobstant que la Cour eût consenti à un comerce entiérement libre entre les deux Nations & exemt de toute forte d'impôts, les Mandarins comandez auprès de notre maison avoient fait des défenses rigoureuses à la Garde de ne laisser entrer qui que ce pût être chez nous, à moins que d'avoir un billet à montrer de leur part, & qu'ils se faisoient doner pour un semblable billet 30. *Zschosses*, qui font environ 4. *Fun*: mais ceux qui vouloient entrer & sortir incessament chez nous pour trafiquer, étoient obligez de faire une fois pour toutes un acord avec eux, ou pour un certain tems fixé, ou pour tout le tems que la Caravane seroit à *Peking*. Après quoi ils recevoient un billet, avec lequel ils pouvoient toujours entrer & sortir chez nous, come bon leur sembloit. Tous les autres, qui refusoient de leur acheter

leurs visages. Tous les autres *Toungouses* sont sujets de la *Russie*. Consultez l'*Histoire Généalogique des Tatars*.

(1) La Riviére d'*Amur* est une des grandes Riviéres de l'*Asie*: elle a ses sources dans le Pays des *Moungales* vers la Riviére de *Selinga* & courant de là à l'Orient elle fait la Frontière de ce côté entre la *Sibérie Orientale* & les *Moungales Orientaux*, & après un cours de plus de 300. lieues d'Alemagne, elle va se décharger dans la Mer du *Japon*, vers les 44. Dég. de Latit. *Septentrionale*.

er en cette maniére l'entrée libre chez nous,
étoient renvoyez come des gens, qui ne venoient que pour faire crédit chez nous, &
peut-être pour voler dans l'ocafion.

Le 17. mon Mandarin étant venu me voir,
je lui dis; ,, que j'avois été bien aife d'apren-
,, dre que la Cour venoit aufli de faire un
,, comencement de fe mêler du comerce,
,, qu'on avoit regardé jufque là come une
,, chofe fi méprifable chez eux, qu'on nous
,, en avoit inceffament reproché le peu d'im-
,, portance; & qu'après que S. M. avoit
,, doné des marques fi autentiques de l'efti-
,, me qu'elle faifoit du comerce, j'efpérois
,, qu'à l'avenir on aprendroit à en parler avec
,, plus de retenue ;,, fur quoi il me répondit; ,, que ce n'étoit pas en vue d'aucun in-
,, térêt, que l'Empereur avoit fait vendre les
,, *Zébelines*, dont je prétendois parler; mais
,, que cela s'étoit fait par la feule raifon, qu'y
,, en ayant une fi grande quantité dans fes
,, magazins, on avoit jugé qu'il valoit mieux
,, en vendre une partie, que de les y laiffer
,, dépérir ,, . Je lui répliquai là-deffus ;
,, que fi à la Cour de S. M. *Czarienne* &
,, dans fon Empire on pouvoit confomer
,, toutes les pelleteries que le Pays fournit,
,, il pouroit compter qu'ils ne coureroient
,, pas grand rifque d'en voir beaucoup à la
,, *Chine* ,, . Enfuite de quoi je lui demandai; *fi c'étoit du confentement de l'Empereur,
que les Mandarins comandez auprès de notre porte vendoient des billets de paffage aux
gens, qui avoient afaire chez nous, & refu-
foient abfolument l'entrée de notre maifon à*

ceux,

ceux, qui ne vouloient pas leur en acheter. Je m'informai encore de lui, ce que c'étoit à dire, que les quatre Mandarins députez de la Cour se tinssent toujours en notre maison. Sa réponse à cela fut, que l'Empereur n'en savoit rien & qu'il n'y avoit persone qui oseroit le lui dire, atendu que l'Allegadah leur avoit doné la permission de vendre de semblables billets, come un petit profit casuel : que pour les Mandarins députez, il ignoroit ce qu'ils y venoient faire. Sur quoi je lui dis pour conclusion ; que je ne savois pas pourquoi Mrs. les Ministres nous étoient si contraires en toutes choses, jusque là même qu'ils refusoient de nous voir & de recevoir nos Mémoires. Que je souhaitois fort qu'ils n'en fissent pas tant, que je fusse à la fin obligé d'en porter directement mes plaintes à la persone de S. M. Bogdoi-Chanienne, d'autant que je ne prétendois rien que ce qui étoit conforme aux traitez ; & que tandis que ces traitez devoient subsister en leur entier entre les deux Empires, il étoit d'une nécessité indispensable de m'écouter là-dessus, & de doner des résolutions telles qu'on le trouveroit convenable sur les Mémoires, que je pourois présenter de tems en tems à cette ocasion.

Dans les derniers jours de ce mois S. M. ala faire un tour à *Caisa*, qui est un Palais avec un beau Parc à quelques *Ly* au *Sud* de la Ville de *Peking*, où elle passa quelques semaines : ce qui fut cause qu'il ne se passa rien de remarquable entre les Ministres & nous.

Le 15. de Janvier 1722. la Garde qui étoit à notre

notre porte refufa de laiffer paffer quelques Chariots avec du Foin que mes gens avoient acheté, parceque les Payfans n'avoient point des billets de paffage & qu'ils ne vouloient rien doner aux Soldats. Et nonobftant que j'envoyaffe avertir les Oficiers & les Mandarins, qui étoient comandez auprès de notre porte, de cette infolence de la Garde, on ne laiffa pas de chaffer les Payfans avec leur Foin. Je m'en plaignis pareillement à mon Mandarin, mais avec auffi peu de fuccès.

Le 16. après avoir apris la nouvelle de la conclufion de la Paix perpétuelle entre S. M. *Czarienne* & la porte *Ottomane*, je fis chanter le *Te Deum* dans l'Eglife de *St. Nicolas*, & célébrer tout ce jour en fête.

Le 2. de Février, j'alai à la Cour & fis ofrir felon la coutume de la *Chine* quelques préfens à S. M. par fon Chambellan, à l'ocafion de la nouvelle anée; ce qui eft une cérémonie qu'en cet Empire tout home, qui eft revêtu d'un caractére public, doit obferver indifpenfablement, à moins que de vouloir s'expofer à la cenfure de tout le monde. S. M. reçut mes petits préfens fort gracieufement & me fit préfent à fon tour de toute forte de Gibier de fa chaffe de l'autone paffée (1), & d'un bon nombre de Brebis; & c'eft en cette maniére que S. M. eft acoutumée

---

(1). Les *Moungales* & autres *Tartares* Payens ont une invention particuliére de fécher toutes fortes de viandes à l'air & au Soleil, fans qu'elles foyent fujettes à fe gâter, & c'eft ainfi qu'ils ont toujours du gibier d'une anée à l'autre.

tumée de régaler annuellement sur la fin de l'anée tous les gens de sa Cour qu'elle veut distinguer.

Le 4. qui est le dernier jour de l'an chez les *Chinois*, la Cour mit fin à la vieille anée par un Festin, qui ne dura pourtant que fort peu, parceque S. M. ne venoit que de se relever d'une grande maladie, qu'elle avoit essuyée. En cette ocasion j'eus l'honeur d'être assis vis à vis de S. M. à quelques pas du Trône, & cette place est un peu au dessous de celle des Princes du sang, mais au dessus de celle des Mandarins du premier ordre. Le Festin fini & S. M. s'étant retirée, le Maitre des cérémonies vint me dire, que je serois dispensé de venir le lendemain premier jour de l'an à la Cour, pour faire mes complimens à S. M., atendu que c'étoit la coutume que les Princes & Mandarins de l'Empire se rangeoient ce jour là, chacun selon son rang, dans la Cour du Château, où en qualité d'étranger je ne pourois point être rangé.

Le 14. le premier Ministre nous dona à diner à moi & au Comissaire, & en cette ocasion il ne se passa rien de remarquable, sinon qu'il me demanda, *si je m'en retournerois avec la Caravane*; ce qui me fit soupçonner qu'on avoit déja agité cette matiére à la Cour; je lui répondis là-dessus, *qu'il ne dépendoit pas de mon bon plaisir de partir d'une Cour, où le Czar mon Maitre m'avoit envoyé pour y résider jusqu'à son rapel.*

Le 18. & le 19. S. M. fit célébrer la Fête des Lanternes, qu'on dit avoir toujours été

été célébrée à la Cour de la *Chine* depuis plus de 2000. ans. Cette Fête fut solennijée avec beaucoup de magnificence à *Czhanzchunnienne*. Pendant les grands repas qu'il y eut en cette ocasion à la Cour, on représenta toutes sortes de Comédies & autres spectacles divertissans, & sur le soir on tira de très beaux Feux d'Artifice, qui joints à tant d'illuminations & à cette prodigieuse quantité de Lanternes ornées de figures & diversifiées de toutes sortes de couleurs, qu'on voyoit de tous côtez, faisoient un effet admirable à la vue pendant l'obscurité de la nuit (1). On m'avoit placé en cette ocasion, tout come la derniére fois à *Peking*, à quelques pas du Trône de l'Empereur.

Le 29. étant de retour à *Peking*, quelques uns des principaux Marchans de la *Corée* vinrent me voir ; mais lorsque je voulus les faire entrer en mon apartement, quelques uns des Soldats qui les acompagnoient s'y oposérent & s'émancipérent jusqu'au point de les menacer avec les grands fouets, qu'ils avoient en leurs mains. Sur quoi je les fis incontinent mener par nos gens, dans l'avant cour de la maison, pour y atendre jusqu'à ce que lesdits Marchans sortiroient de chez moi.

---

(1) Les *Chinois* sont acoutumez de faire des dépenses extraordinaires à cette Fête en feux d'Artifice & en lanternes, y ayant telle lanterne, qui coute jusqu'à 10000. *Laen* & davantage. Le feu de leurs fusées est pareillement d'une beauté toute particuliére, les diférentes couleurs y étant représentées si vivement, que nos Artificiers sont obligez d'avouer, que les *Chinois* les surpassent de beaucoup en cette science.

moi. Et je leur fis en même tems doner à entendre, qu'une autre fois ils feroient fort sagement de n'avoir plus la hardiesse de vouloir agir avec leurs fouets chez moi. Ensuite de quoi ces Marchans entrérent à la vérité en mon apartement, mais ils n'osérent s'y arêter, depeur de s'exposer à quelque insolence de la part des Soldats de leur escorte (1). Il faloit que la civilité, avec laquelle je les avois reçus & à laquelle ils n'étoient guére acoutumez de la part des *Chinois*, leur eût fait prendre gout à ma conversation, puisqu'ils revinrent

Le 22. devant ma maison; mais la Garde qui étoit à la porte, leur en refusa l'entrée.

En Mars nous continuames notre négoce, autant que Mrs. les Mandarins & les Soldats de notre Garde le vouloient bien permettre. Au reste il ne se passa rien de remarquable, sinon que le Comissaire ayant envoyé un Ecrivain de la Caravane vers les Landes, pour voir en quel état se trouvoient les Chevaux, qu'il y avoit laissez en venant

à

---

(1) Les *Chinois* étant acoutumez de traiter fort durement les habitans de la *Corée* & leur ayant interdit toute corespondance avec les Nations étrangéres, il n'y avoit aucune aparence qu'ils voulussent s'humaniser à cet égard envers un Ministre de la Cour de *Russie*; cette puissance étant quasi l'unique, qui pouroit soutenir les habitans de la *Corée*, en cas qu'il leur prît jamais envie de secouer le joug de la *Chine*; atendu que par la Riviére d'*Amur* les *Russes* peuvent venir descendre dans tous les ports de la *Corée*, sans que les *Chinois* soyent en état de les en empêcher. Et peut-être que cette conduite du Sr. *Lange*, n'a pas peu contribué à déterminer la Cour de la *Chine*, à le renvoyer si subitement.

à *Peking*; il nous raporta à son retour, qu'ils étoient tous en fort mauvais état, & que si l'on n'y envoyoit incessament de l'argent, pour les faire mettre aux écuries, il étoit fort à craindre que la plus grande partie n'en vînt à crever.

Le 6. d'Avril, j'envoyai mon Interpréte à la réquisition du Comissaire vers les Mandarins, qui se tenoient à cause de la Caravane auprès de notre maison, & leur fis savoir; que le Comissaire étant obligé d'envoyer quelqu'un de ses gens avec de l'argent vers les Landes, afin que les gens, qui étoient chargez du soin des Chevaux de la Caravane, pussent être en état de les tenir dans les écuries, on avoit besoin pour plus grande sureté de quelques Soldats ou de quelque autre persone pour escorter cet home, & que je les priois d'avoir soin de cette afaire. Sur quoi ils me firent dire qu'ils en feroient leur raport au Conseil, puisque sans les ordres du Conseil ils ne pouvoient disposer de rien.

Le 7. deux Mandarins acompagnez d'un Ecrivain, vinrent me porter la réponse du Président sur cette afaire, & d'autant qu'elle étoit écrite sur une feuille de papier, ils m'en firent la lecture dans les termes suivans.

L'Allegamba ayant été informé hier, que vous voulez derechef envoyer un Message dans les Landes, ne comprend pas qu'il soit possible que ce ne soit pour autre chose, que pour les Chevaux en question, que vos gens font tant de voyages entre les Landes & Peking. C'est pourquoi il supose qu'à l'aide des Moungales vous pouriez bien avoir quelque corespondance secréte entre cette Ville & Selin-ginskoi,

ginskoi, ce qui pouroit faire naitre des plaintes & des défiances entre les deux Empires: car il n'ignore pas que les Moungales font gens à se laisser employer à de semblables afaires & que Mrs. les Russes ne plaignent point leur argent en ces fortes d'ocasions.

Je leur demandai là-dessus, *si cette réponse venoit de l'Allegamba, ou si elle étoit de leur propre composition*; sur quoi ils m'assurérent, qu'ils l'avoient écrite mot à mot telle que l'*Allegamba* la leur avoit donée, & que c'étoit même pour cette seule raison, qu'il ne vouloit pas consentir à l'envoi en question.

Après cette explication, que je jugeai nécessaire pour ma plus grande sureté, je les priai de dire de ma part à l'*Allegamba*; que la précaution qu'il prenoit, n'étoit bone à prendre qu'avec des prisoniers, à moins qu'il n'eût quelque Lettre interceptée à me faire voir, par laquelle on me pût convaincre d'avoir travaillé à brouiller les deux Empires: que portant, come je faisois, un caractére public, je pouvois écrire toutes les fois qu'il me plairoit, sans avoir besoin pour cela, ni de l'escorte, ni du consentement de Mr. le Président; & que même, si j'avois un Courier à expédier pour mes afaires particuliéres, il ne pouroit pas m'en empêcher sans une manifeste violence.

J'envoyai ensuite mon interpréte au Conseil avec ces Mandarins, pour savoir à quoi ce Ministre se détermineroit; mais il me fit dire, qu'il n'avoit garde d'employer à notre service les Chevaux & les gens de guerre de l'Empereur son Maitre, & cela en des voyages

ges, où il faloit qu'ils fissent des dépenses, auxquelles ils ne pouvoient pas fournir de leurs apointemens ordinaires: sur quoi je lui fis proposer, que nous défrayerions les gens de l'escorte, qu'il nous acorderoit, & que nous leur donerions même de nos Chevaux à monter, afin qu'ils n'y employassent pas les Chevaux de l'Empereur: ou que si cela ne l'acomodoit pas encore, je ne lui demandois qu'un passeport, & que je hazarderois d'y envoyer un de nos gens sans escorte. Mais il se tint ferme sur la négative, & ne voulut entrer en aucun de ces expédiens, se contentant de me faire dire pour toute réponse, *qu'il n'en seroit rien*. J'apris en même tems de mon Interprète, qu'ils avoient raisoné en cette ocasion entre eux à peu près en ce sens. *Ces gens étrangers viennent ici avec leur comerce, pour nous acabler à tout moment de mile bagatelles, prétendant qu'on les doive favoriser en toutes ocasions, ni plus ni moins que si c'étoit une obligation, & cependant nous somes encore à pouvoir obtenir la première réponse d'eux, au sujet de nos afaires.*

Le 16. j'apris que depuis quelques semaines le *Tuschidtu-Chan* des *Moungales* (1),

qui

---

(1) C'est le nom du *Chan* d'à présent des *Moungales Occidentaux*. Ce Prince étoit autrefois Souverain; mais depuis que les *Moungales Orientaux* se sont emparez de la *Chine*, il s'est mis sous la protection de cet Empire, pour être mieux en état de pouvoir faire tête aux *Gallmoucks*, avec lesquels il est quasi toujours en Guerre. C'est un Prince fort puissant, ses frontié-

res

qui campe à *Urga* avoit porté des plaintes à la Cour de la mauvaise conduite des Marchans *Russes*, qui venoient à *Urga*, & qu'il avoit averti en même tems le Ministére, que jamais il n'y avoit eu un si grand concours de Marchans *Russes* & *Chinois* en sa Résidence, que pendant cette anée. Que là dessus S. M. avoit pris la résolution d'y envoyer un Mandarin, avec ordre à ce *Chan*, de faire chasser d'*Urga* tous les Marchans, tant *Russes* que *Chinois*; mais sans faire semblant que cela se fît par ordre de S. M., afin qu'il parût que cela ne vînt que du propre mouvement du *Tuschidtu-Chan*, & come s'il eût fait faire cette exécution come Maitre en son Pays.

Le même jour un Courier, qui étoit nouvellement arivé de *Selinginskoi*, avec des dépêches du Mandarin qui se trouvoit en cette Ville, raconta, à mon Interpréte, que l'Intendant de *Selinginskoi* avoit présenté divers paquets de Lettres venus de *Russie* à ce Mandarin, pour les faire tenir au Conseil des afaires des *Moungales* à *Peking*; mais qu'il avoit refusé de les recevoir, sur ce que ledit Inten-

---

res s'étendant du côté de l'*Ouest*, jusqu'aux bords de la grande Riviére de *Jenisea* & même en deçà de cette Riviére vers les sources de l'*Oby*, & de l'autre côté elles s'avancent bien avant vers l'*Est* & jusqu'à la grande Muraille. Ce *Chan* des *Moungales Occidentaux* a plusieus petits *Chans* de cette Nation pour Vassaux & peut mettre jusqu'à 100000. homes & davantage en campagne, tout Cavalerie; mais il s'en faut beaucoup que ses Sujets soyent aussi bons Soldats que les *Callmoucks*.

Intendant ne lui en avoit pas pu aprendre le contenu.

Le 27. il y eut un bruit à *Peking*, que les Marchans *Russes* avoient tenté d'enlever quelques familles d'*Urga*, & c'est ce qui doit avoir animé le plus le *Tuschidtu-Chan* contre eux.

Le 4. de Mai, deux Mandarins du Conseil acompagnez de trois Ecrivains & de deux Oficiers de la Garde de notre maison, étant venus chez moi à 11. heures de la nuit, m'informérent que le *Kuimentitu*, c'est le nom qu'on done au Gouverneur de la Ville de *Peking*, étant de retour de chez l'Empereur avoit à m'entretenir d'une afaire de conséquence, & d'autant que pendant le jour il étoit ocupé depuis le matin jusqu'au soir, il me prioit de vouloir bien me doner la peine de venir à présent le voir chez lui, nonobstant qu'il fût déja un peu avant dans la nuit. J'étois déja couché dans le tems que ce message me vint; cependant je ne fis aucune dificulté de me lever, pour faire ce que ce Ministre souhaitoit; atendu que les Mandarins m'assuroient que l'afaire, pour laquelle il souhaitoit de me parler, pressoit beaucoup. Dès que je fus arivé en sa maison, on me reçut avec une civilité toute particuliére & le *Kuimentitu*, étant venu en persone au devant de moi jusque dans la Cour, me mena dans son apartement & me pria de m'asseoir auprès de lui. Il entama d'abord le discours par me faire de grandes excuses, de ce qu'il y avoit si longtems qu'il n'avoit pu avoir le plaisir de me voir, ni chez lui, ni ailleurs;

mais

mais qu'il croyoit que je n'ignorerois pas moi même qu'il étoit obligé de se trouver tous les jours depuis le matin jusqu'au soir à *Zzchan-zchunnienne* auprès de S. M. Sur quoi je lui répondis, que je trouvois ses excuses si justes, que je n'y avois pas un mot à redire, & que je le plaignois extrêmement d'être obligé à passer son tems d'une maniére si incomode. Après plusieurs autres complimens réciproques de cette nature qui ne faisoient que batre la campagne ; il me demanda, *s'il y avoit longtems que je n'avois point eu des nouvelles de Selinginskoi :* je lui répondis ; *qu'il y avoit déja quelque tems que je n'en avois point.* Enfin l'afaire dont il s'agissoit, vint à se découvrir peu à peu, lorsqu'il me demanda ; ,, si je me souvenois bien
,, que, lorsque j'avois voulu expédier derniérement un Messager par *Kalchanna* vers
,, les Landes, il m'avoit fait dire, qu'il n'y
,, pouvoit pas consentir, parcequ'il se doutoit
,, que par de semblables voyes on ménageoit
,, des corespondances secrétes, qui pouroient
,, aboutir à quelque mèsintelligence entre les
,, deux Empires ,,. Je lui dis sur cela ; ,, que
,, je ne me souvenois que de reste de cette
,, réponse si peu atendue que j'avois reçue de
,, sa part ; mais que n'ayant pu pénétrer jusqu'ici sur quel fondement il avoit conçu
,, un tel soupçon, il m'obligeroit infiniment,
,, s'il vouloit bien me parler plus intelligiblement sur cette afaire ,,. Sur quoi il me répliqua ; *Nous nous doutons que vous avez des nouvelles au sujet de nos Déserteurs, que vous ne trouvez pas à propos de nous comuniquer.*

niquer (1). Je lui répondis là dessus; ,, que
,, pourvû qu'il voulût prendre la peine de
,, confidérer, quelle vaste distance il y a en-
,, tre *St. Pieterbourg* & *Peking*, il pouroit
,, aisément juger par lui même, s'il étoit
,, possible que les Couriers dépêchez sur cette
,, afaire pussent déja être de retour, à moins
,, que de savoir voler: que pour le reste il
,, n'ignoroit pas lui même que de pareil-
,, les afaires de conséquence ne font pas
,, l'afaire d'un jour, & qu'il faut autre cho-
,, se pour les régler que des Corespondances
,, secrétes ,,. Il ne fit que branler la tête à
cette réponse, parcequ'il couroit pour lors
un bruit de Ville à *Peking*, qu'il étoit arivé
des ordres à *Selinginskoi* de la part de S. M.
Czarienne, de ne point restituer les Déserteurs en question. Quelques momens après

---

(1) Les *Toungouses* aussi bien que les *Moungales* & autres Peuples d'extraction *Tartare*, qui habitent sur les
confins de la *Russie* & de la *Chine*, font acoutumez à
déserter fort souvent par centaines de familles des
Terres d'un Empire à celles de l'autre, selon que
leur caprice ou leur intérêt le leur peuvent dicter, ce
qui fait le sujet ordinaire des brouilleries entre les
deux Empires. Pour remédier à cet inconvénient, il
étoit dit dans le dernier Traité, qu'on ne recevroit
plus à l'avenir de semblables déserteurs, mais que de
part & d'autre, on les renvoyeroit de bone foi au lieu
d'où ils se feroient échapez: & par là les *Chinois* prétendoient être en droit de reprocher aux *Russes* qu'ils
n'agissoient pas de bone foi, en diférant si longtems
la restitution de 700. familles de leurs sujets, qui
s'étoient retirées sur les Terres des *Russes* depuis ce
traité; là où les *Russes* au contraire en réclamoient
pareillement de leur côté un bon nombre, & soutenoient qu'il étoit juste d'en venir à une liquidation
à l'égard de ces prétensions réciproques.

Il me demanda, *si je voudrois bien lui comuniquer quelques nouvelles, lorsque je viendrois à recevoir des Lettres :* sur quoi je l'assurai; ,, que je ne lui cacherois absolument rien, ,, soit que cela pût regarder sa persone en ,, particulier, soit que cela regardat la Cour, ,, atendu que de pareilles afaires ne pou- ,, roient venir à m'être comuniquées que sur ,, les ordres précis du *Czar* mon Maitre, que ,, je n'oserois tenir cachez quelque volonté ,, que j'en pusse avoir ,,. Ce Ministre ne croyant pas encore avoir lieu d'être content, me demanda ensuite de nouveau; *si lorsque je viendrois à recevoir des Lettres particuliéres, je voudrois bien lui en laisser prendre une Copie :* je lui répondis là-dessus; *qu'il étoit certainement le premier, depuis que le Monde étoit Monde, qui s'étoit avisé d'une semblable proposition, mais que je ne pouvois pas croire qu'il me parlat sérieusement en cette ocasion, nonobstant qu'il fût un peu trop tard pour railler.* Cette réponse n'étant pas telle qu'il auroit bien souhaité, il changea pour quelque tems de discours, en me disant; ,, qu'il étoit dans l'intention d'in- ,, former S. M. que la Caravane aloit in- ,, cessament être prête à partir, & pour rece- ,, voir en même tems ses ordres à l'égard de ,, ma persone ,,. Sur quoi je le priai, de faire souvenir S. M. de l'afaire au sujet de laquelle j'avois déja fait tant d'instances auprès de lui. Enfin il comença à me parler de mon séjour à *Peking*, disant; *que le terme, dont on étoit convenu avec Mr. l'Envoyé Extraordinaire d'Ismailoff, pour mon sé-*

SIEUR LANGE.

jour en cette Cour, aloit expirer dans peu; & il me fit comprendre aſſez intelligiblement, qu'il faudroit bien me réſoudre à m'en retourner avec la Caravane. Sur quoi nous diſputames aſſez longtems enſemble, & je lui dis en cette ocaſion; ,, que s'il vouloit bien ſe ,, ſouvenir, que j'avois aſſiſté à toutes les ,, conférences, qui s'étoient tenues à ce ſu- ,, jet; que j'avois lu & eu en ma Garde ,, toute la coreſpondance de Mr. l'Envoyé ,, Extraordinaire avec le Conſeil, par raport ,, à ſes négociations; & que je m'étois trou- ,, vé à toutes les audiances, que S. M. avoit ,, acordées à ce Miniſtre, il ne pouvoit pas ,, douter, que tout ce qui étoit arivé depuis ,, l'arivée de Mr. d'*Iſmailoff* juſqu'à ſon dé- ,, part, ne me fût du moins auſſi bien conu ,, qu'à lui même ,, . Je lui aléguai de plus à ce ſujet la réſolution du mois de Février de l'anée paſſée, qu'il avoit envoyée lui même de la part du Conſeil à Mr. d'*Iſmailoff*, où il étoit dit; *que S. M. avoit doné ſon conſentement à la réſidence de l'Agent à ſa Cour, ſans qu'il y fût queſtion d'aucun terme, ni directement, ni indirectement.* Mais ce Seigneur, nonobſtant qu'il n'eût rien à répondre à ce que je venois de lui repréſenter, ſe tint ferme à ſon-premier arêt; que mon ſéjour n'avoit été acordé que juſqu'à l'expédition de la préſente Caravane, & cette diſpute ne ſe termina que ſur la réponſe finale, que je lui donai; *que le Czar mon Maitre ne m'ayant point ordoné d'entrer en cet Empire en dépit de la Cour, ou de continuer à y réſider contre le bon plaiſir de S. M. Bog-*

dpi Chanienne, il faudroit que je m'acomodaffe en cette ocafion à tout ce que S. M. trouveroit à propos de déterminer à mon égard. Enfuite il me préfenta une petite Lettre avec une adreffe en langue Ruffe, difant qu'elle venoit de *Waffilij Tirffoff* Interpréte de *Selinginskoi*, & que le *Kutugta* (1) l'avoit envoyée à *Peking*, pour qu'elle me fût rendue. Il y ajouta; ,, qu'il favoit fort bien,
,, que depuis le départ de Mr. l'Envoyé Ex-
,, traordinaire j'avois reçu bon nombre de
,, Lettres, dont je n'avois comuniqué le con-
,, tenu à perfone; mais que pour celle-ci
,, il faloit que je me déterminaffe à l'ouvrir
,, en fa préfence & à lui en laiffer prendre
,, une copie, fi je fouhaitois de la garder:
,, car fi je ne pouvois pas gagner cela fur
,, moi, je ne la lirois pas non plus, & qu'il
,, auroit foin de la renvoyer, d'où elle etoit
,, venue ,,. Il ordona pour cet effet à deux Tranflateurs, qui fe trouvoient préfens, de fe mettre auprès de moi & de lire la Lettre en même tems que moi. Come je n'avois pas encore ouvert la Lettre, je lui demandai; ,, ce qui le portoit à une curiofité fi peu per-
,, mife, & s'il ne favoit pas que cette pro-
,, cédure étoit directement contraire au droit
,, des gens ,,. Sa réponfe fut; ,, qu'il fa-
,, voit

---

(1) Le *Kutugta* eft un Grand-Prêtre particulier des *Moungales* & des *Callmoucks Septentrionaux*; il n'étoit autrefois qu'un fubdélegué du *Dalaï-Lama* dans ces quartiers, mais il a infenfiblement trouvé le moyen de fe fouftraire à l'obéiffance de fon Maitre & de fe déifier lui même aux dépens du *Dalaï-Lama*.

,, voit bien que ce qu'il en faifoit n'étoit pas
,, tout à fait dans l'ordre; mais d'autant que
,, cette Lettre étoit juftement tombée entre
,, fes mains, il s'atendoit que je ne ferois
,, pas beaucoup de dificulté de la lui comu-
,, niquer & que je n'avois qu'à me détermi-
,, ner fur le choix, qu'il venoit de me pro-
,, pofer ,,. Là-deffus je lui rendis la Lettre
toute cachetée qu'elle étoit, en lui recomandant de réfléchir férieufement fur les fuites
qu'une curiofité fi peu permife pouroit avoir,
& qu'en atendant j'alois voir, jufqu'où s'étendoit fon autorité fur mes Lettres. Après
quoi je fortis de chez lui, pour me retirer
en mon quartier.

Le 5. deux Mandarins vinrent me trouver
de fa part, pour voir; ,, fi je ne voudrois
,, pas me réfoudre à m'acomoder à fa vo-
,, lonté au fujet de la Lettre en queftion ,,.
Je les chargeai de lui dire de ma part; ,, qu'il
,, me trouveroit toujours prêt à lui rendre
,, tous les fervices imaginables, qu'il pouroit
,, fouhaiter de moi avec honeur; mais que
,, ce qu'il fouhaitoit en cette ocafion de moi
,, étoit fi peu raifonable, que je ne le pou-
,, vois regarder que come un afront qu'il
,, vouloit bien me faire de gayeté de cœur;
,, & qu'il pouvoit compter qu'il feroit obligé
,, avec le tems à m'en faire réparation.

Le 6. les deux Tranflateurs fusdits furent
mandez à Zzchan-zchunnienne, fur les ordres de ce Miniftre; ce qui me fit croire,
qu'on y aloit procéder à l'ouverture de ma
Lettre, mais je fus bientot convaincu du contraire. Car

Le 7. un Mandarin acompagné d'un Ecrivain vint me porter ladite Lettre, sans qu'il y parût la moindre marque de quelque curiosité défendue : il me fit en même tems un compliment de l'*Allegamba* disant; ,,qu'il ,, me faisoit prier de ne vouloir faire aucun ,, jugement désavantageux de sa persone, à ,, l'ocasion de ce qui s'étoit passé entre nous ,, au sujet de cette Lettre ; atendu qu'il ,, m'assuroit, qu'il n'y avoit eu rien de sé- ,, rieux de son côté en cette avanture, & ,, qu'il avoit simplement voulu prendre la li- ,, berté de badiner un peu avec moi ; non ,, toutefois sans se flater, que je me laissero s ,, porter à lui acorder, ce qu'il avoit souhaité ,, de moi en cette ocasion: mais parcequ'il ,, voyoit maintenant, que j'étois fermement ,, résolu de n'avoir de ces sortes de complai- ,, sances pour qui que ce pût être, il n'avoit ,, pas voulu tarder davantage de m'envoyer ,, la Lettre dont il s'agissoit & de me faire ,, assurer de son amitié.,,. Après avoir reçu la Lettre, je lui fis savoir en réponse; ,, que j'avois regardé moi même au comen- ,, cement cette afaire come un badinage, ,, mais que voyant qu'on la poussoit si avant, ,, j'avois été obligé de la regarder sur un ,, tout autre pié, atendu que je n'avois ja- ,, mais entendu parler d'une pareille maniére ,, de badiner: que cependant après les assu- ,, rances positives que Mr. l'*Allegamba* me ,, faisoit doner, qu'il n'y avoit eu rien de sé- ,, rieux de sa part en cette afaire, il faloit ,, que je la laissasse passer sur le même pié, ,, en le priant de prendre à l'avenir un autre

,,objet

„ objet pour ſes divertiſſemens que ma per-
„ ſone.

Enſuite de quoi ayant ouvert la Lettre je trouvai effectivement qu'elle étoit dudit *Tirſſoff*, en date d'*Urga* du 20. Avril de la même anée, & come le Mandarin & l'Ecrivain, qui m'avoient aporté la Lettre, étoient encore dans ma chambre, quand j'eus achevé de la lire, je la leur fis tranſlater de bouche en Langue *Moungale* par mon Interpréte, afin qu'ils en puſſent comuniquer le contenu à l'*Allegamba* & s'informer de lui, s'il vouloit m'acorder une conférence ſur cette afaire, ou recevoir là-deſſus un Mémoire de ma part.

Le 8. le même Mandarin revint chez moi, & ayant ſouhaité de ſavoir de lui s'il s'étoit aquité auprès de l'*Allegamba* de la comiſſion que je lui avois donée le jour d'auparavant, il me répondit qu'*oui*, & qu'il avoit ordre de lui, de me porter la réponſe qui ſuit. *S. M. Bogdoi-Chanienne ne veut plus entendre parler dorênavant d'aucun comerce des Ruſſes en ſon Empire, avant que tous les démelez ſur les Frontiéres ſeront entiérement acomodez: & come par cette raiſon il s'écoulera aparemment bien du tems, avant qu'il puiſſe revenir des Caravanes à Peking, Sa Maj. Bogdoi-Chanienne trouve à propos que le Sr. Agent ſe prépare à s'en retourner avec la préſente caravane; & dès que le comerce entre les deux Empires recomencera, il lui ſera pareillement permis de revenir.* Sur quoi je fis répondre à l'*Allegamba*, „ que les ordres
„ que j'avois du *Czar* mon Maitre portoient

„ à la vérité, come il le favoit lui même,
„ que je devois réfider en cette Cour jufqu'à
„ fon rapel ; mais que, come je n'étois pas en
„ état de m'opofer aux ordres de S. M. *Bogdoi-*
„ *Chanienne*, il faloit que je priffe patience
„ & que je me déterminaffe à faire ce que
„ je ne pouvois pas m'exemter de faire : ce-
„ pendant que ce n'étoit pas une réponfe à
„ ce que j'avois fouhaité d'aprendre de lui,
„ & que j'atendois cette réponfe avec impa-
„ tience ; de même qu'une explication nette
„ fur cette maniére fi précipitée de rompre
„ tout comerce & corefpondance entre les
„ deux Empires, fans atendre une réfolution
„ fur leurs afaires des Frontiéres & fans au-
„ cune déclaration de Guerre ou autre mar-
„ que préalable d'hoftilité, de la part de
„ l'une ou de l'autre Nation „. Mais le
Mandarin refufa de fe charger de cette co-
miffion, fur ce qu'il ne lui convenoit pas de
parler en femblables termes à l'*Allegamba* &
qu'il faloit que je cherchaffe moi même l'o-
cafion de le lui dire, ou que je lui fiffe demander une conférence par mon Interpréte.

Le même jour fur l'après midi, j'envoyai
mon Interpréte au Confeil, pour faire favoir
à l'*Allegamba* par le moyen des Mandarins
qui s'y trouveroient, que je venois de recevoir en ce même jour les ordres de Sa Maj.
Bogdoi-Chanienne pour mon retour en *Ruffie* ; mais que je n'avois reçu aucune réponfe
de fa part fur l'afaire au fujet de laquelle j'a-
vois fouhaité de l'entretenir ; que pour cette
raifon, s'il n'avoit pas le tems de me parler

ler lui même, il voulût du moins me faire savoir, s'il recevroit à ce sujet un mémoire de moi ou non.

Le 9. un Mandarin étant venu me trouver me dit, que l'*Allegamba* avoit été informé du sujet, pour lequel j'avois envoyé le jour d'auparavant mon Interpréte au Conseil, & d'autant qu'il n'avoit aucun moment de reste, pour me pouvoir entretenir en persone, il m'envoyoit ce même Mandarin, pour que je pusse m'expliquer à lui de ce que j'avois à lui proposer, & qu'il avoit ordre de lui faire un raport fidelle de tout ce dont je le voudrois charger. Sur quoi je lui dis que je souhaitois qu'il voulût informer l'*Allegamba*, que je le priois de me doner sous sa main une réponse précise sur les points suivans.

1. *Si S. M. Bogdoi-Chanienne étoit disposée à accepter avant mon départ la Lettre de Créance de S. M. Czarienne dont j'étois chargé & d'y faire réponse.*

2. *Si l'on pouvoit s'atendre à une satisfaction convenable au sujet de l'injustice comise envers les sujets de S. M. Czarienne par le Tuschidtu-Chan ou du moins par ses ordres.*

3. *Quelle étoit la raison, pourquoi on n'acordoit pas un passage libre aux Lettres pour le Conseil & pour moi, qui se trouvoient sur les Frontiéres.*

4. *En cas que S. M. Bogdoi-Chanienne persistat dans la résolution de me renvoyer en Russie, ce que j'aurois à dire de sa part au sujet de la paix perpétuelle entre les deux Empires.*

5. *Posé que, contre toute atente, mon départ*

part ne se pût diférer, je desirois de savoir si en conformité des traitez de paix, S. M. Bogdoi-Chanienne me feroit doner des Chevaux de relais, ou s'il faloit que j'en trouvasse moi même.

Le 10. il vint derechef un Mandarin me trouver de la part de l'*Allegamba* pour me dire; ,, qu'il n'y avoit point d'aparence que
,, S. M. *Bogdoi-Chanienne* vînt à changer
,, de fentiment au fujet de mon voyage, &
,, que perfone ne feroit affez hardi pour en par-
,, ler encore à S. M., après qu'elle s'étoit
,, expliquée une fois fi pofitivement fur cette
,, afaire : mais que l'*Allegamba* fouhaitoit à
,, fon tour de favoir, pourquoi je prétendois
,, fi précifément d'être inftruit des motifs de
,, mon renvoi, & que j'infiftois fi fortement
,, d'avoir une explication nette des intentions
,, de S. M. *Bogdoi-Chanienne* envers S. M.
,, *Czarienne*, qu'il ne favoit pas fi j'oferois
,, foutenir de femblables démarches, en cas
,, que S. M. *Bogdoi-Chanienne* s'avifat de
,, m'en parler en perfone, & fi je n'aurois
,, point à craindre, qu'on ne s'en plaignît au
,, *Czar* mon Maitre ,,. Sur quoi je lui fis dire en réponfe; ,, qu'il étoit d'une néceffité
,, fi abfolue pour moi d'être pleinement in-
,, formé de ce que j'avois fouhaité de favoir,
,, qu'à moins de cet éclairciffement je ne
,, pourois pas bien me réfoudre à partir; a-
,, tendu qu'il paroiffoit évidemment, que
,, depuis le départ de Mr. d'*Ifmailoff*, la
,, Cour avoit entiérement changé de difpofi-
,, tion, par raport à la confervation de la bo-
,, ne intelligence entre les deux Empires. Que
,, l'Alle-

„ l'*Allegamba* lui même ne pouvoit pas igno-
„ rer combien de fujets de S. M. *Czarien-*
„ *ne* avoient déferté immédiatement après la
„ conclufion du dernier traité de paix, pour
„ venir s'établir fur les Terres de la domina-
„ tion *Chinoife*, fans que S. M. *Czarienne*
„ en eût témoigné aucun reffentiment juf-
„ qu'ici, nonobftant que cela fût directement
„ contraire au fens des traitez : Que le *Czar*
„ mon Maitre bien loin de faire interdire à
„ cette ocafion l'entrée de fon Empire aux
„ fujets de la *Chine*, les avoit toujours laif-
„ fé jouir fans interruption d'une entiére li-
„ berté en fes Etats, foit à l'égard du comer-
„ ce, foit à l'égard de toutes les autres afai-
„ res, qui les y pouvoient amener ; fans en
„ excepter même quelques uns de ces Dé-
„ ferteurs, qui ayant eu afaire dans des en-
„ droits de la domination de S. M. *Czarien-*
„ *ne* n'y avoient pas été moins bien reçus
„ que tous les autres fujets de S. M. *Bogdoi-*
„ *Chanienne*. Mais maintenant, que 700.
„ perfones des fujets de la *Chine* avoient
„ paffé les Frontiéres pour venir s'établir fur
„ les Terres de la *Ruffie*, on vouloit d'abord
„ interdire le comerce, ne plus recevoir au-
„ cunes Lettres, & rompre enfin tout d'un
„ coup toute comunication entre les deux
„ Empires, & cela fans atendre feulement
„ la réponfe de Mr. le Gouverneur-Géné-
„ ral de la *Sibérie*, fur la Lettre qu'on lui
„ avoit écrite à ce fujet ; ce qui feroit pour-
„ tant un moyen infaillible d'aprendre fi S.
„ M. *Czarienne* étoit dans l'intention de
„ garder ces gens ou de les faire rendre. Que
„ pour

„ pour conclusion je priois l'*Allegamba* de
„ vouloir considérer, s'il ne seroit pas beau-
„ coup plus aisé d'acomoder cette afaire, en
„ la traitant avec plus de douceur, qu'en la
„ poussant avec une hauteur si peu suporta-
„ ble (1) „ . Sur quoi le Mandarin me
répliqua, qu'il ne pouvoit pas m'assurer positivement, qu'il oseroit dire tout cela à l'*Allegamba*; mais que si l'ocasion s'en présen-
toit, il ne manqueroit pas de le faire fidéle-
ment. Il me dit ensuite de la part de ce Ministre; que les Mandarins, qui avoient été dépêchez l'anée passée sur le comandement de
Sa Maj. *Bogdoi-Chanienne* pour passer les
Frontiéres de *Russie* étoient revenus, parcequ'on ne leur avoit pas voulu permettre de
continuer leur voyage, avant que d'en avoir
informé le Gouverneur-Général de la *Sibérie*. Je lui répondis à cela, que l'*Allegamba* auroit beau atendre après une réponse,
tant

(1) Il est certain que l'esprit du défunt Empereur
de la *Chine*, soit par jalousie ou par les artifices de
quelques ennemis cachez, étoit tellement prévenu peu
de tems avant sa mort contre le comerce avec les
Russes, qu'il ne restoit plus aucun moyen de le soutenir que la voye des armes; à laquelle on étoit déja
entiérement résolu du côté de la *Russie*, lorsque la
nouvelle de la mort de ce Monarque ariva à *St. Pieterbourg*; ce qui suspendit l'exécution de ce dessein,
jusqu'à ce qu'on auroit vu plus clair dans les intentions de son Successeur. Mais la mort de feu l'Empereur de *Russie* étant survenue ensuite, toutes ces mesures furent entiérement rompues, en sorte que les
afaires entre la *Russie* & la *Chine* en sont encore à
l'heure qu'il est aux mêmes termes, où elles en é-
toient lors du départ du Sr. *Lange* de *Peking*, & depuis cette derniére Caravane, qui partit avec lui de
la *Chine*, il n'en est point venu de la *Sibérie* à *Peking*.

ant sur cette afaire que sur toutes les autres qui pouvoient intéresser les deux Empires, tandis qu'on n'acorderoit pas le passage libre aux Lettres, qu'on écrivoit là-dessus à la Cour : je ne reçus plus de réponse après cela.

Cependant j'avois fait demander ces jours passez au Conseil le libre passage pour la Caravane par le vieux chemin de *Kerlinde*, que les Caravanes avoient autrefois été acoutumées de prendre, pour lui épargner le désagrément du retour par les Landes, où les homes aussi bien que les bêtes ont infiniment à soufrir de la soif, & j'envoyai pour cet effet

Le 14. mon Interpréte avec un Comis de la Caravane au Conseil, pour savoir, si S. M. *Bogdoi-Chanienne* y avoit doné son consentement ou non; mais on leur dit en réponse; ,, qu'on auroit cru qu'ils eussent une ,, fois cessé d'importuner le Conseil avec leur ,, gueuserie de comerce, après qu'ils avoient ,, entendu tant de fois, qu'on ne vouloit plus ,, s'embarasser d'afaires, où il n'y avoit que ,, les *Russes* seuls qui profitoient, que par ,, conséquent ils n'avoient qu'à s'en retour- ,, ner par le même chemin, par où ils é- ,, toient venus.

Le même jour, j'envoyai m'informer chez le Premier-Ministre, si je pouvois avoir l'honeur de le voir; mais il se fit excuser sur ce qu'étant un home fort avancé en âge, il avoit besoin de repos.

Toutefois je ne laissai pas d'aler moi même le lendemain, qui étoit le 15. de ce mois,

mois, à son hôtel, & la Garde qui étoit à la porte m'ayant laissé passer sans m'arêter, j'entrai tout droit dans la Cour de son logis & lui fis savoir mon arivée par un de ses Domestiques, en le priant de m'acorder un quart d'heure d'audiance: mais il me fit dire en réponse; ,, qu'il n'étoit pas en comodité de ,, me recevoir, & que les afaires, dont je ,, voulois aparemment lui parler, ne regar-,, doient que l'*Allegamba* & le Conseil des ,, afaires étrangéres, ausquels il faloit que je ,, m'adressasse pour cela ,,. Je lui fis savoir là-dessus par le même Domestique; ,, que ,, j'étois venu pour parler à lui, come au ,, Premier-Ministre de S. M. *Bogdoi-Cha-*,, *nienne*, & que, si je n'avois pas eu grand ,, besoin de l'entretenir, il pouvoit compter ,, que je n'aurois eu garde de venir lui faire ,, de l'incomodité: mais qu'il nous importoit ,, également, à lui & à moi, que j'eusse ,, l'honneur de le voir, & que même cela é-,, toit si nécessaire, que j'étois tout résolu ,, de ne sortir point de chez lui, sans lui a-,, voir parlé ,,. Sur cette déclaration si précise le susdit Domestique, étant revenu me trouver quelques momens après, me mena dans un grand Salon assez proprement meublé à la *Chinoise*, où le Maitre d'hôtel de ce Ministre me vint présenter du Thé avec du Lait, en atendant l'arivée de son Maitre. Après que j'eus atendu environ un quart d'heure dans cet apartement l'*Allegadah* vint me trouver à la fin, & me demanda d'abord excuse, avec force complimens à la maniére des *Chinois*, de ce qu'il ne pouvoit pas me voir

SIEUR LANGE.

voir toutes les fois que je le jugeois nécessaire, atendu que son grand âge & les autres afaires, dont il étoit chargé, ne le lui permettoient pas. Ensuite de quoi nous étant assis l'un & l'autre, je lui dis: *que si les afaires, dont j'avois à l'entretenir, ne regardoient que ma persone je n'aurois eu garde d'oser venir l'incomoder; mais come elles regardoient nos Maitres comuns & la conservasion de la bone intelligence entre les deux Empires, ou pour tout dire en deux mots, la paix ou la guerre entre les deux Nations, j'avois cru de mon devoir de chercher avant mon départ par toutes les voyes imaginables l'ocasion de m'expliquer là-dessus avec lui. Qu'il savoit, que le libre passage des Caravanes de Sibérie faisoit en quelque manière le point essentiel de tous les Traitez entre les deux Empires: qu'il savoit de plus, que Mr. d'Ismaïloff lui avoit déclaré plus d'une fois, à lui aussi bien qu'au Conseil, que S. M. Czarienne ne pouroit jamais soufrir qu'on entreprît de la chicaner davantage là-dessus: qu'il savoit encore, que le comerce libre des sujets de la Russie sur Urga étoit stipulé positivement dans les derniers traitez, & qu'on ne pouvoit y faire le moindre changement, sans violer manifestement ces mêmes Traitez: qu'il savoit enfin, que c'étoit avec l'agrément de S. M. Bogdoi-Chanienne, & en vertu d'une résolution par écrit du Conseil, que j'étois resté à Peking après le départ de Mr. l'Envoyé Extraordinaire, en qualité d'Agent acrédité de la Cour de Russie, jusqu'à ce qu'il plairoit à S. M. Czarienne de me rapeler. Cependant que,*
malgré

malgré des engagemens si solennels, on en avoit usé si mal à l'égard de cette derniére Caravane, que si l'on eût été en Guerre ouverte avec la Russie, on n'auroit su faire pis : qu'on avoit tenu renfermé pendant plusieurs mois le Comissaire avec tout son monde, ni plus ni moins que s'ils eussent été des Esclaves, & qu'il n'y avoit sorte d'avanies auxquelles on n'avoit pas exposé les gens, qui avoient eu envie de trafiquer avec les nôtres : que de plus, on avoit fait chasser honteusement d'Urga les Sujets de la Russie, qui y étoient venus négocier sur la foi des Traitez publics ; & que pour ce qui étoit de moi, on m'avoit fait essuyer tant d'afronts, en toutes les ocasions qui s'étoient présentées, que cela passoit l'imagination : qu'enfin non content de tout cela le Président du Conseil m'avoit fait déclarer positivement, qu'on ne vouloit absolument plus admettre aucune Caravane à l'avenir, avant que les afaires des Frontiéres seroient réglées au contentement de S. M. Bogdoi-Chanienne, & qu'en même tems il m'avoit fait signifier, qu'il faloit que je me préparasse à partir avec la Caravane, parce que S. M. ne vouloit pas me soufrir davantage à sa Cour, dans l'incertitude où étoient les afaires entre les deux Empires. Que si cet ordre ne me regardoit que come un simple particulier, il n'y auroit rien là dedans qui ne dépendît parfaitement du bon plaisir de S. M. Bogdoi-Chanienne ; mais qu'ayant été une fois admis par elle à résider en sa Cour, en qualité d'Agent de S. M. Czarienne, il étoit de l'usage reçu parmi toutes les Nations

civilisées

civilisées de l'univers, qu'on ne pouvoit renvoyer d'une maniére si peu décente une personne publique, à moins que de vouloir rompre entierement avec son Maitre: que si l'on souhaitoit aussi ardemment, qu'on le témoignoit en toutes ocasions, la restitution des Déserteurs en question & une convention amiable au sujet des afaires des Frontiéres, il me permettroit de lui dire, qu'il me paroissoit qu'on s'y prenoit fort mal pour y parvenir, & que mon renvoi, bienloin de faciliter cette afaire, étoit très surement le plus grand obstacle qu'ils y pouvoient mettre: que je m'avois cru obligé de lui remontrer tout cela à présent, qu'il étoit encore tems d'y remédier, parcequ'après mon départ je ne voyois pas trop, coment on pouroit sortir de tout cet embaras par les voyes amiables. Le Ministre me répondit là-dessus; qu'y ayant déja tant de tems que la Russie les leuroit de l'espérance de régler les afaires des Frontiéres, conformement aux traitez conclus entre les deux Empires, sans qu'on se mît le moins du monde en peine d'en venir aux effets, S. M. avoit résolu de ne plus admettre aucune Caravane, avant qu'on auroit satisfait pleinement de la part de la Russie aux engagemens des Traitez; & d'autant que par là ma résidence en cette Cour devenoit absolument inutile, S. M. ne voyoit pas ce qui la pouvoit obliger de me garder plus longtems dans son Empire: qu'à l'égard de ce qui s'étoit passé à Urga, le Tuschidtu-Chan avoit eu de bones raisons d'éloigner de sa résidence nos gens, qui y avoient comis de grandes insolences, ce qui n'étoit pas conforme aux Traitez: que pour ce qui étoit du mauvais traitement que je prétendois avoir été fait à la présente Caravane, il ne savoit pas trop de quoi je voulois parler; mais quant à ce qu'elle avoit été renfermée plus longtems qu'à l'ordinaire, que la faute en étoit à nous mêmes, qui avions voulu faire des innovations dans le comerce des Caravanes. Enfin qu'en un mot S. M. étoit lasse de se voir faire la loi chez elle par des étrangers, dont ses sujets ne tiroient aucun profit; & que si la Cour de Russie diféroit davantage de lui faire Justice, elle seroit obligée de se la faire elle même par les voyes les plus convenables. Sur quoi je lui répliquai; que j'étois fort surpris d'aprendre, que S. M. Bogdoi Chanienne se trouvoit dans des dispositions si peu avantageuses pour S. M. Czarienne, après qu'elle avoit eu la bonté de témoigner elle même en plus d'une rencontre à Mr. d'Ismailoff, qu'elle ne souhaitoit rien tant que de vivre dèsormais en bone intelligence avec le Czar mon Maitre, & que je ne pouvois pas comprendre ce qui la pouvoit avoir portée à changer si inopinément de sentiment à l'égard de S. M. Czarienne: que si la Cour de la Chine avoit des restitutions à prétendre de nous, nous en avions pareillement à prétendre d'elle, & qu'en tout cas, il n'y avoit rien au monde qui en bone Justice nous pût obliger de lui rendre ses Déserteurs, pendant qu'elle gardoit les notres: que si peut-être l'indulgence du Czar mon Maitre dans l'afaire d'Albassien (1) avoit fait

conce-

_____
(1) Albassien étoit une petite Ville d'environ 5. 600.

concevoir des espérances téméraires à quelques uns, qui conoissoient mal les forces de la Russie & le Monarque qui la gouvernoit, j'étois persuadé qu'un Monarque aussi éclairé que l'étoit S. M. Bogdoi-Chanienne n'auroit garde de se laisser éblouir par des aparences si abusives, & qu'elle savoit trop bien distinguer une indulgence, qui partoit d'un fonds de Magnanimité & d'estime envers un Prince ami & alié, d'avec une déférence forcée, qui avoit la foiblesse & la lâcheté pour principe. Que come j'avois en mes instructions de m'apliquer de tout mon possible à la conservation de la bone intelligence entre les deux Empires, je croyois pouvoir lui dire, que j'étois fort surpris de la procédure du Ministére Chinois en cette ocasion : qu'il ne pouvoit pas ignorer, qu'il ne tenoit qu'à S. M. Czarienne de finir la Guerre avec la Suéde de la maniére la plus honorable du monde, & que peut-être cette paix étoit actuellement déja faite dans le moment que je lui parlois; qu'après cela je ne voyois rien qui pût empêcher le Czar mon Maître de tourner ses armes de ce côté, en cas qu'on poussat sa patience à bout : que je lui donois ma parole, que toutes ces grandes dificultez, qu'ils s'imaginoient peut-être à la

Chine

600. Maisons, que les *Russes* avoient bâtie dans une Contrée extrêmement fertile sur la Rive Méridionale de la grande Riviére d'*Amur*, près de l'embouchure de la Riviére d'*Albassien*; mais sur la fin de l'anée 1715. les *Moungales Orientaux* soutenus par les *Chinois* vinrent l'assiéger, & l'ayant emportée après un Siége de deux anées, ils la rasérent entiérement,

Chine qu'on rencontreroit dans l'exécution d'une semblable entreprise, s'évanouiroient bien vite, si jamais S. M. Czarienne faisoit tant que de se transporter en persone sur les Frontiéres, puisque ce n'étoit pas un Prince à se laisser arêter par des dificultez; & qu'alors on pouroit bien se repentir d'avoir méprisé l'amitié d'un Monarque, qui n'étoit pas acoutumé à se laisser ofenser impunément, & qui ne cédoit à aucun Monarque du Monde en grandeur ni en puissance. Ce discours ne fut pas trop du gout de l'*Allegadah*, c'est pourquoi, après avoir gardé quelque tems le silence, il me demanda; si j'étois autorisé à lui parler de la maniére que je faisois, & si je ne craignois pas d'être désavoué par la Cour de Russie, en cas qu'on vint à se plaindre des menaces que je venois de lui faire. Je lui répondis là-dessus: que dans l'état où je voyois réduites les afaires, je croyois qu'il étoit nécessaire de ne lui rien déguiser, afin que S. M. *Bogdoi-Chanienne*, fidellement informée par lui de tout ce qu'il y avoit à considérer dans le pour & le contre de cette afaire, en fût d'autant mieux en état de pouvoir se déterminer là dessus d'une maniére convenable à sa grande sagesse & justice. Que cependant il avoit tort de prendre ce que je lui avois dit en cette ocasion pour des menaces, puisque ce n'étoient que de simples réflexions, que je lui avois voulu faire faire sur les fâcheuses suites, qu'une conduite aussi dédaigneuse, que l'étoit celle qu'on tenoit à notre égard, pouroit avoir avec le tems, & que je craignois si peu d'être désavoué là-dedans de notre Cour, que j'étois j'étois prêt à lui doner par écrit tout ce que je venois de lui dire, & que c'étoit le plus grand service qu'il me pouvoit rendre que d'en parler incessament à S. M. Bogdoi-Chanienne, d'autant que j'étois très assuré, que pour peu qu'elle voulût doner de l'atention à ce qu'il y avoit d'irrégulier dans cette maniére d'agir avec une Puissance amie & aliée, elle ne manqueroit pas de comprendre que mes intentions étoient sincéres & ne butoient qu'à la conservation de la bone intelligence entre les deux Empires. La réponse du Ministre à cela fut ; que S. M. étant acoutumée de ne prendre jamais aucune résolution, sans avoir bien pesé auparavant toutes les circonstances, elle ne changeoit jamais de mesures, pour quelque raison que ce pût être ; & qu'après ce qu'elle avoit déclaré positivement au sujet des Caravanes & de ma persone, il n'avoit garde de lui proposer de changer de sentiment à cet égard: que nous n'avions qu'à comencer par satisfaire à nos engagemens, & qu'après cela on verroit ce qu'il y avoit à faire touchant le reste. Sur quoi je lui dis pour conclusion : que cela étant, je voyois bien que c'étoit en vain que de notre côté nous nous éforcions de vouloir entretenir la bone intelligence entre les deux Empires, tandis qu'ils n'y vouloient contribuer en rien de leur côté ; qu'il faloit donc laisser achever le jeu, parceque le Dé étoit déja jeté: que du moins j'étois content d'avoir fait mon devoir en l'avertissant en qualité de Premier-Ministre de S. M. Bogdoi-Chanienne des fâcheuses suites qui pouroient résulter de tout cela, & que c'étoit la seule raison, pour quoi j'avois jugé nécessaire de l'incomoder avec ma visite. Après cela je me levai & pris congé de lui: en partant il me reconduisit jusqu'à l'entrée du Salon, où il s'arêta jusqu'à ce que je fusse monté à Cheval.

Le même jour je m'en fus aussi prendre congé du *Poyamba* ou Grand-Maréchal de la Cour, & après l'avoir remercié, come je devois, de toutes les bontez qu'il avoit eues pour moi, depuis le moment que j'avois eu l'honeur d'être conu de lui, je me prévalus de la comodité de l'ocasion pour lui représenter succinctement les mêmes choses, que je venois d'exposer à l'*Allegadah*. Il me témoigna là dessus; ,, qu'il étoit fâché de voir
,, que le succès de mes négociations ne ré-
,, pondoit pas à mes souhaits: qu'il étoit vrai
,, que S. M. *Bogdoi-Chanienne* étoit fort pi-
,, quée de ce qu'elle voyoit, qu'on ne faisoit
,, point de fin dans l'afaire des Déserteurs:
,, qu'elle avoit eu même des avis certains,
,, que notre Cour n'avoit aucune envie de la
,, contenter à cet égard, & que nous ne cher-
,, chions qu'à l'amuser pour gagner du tems:
,, que c'étoit par toutes ces considérations
,, qu'elle s'étoit laissé porter par le Ministé-
,, re à doner les mains à mon renvoi. Que
,, pour lui il étoit fort étoné de voir que
,, notre Cour pût balancer un seul moment
,, à sacrifier quelques centaines de familles,
,, qui étoient dans la derniére pauvreté, aux
,, avantages solides qu'elle pouvoit se pro-
,, mettre de l'amitié que S. M. *Bogdoi-Cha-
,, nienne* avoit conçue pour la persone du
,, Czar

„ *Czar* mon Maitre, & qu'il ne doutoit
„ aucunement, que si S. M. *Czarienne* avoit
„ été bien informée de la Justice des préten-
„ sions de la Cour de la *Chine* & de la petite
„ importance de l'afaire, elle n'eût dès auffi-
„ tot doné ses ordres pour la restitution de
„ ces familles réclamées „. Je voulus lui
faire considérer là dessus la distance des lieux,
& qu'il étoit quasi impossible qu'on pût avoir
déja une réponse sur cette afaire de *St. Pieterbourg*, depuis le départ de Mr. d'*Ismailoff*:
mais il me ferma la bouche en me disant;
„ qu'il ne pouvoit pas dire précisément ce
„ qui en étoit, mais qu'il savoit bien qu'en
„ d'autres ocasions nos Couriers avoient fait
„ ce chemin en bien moins de tems: qu'il
„ me conseilloit de m'employer de mon
„ mieux à cette afaire, dès que je serois ari-
„ vé sur nos Frontiéres, & qu'il pouvoit
„ m'assurer, que dès qu'on auroit contenté
„ S. M. *Bogdoi Chanienne* sur ce point, elle
„ se déclareroit fort raisonablement sur le
„ reste de ce que nous souhaitions: que ce-
„ pendant j'avois en mon particulier tout
„ lieu d'être satisfait des sentimens qu'on a-
„ voit pour moi à la Cour, & que S. M.
„ avoit témoigné elle même, qu'en cas que
„ les afaires vinssent à se racomoder, elle ne
„ seroit pas fâchée de me voir revenir à *Pe-*
„ *king.*

Le 16. je m'en fus acompagner Sa Maj.
Bogdoi-Chanienne à son départ de *Peking*,
pour aler passer la belle saison à *Jegcholl*;
mais je n'eus pas l'honneur de lui parler pour
cette fois, S. M. s'étant contentée de me
faire

faire dire par le Maitre des cérémonies,
,, qu'elle me recomandoit la même chose,
,, qu'elle avoit chargé Mr. d'*Ismailoff* de di-
,, re sa part à S. M. *Czarienne* (1); qu'au-
,, reste elle me souhaitoit un heureux Voya-
,, ge, & que je ne manquasse pas d'écrire
,, des Frontiéres, en cas que je vinsse à a-
,, prendre qu'il étoit arivé quelque chose de
,, nouveau en *Europe*.

Un peu avant que de recevoir ce message de la part de S. M., j'eus une entrevue avec l'*Allegamba*, qui après bien des caresses & des flateries, me pria de travailler, autant qu'il me seroit possible, à avancer le renvoi de leurs Déserteurs; il y ajouta même; ,, que
,, S. M. *Bogdoi-Chanienne* avoit une con-
,, fiance particuliére en ma persone au sujet
,, de cette afaire; atendu que selon toutes les
,, aparences, je ne manquerois pas de reve-
,, nir bientot à la *Chine*, soit au sujet de
,, l'afaire en question, soit au sujet du co-
,, mer-

---

(1) Lorsque Mr. d'*Ismaïloff* prit son audience de congé du défunt Empereur de la *Chine*, ce Monarque lui déclara expressément, qu'il vouloit bien permettre que le Sr. *Lange* résidat en qualité d'Agent de *Russie* à sa Cour, en atendant que ledit Envoyé Extraordinaire pût porter à son retour le *Czar* son Maitre à renvoyer les familles désertées en question; mais qu'en cas que cela ne s'éfectuat pas incessament il ne renvoyeroit pas seulement ledit Agent, mais qu'il n'accepteroit plus aucune Caravane, jusqu'à ce qu'on l'eût entiérement satisfait sur cet article. Mais Mr. d'*Ismaïloff* à son arivée à *Moscow* trouva la Cour si ocupée avec l'expédition de *Perse*, qu'il ne vit aucun jour à faire prendre une résolution finale sur cette afaire.

„ merce „. Je l'assurai là-dessus; „ que „ S. M. *Czarienne* ayant des Sujets en a- „ bondance, n'avoit jamais eu la moindre „ tentation de garder contre la Justice les „ Vassaux des Puissances voisines „; & je lui promis en même tems de lui écrire, si j'aprenois à mon arivée sur les Frontiéres, qu'on eût pris quelque résolution à l'égard de cette afaire. Ensuite je lui demandai, *pourquoi on refusoit le passage aux Lettres qui étoient sur les Frontiéres*, & je lui laissai même entrevoir quelque aparence, qu'il y pouroit avoir quelque chose touchant leur afaire. Sur quoi il me répondit; „ que s'il „ pouvoit croire que cela fût, il ne feroit „ pas la moindre dificulté de les faire venir „ incessament; mais que si c'étoient des or- „ dres pour l'extradition de leurs Déserteurs, „ on n'auroit pas manqué de les comuniquer „ au Mandarin qui se tenoit pour cette afai- „ re à *Selinginskoi.*

Enfin ne voyant aucune aparence de pouvoir prolonger mon séjour à *Peking*, jusqu'au rapel de S. M. *Czarienne*, je pressai le Comissaire de ne rien négliger pour pouvoir partir le plutot qu'il lui seroit possible, & là-dessus il expédia d'avance

Le 25. une partie de son Bagage pour *Krasna Gora*, qui est un endroit à une journée au dehors de la grande Muraille, qu'on avoit marqué pour le rendez-vous de toute la Caravane. En cette ocasion on ne dona point de Garde de Soldats *Chinois* aux gens de la Caravane, come l'on avoit fait par le passé; mais on avoit ordoné que toutes les

Villes, où ils s'arêteroient, leur doneroient des Gardes; outre cela il y avoit un *Bonska* ou Courier du Conseil des afaires des *Moungales* comandé auprès de ce bagage, qui ne le devoit point quiter jusqu'à nouvel ordre.

Le 6. de Juin un Mandarin apelé *Thoulochin* me fit savoir, qu'ayant reçu ordre de S. M. *Bogdoi-Chanienne* de m'acompagner jusqu'à *Selinginskoi*, & de me pourvoir en chemin de provisions & de Chevaux de relais, il souhaitoit de savoir quand je croyois être prêt à partir, afin qu'il pût prendre ses mesures làdessus, & dépêcher de bone heure les Couriers nécessaires dans les *Landes*, pour faire les dispositions convenables pour mon passage.

Le 8. le Comissaire ala au Conseil demander une Garde pour la Caravane; mais on ne lui en dona point, se contentant de lui faire savoir, que le Mandarin *Thoulochin* étoit pareillement chargé du soin de la Caravane & qu'atendu qu'il seroit obligé bien souvent à se détourner de la route de la Caravane, pour la comodité des vivres & des Chevaux, dont j'aurois besoin pour faire mon voyage, il y avoit un Ecrivain & deux Couriers comandez sous ses ordres, qui ne quiteroient point la Caravane, avant qu'elle seroit heureusement arivée à *Selinginskoi*.

Le même jour on expédia 36. voitures chargées de marchandises pour le rendezvous, sans autre escorte que de quelques uns de nos gens & d'un Courier du Conseil.

Le 16. l'*Allegamba* me fit inviter de venir le trouver au Palais de S. M. *Bogdoi Chanienne*, *vienne*, & lorsque j'y fus arivé il me fit présenter deux piéces de Damas de la part du *Chan*, en me disant; „ que Sa Maj. ayant „ reçu des présens de moi à l'entrée du „ nouvel an, elle avoit voulu à son tour „ me faire présent de ces deux piéces de Da„ mas „. Je reçus ce présent avec tout le respect que je devois, assurant ce Ministre que je conserverois éternellement le souvenir de toutes les graces, dont Sa Maj. *Bogdoi-Chanienne* avoit daigné m'honorer pendant mon séjour en son Empire, & que par tout où je me pourois trouver à l'avenir je ne manquerois pas de m'en faire un sujet de gloire tout particulier.

Le 4. de Juillet l'*Allegamba* envoya un Mandarin chez moi pour me faire voir une Lettre, qu'il avoit reçue tout nouvellement du Mandarin qui étoit à *Selinginskoi*, dans laquelle il se plaignoit extrêmement de quantité de chicanes qu'il avoit eu à essuyer pendant son séjour en cette Ville, tant de la part des Oficiers de S. M. *Czarienne*, que des autres habitans de cette Ville, ajoutant „ que tout le monde lui demandoit sans ces„ se la raison pour quoi il s'y arêtoit si long„ tems, & s'il ne comptoit pas de s'en re„ tourner bientot: que leur ayant demandé „ là-dessus, s'il étoit déja arivé quelque ré„ solution sur l'afaire pour laquelle il y étoit; „ on lui avoit répondu, qu'ils n'avoient „ point d'autres ordres, que de le faire recon„ duire avec toute sorte d'honêteté, lors„ qu'il trouveroit à propos de s'en retourner „: Il marquoit encore dans cette Lettre, „ que „ ce

„ ce qu'on lui fournissoit pour la nouriture de
„ sa persone & de sa suite étoit si peu de
„ chose, que s'il n'avoit pas trouvé dans sa
„ propre bourse de quoi y supléer, il auroit
„ été réduit à de grandes extrêmitez: qu'on
„ l'avoit outre cela fort pressé au sujet des
„ Lettres pour le Conseil & pour moi, qui
„ étoient arivées sur les Frontiéres, & qu'on
„ avoit à toute force voulu savoir de lui,
„ pourquoi il refusoit de les envoyer à *Pe-*
„ *king* ; mais qu'il leur avoit toujours répon-
„ du, que n'étant envoyé à *Selinginskoi*
„ qu'uniquement pour l'afaire des Déserteurs,
„ il ne se pouvoit mêler ni de Lettres ni
„ d'aucune autre afaire „. Après que le
Mandarin m'avoit fait expliquer cette Lettre
d'un bout à l'autre, il me dit, que l'*Allegamba* me faisoit demander, *s'il étoit possible que
tout cela se fît par ordre de S. M. Czarienne.*
Je lui fis savoir en réponse là-dessus; „ que
„ s'il s'étoit fait par le passé une semblable
„ idée de la persone du *Czar* mon Maitre,
„ il n'avoit qu'à s'en défaire au plutot, a-
„ tendu que S. M. *Czarienne* étant trop ma-
„ gnanime pour faire traiter ses ennemis,
„ qui avoient été conduits en qualité de pri-
„ soniers de Guerre en ses Etats, d'une ma-
„ niére qui leur fût à charge, elle ne co-
„ menceroit certainement pas par les Sujets
„ d'un Empire ami, qui venoient en ses E-
„ tats, à prendre une si mauvaise habitude „.
J'ajoutai à cela, que nonobstant que j'eusse
à me plaindre de bien d'autres choses que ce
Mandarin, j'étois néanmoins si éloigné d'a-
prouver le peu de complaisance, dont on a-
voit

voit ufé envers lui, que fi l'*Allegamba* trouvoit à propos de me faire doner une copie de cette Lettre, j'étois prêt à m'en charger & à faire tous les devoirs néceffaires, pour que S. M. *Czarienne* en pût être informée. Mais qu'à l'égard des ordres, dont ce Mandarin marquoit avoir été chargé, de n'accepter point de Lettres, quoiqu'elles fuffent pour le Confeil même, avant que d'avoir reçu les Déferteurs en queftion, je ne faurois m'empêcher de déclarer, qu'une femblable maniére de procéder étoit pleine de froideur.

Le 8. l'*Allegamba* m'envoya fur le foir un Mandarin qui me dit, après m'avoir fait un compliment de fa part, qu'il feroit le lendemain au Confeil, & que fi j'avois le tems de m'y rendre pareillement, il m'expliqueroit les raifons, qui avoient déterminé la Cour à réfoudre mon retour, & que même il me les doneroit par écrit. Sur quoi je lui fis dire, que ce feroit avec beaucoup de plaifir que je m'y rendrois pour les aprendre.

Le 9. ayant été averti que l'*Allegamba* étoit déja arivé au Confeil, je montai incontinent à Cheval pour m'y rendre pareillement. Il vint en perfone me recevoir à la porte, & me pria de me placer à une petite table avec lui. Enfuite de quoi il me dona à entendre;
„ qu'il auroit fouhaité que mon féjour en
„ cette Cour eût pu continuer plus longtems,
„ atendu que S. M. *Bogdoi-Chanienne* elle-
„ même & tout le Miniftére généralement
„ étoient fi contens de la conduite, que
„ j'avois tenue pendant ma réfidence en cet-
„ te Cour, qu'on n'avoit abfolument rien à
„ redire

,, redire à ma perſone: qu'on avoit remar-
,, qué avec beaucoup de ſatisfaction, que
,, par les bons ordres que j'y avois mis, la
,, préſente Caravane avoit comencé & fini
,, ſon comerce, ſans qu'il y eût eu le moin-
,, dre démêlé entre les Marchans des deux
,, Nations. (1): que même il avoit été aſſez
,, ordinaire autrefois de voir que les gens du
,, ſervice de la Caravane fiſſent mile inſolen-
,, ces ſur les rues, & comiſſent toutes ſortes
,, d'excès; mais que pour cette fois on n'a-
,, voit pu aprendre ſans admiration qu'il n'é-
,, toit arivé rien de ſemblable, & que tout
,, s'étoit paſſé avec toute la modeſtie, qu'on
,, auroit pu ſouhaiter, (2). Après avoir
payé

(1) Les *Chinois* ayant fort ſouvent pris à crédit de la Caravane plus de marchandiſes qu'ils n'en pouvoient payer, cela avoit doné ocaſion à une infinité de diſputes entre les deux Nations: pour y remédier, la Cour de *Peking* avoit acoutumé de faire mettre entre les mains du Comiſſaire à ſon départ, tous ceux qui pouvoient encore devoir de l'argent à la Caravane, afin de s'en faire payer come il pouroit; de quoi les Comiſſaires avoient abuſé en pluſieurs rencontres, maltraitant ces pauvres gens d'une manière ſi barbare, que cela avoit fort dégouté les *Chinois* du comerce avec les Caravanes *Ruſſes*. Conſultez l'*Hiſtoire Généalogique des Tatars*.

(2) Les excès de ceux de la Caravane n'avoient été que trop fréquens juſque là, & les Comiſſaires au lieu d'y remédier, en avoient été fort ſouvent les Auteurs, ſans qu'on ſe fût mis en peine de doner la moindre ſatisfaction là-deſſus aux *Chinois*, nonobſtant les grandes plaintes qu'ils en avoient portées en pluſieurs ocaſions aux Miniſtres de *Ruſſie*: & il y a aparence que ce qui contribua le plus au bon ordre, que les *Ruſſes* de la ſuite de la Caravane obſervérent en cette ocaſion à *Peking*, fut qu'ils ne trouvérent plus
l'Eau

payé ce compliment par un autre, je lui dis; ,, que ce n'étoit que pour entretenir un sem-,, blable ordre, que S. M. *Czarienne* m'a-,, voit envoyé à la *Chine*, & qu'il n'auroient ,, qu'à s'en prendre à eux mêmes, si les cho-,, ses ne se fissent pas dorénavant avec le ,, même ordre, & si bien d'autres petits in-,, cidens ne vinssent pas à s'acomoder avec ,, une pareille facilité ,,. Ensuite de quoi je le priai de m'aprendre la véritable source des désordres survenus à *Urga*, entre les Sujets du *Czar* mon Maitre & les *Moungales*; & ,, pourquoi on avoit contraint les Mar-,, chans *Russes* à décamper de là, avant que ,, d'avoir fini leur comerce ,,. Il me répondit là-dessus; ,, que cela s'étoit fait sur les ,, ordres du *Tuschidtu-Chan* & de son Con-,, seil, come Juges suprêmes en leur Pays ,,: Sur quoi je lui demandai; ,, si le *Tuschidtu-*,, *Chan* étoit un Souverain Prince des *Moun-*,, *gales* ou bien un Sujet de l'Empereur de ,, la *Chine* ,,. Il me répondit à cela; ,, que ,, ce *Chan* étoit à la vérité un Vassal de S. ,, M. *Bogdoi-Chanienne*; mais qu'il ne lais-,, soit pas pour cela d'être en même tems le ,, Maitre en son Pays ,, (1). Je le priai là-dessus

l'Eau de Vie *gratis* à la *Chine*, come ils l'y avoient trouvée ci-devant, lorsqu'ils étoient encore défrayez par les *Chinois*; ce qu'on est acoutumé en *Russie* de doner aux Domestiques pour leur entretien étant si peu de chose, qu'il ne leur en reste guéres pour acheter de l'Eau de Vie.

(1) Quoique le *Chan* des *Moungales Occidentaux* soit Tributaire à la *Chine*, on ne laisse pas d'avoir beaucoup d'égard pour lui à cette Cour; d'autant que c'est

dessus de me dire; ,, si le *Tuschidtu - Chan*
,, étoit obligé à se conformer aux engage-
,, mens des Traitez conclus entre les deux
,, Empires, afin que je pusse savoir, s'il fa-
,, loit s'adresser à la Cour de *Peking* au su-
,, jet de la satisfaction, qu'on avoit à préten-
,, dre là-dessus, ou si l'on ne pouvoit s'en
,, prendre qu'au *Tuschidtu-Chan* ; atendu
,, qu'il n'y avoit point d'aparence, qu'on
,, laissat passer cette afaire sans en faire une
,, exacte recherche : que pour moi je croyois
,, que pour le présent le meilleur moyen de
,, terminer cette afaire par les voyes de dou-
,, ceur seroit, qu'on donat ordre au Manda-
,, rin, qui me devoit acompagner, de passer
,, avec moi par *Urga* en alant à *Selinginskoi*,
,, afin qu'après avoir pris des informations
,, exactes de cette afaire je pusse être en état
,, d'en envoyer une relation circonstanciée à
,, notre Ministére ,,. Mais il me répondit
là dessus en ces termes. *Chez nous aucun*
Juge qui a porté une sentence juste, ne peut être
rendu responsable de son jugement, ne fût ce
qu'un simple Ecrivain: vos gens, qui étoient
à Urga, ont affronté les Lamas par des pa-
roles & même par des effets, & ils ont ou-
tre-

---

c'est un Prince fort puissant, & qu'en cas d'une révolte à la *Chine*, ce seroit de lui que la maison Impériale devroit atendre la plus grande assistance, ses
Sujets étant sans comparaison bien meilleurs Soldats
que les *Moungales Chinois* : desorte que, si l'on s'avi-
soit de le mécontenter & qu'il vînt à se joindre aux
Callmoucks ou aux *Russes*; rien ne les pouroit empêcher
d'entrer à la première ocasion dans la *Chine* & d'y
causer peut-être une nouvelle révolution.

tre cela tenté d'enlever quelques Familles Moungales de ces quartiers, c'est pourquoi le Tuschidtu-Chan a été en droit de les éloigner de ses Terres. Je lui répliquai à cela; qu'il faloit absolument que ce Juge rendît compte de son jugement, parcequ'il avoit jugé des gens qui n'étoient en aucune maniére du ressort de sa Jurisdiction; mais qu'il auroit jugé avec justice, si après avoir envoyé les coupables à Selinginskoi, il eût poursuivi sa satisfaction en cet endroit: là où maintenant, qu'il avoit puni les innocens également come les coupables, & violé les Traitez de paix dans un article si essentiel, son jugement ne pouvoit être regardé que come une manifeste violence. L'*Allegamba* voyant que j'insistois si fortement sur la recherche de cette afaire, se mit à rire en me disant; *Mr. l'Agent vous faites bien de faire bien du bruit de cette afaire, mais je ne saurois m'expliquer plus précisément là-dessus pour le présent; tout ce que je vous en puis dire, c'est que tout cela s'acomodera facilement dès que nous aurons reçu une réponse satisfaisante sur l'afaire de nos Déserteurs.* Ensuite de quoi il me présenta un écrit, qu'il disoit être dressé par ordre de S. M. *Bogdoi-Chanienne*, pour me servir d'information au sujet des raisons de mon renvoi; sur quoi nous entrames derechef en dispute ensemble. Mais come ces Mrs. se tiennent fermement liez en ces sortes d'ocasions à une seule parole, qu'elle convienne à l'afaire dont il s'agit ou non, il me fut impossible de lui aracher aucune autre réponse, sinon qu'on n'avoit entendu acorder

mon

mon séjour à *Peking* que jusqu'à la présente Caravane, & que dès que les afaires des Frontiéres seroient acomodées on ne manqueroit pas de doner une résolution définitive, tant sur cet article que sur les autres propositions que Mr. d'*Ismailoff* avoit faites à la Cour. Il me présenta ensuite une Lettre, disant qu'elle étoit écrite par ordre de S. M. *Bogdoi-Chanienne* au Prince *Czerkasky* Gouverneur Général de la *Sibérie* (1); mais ayant refusé d'accepter cette Lettre, cela le troubla un peu & lui fit dire; ,, qu'il ne se-
,, roit guéres décent à moi de refuser de me
,, charger d'une Lettre, que l'Empereur son
,, Maitre avoit ordoné d'écrire & de me
,, mettre entre les mains ,, . Je lui répondis là dessus; ,, que je n'aurois garde de faire ce
,, que je faisois en cette ocasion, si les Lettres
,, que ledit Prince *Czerkasky*, en qualité de
,, Gouverneur Général de la *Sibérie*, avoit
,, écrites au Conseil, ne fussent pareillement
,, écrites sur le comandement du *Czar* mon
,, Maitre; qu'ainsi il pouvoit doner cette
,, Lettre au Mandarin qui me devoit acom-
,, pagner jusqu'à *Selinginskoi*, avec ordre de
,, recevoir les Lettres pour la Cour qui se
,, trouvoient en cette Ville, & qu'alors je ne
,, ferois pas la moindre dificulté de la rece-
,, voir

___

(1) Le Prince *Czerkasky*, Gouverneur Général de la *Sibérie*, fut rapelé par la Cour de *Russie* en l'an 1722. sur les grandes instances qu'il en avoit faites, & l'on se contenta d'y envoyer un Vice-Gouverneur en sa place, qui y est encore actuellement.

,, voir tout auſſitôt ,, . Il me déclara après cela que la volonté de S. M. *Bogdoi-Cha-nienne* étoit que je priſſe mon chemin par *Jegcholl*, pour y avoir mon audience de congé de S. M. ; & retombant encore ſur l'article de la Lettre de la Cour pour le Prince *Czerkasky*, il me dit ; ,, que ce que j'en fai-
,, ſois en cette ocaſion n'étoit pas trop bien
,, fait, atendu qu'il n'étoit permis à perſone
,, dans la *Chine*, d'oſer s'opoſer aux volon-
,, tez de l'Empereur ,, . Sur quoi je lui répondis ; ,, que j'étois perſuadé que S. M.
,, porteroit un tout autre jugement de cette
,, afaire que lui ,, . Mais que je ſouhaitois à mon tour de ſavoir de lui ; ,, ſur quoi il
,, avoit fondé ſes ſoupçons, lorſqu'au Prin-
,, tems paſſé il nous avoit refuſé le paſſage
,, aux Landes pour quelques uns de nos gens,
,, que nous y voulions envoyer avec de l'ar-
,, gent, pour pourvoir à l'entretien de nos
,, Chevaux, & cela ſous prétexte que par
,, de ſemblables expéditions on ménageoit
,, des coreſpondances ſecrétes, qui pouroient
,, mettre la mèsintelligence entre les deux
,, Empires ,, . Il me dit ſur cela ; ,, que
,, dans le fonds il n'avoit point eu cette opi-
,, nion, mais qu'il avoit voulu empêcher par
,, là les dèſordres qui auroient pu ariver à
,, l'ocaſion du voyage de ces gens, atendu
,, qu'en cas qu'ils euſſent été volez ou aſſaſ-
,, ſinez, on n'auroit pas manqué d'en de-
,, mander ſatisfaction à la Cour ,, . Je le fis ſouvenir là-deſſus ; ,, qu'il s'étoit pour-
,, tant expliqué préciſément pour lors, que
,, ce n'étoit que pour empêcher cette préten-
,, due

,, due corespondance secréte, qu'il nous re-
,, fusoit le passage, & qu'il auroit fort bien
,, pu se passer à notre égard d'une précaution
,, si inutile, qui nous avoit engagé en des
,, dépenses extraordinaires de quelques miliers
,, de *Laen*, parcequ'à faute de pouvoir faire
,, tenir nos Chevaux à l'écurie, à quoi l'ar-
,, gent que nous voulions envoyer aux Lan-
,, des étoit destiné, il en étoit crevé un bon
,, nombre, & que ceux qui en étoient enco-
,, re en vie se trouvoient en si mauvais état,
,, qu'il étoit absolument impossible qu'ils
,, pussent servir au Charoi, ce qui obligeroit
,, maintenant le Comissaire de faire transpor-
,, ter la plus grande partie de son bagage à
,, *Selinginskoi* par des Voituriers louez à *Pe-*
,, *king*, ce qui ne se pouvoit faire qu'avec
,, des frais considérables ,,. Ce reproche le
rendit un peu pensif, mais enfin il me répliqua ; ,, qu'il n'avoit pas dit cela, & que
,, quoiqu'il en pût être il faloit que nous
,, nous séparassions présentement en bons a-
,, mis; que pour cet effet il me prioit de ne
,, conserver plus de rancune contre lui, à
,, cause de la liberté qu'il avoit prise en der-
,, nier lieu de badiner avec moi au sujet de
,, la Lettre de *Tirssoff*; qu'il pouvoit m'assu-
,, rer qu'il n'avoit eu aucune mauvaise in-
,, tention en cette ocasion, & qu'il espéroit
,, que content de cette explication, je ne
,, penserois plus dorênavant à cette afaire
,, que come à une raillerie innocente,,. Je
lui répondis là-dessus ; ,, que pour ce qui
,, regardoit ma persone en particulier, il pou-
,, voit compter que je ne m'en souvenois ab
,, solu-

„ folument plus, mais que pour le reſte je
„ n'en pouvois pas diſpoſer à ma fantaiſie ,,.
Sur quoi il me demanda, ſi à mon retour en
Ruſſie je ſerois obligé de doner une Relation
par écrit à notre Miniſtére de tout ce qui
s'étoit paſſé pendant ma Réſidence à la *Chine*
par raport à mes négociations, & lui ayant
répondu qu'*oui*, il me dit ; qu'en ce cas je
ferois fort bien de n'y inférer pas quantité de
minuties, qui ne pouroient être bones qu'à
brouiller davantage les afaires, parcequ'il valoit mieux que la bone intelligence continuat
entre les deux Empires, que qu'ils vinſſent à
ſe brouiller de plus en plus. Je lui répliquai
là-deſſus, que n'ayant pas été envoyé à la
Cour de *Peking* come un inſtrument de mèsintelligence, je me ferois un devoir de ne toucher dans ma Relation que les choſes, dont
notre Cour devoit néceſſairement être inſtrui-
te. Enſuite de quoi nous nous levames tous
deux, & nous ayant embraſſé mutuellement
nous primes congé l'un de l'autre, en ſoû-
haitant réciproquement de nous revoir bientot.

Le 12. le Comiſſaire étant parti de *Peking*
avec tout le reſte de la Caravane, j'en partis
pareillement de mon côté pour *Jegcholl*, où
j'arivai

Le 15. & ayant incontinent fait ſavoir mon
arivée au Chambellan du *Chan*, il me fit dire qu'il en informeroit inceſſament S. M., &
qu'en atendant ſes ordres touchant le jour de
mon audiance, l'Intendant de la cuiſine de
S. M. auroit ſoin de fournir ma table de tout
ce dont je pourois avoir beſoin.

Le

Le 17. j'eus mon audiance de congé de S. M. *Bogdoi-Chanienne* avec les cérémonies usitées en cette Cour.

Le 18. je partis de *Jegcholl* & ayant rencontré

Le 24. la Caravane qui étoit encore en dedans de la grande Muraille, je la passai

Le 26. avec la Caravane, que je quitai

Le 28. auprès de *Krasna Gora* dans les Landes &

Le 26. d'Aout de cette même anée j'arivai heureusement à *Selinginskoi*, après avoir résidé près de 17. mois à la Cour de la *Chine* (1).

Par ce Journal le Lecteur curieux poura se faire une idée assez juste de l'Etat présent de la Cour de *Peking*, & de notre comerce avec la *Chine*; que si par raport au comerce de cet Empire, tant dans la Capitale que dans les Provinces, je n'ai pas pu lui fournir des informations aussi exactes, qu'il auroit été nécessaire pour l'en instruire à fonds, il faut qu'il considére, que je n'ai pas joui d'une liberté assez étendue pour en pouvoir aprendre davantage. Car quoique selon mon petit pouvoir, je n'aye pas ménagé les présens pour m'assurer de l'amitié de quelques per-

---

(1) Depuis la sortie du Sr. *Lange* de la *Chine*, il n'est survenu aucun changement aux afaires entre la *Russie* & la *Chine*; desorte que le comerce des Caravanes demeure toujours suspendu, & nous n'avons pas apris jusqu'ici que le Gouvernement présent de la *Russie* ait pris de nouvelles mesures pour le rétablissement de la bone intelligence entre les deux Empires.

persones de la Cour & du Ministére, néanmoins j'ai été obligé d'aprendre à mes dépens, que ces ames ambitieuses & intéressées veulent puiser à des sources tout autrement profondes, que ne le pouvoit être ma petite bourse. J'en ai eu des certitudes à n'en pouvoir douter par la bouche même d'un des Favoris de l'*Allegadah*, qui me dit à mon départ de *Peking*, que depuis le comencement de mon séjour en cette Cour, ce Ministre avoit toujours été mécontent de moi, parceque je ne lui faisois pas assez de présens à son apétit. C'est pourquoi si avec la confirmation des Traitez, on ne trouve pas moyen d'obliger le Ministére *Chinois* de nous prêter gratuitement son assistance dans les ocasions qui peuvent survenir, & de nous asurer un comerce libre & entiérement exemt de toute dépendance de leurs Mandarins & gens de Guerre, il y a aparence, que les Caravanes pouront à peine sufire à l'avenir à l'avidité de tous ceux, qui se croyent en droit de former des prétensions sur les étrangers, dans la vue d'en aracher des présens.

L'Or ou l'Argent n'est pas converti en monoye à la *Chine*, mais dans le négoce & en toute autre ocasion on le reçoit au Poids. L'Or le plus fin qui se trouve à la *Chine* est celui qui entre dans le Trésor du *Chan*, d'où il est ensuite répandu dans le public: on l'apelle comunément l'*Or du Chan*. Le meilleur essai des *Chinois*, pour conoitre la qualité de l'Or, se fait avec des ciseaux de Fer préparez exprès pour cet effet: car si on peut couper en sorte une *Korobka* d'Or de 10.

Laen ou davantage avec ces Ciseaux, qu'il ne paroit aucune rupture dans la coupe, c'est une marque que c'est de l'Or le plus fin; mais pour peu qu'il y ait de l'aliage dans l'Or, il ne soutiendra pas par tout également la coupe des Ciseaux & viendra à se rompre en quelques endroits, & cela plus ou moins, à proportion qu'il y aura plus ou moins de l'aliage dans l'Or. Si l'on voudroit examiner l'*Or du Chan* des *Chinois* contre l'Or d'*Europe*, il se trouveroit qu'il seroit tant soit peu plus fin que celui des Ducats d'*Hongrie*. Une *Laen* de l'*Or du Chan*, vendue à sa juste valeur en vaut 10. du plus fin Argent, qui doit soutenir tout de même que l'Or l'essai de la coupe des Ciseaux pour être du plus fin; cet Argent est pareillement apelé l'*Argent du Chan*, & l'on n'en reçoit point d'autre au Trésor du *Chan*. Mais nonobstant qu'une *Laen* du vrai *Or du Chan* vaille, selon sa valeur intrinséque, 10. Laen *Argent du Chan*, le prix n'en est pas pour cela constament arêté sur le même pié, puisque cela difére ordinairement de 2. 3. 5. jusqu'à 8. pour cent, selon que l'Or est rare ou en abondance. Et come je viens de dire qu'il n'y a point de monoye d'Or ou d'Argent en cet Empire, tout y étant réglé & reçu au Poids, tout home qui sort, pour recevoir quelque Argent, a d'ordinaire une petite balance sur lui, avec laquelle on peut peser jusqu'à 55. *Laen* à la fois. Mais lorsqu'il s'agit de quelque payement considérable, on trouve comunément l'Argent tout pesé par 50. *Laen* & envelopé

dans

SIEUR LANGE.

dans du papier, ensorte qu'on n'a qu'à le peser & à en examiner la qualité.

Le Poids des *Chinois* est partagé en *Laen*, *Tzin* & *Fun*, tout come chez les *Russes* la monoye en *Roubles*, *Grievnes* & *Copeekes*, un *Tzin* faisant la diziéme partie d'une *Laen*, & un *Fun* la diziéme partie d'un *Tzin*, tout come un *Grievne* fait la diziéme partie d'un *Rouble*, & un *Copeeke* la diziéme partie d'un *Grievne* chez les *Russes*; avec cette diférence pourtant, qu'une *Laen* de la *Chine* tient quelque chose de plus en Argent qu'un *Rouble*, de même qu'un *Tzin* quelque chose de plus qu'un *Grievne*, & un *Fun* quelque chose de plus qu'un *Copeeke*. Seize *Laen* font une *Gin*, c'est-à-dire, un peu plus que la livre de *Hollande* de 16. onces. Mais afin que dans le comerce & dans la petite dépense on ne soit pas obligé de couper l'Argent en autant de petites piéces, que les nécessitez du ménage le pouroient demander, on trouve à la *Chine*, pour la comodité de la dépense journaliére, une petite monoye de cuivre jaune, que les *Chinois* apellent *Tezien* & à laquelle les *Russes* ont doné le nom de *Zschosses*. Il y a des *Zschosses* entiéres & des *Demies Zschosses*. Une *Laen* du plus fin Argent payé à sa juste valeur vaut 1000. *Zschosses* ou 2000. *Demies Zschosses*. Mais d'autant qu'on est acoutumé de payer les ouvriers & toute sorte d'autres Gens, qui travaillent à la journée, en cette sorte de Monoye, elle renchérit quelquefois de sorte, qu'on n'en done que 750. 60. à 70. pour la *Laen* du susdit Argent; & le Prix de cette monoye

Tom. VIII.   Q   est

est d'ordinaire si sujet à varier, qu'il monte ou baisse régulièrement à chaque semaine.

On soufre à la *Chine* tant de dèsordre dans le négoce, qu'il est impossible de découvrir toutes les ruses des *Chinois*, soit dans le comerce en Or & Argent, soit dans la fabrique & dans la vente des autres marchandises, à moins d'une grande expérience aquise d'ordinaire par bien des pertes. Et pour les faire marcher droit il ne sufit pas d'examiner la qualité & la valeur des marchandises, mais il faut encore doner une grande atention au poids & à la mesure dont ils se servent; car un *Chinois* ne se fera aucune conscience de demander 100. *Laen* d'une chose, qu'il poura vendre avec avantage pour 10 à 15. *Laen*. Lorsqu'on conclut quelque acord à la *Chine* de livrer des marchandises contre de l'Argent fin, cet Argent est ordinairement de 2. à 3. pour cent de moindre valeur que le véritable *Argent du Chan*, quoiqu'il ne laisse pas d'être reçu par tout pour de l'*Argent du Chan*, excepté dans le Trésor de l'Empereur & aux endroits, où l'on fait négoce avec de l'Or & des *Zschosses*. L'Argent ordinaire des Marchans, que les *Chinois* apellent *Marma-Insa* est de 10. pour cent moindre que le plus fin, mais parcequ'ils falsifient extrêmement ce dernier, ensorte que bien souvent il diférе jusqu'à 20. à 25. pour cent du plus fin, on fait bien, lorsqu'on a à en recevoir avant que d'en avoir aquis une conoissance exacte, de se faire doner 9. *Laen* de cet Argent fin, qui ne difére que de 2. à 3. pour cent du véritable *Argent du Chan*, ou 8.

Laen

Laen 7. à 8. *Tzin* de ce dernier, au lieu de 10. *Laen* d'Argent ordinaire ou *Marma-Infa*. Il faut se servir de la même précaution, lorsqu'en vertu de quelque contrat on a à recevoir de l'Or contre des marchandises. Car nonobstant que l'Or ordinaire, qui a cours dans le comerce, ne doive diférer du véritable *Or du Chan* que de 10. pour cent, ils ne négligent aucune ocasion dans le négoce de le falsifier encore autant qu'il leur est possible, pour pouvoir tromper ceux auxquels ils ont des payemens à faire; & par toutes ces considérations il est certain, que c'est une afaire bien dificile que d'être engagé en comerce avec cette Nation, parcequ'il faut à tout moment être sur ses gardes avec un *Chinois*.

Après avoir aporté toute l'atention possible à examiner la qualité de l'Or & de l'Argent, il ne faut pas user de moins de circonspection à l'égard du poids, qu'ils falsifient come toute autre chose: desorte que réguliérement chacun, qui sort pour acheter quelque chose, ne manque pas d'avoir sa propre balance sur lui. Car, non seulement dans les places publiques mais aussi par tout dans les boutiques particuliéres, on trouve comunément trois sortes de poids. Une qui est légére, avec laquelle le Marchand tâche de faire ses payemens; une autre de poids fort, par laquelle il reçoit les payemens qu'on lui doit faire; & une troisiéme de poids juste, pour ceux qui en savent assez long pour ne se vouloir pas laisser tromper. Mais dans les diférens Coléges de l'Empire on n'admet point d'autre poids,

poids, que celui qui est marqué au coin du Colége.

Dans la Mesure on n'est pas moins sujet à être trompé par les *Chinois* que dans toute autre chose; c'est pourquoi, lorsqu'il s'agit d'acheter quelque chose à l'aune, il ne faut pas négliger d'avoir sa propre aune sur soi. Il faut agir avec le même précaution lorsqu'on veut acheter de toute sorte de Blés ou de Légumes, & si l'on ne veut pas être trompé infailliblement il faut y regarder de bien près; puisqu'à la *Chine* la friponerie passe pour une galanterie, & l'on y dit comunément, que celui qui est trompé ne peut s'en prendre qu'à son ignorance. Le pié de la *Chine* fait en même tems l'aune dont on se sert en cet Empire.

Les *Moungales* n'ont ni poids ni mesure, & ne se mêlent d'aucun autre comerce que de troquer des *Russes* & des *Chinois* leurs voisins contre du bétail ce dont ils peuvent avoir besoin dans leurs petits ménages.

Les marchandises de la *Chine* qu'on a acoutumé de porter ordinairement en *Russie* ont été cette anée à *Peking* au prix qui suit en Argent.

Pour des bijoux, je n'en ai quasi point vu pendant mon séjour à la *Chine*, qui méritassent d'en porter le nom.

De petites perles enfilées à des Cordons, le poids d'une *Laen* à 6. jusqu'à 10 *Laen*.

Une *Korobka* du poids de 10. *Laen*, du plus fin Or à 98. 100. jusqu'à 108. *Laen*.

La meilleure soye crue, les 100. *Gin* à 130. *Laen*.

Moin-

Moindres fortes de foye crue les 100. *Gin* à 125. *Laen.*

Les gros grains de foye, à 10. *Laen* la piéce

Moindres fortes de gros grains de foye, à 4½ à 5. *Laen* la piéce.

Les doubles Damas, à 8½. à 9. *Laen* la piéce.

Meilleures fortes de Satins unis & à fleurs, à 3½. à 4. *Laen* la piéce.

Meilleures fortes de petits Damas, à 2½. à 3. *Laen* 20. *Fun* la piéce.

Moindres fortes de petits Damas, à 1¼. à 1½. *Laen* la piéce.

Diverses fortes de Chagrins de Soye, à 4. jusqu'à 5. *Laen* la piéce.

Le prix des autres Etofes de foye a pareillement varié à proportion de la qualité.

La Toile de Coton les 100. aunes de la *Chine.* à 2½. à 3. *Laen.*

La Soye filée, à 1 *Laen* 80. *Fun* la *Gin.*

Meilleures fortes de *Thé verd.* (1), à 60. *Fun* la *Gin.*

Moindres fortes à 25. à 30. *Fun* la *Gin.*

---

(1) Le *Thé*, qu'on recueille dans les Provinces *Septentrionales* de la *Chine*, est sans comparaison bien meilleur que celui qu'on tire des Provinces *Méridionales* de cet Empire; & c'est pour cette raison que le *Thé*, qui vient par la *Sibérie* en *Russie*, est beaucoup meilleur que celui qui nous vient de *Canton* par Mer. Mais come les *Russes* sont fort négligens dans l'embalage, on en trouve rarement en ce Pays, qui n'ait contracté un mauvais gout dans le balot, sur tout le *Thé bouy*, qui en est beaucoup plus susceptible que le *Thé verd.*

Meilleures fortes de *Thé Boui*, à 60. *Fun* la *Gin*.

Moindres fortes, à 25. à 30. *Fun* la *Gin*.

Les *Badianes* à 12. à 15. *Fun* la *Gin*. Cette marchandife n'a pas été trop bone cette apée & néanmoins extrêmement chére.

Réguliérement on ne trouve pas à *Peking* des Porcelaines apropriées aux ufages de l'*Europe*, cependant on ne laiffe pas de pouvoir avoir des vafes de cette matiére de toute forte de façon & proportion. Les Taffes ordinaires à l'ufage du *Thé*, qu'on aporte en *Ruffie*, fe vendent à 1. 2. jufqu'à 3. *Fun* la paire: les pots à *Thé* à proportion de leur qualité à 5. 10. 20 à 30. *Fun*: les autres vafes de Porcelaine font payez à proportion de la grandeur & de la qualité à 1, 2, 3. *Laen* & davantage la piéce.

En fait de Tapifferies on ne trouve pareillement rien de régulier à la *Chine*, j'entens des piéces apropriées pour meubler un apartement: celles qu'on peut avoir fe vendent à 15. 20. 30. jufqu'à 80. *Laen* la piéce.

Les piéces travaillées au petit métier pour des Chaifes fe vendent à 1. 2. 3. *Laen* & davantage à proportion de la qualité.

Les Fleurs de Soye collées fur du papier à 7. 8. 9. jufqu'à 12. *Fun* la douzaine.

On vend le Tabac en paquets de papier, qui ne tiennent pas toujours une *Gin* jufte, le paquet à 6. 8. 10. jufqu'à 12. *Fun*; la meilleure forte ne paffe pas 20 *Fun*.

Il m'eft impoffible de favoir précifément combien les Comiffaires des Caravanes de la
Sibérie

Sibérie emportent ordinairement de chaque sorte de ces marchandises & à quel prix; parcequ'ils sont fort souvent obligez de troquer la plus grande partie des marchandises de la Caravane contre des marchandises de la *Chine* & un ½. ⅓. ou un ¼. en Argent. Cependant je crois pouvoir assurer le Lecteur curieux de ce qui suit au sujet du prix auquel le Comissaire *Istopnikoff* a vendu les Marchandises de la Caravane, qu'il conduisit en l'an 1721. à *Peking*.

Les bijoux à point de prix.

Les *Zébelines* de *Jakutskoi* (1) sans ventre & queue ont été vendues contre de l'Argent & des marchandises, à 2. 3. 4. à 4½. *Laen*. Mais c'est un grand désavantage de porter des *Zébelines* sans ventre & queue à la *Chine*, parcequ'elles en perdent beaucoup en valeur & en estime.

Les ventres de *Zébelines*, contre des marchandises & de l'Argent à 20. 30. jusqu'à 60. & 70. *Fun*.

Les *Renards* blancs, le cent contre de l'Argent à 89. 90. jusqu'à 100. *Laen*.

Les *Castors* de *Kamtzchatka* (2) à 14. ou 15.

---

(1) La Ville de *Jakutskoi* est située dans la *Sibérie Orientale* sur la Rive gauche de la *Lena* à 62. Dég. 45. Min. de Latit. Elle done le nom à un des plus grands gouvernemens de la *Sibérie*, qui est en même tems le plus avancé vers le *Nord-Est* de ce continent, il s'étend d'un côté jusques aux bords de la Mer Glaciale & de l'autre jusqu'à la Mer Orientale, toutes les Colonies *Russes* du Pays de *Kamtzchatka* étant sous la direction du *Woywode* de *Jakutskoi*.

(2). Le Pays de *Kamtzchatka* est un grand Pays nou-

15. *Laen*, les grands come les petits, contre de l'Argent.

Les *Renards* des environs de la *Lena*, (1) contre des marchandises & Argent à 2. à 2½. *Laen*.

Les *Renards* bruns tirant sur le noir (2), contre marchandises & Argent à 6. 7. jusqu'à 20. *Laen*.

Les *Loups Cerviers*, contre marchandises & Argent à 2. jusqu'à 5. *Laen*.

Les Dents de *Loups Marins*, à fort petit prix.

Les *Loutres*, contre argent & marchandises à 60. 70. jusqu'à 80. *Fun*.

Les *Hermines*, contre de l'argent le cent à 17. jusqu'à 18. *Laen*.

Les *Petits Gris*, le Millier à 40. *Laen*.

Les nouvellement découvert, qui s'étend en forme de Presqu'île depuis la pointe du *Nord-Est* de l'*Asie*, apelée par les *Russes* Suetoï-Nos, jusqu'au *Japon*, dont il est séparé par un détroit de 20. lieues de largeur ; les *Russes* en possédent une grande partie & le reste en est ocupé par des Nations indépendantes.

(1) La *Lena* est une des grandes Riviéres de l'*Asie Septentrionale*, elle a ses sources dans les Montagnes qui sont au Nord du Lac *Baikal* & après un cours d'environ 300. lieues elle se dégorge dans la Mer Glaciale à l'*Orient* de l'embouchure de la grande Riviére de *Jeniséa*.

(2) On trouve les plus beaux *Renards* noir-bruns vers les bords de la Riviére de *Jeniséa* & dans les Terres que les *Ostiakes* ocupent aux environs de l'*Oby*. Il y en a qui sont tout-à-fait noirs ayant le poil fort long à pointes blanches, & ceux ci sont extraordinairement rares & n'ont que le Prix d'afection, qui est quelquefois poussé jusqu'à l'extravagance ; y ayant tel *Renard* noir qui sera estimé valoir 1000. *Roubles*.

Les *Gloutons*, contre des Marchandises à 3. 4. *Laen* & davantage.

Les Doublures de *Petits Gris*, le sac à 2. jusqu'à 2½. *Laen*.

Dans le prix de toutes ces Marchandises, tant de la Caravane que de la *Chine*, il faut suposer que c'est de *l'Argent du Chan* que j'entens parler. Il faut aussi remarquer que nonobstant que j'aye dit, que le Comissaire a vendu la plûpart des Marchandises contre Argent & Marchandises, il n'a pourtant touché que fort peu d'Argent, ayant été obligé de recevoir en grande partie des Marchandises au prix courant, au lieu de l'argent stipulé dans l'acord.

J'ai voulu encore joindre ici pour la satisfaction des Curieux quelques Marchandises tant du produit de l'Empire que venant des Pays étrangers, qu'on n'aporte pas ordinairement en *Russie*, nonobstant qu'on les trouve en abondance à la *Chine*.

L'Ambre gris est estimé à la *Chine* de même valeur que l'Or; cela s'entend lorsqu'il n'est pas falsifié, ce qui est fort rare; on l'aporte ordinairement des *Indes*.

Le *Musc* y vient de la *Boucharie*, mais le plus souvent fort gaté (1).

La Racine *Gingin*, est en si grande estime à la *Chine*, qu'on en achéte la meilleure au poids de l'Or; elle croît dans les Provinces

---

(1). Cette espéce de Biche de laquelle on tire le *Musc* est fort fréquente dans le Pays des *Callmoucks* & sur tout vers les sources des Riviéres de *Jenisia* & *Selinga*.

de *Nankin* & de *Leaotun*. On assure que cette Racine croît pareillement en grande abondance dans les Terres de la dépendance de *Nerzinskoi* (1) aux environs de la Riviére d'*Amur* ; & supposé que cela fût, on pourroit faire un comerce fort lucratif avec cette Racine à la *Chine*.

Le *Coton*, qui croît dans la plupart des Provinces de la *Chine*, ne se vend pas moins à *Peking* qu'à 9. 10. jusqu'à 12. *Fun* la *Gin*.

Le *Sucre* blanc en poudre, à 6. à 7. *Fun* la *Gin*.

Le *Sucre* comun en poudre, à 3. 4. jusqu'à 5. *Fun* la *Gin*.

Le *Gingembre* croît en abondance par toute la *Chine* & est à grand marché.

Le *Sucre candi* à proportion qu'il est bon & blanc, à 7. 8. jusqu'à 10. *Fun* la *Gin*.

Le *Gingembre* & les Oranges de la *Chine* confites au sucre, à 8. jusqu'à 10. *Fun* la *Gin*.

Les *Dattes* & les *Amandes*, à 8. jusqu'à 10. *Fun* la *Gin*.

Les *Raisins* au même prix.

Les *Epiceries* ne se trouvent pas en fort grande abondance à la *Chine*, & c'est la raison pour quoi elles y sont plus chéres qu'en *Europe*.

La *Rhubarbe* croît en grande abondance
dans

---

(1) La Ville *Nerzinskoi* est située dans la *Sibérie Orientale* vers le bord gauche de la Riviére de *Schilka*, qui prend dans la suite le nom d'*Amur*; c'est une des Villes les plus peuplées que les *Russes* possédent dans la *Sibérie*.

dans les Pays des *Monngales* aux environs de *Selinginskoi*: On dit qu'on en a pu vendre autrefois la *Poede* (1) à 4. à 5. *Laen* à la *Chine*, mais de mon tems je n'ai pas apris qu'on en fît aucun comerce en cet Empire.

En voilà assez sur l'Etat présent du comerce entre la *Russie* & la *Chine*.

(1) Une *Poede* fait 40. Livres du Poids de *Russie*, qui font un peu plus de 33. Livres du Poids de *Hollande*.

F I N.

LES MOEURS ET USAGES DES OSTIACKES.

Et la maniére dont ils furent convertis en 1712. à la Religion Chrétienne du rit Grec.

Avec plusieurs Remarques curieuses sur le Royaume de Sibérie, & le Détroit de Weygatz ou de Nassau.

Par JEAN BERNARD MULLER, Capitaine de Dragons au service de la Suéde, pendant sa captivité en Sibérie.

MOEURS
ET
USAGES
DES
OSTIACKES.

CHAPITRE PREMIER.

De l'Etat du Royaume de Sibérie, & de l'Origine des Ostiackes.

IL y a eu jusqu'ici très peu d'Auteurs Moscovites, & encore moins d'étrangers, qui ayent entrepris de doner une relation particuliére de la Sibérie, surtout pour ce qui regarde les *Ostiackes*. Ces Peuples étant, pour ainsi dire, séparez du reste

du monde dans leurs climats froids & glacés, & vivans dans une profonde ignorance, on ne doit pas s'atendre à trouver chez eux aucune histoire qui nous puisse instruire de leur origine. D'un autre côté leurs voisins n'ont aparemment pas cru qu'un Pays si afreux, & si stérile valût la peine qu'on s'apliquât à en étudier les particularitez; & les étrangers n'ayant pas eu le courage, ni peut-être même la liberté de voyager chez cette Nation, ils n'ont pu nous en doner une conoissance exacte. Mais la lumiére de l'Evangile ayant éclairé depuis peu ces malheureuses créatures, qui sans faire usage de leur raison, avoient marché jusqu'alors, come à tatons, au milieu des ténébres de l'Idolâtrie, je me flate que mon Lecteur ne sera pas fâché d'avoir quelque idée du pays aussi bien que de ses habitans.

Le Royaume de Sibérie comprend cette partie du Globe terrestre qui est Nord-nord-est, entre le cinquante septiéme dégré de latitude, & la Zone froide Septentrionale, où se sont bornées jusqu'à présent toutes les découvertes. Ses bornes sont à l'Orient, la *Mangasca* ocupée par les *Samoyedes* & les *Swetlobi*, & le *Turuchan* qui s'étend jusqu'à *Camshatky*, Pays qui a été découvert pour la première fois, il y a environ 20. anées, & soumis à l'obéissance de l'Empereur de Moscovie. Du côté du midi il va jusqu'à *Irkutskoi*, Ville frontiére du côté de la Chine. Il a pour bornes à l'Occident, les *Monguls*, les Tartares d'*Ajuka* & de *Kontasch* (ainsi nomez à cause de leurs Princes

Ajuka

DES OSTIACKES.

Ajuka & *Kontasch*) & les *Buchariens* sujets du *Kontasch*. Cette derniére Nation passe pour être civilisée, & l'on prétend que sa maniére de vivre a beaucoup de raport avec celles des Chinois.

Un ancien Auteur Russien anonyme nous a laissé la description suivante de la Sibérie en général „. La Sibérie, dit il, est une
„ étendue de Pays vers le Septentrion à deux
„ mile verstes, ou trois cens trente trois mi-
„ les d'Alemagne de *Moscou*. Ce Royaume
„ est séparé de la Moscovie par plusieurs
„ montagnes pleines de rochers, qui s'élé-
„ vent jusqu'aux nues, & qu'il semble que
„ la providence ait destinées pour lui servir
„ de murailles & de fortifications. Il y croît
„ toute sorte d'arbres, come des cédres &
„ autres semblables. Ses habitans vont à la
„ chasse de plusieurs espéces de bêtes dont
„ les peaux leur servent également d'habits
„ & d'ornement. Ils s'habillent de celles
„ d'Elans, de Chevreuils, de Cerfs, de
„ Liévres, & se parent avec celles de Bie-
„ vres, de Martes, de Zibelines, de Re-
„ nards & autres. Il sort des montagnes
„ plusieurs Riviéres, dont les unes arosent
„ la Russie, & les autres la Sibérie, & dont
„ les eaux sont douces, & pleines de pois-
„ sons. La premiére qui arose la Sibérie,
„ est le *Tura* dont les bords sont habitez par
„ les *Wogultzoi*, qui ont leur langage parti-
„ culier, & qui adorent le démon dans
„ leurs idoles. La seconde s'apelle *Tagill*,
„ & la troisiéme *Nitza*; elles se réunissent
„ toutes trois en une, qui conserve le nom
„ de

„ de *Tura*, jufqu'à ce qu'elle fe joigne au
„ *Tobol* qui fe jette dans l'*Irtis*, & celui ci
„ dans le grand fleuve *Oby*. Il y a le long
„ de ces Riviéres beaucoup de Tartares Pa-
„ yens, de Calmuques, Monguls, Oftiac-
„ kes, Samoyédes, & autres idolâtres qui
„ n'ont pas la conoiffance de Dieu. Les
„ Tartares font Mahométans; mais les Cal-
„ muques ont une loi que les Péres tranf-
„ mettent à leurs enfans, fans qu'il s'en trou-
„ ve un parmi eux qui puiffe dire d'où elle
„ leur vient, car ils n'ont point du tout d'u-
„ fage des lettres. Les Oftiackes & les Sa-
„ moyédes facrifient aux Idoles. Ils vivent
„ fans loix, & font des ofrandes aux
„ Dieux qu'ils fe font fabriquez eux mêmes,
„ s'imaginant que c'eft d'eux qu'ils tiennent
„ leur fubfiftance, & reçoivent leurs befoins
„ & leur nouriture. Ils ne mangent point
„ de pain, & ne le conoiffent pas même;
„ mais ils fe nouriffent de viande crue, &
„ de la chair de toute forte d'animaux, fans
„ aucun aprêt. Ils vivent auffi d'herbes &
„ de racines, & boivent plus volontiers du
„ fang que de l'eau. L'*Oby* va fe jeter dans
„ le *Guba*, ou Golfe de Mangafca, qui a
„ une iffue dans le grand Océan par deffous
„ de hautes montagnes couvertes de glace
„ depuis très longtems; car le Soleil ne la
„ fond jamais, quoiqu'elle foit de tems en
„ tems ébranlée par les vents. Ces endroits
„ là font inacceffibles, & par conféquent in-
„ conus„ &c. Voila ce que raporte l'Auteur anonyme.

Il n'eft pas aifé de décider, fi la Sibérie
portoit

portoit autrefois le même nom, ou si elle en avoit un autre. Quelques Auteurs raportent néanmoins qu'un Prince de ce Pays, nomé Mahomet, bâtit une nouvelle Ville sur le fleuve Irtis, & qu'il l'apela *Sibir*, mot Tartare qui signifie Capitale: & que c'est de là que toute cette vaste Province a pris le nom de Sibérie. Voici tout ce que j'ai pu tirer de divers morceaux d'histoire répandus de côté & d'autre, touchant l'ancien gouvernement de ce Pays. Il y avoit vers l'*Uchim*, qui se perd dans l'*Irtis*, un Roi ou Czar comunément apelé *On*, Mahométan de Religion. Un de ses Sujets nomé *Zingidi*, home du comun qui n'avoit rien que de fort ordinaire, étant mécontent du gouvernement, se révolta, engagea la populace dans son parti, détrona le Roi *On*, & s'empara de la courone, après l'avoir fait mourir. Il gouverna heureusement, & ayant apris quelques anées après que *Taibuga* fils d'*On* avoit évité par la fuite la destinée de son Pére, & qu'il vivoit en simple particulier parmi ses Sujets, il le fit venir, le reçut avec afection, & lui dona une Principauté. *Taibuga* demeura quelques anées à la Cour, & sut si bien gagner les bones graces de *Zingidi* par sa sage conduite, qu'il lui confia le comandement d'une armée, à la tête de laquelle ce jeune Prince marcha vers l'*Oby*, pour l'expédition dont il étoit chargé. Après l'avoir heureusement terminée, il revint vers *Zingidi*, chargé des dépouilles des ennemis. Sa bravoure lui aquit tellement l'estime du Roi, qu'il lui permit de s'établir par tout où il le jugeroit

à

à propos. *Taibuga* accepta cette ofre, & se retira avec sa famille, & sa suite sur les bords de la Riviére *Tura*, où il bâtit une Ville, qu'il fit apeler *On-Zingidin*, dans le même endroit où est aujourdui *Tumen*. *Zingidi* étant mort sans postérité, laissa le Royaume à *Taibuga*, qui eut pour Successeur son fils *Chod*, dont le fils *Mar*, épousa une sœur d'*Upak* Roi de *Casan*. Mais *Upak* ayant déclaré la guerre à *Mar*, conquit la Sibérie, & s'y établit. Il regna plusieurs anées, & survéquit même aux deux fils de *Mar*, *Obder* & *Jerbelack*, qui moururent tous deux d'une mort naturelle. Mais *Mahmed* fils d'*Obder*, ayant ramassé quelques troupes, défit *Upak* Roi de *Casan*, le fit mourir, & fit raser la nouvelle Ville d'*On Zingidin*, que *Taibuga* avoit fait bâtir. Il pénétra ensuite plus avant dans la Sibérie, & fonda une Ville sur l'Irtis, qu'il apela *Sibir*. Elle a été depuis agrandie par les Moscovites, qui l'ont nomée Tobol. Il eut pour Successeur *Agysh* fils de *Jerbelack*, à qui succéda *Kusim* fils de *Mahmed*. Ce *Kusim* eut deux fils *Gotiger* & *Beckbula*. *Kutsium* Prince des Hordes Cosaques les fit mourir, conquit tout l'Etat, & prit le premier le titre de Roi de Sibérie. Il étoit de la Religion des Mahométans. A peine començoit il à jouir de sa conquête, qu'un *Hetman* ou général des Cosaques nomé *Germack Timophewitz*, qui à la tête de ses troupes pilloit depuis quelques anées le long du Wolga, fut poursuivi de si près par le Czar de Moscovie Jean *Basilowitz*, qu'après avoir perdu une bone partie de ses camarades,

marades, qui furent pris en pillant, & exécutez, il fut obligé de s'enfuir avec 540 perſones à Solkamskoi, d'où il s'avança dans la Sibérie, où il eut le bonheur de vaincre *Kuſſium* en pluſieurs batailles, & de le chaſſer entiérement. Mais ne ſe ſentant pas aſſez fort pour conſerver ſa conquête, & voulant d'un autre côté obtenir ſa grace du Czar, il lui envoya ofrir ce Royaume, qu'il accepta auſſitot. Il en prit donc poſſeſſion, & y mit des *Waywodes* pour le gouverner, il fit rebâtir & augmenter les Villes d'*On-Zingidin*, & de *Sibir*, dont il changea les noms en ceux de *Tumen* & de *Tobol*.

Il y a en Sibérie quantité de minéraux & de mines, ſur tout de cuivre & de fer. En pluſieurs endroits on trouve des pierres ſur la ſurface de la terre, dans leſquelles il y a beaucoup de cuivre, mais n'y ayant pas encore de réglement pour les mines, les habitans n'en ſont pas mieux pour cela. On trouve dans d'autres endroits du fer & de l'acier aſſez bons, en abondance; & en pluſieurs des traces de mines d'argent qui promettent beaucoup. Le Czar d'aujourdui a établi des ouvriers à Argun pour les creuſer, & en découvrir de nouvelles; mais come tout cela n'eſt pas encore dans ſa perfection, on ne ſauroit juger du profit qu'on en tirera tous les ans. Il y a dans les hautes montagnes de Vergatur beaucoup de Criſtal, plus ferme qu'aucun autre de l'Europe, & qui reſſemble au jaſpe bâtard. L'Oby jette ſur ſes bords pluſieurs ſortes de cailloux, parmi leſquels il y en a quelques uns clairs &

transpa-

transparens, qui sont blancs & rouges come de l'agate. Les Moscovites gravent dessus des fleurs & d'autres figures, & en font des bagues.

On voit en Sibérie une chose fort singuliére, & que je ne crois pas qu'on trouve en aucun autre endroit du monde. C'est ce que les habitans apellent *Mamant*. Cette matiére se trouve dans la terre en diférens endroits, surtout dans les lieux sabloneux; elle ressemble à l'ivoire par la couleur & le grain. L'opinion la plus comune des habitans est que ce sont de vrayes dents d'Eléphant qui sont restées là depuis le déluge. Quelques uns de nos concitoyens croyent que c'est de l'ivoire fossile, & par conséquent une production de la terre, & j'ai été pendant longtems de ce sentiment. D'autres soutiennent que ce sont les cornes d'un fort grand animal, qui vit sous terre dans les lieux bas & marécageux, qui ne se nourit que de fange, & se fraye un chemin avec ses cornes à travers la terre & la boue; mais lorsqu'il trouve un terrain sabloneux, les sables qui s'écroulent le serrent de si près, que, ne pouvant les détourner avec ses cornes, il lui est impossible de se remuer davantage, à cause de sa pesanteur; ensorte qu'il se trouve enfin arêté, & périt dans l'endroit. Plusieurs persones m'ont assuré come une chose fort certaine qu'elles avoient vu de ces animaux au delà de Beresowa, dans les cavernes des hautes montagnes de ces endroits là. Ils sont monstrueux suivant la description qu'on en fait; car ils ont quatre ou cinq aunes de hauteur, & environ

trois

trois brasses de long. Ils sont d'une couleur grisâtre, ont la tête longue, le front fort large, & des cornes aux deux côtez, justement au dessus des yeux. Ils les remuent & les croisent l'une sur l'autre, come il leur plait. On dit qu'ils s'étendent considérablement en marchant, & qu'ils peuvent aussi se racourcir en un petit espace. Leurs jambes ressemblent pour la grosseur à celles d'un Ours. On ne sait cependant pas trop, malgré cela, si l'on doit ajouter foi à toutes ces relations: car cette Nation n'est pas fort habile dans la recherche des choses de cette nature, & n'a de curiosité pour les choses rares, qu'autant qu'elle peut tourner à son profit. Quoiqu'il en soit, ceux qui prétendent que ces os sont de véritables dents d'Eléphant, ne peuvent aporter aucune preuve raisonable de leur sentiment, d'autant plus que les Eléphans sont entiérement inconus dans ce Pays, & que quand on y en améneroit ils ne pouroient pas vivre dans un climat aussi froid; & néanmoins ces dents ou ces cornes se trouvent le plus souvent dans les endroits les plus froids de la Sibérie : come, par exemple, à *Jakutskoi*, *Beresowa*, *Mangasca*, & *Obder*. De croire qu'ils y soyent depuis le déluge, cela est si absurde qu'il ne mérite pas d'être réfuté. Il y a à la vérité quelque probabilité à dire que c'est l'ivoire fossile, dont parlent les Anciens, ou quelqu'autre production particuliére de la terre, & ce qui confirme cette opinion, c'est que quelques Auteurs racontent que dans certains endroits de la Sicile où l'on manque de bois,

la

la terre y suplée en produisant une matiére qui lui ressemble. Il y a en Angleterre du charbon qui vient dans la terre. On trouve en d'autres endroits, dans le sein de la terre, du cristal de roche qui n'est pas moins bon que celui qu'on prépare sur sa surface. D'ailleurs pourquoi la terre n'auroit elle pas la puissance de produire cette sorte d'os en Sibérie, puisqu'elle produit l'ivoire fossile en plusieurs autres pays? Mais il est aisé de détruire cette conjecture par une objection tirée de l'expérience: car on a remarqué plusieurs fois que ces cornes étoient sanglantes lorsqu'on les cassoit à la racine, où elles sont creuses, & que cette cavité étoit remplie d'une matiére semblable à du sang caillé; de plus on a souvent trouvé avec ces os des cornes, des cranes, & des machoires avec des dents macheliéres qui y tenoient encore, le tout d'une prodigieuse grandeur, sans qu'on pût dire au vrai s'ils étoient d'os ou de pierre. J'ai souvent vu moi-même de ces dents avec plusieurs de mes amis, & j'en ai trouvé une qui pesoit 20. ou 24. livres, & plus. Les gens du Pays en font diverses sortes d'ouvrages. Elles ressemblent parfaitement à notre ivoire, si ce n'est qu'elles sont plus rudes & plus cassantes, qu'elles changent aisément de couleur, & qu'elles jaunissent dans l'eau, & à la chaleur.

On trouve encore sur les plus hautes montagnes, & les rochers de la Sibérie, un autre minéral extraordinaire que les habitans du Pays apellent *Kumine Masla*, ou beurre de pierre. La chaleur du Soleil le fait couler
des

des rochers, auſquels il eſt ataché come la chaux aux murailles. Il ſe diſſout dans l'eau come du ſel, & eſt fort come de la couperoſe. Ils lui atribuent beaucoup de vertu, & s'en ſervent en pluſieurs maladies, ſurtout dans la diſſenterie. Je crois que nous aurions de la peine à nous acoutumer à ce reméde, & je ne ſache perſone qui en ait jamais fait uſage. Mais les Moſcovites ſe ſervent de remédes beaucoup plus violens & dangereux, car dans les maladies vénériennes ils prennent du mercure ſublimé, ou ſans aucun véhicule, ou dans de la bouillie aigre, ou dans de la ſoupe faite avec du gruau d'avoine: Ils font auſſi infuſer des noix vomiques dans du vinaigre bien fort, & le laiſſent pendant quelque tems dans un lieu chaud, & en font prendre tous les jours un verre au malade; ce qui lui purifie le ſang, & fait même ſortir toute la corruption qu'il a dans les os: mais la violence de ce reméde le rend, pour deux ou trois heures, ſemblable à un home ivre, & ſi on lui en done trop, il tombe dans des convulſions qui lui font retirer les nerfs des piés & des mains : elles font cependant bientot apaiſées par un grand verre d'eau de vie. Ils n'obſervent aucune diette, ni aucun régime particulier, pendant tout le tems qu'ils uſent de ce reméde, dont la violence n'a rien qui les épouvante, & auſſitot que le mal eſt ceſſé, ils ſortent, & vont au grand air; ce qui leur coute cependant fort ſouvent la vie.

On trouve ſouvent dans la Sibérie un bel animal, qu'on nome Muſc. On dit qu'il

Tom. VIII. R *eſt*

est de la taille d'un Daim, & que sa trop grande lasciveté lui fait souvent crever le nombril, d'où il sort une grande quantité de sang qui remplit les bois d'une odeur agréable. Car ce parfum admirable qu'on apelle Musc est dans son nombril, & non dans ses testicules come plusieurs le prétendent faussement.

Parlons maintenant des Ostiackes en particulier. Cette Nation comence à trois journées de Tobol, Capitale de la Sibérie, & habite tout le long de l'Irtis, jusqu'à l'endroit où cette Riviére se décharge dans l'Oby, d'où elle s'étend d'un côté aussi loin que *Narim*, & de l'autre sur les bords de l'Oby jusqu'au *Guba* ou Golfe, & de là au détroit de *Weygatz* ou de Nassau. Elle ocupe les bords de plusieurs Riviéres qui se jettent dans l'Oby du côté de l'Occident, come *Conda, Soswa, Lappim*. Elle a pour voisins les *Vagolites* (1) du côté de la Conda, & les Samoyédes à l'Orient proche le détroit.

L'Oby est une des plus grandes Riviéres de l'Europe, & la plupart des Géographes mettent ce fleuve pour borne de cette partie du monde du côté de l'Orient. Il fournit abondament aux Ostiackes tout ce qui est nécessaire à la vie, & à la plus grande partie de la Sibérie quantité de poissons de toute sorte. Il est presque par tout environé d'épaisses forêts, & de hautes montagnes, & on auroit de la peine à trouver aucune plaine

tou

---

(1) Où Wogultzoi.

tout à l'entour. Il forme en beaucoup d'endroits plusieurs petites Isles incultes & désertes, & va se perdre ensuite dans une baye que les Moscovites apellent *Guba Tassarskoja.*

Ce *Guba* suivant la signification du terme Sclavon n'est autre chose qu'un assemblage de plusieurs fleuves: car il reçoit, outre l'Oby, les Riviéres de Nadim, de l'Ur, & de Tass. Il est très spacieux, ayant, autant qu'on le peut conjecturer, quelques centaines de miles d'Alemagne de longueur, & 20. au moins de largeur, elle n'est cependant pas égale par tout. Le froid y est si rude, qu'il est toujours couvert de glace, qui ne fond pas même en été, mais qui nage par glaçons sur l'eau, ce qui le rend peu propre à la navigation; car ils s'amassent en telle abondance autour des *Struses* (sorte de Vaisseaux dont on se sert dans cette mer) que pendant qu'on est ocupé à les rompre d'un côté, & à les repousser avec de longs bâtons faits pour cela, on s'en trouve environé de l'autre, en sorte qu'il est presque impossible de passer à travers. Outre que le fond de la Riviére étant bourbeux, il arive souvent que les bâtons s'enfoncent si fort dans la boue, dans les endroits où ils peuvent toucher le fond, que les efforts qu'il faut faire pour les en aracher font autant reculer le Vaisseau qu'on l'avoit fait avancer en poussant. Enfin les fréquentes tempêtes, qui arivent sur cette Riviére, brisent ordinairement les Vaisseaux, & rendent la navigation du *Guba* fort dangereuse.

Il y a sur la Riviére de Tass, à quatre

journées de l'endroit où elle se jette dans le Guba, une Ville apelée *Stara* (vieille) *Mangasca*. Elle est habitée par les *Swetlobi* qui suivent la Religion Grecque. Ils ménent une vie très misérable. Ils ne mangent point de pain, à moins qu'on ne leur en aporte d'autres endroits, ce qui ne se peut faire sans beaucoup de dificultez. Ils ne vivent que de poisson, & ne boivent que de l'huile de Baleine ou de l'eau du Golfe. Un genre de vie si rude & si pauvre a enfin obligé une grande partie des habitans de *Stara Mangasca* d'abandoner cette Ville, & de se retirer vers l'Orient; où ils en ont bâti une autre à laquelle ils ont doné le nom de *Nova Mangasca*. Il en est cependant resté un petit nombre dans la vieille qui y vivent dans la derniére misére. Ils se font trainer pendant l'hiver par leurs Chiens & leurs Rennes dans tous les endroits où ils veulent aler, même sur le Guba, n'y ayant point de montagnes de ces côtez là. Mais il faut qu'ils soyent continuellement sur leurs gardes contre les bêtes sauvages; & pendant l'hiver, ils sont quelquefois surpris par des tempêtes qui dégagent le Golfe, & font élever l'eau par dessus la glace. Les Moscovites employent cette saison à lever les taxes pour le Czar. Ils gagnent considérablement à vendre le peu de blé & de farine qu'ils y aportent sur leurs traineaux, en hiver; ou en été, dans leurs Vaisseaux.

L'Oby après avoir coulé au travers du Golfe va se jeter dans le détroit de Weygatz ou de Nassau, que la nature semble avoir voulu fortifier par des chaines de montagnes

tagnes qui regnent des deux côtez, & qui sont toujours couvertes de neige & de glace. Leur somet, qui s'éléve à ce qu'on prétend à la hauteur de cent miles d'Alemagne ou environ, paroit toujours glacé.

On découvre de l'autre côté du détroit la nouvelle Zemle. C'est ce que les Hollandois ont apelé l'Isle de Weygatz. Elle est précisément vis-à-vis de l'endroit où l'Oby se décharge dans la mer glaciale. Les Ostiackes & les Samoyédes y vont à la chasse des Elans & des Rennes, & traversent pour cela ces hautes montagnes. Mais il faut qu'ils ayent grand soin d'observer le vent, & s'ils s'aperçoivent par certaines marques qu'il comence à soufler du côté de la nouvelle Zemle, c'est-à-dire du Nord, il n'y a pas de sureté pour eux à rester dans le plat pays. Ils sont obligez alors de chercher bien vite quelques cavernes pour s'y mettre à l'abri, jusqu'à ce que le vent soit changé ou tombé: mais s'ils ont le malheur de ne pas trouver de ces lieux de retraite, ou de n'y pas ariver à tems, la violence du vent leur fait à coup sûr perdre la vie. C'est pourquoi ils risquent rarement d'aler à la nouvelle Zemle, parcequ'il en revient fort peu de tous ceux qui y vont. On n'a jamais pu savoir d'eux avec quelque espéce de certitude, si ce Pays est habité. Il y en a bien quelques uns qui prétendent y avoir vu du monde, mais seulement de loin, & sans avoir jamais parlé à persone. D'autres assurent positivement le contraire, & soutiennent que ce vent du Nord est

est si dangereux, qu'il rend cette contrée inhabitable.

Ce Pays étant donc situé dans la Zone froide, & par conséquent excessivement froid par lui même, & les rayons du Soleil n'ayant aucune force entre ces hauts rochers, il est aisé de comprendre que la glace n'y fond jamais, & qu'il y en a hiver & été, à moins que le vent soufflant à travers le détroit ne vienne à la rompre. L'eau de l'Oby qui se décharge dans la Mer Glaciale, est gelée dans le moment, d'où l'on peut conclure que la grande abondance de l'affluence perpétuelle des eaux de l'Oby, & des autres Riviéres, qui se sont écoulées chaque anée depuis la création du monde dans cette Mer, devroit avoir rendu la glace plus épaisse, & forcer les eaux à retourner vers l'Oby. Mais l'expérience y est contraire, car la glace est toujours de la même hauteur. C'est de quoi les gens du pays ne peuvent rendre raison. Tout ce qu'ils savent c'est que le vent ébranle quelquefois la glace qui est sur les montagnes, jusqu'à la faire tomber, & que celle du détroit s'enfonce, & s'affaisse souvent vers le milieu. Cela me feroit croire qu'il y auroit en quelque endroit de ce détroit, ou dans la Mer Glaciale, une issue souterraine, ou un gouffre par où l'eau s'écouleroit come il y en a plusieurs dans le grand Ocean, & dans d'autres Mers; & qu'à mesure que la glace s'épaissit sur la surface, elle fond par dessous. Ce qui peut confirmer ceci, c'est que si l'on atache un morceau de glace à un cordon, & qu'on la mette dans l'eau, elle se fond,

fond, & qu'un poisson qui semble être mort de froid revit pour ainsi dire, dès qu'on le met dans l'eau.

Car come les feux souterrains empêchent la gelée de pénétrer bien avant dans la terre, ils peuvent de même faire fondre la glace par dessous à mesure qu'elle s'épaissit par dessus. Une partie des eaux s'écoulant alors par les issues, la glace perd son soutien, descend par conséquent au niveau de l'eau, & demeure ainsi toujours dans l'égalité avec la surface du détroit. Et je ne vois aucune raison de suposer qu'on ne puisse trouver de goufre ou d'abime que sous le Pole arctique, où l'on prétend que toutes les eaux sont englouties, & qu'elles resortent de nouveau au Pole antarctique. Car les abimes que nous conoissons déja peuvent être regardez come sufisans pour engloutir ces eaux.

Le vent venant ordinairement de la nouvelle Zemle, il rend l'air si froid dans tous le Pays voisins habitez, qu'à Tobol même, qui est au cinquante septiéme dégré & quelques minutes de latitude, il n'y a point d'arbres fruitiers, & qu'autour de *Berosowa* il ne vient pas le moindre fruit de jardin, quoiqu'il soit au 60. ou 62. dégré, & que la terre n'y est point propre à être cultivée, ni à raporter aucun grain; (c'est pourquoi les Moscovites qui demeurent dans les Villes sont obligez de faire en certains tems leurs provisions de grains pour toute l'anée); & néanmoins proche Stockholm, qui est à peu près à la même élévation, le terrain est non seulement bien cultivé, mais produit même de très bons fruits, & toutes sortes de plantes. Il y a aparence que cette diférence vient en partie des vents violens qui souflent souvent même pendant l'été du côté de la nouvelle Zemle, & des montagnes couvertes de glace, & qui donent sur ces contrées, surtout dans les endroits, où le terrain est uni, & n'est point environé de hautes montagnes. Mais il y a bien de la diférence, par raport à la Suéde, dont les parties Septentrionales sont couvertes par des montagnes fort élevées qui la garentissent de ces vents, ou rompent leur force, & même autour d'Abo, qui est au 61. dégré, & encore plus loin vers le Nord jusqu'au 63. & 64. dégrés, il y a des montagnes dans lesquelles il se trouve des mines d'argent, dont le terrain est assez fertile. Cela peut venir des feux souterrains, qui trouvant des cavitez dans les entrailles de ces montagnes, pénétrent jusqu'à la superficie de la terre; & par leurs exhalaisons chaudes procurent la maturité à toutes sortes de plantes & d'herbages. Mais il est probable que dans les endroits dont il s'agit ces feux sont plus proches du centre du Globe pour laisser un passage libre aux goufres & abimes de la mer, dont nous avons parlé, & pour empêcher que les eaux ne passent à travers les pores de la terre, pour ariver aux cavitez que ces feux souterrains doivent naturellement produire. Quant à ce que ces feux pénétrent ordinairement dans les montagnes, sans que la froideur du climat puisse les en empêcher; cela paroit clairement par le mont Hécla dans la froide Irlande, & par d'autres Volcans qui sont font autant de foupiraux qui empêchent que cés feux fouterrains ne foyent étoufez dans le fond de la terre.

Dans l'endroit où l'Oby fe décharge dans la Mer à l'Orient du détroit, la nature a formé une ouverture pour recevoir les eaux de ce fleuve en creufant les rochers des deux côtez pour laiffer un paffage au courant. Quand le Printems eft fec, de maniére que la glace qui vient des autres Riviéres puiffe fondre avant que d'ariver à ce creux du détroit, les Riviéres d'Oby, de Conda, de Sofma, &c. font très baffes tout le refte de l'anée: mais quand il eft pluvieux & froid, la glace s'amaffe & refte à l'embouchure, & arête tellement les eaux, qu'elles s'enflent & inondent tout le plat Pays.

Les Oftiackes ne fe font déterminez à s'établir dans un Pays fi afreux, que par la répugnance qu'ils avoient à renoncer à leur idolâtrie. On prouveroit aifément par les anciennes hiftoires, qu'ils demeuroient autrefois dans la Province de *Permia Wiliki*, proche de *Solkamskoï*. Mais l'ancien Evêque Etienne s'étant apliqué à les retirer du Paganifme, quelques uns embrafférent la Religion Chrétienne, & demeurérent dans le Pays; les autres au contraire abandonérent leurs demeures & celles de leurs ancêtres, & alérent fe cacher dans ce climat défagréable. Cela fe confirme par la reffemblance que leur langage a encore aujourdui avec celui de Permia. Il eft mélangé près de Tobol & de Narim, à caufe du comerce que ces Peuples ont avec les Tartares qui y demeurent:

rent: mais celui des autres, qui habitent vers le détroit, qui alérent probablement en droiture de *Vergotin* le long des rochers, conserve plus de raport avec celui de *Permia*.

 Les Moscovites les apellent Ostiackes, come qui diroit restans, ou le reste d'une Nation fugitive: mais pour eux, ils ont quité le nom que portoient leurs ancêtres, en changeant de Pays, & ils ont pris celui de *Choutiseki*, & donc celui de *Gandimiek* au lieu où ils se sont établis. Quoique ces mots n'ayent aucune signification ni aucune étimologie dans leur Langue: il y a toute aparence que la crainte d'être découverts, les empêcha de s'apeler *Permskoi* ou *Permes*, & les obligea à changer le nom qu'ils portoient originairement.

 Leur langage est tout diférent de celui des Samoyédes & des Vagolites, & quoiqu'ils soyent également voisins, ils ne peuvent néanmoins s'entendre l'un l'autre sans truchement. Ils ont quelques mots qui aprochent du Latin, come par exemple, *juva*, pour dire aide, *nomen*, pour dire nom, mais il y en a beaucoup plus d'Esthoniens, quoiqu'un peu corompus. Les nombres, par exemple, sont les mêmes come, *vx*, un, *kax*, deux, *kolm*, trois, & ainsi du reste. Come on n'a aucune histoire, ni aucuns mémoires qui puissent aprendre le comerce ou la relation qu'ont eu autrefois ensemble des Nations si éloignées les unes des autres, il est dificile de dire pourquoi leur langage se ressemble.

 Les Ostiackes sont d'une taille médiocre, & il est rare de trouver de grands homes par-

DES OSTIACKES.

mi eux, ils font ordinairement affez bien proportionez, come la plupart des Européens, mais leur habillement qui eft très miférable, les défigure prefque entiérement ; & foit pauvreté, foit négligence, ils ne fe mettent pas fort en peine de le réformer. Pour leurs voifins, ils font très laids, quoiqu'ils puiffent paffer pour de beaux homes, en comparaifon des Calmuques.

CHAPITRE II.

Des mœurs & de la maniére de vivre des Oftiackes.

QUAND il nait un enfant à un Oftiacke, ou bien il va confulter quelque Mofcovite pour favoir coment il l'apellera, ou il lui done le nom du premier animal qu'il rencontre : & come leurs Chiens & leurs Rennes font par raport à eux, ce que le bétail eft par raport aux autres Peuples, il arive comunément que l'enfant reçoit le nom d'un de ces animaux, & il eft très ordinaire parmi eux de les entendre s'apeler *Sabatsky*, mon petit Chien. Quelquefois ils les noment fuivant le rang de leur naiffance, l'aîné, celui du milieu, le plus jeune, le quatre, le cinq, & ainfi du refte felon leur âge. D'autres enfin les diftinguent par quelque défaut naturel ou quelque qualité remarquable, come boiteux, courte vue, tête blonde, tête rouffe, &c.

Les Ostiackes n'ayant absolument aucune conoissance des arts & des sciences, ne sachant même ni lire ni écrire, & vivant précisément dans l'état de la simple nature; il est aisé de s'imaginer que leur société n'est apuyée sur aucun principe de morale, ni sur aucunes loix civiles, & qu'ils n'en ont point d'autres que celles que la coutume a établies parmi eux, ou que la nature leur inspire, que chacun doit observer pour maintenir la société & éviter les reproches de sa conscience & des autres homes. C'est là dessus qu'ils se réglent pour l'éducation de leurs enfans. Come ils ne peuvent les instruire dans les arts, ni leur aprendre aucun métier n'en ayant pas eux mêmes la moindre teinture, leur principal soin est de leur enseigner à gagner leur vie à leur manière. Ainsi toute l'éducation qu'ils leur donent, se borne à leur aprendre à tirer de l'arc, à pêcher & à chasser, & c'est ce qui fait toute l'ocupation de leur enfance. Ils passent l'été à pêcher & à faire sécher autant de poisson qu'il leur en faut pour l'hiver; & quand cette saison est arivée, ils vont avec leurs Chiens dans les bois & les deserts, à la chasse des Martres Zibelines, des Renards, des Ours, des Eléphans, des Rennes, &c. Les peaux leur servent à payer le tribut au Souverain, à qui ils sont obligez d'en doner une certaine quantité, après quoi ils vendent le reste ou au Prince à un prix marqué, ou aux particuliers, pourvû que ce ne soit pas de celles dont il ne leur est pas permis de disposer.

Le poisson fait leur principale nouriture,

l'Oby & les autres Riviéres leur en fournissent abondamment, ils le mangent sans pain & sans sel; car il y en a peu qui en ayent; & quoiqu'on en puisse trouver dans quelques endroits, la pauvreté de la plupart est si grande, qu'elle ne leur permet pas d'en acheter. Outre le poisson ils mangent aussi en hyver des oiseaux & de la chair de Rennes. En été ils prennent des Oyes sauvages & des Canards, dont les marais & les étangs sont pleins. Ils observent pour cela le tems que les vieux quitent leurs plumes & que les jeunes ne les ont pas encore toutes. Ils ne boivent pour l'ordinaire que de l'eau qu'ils puisent à la Riviére dans de grandes tasses d'écorce de bouleau. Quand ils prennent une bête sauvage de quelque espéce qu'elle soit, qu'ils tuent une Renne, un Cheval ou quelqu'autre animal, ils en boivent le sang tout chaud, come quelque chose de délicieux: mais leur plus grand régal est de tremper un morceau de poisson sec dans de l'huile de baleine; ou d'en avaler même un bon coup. Il n'y a rien qu'ils aiment tant que le *Char* ou Tabac de la Chine: mais ils le fument diféremment des autres Nations, qui font sortir en soufflant la fumée de leur bouche; car ils mettent d'abord un peu d'eau dans la leur, après quoi ils s'asseyent à terre & avalent cette eau avec la fumée, qui après quelques gorgées les étourdit entiérement: mais ils recouvrent peu de tems après leurs sens, & jettent beaucoup de flegmes. Ils recomencent ce manége tant que cela leur fait plaisir, ou que leur *Char* dure. Les homes ne font pas les feuls qui fument, les femmes s'en mêlent auffi, & y acoutument leurs enfans dès leur plus tendre jeuneffe. Cela leur tient lieu de médecine, & emporte les humeurs que le poiffon & l'huile de Baleine forment en eux.

Ils habitent fous de petites hutes quarées faites avec des arbriffeaux. Ils les couvrent d'écorces de bouleau, pour être à l'abri de la pluye & de la neige. Il y a le long des murs des endroits faits exprès où ils fe couchent. Ils font une efpéce de cheminée dans le milieu, où ils ne brulent que des brouffailles. Tous leurs meubles confiftent en batteaux pour la pêche, en filets, en fléches, en arcs & en uftenciles d'écorce de bouleau dans lefquels ils boivent & mangent. Ils ont quelquefois une hache, mais il y en a peu d'affez riches pour cela, & ils fe contentent pour l'ordinaire d'un couteau ou deux. Leurs Chiens leur fervent pour garder leurs maifons & pour chaffer; ils les nouriffent avec du poiffon. La miféré les acable de tous côtez. Toutes leurs richeffes confiftent dans les Rennes, & ils n'en conoiffent pas d'autres. Il y en a qui en ont jufqu'à un milier. Ils transportent leurs méchantes cabanes d'un lieu à un autre, auffi fouvent qu'ils le jugent à propos. L'hiver ils les mettent au milieu des bois les plus épais, & des deferts afreux, où on ne croiroit pas que perfone pût demeurer, & ils s'y creufent des habitations dans la terre à travers les neiges & les glaces, pour fe mettre à l'abri des rigueurs du froid. L'été ils fe

campent

DES OSTIACKES.

campent le long des Riviéres pour être plus à portée de la pêche. Ces changemens fréquens ne les embarassent aucunement. Ils trouvent par tout les matériaux qui leur sont nécessaires pour bâtir de nouvelles demeures, & ils sont si pauvres en meubles, qu'ils n'ont point de peine à les transporter dans leurs voyages.

Leurs Rennes & leurs Chiens leur tiennent lieu de Chevaux, ils atellent six Chiens & quelquefois même douze à un traineau, qui le ménent avec une extrême vitesse. Leurs traineaux ont quatre ou cinq aunes de long sur une demie aune de large, un home peut les lever d'une main; car le fond n'a pas plus d'un pouce d'épaisseur, & les lattes dont le reste de la machine est composé, sont très minces. A moins de l'avoir vu, on a de la peine à croire avec quelle force & quelle adresse ces Chiens tirent cette sorte de voitures. Come il n'y a dans ce Pays ni Chevaux, ni autres comoditez; & que quand il y en auroit, on ne pouroit pas s'en servir dans les voyages, à cause de la hauteur des neiges; on est forcé d'avoir recours aux Chiens ou aux Rennes. Lorsque le voyageur a mis toutes ses hardes sur le traineau & qu'il s'y est placé lui même, bien entouré de peaux de Rennes & d'autres fourures; les Chiens (qui ressemblent pour la taille à nos mâtins ou aux Chiens qu'on dresse pour le combat du Taureau) se mettent en marche avec leur charge, heurlans & aboyans jusqu'au premier relais, sans jamais s'écarter du chemin. Quand la traite est un peu plus

forte

forte qu'à l'ordinaire, ils se couchent d'eux mêmes devant le traineau pour se reposer, & après qu'on leur a doné un peu de poisson pour les rafraichir, ils vont jusqu'à la premiére poste, où on trouve des relais tout prêts. Quelques *Ostiackes*, & surtout les Samoyédes, voyagent même en été avec des Rennes, dans une espéce de voiture qui n'est pas fort diférente des traineaux, & qui est garnie en dessous de peaux de Rennes, qui sont mises de maniére que le poil glisse sur l'herbe. Quand il se rencontre quelque Riviére, les Rennes la passent à la nage, en tirant le traineau après elles.

La terre qui come une bone mére ouvre son sein pour fournir aux homes, & aux bêtes qui habitent les autres parties du monde, de quoi subsister, ne raporte presque rien chez les Ostiackes que des racines sauvages, & c'est la seule chose que ce climat ingrat soit capable de produire pour leur nouriture. L'agriculture leur est absolument inconue, & ils sont aussi peu habiles à élever du bétail. Ils ne nourissent ni Vaches, ni Chevaux, ni Moutons, ni Volailles, & quand ils en auroient, ils seroient aussitot détruits par leurs Chiens, come les Moscovites l'éprouvent tous les jours dans leurs Villes, & cependant ils ne peuvent pas se passer de ces Chiens.

Come il ne croît point de lin dans le Pays, les femmes y ont peu d'ocupation de ce côté là, mais elles ont une maniére particuliére de préparer des orties, dont elles font une espéce de toile qui leur sert à faire des rideaux, qu'elles mettent autour des endroits

où

où elles couchent pour se garentir des moucherons qui les incomodent extrêmement dans les bois pendant l'été. Quoique cette toile soit fort roide, elles ne laissent pas d'en faire aussi des chemises & des mouchoirs de tête, dont elles peignent les bouts de diverses couleurs. Le reste de leur habillement est composé de peaux de poisson, cousues ensemble en forme de justaucorps, de culotte, de bas, & de chaussons. Ils prennent aussi des peaux de Cignes, d'Oyes sauvages, de Canards, & d'Oiseaux de proye, & les cousent ensemble pour en faire des habits. Quand un Ostiacke a besoin d'un bonet, il tire un Milan ou quelque autre Oiseau de proye, le dépouille & met la peau sur sa tête sans autre façon, pour lui en servir. L'hiver ils s'envelopent ordinairement de peaux de Rennes & d'Elans, qu'ils mettent tout d'une piéce en guise de surtout, & qui leur couvrent tout à la fois la tête, le corps & les piés contre les rigueurs du froid. Les femmes s'habillent à peu près de même, si ce n'est qu'elles portent des morceaux de toiles teintes de diférentes couleurs, qui cachent le visage des deux côtez, pour n'être point vues des étrangers. Les jeunes pratiquent cette coutume, aussi bien que les vieilles, & elles la regardent come une marque de la modestie & de la pudeur convenables à leur sexe. Les femmes de distinction portent un voile de Damas ou de *Kitai* (sorte d'étofes de soye de la Chine) chacune suivant leurs moyens.

La pauvreté de ce Peuple l'oblige de comercer

mercer & de trafiquer avec les étrangers, pour trouver du secours & du soulagement dans ses besoins: mais come ils n'ont rien à doner en assurance & en hipothéque & que ne sachant point du tout écrire, ils ne peuvent par conséquent pas faire de billets ni de contrats; il leur a falu trouver un autre moyen d'engager leur parole, ce qu'ils font de cette maniére. Ils ont coutume de se faire certaines marques sur les mains, come des figures d'oiseaux, des chifres, &c. ils montrent ces marques à leurs créanciers, come des signes ausquels ils pouront aisément les reconoitre & les distinguer surement des autres. S'ils ont pareillement quelque cicatrice, quelque blessure ou quelque signe au visage ou autre part, ils les font voir en entrant en marché, & les engagent, pour ainsi dire, en acomplissement de leurs promesses. On dit qu'ils sont esclaves de leurs paroles, & qu'ils sont fort exacts à payer leurs dettes aux termes dont ils sont convenus, en donant du poisson ou des fourures, ou de l'argent; ils représentent alors de nouveau les mêmes marques, come pour retirer leur hipothéque, & annuler l'engagement qu'ils avoient contracté. Les femmes font beaucoup de ces marques sur leurs mains, & plus elles sont tachetées, plus elles leur paroissent belles.

Si l'on en excepte les *Waywodes*, qui sont établis par le *Czar* pour gouverner les Ostiackes, & lever les impots, il n'y a pas grande distinction entre eux pour la qualité & le rang. Il y en a à la vérité qui se prétendant
au

au deſſus des autres, prennent le titre de *Knées*, & s'aproprient le domaine de certaines Riviéres; mais les autres ne leur portent que peu ou point du tout de reſpect. Ils ne s'adreſſent pas non plus à eux dans leurs diférends; & ces prétendus *Knées* ne peuvent les aſſujétir à aucunes loix, ni exercer ſur eux la moindre Juriſdiction. Chaque Pére de famille a l'inſpection de ſa maiſon, pour les cas ordinaires; mais lorſqu'il s'agit de quelque afaire d'importance, ils ont recours aux *Waywodes*, ou bien ils apellent pour les juger les Prêtres de leurs Idoles qui terminent le diférend par une ſentence qu'ils prétendent prononcée par la *Sckeitan* ou Idole même. Pour ce qui regarde la maniére de vuider leurs procès par ferment, j'en parlerai dans le Chapitre ſuivant.

Ils s'abandonent ſous cette Anarchie à tous leurs deſirs déréglez; ainſi l'on ne doit pas être ſurpris de ne trouver parmi eux que libertinage & confuſion, ſans qu'il y ait lieu d'eſpérer qu'ils ſe civiliſent jamais, à moins qu'ils n'embraſſent la Religion Chrétienne, & qu'ils ne ſe ſoumettent aux réglemens que le Métropolitain s'éforce d'introduire parmi eux, pour les engager dans un genre de vie plus réguliére que celle qu'ils ont menée juſqu'à préſent. S'il réuſſit dans cette louable entrepriſe, il n'y a pas de doute que cela ne leur procure auſſi un ſoulagement conſidérable dans leur extrême miſére, dont le déréglement de leur vie doit être regardé come la principale cauſe. Come ils n'ont preſque aucun ſoin de leurs corps, & qu'ils prennent

toutes

toutes sortes de nouritures mal saines, ils sont si souvent ataquez de maladies scorbutiques, qui ressemblent fort à la lépre, qu'on peut dire que plusieurs pourissent tout en vie. Les sentimens que la Nature semble avoir si profondément gravez dans l'esprit de tous les homes pour leur propre conservation, sont tellement éfacez du leur, que lorsqu'il leur vient quelque maladie semblable, sur un pié, un bras, ou quelque autre partie du corps, & même sur le visage, ils ne savent point d'autre remède, que de laisser la coruption se répandre dans tout le reste du corps, & gagner même jusqu'aux os, qui sont bientot pouris, ce qui finit leur maladie & leur vie. Les Chiens mêmes léchent les parties malades de leurs corps; & les autres créatures a qui la Nature a refusé la raison dans toutes les autres choses, semblent en avoir assez dans leurs maladies pour chercher & trouver des herbes qui les puissent guérir ; il n'y a que les Ostiackes qui fassent gloire d'être ignorans sur cet article, & qui trouvent leur consolation dans l'exemple de leurs ancêtres, qui ateints des mêmes maladies, les conservoient jusqu'aux derniers momens de leur vie.

S'il n'y avoit que la beauté & la propreté qui fussent capables d'inspirer de l'amour, ces Peuples devroient parfaitement ignorer cette passion : mais il s'en faut bien qu'elle soit étrangère parmi eux, & la malpropreté ne sufit pas pour les dégouter & pour empécher que leurs cœurs ne s'engagent. On ne peut pas dire en général qu'ils soyent diformes,

come

come on a déja dit plus haut, & leur figure ressemble beaucoup à celle des Européens, quoiqu'il y ait peu de femmes parmi eux qui méritent le titre de belles; mais leur extrême misére, la malpropreté de leurs habits, les ulcéres qui les rongent, les rendent si désagréables & si dégoutantes pour la plupart, qu'on ne s'imagineroit jamais qu'un home ou une femme dans cet équipage dût trouver un parti. L'amour est cependant à la mode chez eux, & ils sont même si fort possédez de cette passion, qu'ils ne peuvent se persuader que ce soit assez pour un home d'avoir une femme. Aussi en ont ils deux pour l'ordinaire, l'une âgée pour avoir soin du ménage, & l'autre jeune pour leur plaisir, & leur servir de compagne. Quand ils recherchent quelque fille en mariage, voici come ils s'y prennent.

Le galant envoye quelqu'un de ses amis au Pére de la fille, pour convenir avec lui du prix qu'il en veut avoir, & il arive rarement qu'il la done à moins de cent roubles. L'amant consent au marché & propose de doner en payement son bateau, par exemple, sur le pié de trente roubles, son Chien pour 20. & plus, & ainsi du reste, jusqu'à ce que par cette estimation, qui est toujours fort haute & à l'avantage du galant, il soit arivé à la some qu'on lui demande. Si le beau-Pére futur s'en contente, il promet de livrer sa fille au bout d'un certain terme, & pendant tout ce tems de galanterie, il n'est pas permis au galant de rendre visite à sa maitresse; s'il va voir le Pére & la Mére, il entre à reculons

culons sans oser les regarder, & il se tient tourné de côté en leur parlant, pour leur marquer son respect & la soumission. Le terme étant échu, le Pére livre la femme à son nouveau gendre, leur recomandant de vivre toujours en bone union, & de s'aimer come mari & femme. La cérémonie finie, ceux qui ont le moyen régalent les conviez de quelques verres d'eau de vie assez mauvaise. Dans ces ocasions, ceux de leurs *Knées*, qui sont assez à leur aise, habillent leurs filles de drap rouge, come les Tartares ; mais chez les gens du comun la faim régle les repas, & la pauvreté les habits.

Ce n'est pas la coutume de garder leurs filles jusqu'à ce qu'elles soyent en âge d'être mariées. Ils s'en défont à l'âge de 7. ou 8. ans, afin qu'elles se forment de bone heure à l'amour, & qu'elles puissent mieux s'acoutumer aux humeurs diférentes de leurs maris.

Quand un mari est las de sa femme, il est est maitre de la renvoyer, & d'en prendre une autre: on remarque néanmoins que dans ces cas là l'équité naturelle l'emporte souvent sur le mouvement déréglé de leurs passions. Ils observent la louable coutume de faire demeurer leurs femmes dans des hutes séparées, non seulement pendant le tems de leurs couches, mais aussi lorsqu'elles ont leurs régles; & il n'est point permis alors à leurs maris d'avoir aucun comerce avec elles. Elles ne témoignent pas beaucoup s'embarasser à l'aproche de leur terme, & il semble qu'elles acouchent presque sans douleur.

Il

Il arive souvent en hiver, qu'elles entrent en travail quand elles sont en marche pour changer de demeure; & come elles n'ont point de tente prête, elles se déchargent de leur fardeau dans l'endroit où elles se trouvent, couvrent leur enfant de neige pour l'endurcir de bonheur au froid, & lorsque cette petite créature comence à crier, la Mére la met dans son sein, & continue sa route avec le reste de la compagnie. Dès qu'on est arivé à l'endroit où l'on a dessein de camper, elles se logent à l'écart & il n'est permis à persone (pas même aux maris) d'en aprocher, excepté à une vieille femme qui les sert pendant quatre ou cinq semaines, au bout desquelles on alume un grand feu au milieu de la cabane, & l'acouchée saute par dessus. Après cette cérémonie qui leur sert de purification, elle va retrouver son mari qui peut la recevoir avec l'enfant, ou la renvoyer selon qu'il le juge à propos.

Ces Peuples se sont faits aux plus grands froids, & il est étonant qu'ils puissent se contenter de leurs méchans habits de peaux de poissons, non seulement pendant le printems & l'autone, qui sont très froids, mais aussi pendant l'hiver, qui l'est extrêmement, à cause des vents du Nord qui sont fort fréquens pendant cette saison. A les voir ainsi faits & endurcis dès leur enfance aux travaux & à la fatigue, & acoutumez à manier l'arc, & à chasser les bêtes sauvages, on est porté à croire qu'au moins anciennement l'usage des armes & les exercices militaires ne leur étoient pas entiérement inconus. On trouve
même

même encore aujourdui plusieurs marques de leur première bravoure, & les habitans de *Berofowa* ont été obligez autrefois de revêtir leur Ville de palissades, & de la fortifier, pour se mettre à couvert des ataques des anciens *Ostiackes*, qu'on dit avoir fait plusieurs tentatives hardies, pour recouvrer les conquêtes que les Moscovites avoient faites sur eux. L'Auteur anonime, dont on a parlé plus haut, raporte plusieurs entreprises pleines de courage, qu'ils ont faites dans les premiers tems en faveur des Rois payens leurs aliez. Les principaux d'entr'eux, & surtout leurs *Knées*, gardent encore chacun une cotte de maille, & quantité d'arcs & de fléches, qu'ils ont soin de transporter avec eux, avec le reste de leurs pauvres meubles lorsqu'ils vont d'un lieu à un autre. Ils se retirent ordinairement dans les plus afreux deserts au milieu des cavernes des bêtes farouches, à la chasse desquelles ils s'ocupent continuellement sans craindre les dangers ausquels ils exposent leur vie, que plusieurs perdent par les griffes ou la gueule de ces bêtes, ou par d'autres accidens semblables.

Quand quelqu'un meurt parmi eux d'une mort naturelle, ses parens l'enterrent si c'est l'été, ou le cachent sous la neige si c'est l'hiver, avec son arc, ses fléches, sa hache, son couteau, & ses ustenciles de ménage, si ses facultez lui permettent d'en avoir. Ils ont pris cette coutume des *Tsekut*, Nation qui habitoit autrefois dans ce Pays, proche *Samaroff*, *Narim*, & autres Villes, & qui reçut les *Ostiackes* lorsqu'ils quitérent le *Permski-*

ki, & leur permit de vivre parmi eux: mais cette Nation est entiérement détruite aujourdui sans qu'il en reste aucun vestige, que quelques ruines de leurs forteresses qui subsistent à peine près de *Samaroff*, & d'autres endroits où ils ont demeuré.

Les *Ostiackes* ont hérité de leurs Idoles, qu'ils avóient reçues des Chinois. Cette coutume d'enterrer avec les morts leurs cottes de maille & leurs ustenciles de ménage, est fondée sur l'opinion qu'ils ont, que lorsqu'ils seront dans l'autre monde avec les Dieux, ils pouront avoir besoin non seulement de leurs armes, mais même de ces ustenciles pour préparer leurs repas, s'il arivoit que les Dieux ne les invitassent pas à diner, à cause du risque qu'ils courroient, ou de ne rien trouver à acheter, ou de ne trouver que de choses fort chéres. C'est à cela seul que se réduit toute la notion qu'ils ont de l'autre vie, & de l'état futur des homes: ce qui fait voir qu'ils ont naturellement une idée grossiére & fort confuse de l'immortalité de l'ame, quoiqu'ils s'imaginent que le bonheur de la vie future ne consiste que dans les plaisirs des sens, & les voluptez charnelles.

CHAPITRE III.

De la Religion & de l'Idolâtrie des Ostiackes.

IL n'est pas surprenant qu'un Peuple aussi grossier & aussi ignorant que les *Ostiackes*, soit demeuré ataché aux mêmes superstitions

& au même culte Idolâtre, auſquels ont été aſſujettis de tous tems tant de Nations aſſez polies d'ailleurs. Ils ont deux ſortes de Divinitez, auſquelles ils s'adreſſent, & font des ofrandes & des ſacrifices dans tous leurs beſoins, & dans toutes les ocaſions qui ſe préſentent. Les unes ſont des figures d'airain aſſez bien faites, qui repréſentent des femmes les bras nuds, des Oyes, des Serpens, & autres choſes ſemblables, dont ils ont hérité des *Tſekut* dont on a déja parlé, qui les avoient reçues des Chinois: les autres ſont de la façon de ces maladroits mêmes, & ne ſont autre choſe qu'un morceau de bois, preſque ſans forme, avec un nœud en haut en guiſe de tête, qui doit en repréſenter une humaine; il y a auſſi une avance pour marquer le nés, & une fente au deſſous, au lieu de bouche. Chacun ſe fabrique une pareille Idole qu'il révére, & qu'il abandone auſſi ſouvent qu'il le juge à propos. Quelquefois même il la mettent en piéces & la jettent au feu. Ils ont encore d'autres Idoles compoſées de morceaux de bois longs & épais ſans aucune figure, qui ſont couchées par terre, envelopées de toutes ſortes de guenilles, avec un morceau de miroir par deſſous qui ſert à réfléchir les rayons du Soleil, quand il done deſſus. Ils les placent ordinairement ſur de hautes Montagnes, les plus agréables qu'ils peuvent trouver ſelon la ſituation du lieu, ou bien ils les mettent au milieu des forêts dans une petite cabane de bois, avec une petite hute auprès pour ſerrer tous les os des animaux qui leur ſont offerts.

Ils

DES OSTIACKES.

Ils n'ont ni jours ni heures réglez pour leurs sacrifices: mais ils ont recours à leurs Dieux quand leurs besoins les y obligent, ou qu'ils veulent en obtenir d'heureux succès dans leurs entreprises. Cependant leurs Prêtres qui prétendent être instruits par les Dieux mêmes, avec qui ils se disent en comerce particulier, ne manquent pas d'étaler toute leur éloquence pour les porter à s'aquiter de ces devoirs de Religion. Ils ont grand soin de les réprimander quand ils négligent les sacrifices, & de les exhorter à apaiser la colére des Dieux en leur ofrant des piéces de toile, de Damas & d'autres étofes pour les habiller, & en leur sacrifiant diférens animaux. Il n'y a point à la vérité de secte particuliére destinée à ces fonctions. Tout Pére de famille, qui se sent dans sa vieillesse possédé de l'esprit d'avarice, ou animé d'un zéle qui succéde ordinairement aux folies de la jeunesse, se fait Prêtre de sa propre autorité, & pour cet effet se fabrique une Idole, à laquelle il se charge de rendre le culte que peut mériter cet ouvrage de ses mains. Ceux qui se croyent incapables de ces fonctions, ou peu propres à les remplir, n'ont pas de peine à trouver des persones, qui, atirées par les apas d'une vie si comode, viennent ofrir leur service pour un emploi auquel elles se font pour l'ordinaire préparées par des pratiques précédentes. Toute l'habileté de ces Sacrificateurs consiste à crier d'une voix haute aux oreilles des Idoles, les requêtes de ceux qui leur font des ofrandes, à endurer les tourmens qui précédent leurs fausses prophéties,

& à débiter enfuite à la populace crédule toutes fortes de fables & de menfonges, come des réponfes de l'oracle. Voici de quelle maniére il s'y prennent pour deviner, fuivant le raport de plufieurs Auteurs. Le Prêtre fe fait lier, fe jette enfuite par terre, & s'y roule en faifant force grimaces & contorfions, jufqu'à ce qu'il fe fente infpiré des réponfes qu'il doit faire aux queftions propofées à l'idole, & qui roulent ordinairement fur les chofes futures, fur les endroits les plus propres à faire une bone chaffe, ou fur la décifion des matiéres de difpute. Ceux qui font venus confulter l'oracle, font préfens à toute la cérémonie, pouffant continuellement des foupirs & des plaintes, & frapant fur des baffins ou d'autres vaiffeaux propres à faire du bruit, jufqu'à ce qu'ils aperçoivent une fumée bleuâtre, qui eft, à ce qu'ils prétendent, l'efprit de prophétie, qui fe répand fur tous les fpectateurs, qui faifit le devin, & lui caufe des convulfions qui l'agitent & le travaillent pendant une heure, & quelquefois davantage. Après quoi il reprend peu à peu fes fens, & débite enfuite à ces dévots quelque conte, qu'il ajufte le mieux qu'il peut à leur queftion.

Je vais raporter un exemple de cette forte de divination, par lequel on poura juger des autres, & du fond que le Peuple fait là deffus. Les devins du voifinage de *Samaroff* & de *Berofowa* avoient perfuadé aux pauvres habitans qui les étoient venus confulter, que de tous les facrifices qu'ils faifoient à leurs Dieux, ils n'aimoient que ceux des chevaux.

Ces

Ces bones gens trop crédules, se donérent des peines extraordinaires pendant quelque tems, & firent des dépenses considérables pour en fournir, mais ils s'endettérent tellement par là, que plusieurs furent obligez de vendre leurs haillons, sans pouvoir même se réserver de quoi se couvrir. Ils ouvrirent enfin les yeux, lorsqu'il n'étoit plus tems, & s'aperçurent, mais trop tard, de la fourberie qui les avoit engagez dans ces sacrifices.

Si l'oracle leur enseigne quelque endroit propre à la pêche ou à la chasse, il les trompe ordinairement, & il est rare qu'ils y trouvent ni poisson, ni gibier; ces contretems les animent contre leurs Idoles, qui se ressentent de leurs mauvais succès; car à leur retour ils les fouettent, & les batent jusqu'à ce qu'ils se croyent sufisament vangez de la tromperie qu'elles leur ont faite: mais leur colére n'est pas plutot passée, qu'ils cherchent à se réconcilier avec ces divinitez; & pour cet effet ils leur donent des habits de lambeaux, bien résolus néanmoins de les leur ôter à la premiére ocasion, où leurs prédictions se trouveront fausses. Tout cela ne doit s'entendre que de leurs Idoles domestiques, qui sont l'ouvrage de leurs mains, & ausquelles ils ne témoignent pas ordinairement grand respect; car ils ont beaucoup plus de vénération pour leurs Idoles publiques qu'ils ne dépouillent pas, & n'abandonent pas come les autres; mais ils les estiment au contraire & les révérent come étant d'ancienne date, & d'une autorité reçue & avérée. Ils ont beaucoup de confiance en elles, surtout quand elles sont d'airain, cela leur donant, à ce qu'ils s'imaginent, une espéce d'immortalité, parcequ'elles ont résisté à la coruption de tems immémorial, & qu'elles ont aquis pendant tant d'anées beaucoup de lumiéres & d'expérience Les Péres vantent fort cette sorte d'Idoles à leurs enfans, à qui ils recomandent d'avoir de la dévotion pour elles. Cette Nation sauvage n'ayant pas d'autre idée de son Créateur, & de ce qu'elle lui doit.

Leurs sacrifices n'ont rien de particulier. Voici coment ils les font. Les uns ofrent à l'Idole du poisson vivant qu'ils mettent devant elle, & après l'y avoir laissé quelque tems, ils l'aprétent & le mangent entre eux, & de la graisse ils en frotent la bouche de l'Idole; d'autres lui donent des habits, come on a déja dit, qu'ils lui mettent sur elle. Il y en a qui lui sacrifient des Rennes ou des Elans, & ceux qui confinent avec les Tartares, lui ofrent des Chevaux, qu'ils achétent fort cher; ils trainent d'abord devant l'Idole la bête destinée au sacrifice, ils lui lient les jambes, & le Prêtre expose à haute voix & avec grand bruit les demandes des suplians. Pendant ce tems là il y a toujours quelqu'un avec un arc & une fléche tout prêt à tirer sur la victime. Dès que le Prêtre a cessé de crier, & lui a doné un coup sur la tête, il décoche sa fléche, & un autre lui enfonce une espéce de broche dans le ventre, ce qui achéve de la tuer. Ils la prennent ensuite par la queue, & la trainent trois fois auprès de l'Idole. Ils

reçoi-

reçoivent le sang dans un vase fait exprès, & consacré à cet usage. Ils en aspergent leurs cabanes, en boivent une partie, & du reste ils en frotent la bouche de l'Idole. Ils prennent enfin la peau, la tête, les piez & la queue, & les pendent à un arbre, come quelque chose de précieux. Ils en font cuire la chair & la mangent avec de grandes réjouissances, chantant pendant tout le repas, toutes sortes de chansons dèshonêtes. Ils frotent ensuite de nouveau la tête de l'Idole avec la graisse, & emportent enfin chez eux tout ce qu'ils n'ont pu manger pour en faire présent à leurs voisins, & en régaler leurs femmes, qui n'ont pas assisté au sacrifice. Quelquefois même leur Idole particuliére en a sa part, & ils lui en frotent aussi la bouche. Lorsque la cérémonie est achevée, ils recomencent à crier de plus belle, & à fraper l'air avec des bâtons, prétendant par là faire honeur à l'ame de l'Idole, qu'ils s'imaginent s'en retourner dans l'air après avoir assisté à leur fête, & voulant come la remercier d'avoir accepté l'invitation qu'ils lui ont faite.

Quand une femme a perdu son mari, elle témoigne la douleur qu'elle ressent de sa perte, en fabriquant une Idole à laquelle elle met les habits du défunt. Elle la couche ensuite avec elle entre ses bras, & l'a pendant tout le jour devant les yeux, afin de s'exciter par cette représentation à pleurer la mort de son mari. Elle continue la même cérémonie pendant une anée entiére, après laquelle elle dépouille l'Idole & la jette dans quel-

quelque coin en atendant qu'elle en ait befoin pour une autre ocafion. Une femme qui n'obferveroit pas cette cérémonie feroit dèshonorée, & on lui reprocheroit de n'avoir pas aimé fon mari, & d'avoir manqué à la foi conjugale.

Quand ils ont tué un Ours, ils lui ôtent la peau, & la pendent auprès de l'Idole à un arbre fort haut, après quoi ils lui rendent de grands honeurs, lui font leurs excufes avec beaucoup de grimaces de lamentations feintes, de lui avoir doné la mort; ils lui repréfentent que dans le fond ce n'eft pas eux qui la lui ont donée, puifqu'ils n'avoient pas forgé le fer qui l'a percée, que la plume qui a hâté la courfe de la fléche étoit d'un oifeau étranger, & qu'ils n'ont fait autre chofe que de la laiffer aler ; que néanmoins ils lui en demandent très humblement pardon. Cette extravagance vient de l'opinion dans laquelle ils font que l'ame de cette bête, errant de côté & d'autre dans les bois, pouroit fe vanger fur eux à la première ocafion, s'ils n'avoient pas eu le foin de l'apaifer, & de lui faire une efpéce de réparation, pour l'avoir obligée de quiter le corps où elle faifoit fa demeure.

Lorfqu'ils prêtent le ferment de fidélité à leur Souverain, entre les mains de leurs *Waywodes*, on les méne dans une cour, où il y a une peau d'Ours étendue par terre avec une hache & une morceau de pain deffus un couteau, qu'on leur préfente ; avant de le manger, ils prononcent les paroles fuivantes: *Au cas que je ne demeure pas toute ma vie fidéle à mon Souverain, & que je me révolte contre*

contre lui de mon propre mouvement & avec conoissance, & que je néglige de lui rendre les devoirs qui lui sont dus, ou que je l'ofense en quelque maniére que ce soit ; puisse cet Ours me déchirer au milieu des bois, ce morceau de pain que je vais manger, m'étoufer, ce couteau me doner la mort, & cette hache m'abatre la tête. Quand ils ont quelque diférend entr'eux, les deux parties choisissent des arbitres devant lesquels se porte l'afaire en question ; & lorsque quelques circonstances douteuses la rendent dificile à décider, les arbitres font prêter serment à l'une des deux parties, ce qui se fait de la maniére suivante. On conduit celui qui doit jurer devant l'Idole, & après lui avoir représenté l'horreur qu'il doit avoir du parjure, en lui raportant plusieurs exemples des châtimens qui l'ont suivi, on lui done un couteau avec lequel il coupe un morceau du nés de l'Idole, & une hache avec laquelle il la frape en prononçant ces paroles : *Si je fais un faux serment, & que je m'écarte en quelque chose de la vérité, puisse ce couteau m'abatre le nés, & cette hache me mettre en piéces de la même maniére, puisse un Ours me dévorer dans les bois, & toutes sortes de malheurs m'ariver.*

Ils observent la même cérémonie quand ils font jurer quelqu'un pour servir de témoin. Quoiqu'il se soit quelquefois trouvé des parjures parmi eux, ils sont néanmoins persuadez que la justice de Dieu ne les laisse jamais impunis. Il en est arivé depuis peu un exemple très remarquable. Il y avoit un home qui avoit souvent fait de faux sermens, come on s'en aperçut dans la suite, sans avoir jamais témoigné la moindre crainte des châtimens qu'il avoit meritez par ses parjures, & qui ne lui arivérent pas à la vérité pendant sa vie; mais étant mort en 1713. & ses parens l'ayant enterré fort avant dans le sable sur le bord d'une Riviére, il y vint auſſitot un Ours, qui ne parut pas avoir envie de faire mal à persone, & que les Chiens ne purent jamais chaſſer, quelque nombre qu'on en mît à ses trouſſes; jusqu'à ce qu'enfin en 1718. il trouva l'endroit où on avoit mis le corps, l'aracha de terre & lui mangea le visage, dont il avoit regardé l'Idole, lorsqu'il s'étoit parjuré, & la main dont il l'avoit frapé. Les habitans racontérent toutes ces circonstances en ma présence au Métropolitain, & paroiſſoient fort épouvantez d'un événement auſſi étrange, n'ayant jamais rien vu de semblable, à ce qu'ils disoient, avant leur batême qu'ils reçurent en 1713.

Ils apellent leurs Idoles *Sckeitan*; le nombre de celles qu'ils avoient, avant qu'ils embraſſaſſent le Christianisme, n'étoit pas réglé. Les femmes mêmes avoient les leurs dans leurs hutes séparées, dont nous avons déja parlé. Il n'y en a cependant que trois qui soyent distinguées des autres, par leur réputation, parmi lesquelles il y en a deux l'une proche de l'autre dans les cabanes de *Bilhorsky*, dont la plus considérable n'a point de nom; ils lui rendoient de grands honeurs, & s'adreſſoient à elle dans tous leurs besoins. Je ne puis doner une idée exacte de la figure de cette

cette Idole, n'ayant pu trouver le moyen de la voir, parceque ce Peuple aveugle, qui avoit ouï dire que le Métropolitain venoit pour le batiser par ordre de S. M. Czarienne, l'avoit emportée & cachée, depeur qu'on ne la brulat. Je jugeai par la description qu'ils m'en firent, que ce n'étoit qu'un morceau de bois informe & sans figure de corps, dont le haut étoit seulement taillé pour représenter une tête humaine. Ils avoient couvert le tronc d'une étofe rouge, à laquelle ils avoient cousu quantité de guenilles que les dévots lui avoient consacrées, & ils l'avoient coeffée d'un bonet doublé de peaux de Renard noir d'un grand prix.

La seconde *Sckeitan* qui étoit proche de l'autre, étoit une Oye d'airain avec les ailes déployées. Ils l'estimoient beaucoup moins que la premiére, quoiqu'elle fût d'une matiére plus précieuse, parcequ'ils prétendoient que l'autre étant plus vieille, avoit par conséquent infiniment plus d'expérience ; outre que l'inspection de cette Oye ne s'étendoit que sur leurs Oyes, leurs Canards & autres bêtes sauvages : emploi beaucoup au dessous de celui de l'autre Idole qui présidoit sur l'Oye même, & qui quand la fantaisie lui prenoit de voyager se mettoit sur ses ailes, & lui ordonoit de la porter par tout où elle vouloit aler. Les *Ostiackes* faisoient des ofrandes à cette Oye, lorsqu'ils avoient dessein d'aler prendre le divertissement de la chasse des oiseaux sauvages, ou même des Zibélines de la petite espéce.

La troisiéme *Sckeitan* s'apeloit *Starik Obsky*

ky le vieil de l'Oby. Elle étoit en dernier lieu vis-à-vis de la Ville de *Samaroff*, qui étoit une des places de sa résidence; & l'autre étoit dans l'endroit où l'Irtis se décharge dans l'Oby. Ses dévots avoient coutume de lui faire changer de demeure tous les trois ans, & de la transporter sur l'Oby d'un lieu à un autre avec beaucoup de solennité, dans une barque faite exprès pour elle. C'étoit là le Dieu de la pêche, & il avoit le pouvoir, à ce qu'ils pensoient, de faire venir le poisson de la mer dans l'Oby quand il le jugeoit à propos, pour rendre leurs pêches abondantes. Cette Idole n'étoit que de bois, & avoit un long grouin come celui d'un Cochon, lequel étoit ferré pour marquer qu'elle pouvoit par ce moyen atirer le poisson de la Mer dans l'Oby. Elle avoit deux petites cornes à la tête & des yeux de verre: mais ils ne savoient pas eux mêmes ce que cela signifioit. Ils mettoient aux piés de ce Dieu leurs cottes de maille, pour représenter la supériorité qu'il avoit sur tous les autres Dieux de la Mer, & la victoire qu'il avoit remportée sur eux. Ils ne manquoient pas tous les ans quand la glace començoit à fondre & les Riviéres à déborder, d'aler en grand nombre lui demander un bon succès dans leurs pêches. Leurs invocations étoient tantot humbles, tantot outrageantes & insultantes. Quand ils faisoient de bones prises, le vieux de l'Oby partageoit avec eux les prémices de leurs pêches, surtout s'ils avoient pris une certaine sorte de poisson qu'ils apellent *Nelm* & qui ressemble beaucoup au

Sau-

Saumon, & quoiqu'ils mangeaffent entre eux le poiffon de leur pêche, il ne laiffoit pas d'en avoir fa part; car ils en prenoient de la graiffe pour lui froter la bouche, & quand leur repas étoit fait ils reconduifoient fon ame dans l'air en le frapant de leurs bâtons, de la même maniére que nous avons dit plus haut : mais quand leur pêche n'avoit pas été heureufe, l'Idole fe reffentoit auffi du mauvais fuccès; car alors ils lui ôtoient fes habits, lui atachoient une corde au cou, & après l'avoir bien fouettée ils la jetoient dans quelque lieu plein d'ordure, l'acablant pendant tout ce tems là de reproches & d'injures : lui difant qu'elle étoit endormie lorfqu'ils imploroient fon fecours, qu'il fembloit que fon pouvoir començoit à diminuer, & qu'elle n'étoit plus capable de leur rendre les mêmes fervices qu'elle avoit rendus à leurs ancêtres : qu'ainfi fon grand âge l'ayant rendue fainéante & décrépite, elle ne devoit pas trouver mauvais qu'ils la congédiaffent, & qu'ils cherchaffent un autre Dieu plus puiffant & agiffant qu'elle. Ils la laiffoient dans ce cloaque jufqu'à ce que la faifon devenant par hafard plus favorable à leur pêche, ils oublioient tous les fujets de mécontentement qu'ils croyoient avoir contre elle, la retiroient de l'endroit où ils l'avoient mife come en prifon, & la rétabliffoient dans fa place, lui frotant deplus la bouche pour l'apaifer.

CHAPITRE IV.

Du comencement de la conversion des Ostiackes à la Religion Chrétienne du Rit Grec.

TEL a été l'état déplorable de cette Nation, jusqu'à ces derniers tems, & il n'y avoit pas beaucoup d'aparence qu'on pût jamais l'amener à la conoissance du vrai Dieu. Car à en juger humainement, il ne sembloit pas probable qu'aucun Missionaire pût jamais se déterminer à aler prêcher l'Evangile à des Peuples aussi barbares: & de tous les motifs qui ont pu engager un si grand nombre de zélés Prédicateurs à voyager avec des fatigues infinies, chez tant d'autres Nations dont la politesse & l'esprit pouvoit leur faire concevoir quelques espérances, il ne s'en trouvoit pas un sur lequel ils en pussent fonder raisonablement aucune; en un mot il ne se trouvoit rien qui parût devoir les encourager dans une aussi pénible entreprise, qu'est celle de se hasarder dans les deserts afreux d'une Nation pauvre & sauvage, cōme les Ostiackes. Cependant lorsqu'on y pensoit le moins, il a plu à la miséricorde toute puissante de Dieu, qui tourne les volontez des homes come il lui plait, de susciter un home zélé pour publier aussi sa gloire dans ce coin du monde, & porter la foi à cette Nation idolâtre.

Ce fut le Pére *Philothée* qui ayant été élu Métropolitain ou Archevêque de Tobol-

DES OSTIACKES.

Capitale de Sibérie, se sentit inspiré de convertir les Nations voisines à la Foi Chrétienne. Il prit donc la résolution d'envoyer des Missionaires chez les *Monguls*, & de les adresser à leur grand Prêtre *Kutuchta* avec deux de ses domestiques qu'il destinoit à étudier la langue & les caractéres de cette Nation. Ce *Kutuchta* est en grande vénération parmi les Peuples du *Mongul*, d'*Ajuka*, de *Contasek*, & de *Bucharie*. Il est leur Patriarche ou leur Grand-Prêtre, il marche toûjours acompagné de gens armez, & est au dessus de tous les autres Prêtres. Ces Nations ont le même culte d'Idolâtrie que la plupart des Chinois & des Indiens, qui n'ont eu pendant un tems qu'un seul Chef, ou Grand-Prêtre de leur Eglise, apelé *Dalai-Lama* qui fait sa résidence entre le lac *Baikal* & la Ville de *Selenginskoi* qui est la derniére que les Moscovites possédent du côté de la grande Muraille de la Chine. Il y a quelque tems qu'il établit ce *Kutuchta* son Vicegérent ou Sufragant sur ces Nations, ausquelles il le dona pour Evêque, parceque sa jurisdiction s'étendoit trop loin pour qu'il pût gouverner tout seul : mais *Kutuchta* a secoué le joug depuis, s'est soustrait de sa dépendance, & s'est établi de sa propre autorité le Chef de tous ces Peuples quant au spirituel. Les *Monguls* ne demeurent jamais longtems dans un endroit, & ils n'ont aucune demeure fixe, mais ils errent de côté & d'autre : ils habitent sous des tentes. Celles d'hiver sont de feutre, il les apellent *Woylocks*, & les quitent l'été pour en prendre de velours ou de soye. C'est pour cela que *Kutuchta* n'a point de résidence marquée, mais il campe où il le juge à propos dans ses belles tentes, au milieu de quantité de Soldats qui composent sa garde. Il porte avec lui les Idoles, surtout les plus acréditées, & les place dans des tentes séparées. Le Peuple s'imagine qu'il rajeunit tous les mois à la nouvelle Lune, & qu'il vieillit au déclin. Mais les Missionaires du Métropolitain racontent que *Kutuchta* les ayant reçus avec politesse, & leur ayant doné audience, ils avoient eu ocasion d'observer l'origine d'une opinion aussi absurde, qu'ils prétendent fondée sur ce qu'il laissoit croître sa barbe d'une Lune à l'autre, & qu'il ne se rasoit qu'à la nouvelle. Ils ajoutent qu'il avoit grand soin de se parer extraordinairement ces jours là, & même de se peindre le visage de blanc & de rouge, come les femmes de Moscovie.

Ils soutiennent la Métempsicose de *Pitagore*, ou la transmigration de l'ame d'un home dans le corps d'un autre home, ou d'une bête, lorsqu'il vient à mourir. C'est pourquoi ils ont grand soin de ne tuer aucune créature vivante, depeur de faire peut-être déloger l'ame de quelqu'un de leurs ancêtres, à moins que ce ne soit dans le dessein de l'avancer. Car ils croyent que l'ame d'un home qui a mené une vie infâme, passe dans le corps d'un Cochon, & qu'à force de changer de demeure, elle se purifie & redevient après plusieurs transmigrations, digne d'animer un autre home. D'autres s'imaginent rafiner beaucoup sur cette opinion, en disant

que

que ce n'eſt pas l'ame elle même qui paſſe ainſi d'un corps dans un autre, mais ſeulement ſes puiſſances & ſes opérations. Ils font auſſi uſage de cette doctrine par raport à leur *Kutuchta*, & prétendent que ſon ame au ſortir de ſon corps, va animer celui de ſon Succeſſeur, qu'on choiſit de ſon vivant, & qui eſt continuellement auprès de lui, afin que ſa jeune ame ſe prépare & ſe diſpoſe par les entretiens qu'elle a chaque jour avec la vieille ame de *Kutuchta*, à recevoir ſon bon ſens & ſes autres bones qualitez, qui lui doivent être tranſmiſes après ſa mort.

Quand il paroit en public, c'eſt toujours avec beaucoup de cérémonie & de magnificence ; il ne marche jamais qu'au ſon des trompettes & des tambours ; on le méne dans cet équipage en proceſſion à une magnifique tente de velours, où on lui met un couſſin dans un lieu élevé au milieu de pluſieurs autres rangez en cercle, & un peu plus bas pour ſes *Lamas* ou Prêtres. La Sœur du Grand-Prêtre d'aujourdui eſt ordinairement aſſiſe à ſa droite dans ces ocaſions, faiſant la fonction de *Lama*, & ayant la tête entiérement raſée, come les autres. Tous les *Lamas* mettent d'une certaine herbe dans leurs encenſoirs, & encenſent d'abord l'Idole, le *Kutuchta*, & enfin tout le Peuple qui s'y trouve. Après quoi le premier d'entr'eux met ſept taſſes de la plus belle porcelaine devant l'Idole & autant devant le *Kutuchta*. Ces taſſes ſont remplies de Miel, de Sucre, d'hydromel, d'eau de vie, de Thé, de Lait, & de vin, auquel ils ſubſtituent quelquefois

des

des confitures féches. Ces ofrandes font a-
compagnées de cette aclamation du Peuple:
Ge Gen Kutuchta, c'est à dire, Kutuchta est
un Paradis brillant.

Il fit plusieurs questions aux Missionaires,
& leur demanda, entr'autres choses, combien grand étoit le nombre des morts. Mais
il lui demandérent à leur tour, s'il pouroit
leur dire, celui des vivans; à quoi *Kutuchta* ayant répondu, qu'il ne pouvoit pas le
dire au juste, parcequ'il se pouvoit faire
qu'il naquît quelqu'un dans le moment même, qu'il détermineroit ce nombre; les Missionaires lui répliquérent qu'il en étoit de
même par raport aux morts; & il parut satisfait de cette réponse.

Mais pour revenir au louable dessein du
Métropolitain, il n'eut pas tout le succès
qu'il en espéroit. Car il se détermina, à
cause de son grand âge, à se démettre de son
Archevêché, & à se retirer dans le monastè-
re de *Kiovie*, où il avoit passé sa jeunesse;
mais le Prince *Gagarin* Gouverneur de Sibérie, fit si bien par ses instances, qu'il l'engagea à conserver cette dignité pendant quelque tems. Il ne se rendit néanmoins à ses
priéres qu'à condition qu'il lui seroit permis
d'aler travailler à convertir les *Ostiackes* à la
Religion Chrétienne, conformement à l'intention qu'il en avoit eue, & qu'il avoit té-
moignée, longtems auparavant, à Sa Maj.
Czarienne. Après qu'il eut obtenu cette permission, il prit avec lui plusieurs Ecclésias-
tiques, avec lesquels il ala aux endroits, où
étoient leurs principales Idoles, qui étoient

le

le plus fréquentées. Il leur représenta la vanité du culte idolâtre, qu'ils rendoient à des ſtatues de bois, & leur aprit la véritable maniére d'adorer le ſeul Dieu vivant. Mais ce Peuple aveugle, entêté de l'ancienneté de ſon culte, réſiſta à tous les efforts du Métropolitain, aléguant que leurs ancêtres avoient ſacrifié aux Idoles depuis un tems immémorial, & qu'ils s'en étoient toujours fort bien trouvé; que pour eux ils avoient été élevez dès leur enfance dans cette Religion, & qu'ils n'étoient pas d'humeur à la changer, pour un autre qui les obligeroit de croire que leurs ancêtres étoient dans un état de danation, ou au moins dans une condition très incertaine: enforte qu'ils parurent d'abord réſolus de s'expoſer plutot aux derniéres extrêmitez, que de renoncer à la Religion, & aux cérémonies de leurs ayeux. Auſſi eurent ils beaucoup de peine, à ſe réſoudre à abandoner cette prétendue divinité de la pêche, le vieux de l'Oby, qui leur avoit fourni, auſſi bien qu'à leurs ancêtres, une grande quantité de poiſſons, & qu'ils s'imaginoient pouvoir obliger, à force de reproches & de mauvais traitemens, à acquieſcer à leurs demandes. Néanmoins ils prêtérent peu à peu l'oreille aux raiſonemens du Métropolitain, & conſentirent enfin à laiſſer bruler cette Idole. Ce qui ſe fit l'an 1712. auprès de *Samaroff*, où elle étoit pour lors. Mais cela fut à peine exécuté, qu'ils témoignérent du regret du conſentement qu'ils avoient doné, & un violent deſir de retourner à leur ancien culte. Un faux bruit

que

que quelques uns firent courir auffitot, qu'ils avoient vu l'ame de leur Idole fous la forme d'un Cigne, s'élever en l'air, du milieu des flames, ne contribua pas peu à les entretenir dans ces fentimens, & même à les augmenter: mais le Métropolitain, & les autres Miffionaires ayant détruit cette fiction, & ceux qui l'avoient fauffement inventée, n'ayant pas ofé paroitre, pour la foutenir, ce pauvre Peuple qu'on vouloit féduire, comença à écouter les inftructions. Ceux qui étoient dans les lieux les plus éloignez, ne laifférent pas de faire toujours paroitre beaucoup d'opiniâtreté pour leur idolâtrie. Quelques uns de leurs Prêtres fe joignirent à eux, & n'oubliérent rien pour afermir dans leur réfolution ces partifans zélez des anciens facrifices. Ils leur firent acroire, que l'idole avoit prédit tout ce qui devoit ariver huit jours avant la venue du Métropolitain, & qu'elle les avoit avertis de s'opofer aux entreprifes des Chrétiens, qu'elle détruiroit, & feroit certainement échouer par fa puiffante protection.

Quand le Métropolitain ariva aux Cabanes de *Strorhaw*, où il y avoit une autre Idole femblable, il trouva le Peuple difpofé à tout foufrir plutot que de renoncer à fa Religion. Cependant fon zéle, joint aux preuves convaincantes, dont il fe fervoit, firent tant d'impreffion fur l'efprit de ces Idolâtres, que ne fachant que répondre, ils permirent auffi qu'on traitat leur Idole come on avoit fait le vieux de l'Oby. Mais ce qui contribua le plus à la converfion des Payens qui font aux environs du monaftére de *Kotskoi*,
où

DES OSTIACKES.

où il y a aussi quelques Moscovites, fut l'exemple d'un de leurs Knées nomé *Alatscho*, qui tiroit son origine des anciens Rois de ce Peuple. Le Métropolitain se servit pour le gagner de l'exemple des Moscovites qui étoient aussi idolâtres, il n'y a pas longtems, & qui avoient embrassé la Religion Chrétienne, & détruit leurs Idoles, du tems de *Vladimir*, qui faisoit sa résidence à *Kiovie*. Cet exemple fit tant d'impression sur *Alatscho*, que non seulement il reçut le batême, mais qu'il résolut encore de faire un voyage à *Kiovie*, pour visiter les corps saints qu'on y montre, & s'assurer par lui même de cette vérité. Il partit effectivement aussitôt après son batême.

Le beau tems s'étant passé dans ces négociations, la rigueur de l'hiver obligea l'Archevêque à s'en retourner sans avoir fait autre chose que bruler quelques Idoles, & batiser dix ou onze persones. Je remets à une autre ocasion, à informer le Lecteur de la maniére dont on batisa en 1713. & 1714. plus de cinq mile *Ostiackes*. Dieu ayant par sa providence disposé les choses de façon, que la plus grande partie de ce Peuple se trouva rassemblée; ce qu'on n'auroit pu faire tout au plus qu'en dix ans, s'il avoit falu les tirer de leurs forêts, & de leurs deserts.

www.ingramcontent.com/pod-product-compliance
Lightning Source LLC
Chambersburg PA
CBHW051817230426
43671CB00008B/735